医疗器械系列教材

医疗器械注册与管理

主　编　黄嘉华
副主编　孙　皎　莫国民
审　校　顾维康

科学出版社
北　京

内 容 简 介

本书围绕医疗器械注册和管理，主要介绍了医疗器械最新标准、医用电气设备的电磁兼容和安全要求及其检测、无菌医疗器械的环境控制及微生物检测、医疗器械的常用理化性能要求及其检测、医疗器械的生物学评价、质量管理体系、临床试验、医疗器械申报注册和不良事件监测等内容。

本书可作为大专院校医疗器械专业和国家医疗器械职业资格考试的教学用书，也可供从事医疗器械生产、经营、使用、教学、监管人员参考阅读。

图书在版编目(CIP)数据

医疗器械注册与管理/黄嘉华主编. —北京：科学出版社，2008
(医疗器械系列教材)
ISBN 978-7-03-020594-0

Ⅰ. 医…　Ⅱ. 黄…　Ⅲ. ①医疗器械-注册-教材②医疗器械-管理-教材
Ⅳ. F763　TH77

中国版本图书馆 CIP 数据核字（2008）第 015713 号

责任编辑：王志欣　孙　芳　王日臣/责任校对：钟　洋
责任印制：吴兆东/封面设计：耕者设计工作室

科学出版社 出版
北京东黄城根北街 16 号
邮政编码：100717
http://www.sciencep.com
北京中石油彩色印刷有限责任公司印刷
科学出版社发行　各地新华书店经销
*
2008 年 2 月第　一　版　　开本：B5（720×1000）
2026 年 1 月第十一次印刷　　印张：27 1/4
字数：532 000

定价：98.00 元

（如有印装质量问题，我社负责调换）

上海市高等学校本科教育高地建设项目基金资助出版

《医疗器械注册与管理》编写人员名单

主　编：黄嘉华

副主编：孙　皎　莫国民

审　校：顾维康

第一章	医疗器械标准	钱　虹
第二章	医用电气设备的安全要求与检测	莫国民
第三章	医用电气设备的电磁兼容	葛筱森
第四章	无菌医疗器械的环境控制及微生物检测	徐敏凤　梁　炜
第五章	医疗器械的常见理化性能要求及检测	施燕平
第六章	医疗器械的生物学评价	孙　皎
第七章	医疗器械质量管理体系	徐凤玲　朱　莹
第八章	医疗器械临床试验	李　卫　凌海萍　仲志真
第九章	医疗器械申报注册	黄嘉华
第十章	医疗器械不良事件监测	杜文民

前　言

随着我国科学技术的不断发展和人民生活水平的不断提高，各种先进技术（如计算机、微电子、激光、超声、微波、电磁、X线、伽玛线、电子线、高电压、高分子材料和组织工程等）已逐步渗透到医疗器械行业，使新型的现代化医疗器械层出不穷，中国的医疗器械产品正处在由简单的仿制型转向创新型、基本内销型转向部分外销型的转型期。在人们充分享受当今世界高新技术的医疗器械所带来的福音的同时，一些由此产生的电子、离子、非离子辐射和电磁、超声、微波等能量及放射性污染等潜在危害对患者和医疗环境的影响，也越来越引起人们的重视，因此医疗器械的安全有效已日益成为全社会关注的焦点。

为控制医疗器械产品的安全有效性，1991年起我国开始对医疗器械新产品实施强制性的鉴定制度，1994年开始试行注册制度，1997年1月1日正式实施强制性的注册管理制度。2000年4月，国家发布了《医疗器械监督管理条例》，同时，国家食品药品监督管理局也发布了《医疗器械注册管理办法》等一系列规章，这标志着我国医疗器械已正式步入依法监管的轨道。医疗器械产品注册准入制的实施，使上市的医疗器械产品具有合法标志，从而进一步规范了市场，保证了上市医疗器械的安全有效，同时为证后监管提供了依据。

医疗器械上市前要进行注册，这是我国的法规要求，其核心是安全有效。围绕医疗器械注册，主要涉及产品标准、注册检验、临床试验、质量体系、注册申报等方面的技术管理和法规要求。按照医疗器械法规要求，产品上市后要保持和完善质量体系管理，并对不良事件进行监测，以确保上市产品质量一致性，及时处理和减少不良事件的危害。因此，医疗器械注册和管理是每个医疗器械生产企业经常碰到的问题，解决这些问题的关键及其难点在于能否正确理解和全面执行医疗器械技术标准和管理标准，医疗器械注册和管理是一门技术与法规相结合的管理科学。

随着我国科学技术的日益发展和医疗器械监管水平的不断提高，我国医疗器械监管的政府部门一定会不断地完善医疗器械监督管理的法规和规章，减少监管成本，提高监管效率。因此，监管的要求可能会变，但安全有效将是医疗器械监管的永恒主题。本书在编写过程中已充分考虑到这一点，除了为确保教材的系统性和完整性外，已尽可能将现行法规要求的内容结合医疗器械注册的相关技术管理工作进行简单通俗地介绍，希望读者能经常关注医疗器械监督管理的法规和规章的时效性。

自 2007 年 6 月 1 日起，我国体外诊断试剂注册新的管理办法开始试行，按照国家食品药品监督管理局对体外诊断试剂注册管理办法的新规定，凡用于血源筛查的体外诊断试剂、采用放射性标记的体外诊断试剂按药品进行管理外，其余均按医疗器械进行管理。由于体外诊断试剂注册管理办法尚处于试行阶段，因此体外诊断试剂注册和管理内容未编入本书。

本书不包含在用医疗器械管理内容。

本书在整个编写过程中得到了上海市食品药品监督管理局、上海市医疗器械行业协会和上海理工大学的大力支持，还得到了上海市高等学校医疗器械专业群教育高地建设项目基金的资助，在此深表谢意！

由于编写经验不足和阅历局限，书中难免存在不妥之处，敬请读者批评指正。

2007 年 9 月于上海

目　　录

前言
第一章　医疗器械标准 …… 1
第一节　标准化工作的基础知识 …… 2
第二节　标准的分级与类别 …… 4
第三节　我国标准化管理体制 …… 7
第四节　相关的法律、法规 …… 8
第五节　国际上三大标准化机构简介 …… 9
第六节　医疗器械标准工作的管理机构和职能 …… 11
第七节　医疗器械基本要求和医疗器械标准的关系 …… 14
第八节　重要医疗器械标准 …… 15
第九节　医疗器械注册标准 …… 24
第十节　注册产品标准中常见的问题 …… 33
思考题 …… 40
参考文献 …… 41
第二章　医用电气设备的安全要求与检测 …… 42
第一节　医用电气设备安全的基本知识 …… 44
第二节　电击防护的措施 …… 55
第三节　医用电气设备的基本概念 …… 59
第四节　医用电气设备安全性检测 …… 70
第五节　常用机械安全性检测 …… 86
第六节　医用电气系统的安全要求 …… 89
思考题 …… 95
参考文献 …… 95
第三章　医用电气设备的电磁兼容 …… 97
第一节　电磁兼容的基本概念 …… 98
第二节　医用电气设备电磁兼容标准的基本要求和试验方法 …… 118
思考题 …… 154
参考文献 …… 155
第四章　无菌医疗器械的环境控制及微生物检测 …… 156
第一节　微生物学的基本概念 …… 156

第二节　无菌实验的基本常识…… 164
第三节　无菌医疗器械的环境控制…… 169
第四节　洁净室（区）的控制参数及检测…… 174
第五节　一次性使用医疗器械的无菌检查…… 193
思考题…… 199
参考文献…… 199
第五章　医疗器械的常见理化性能要求及检测…… 201
第一节　医疗器械的常见物理性能要求…… 202
第二节　医疗器械的常见化学性能要求…… 205
第三节　医疗器械的灭菌及环氧乙烷残留量检测…… 220
第四节　典型医疗器械的理化性能要求…… 226
思考题…… 239
参考文献…… 239
第六章　医疗器械的生物学评价…… 241
第一节　医疗器械生物学评价的意义及基本概念…… 242
第二节　医疗器械与生物体之间相互作用的关系…… 244
第三节　医疗器械生物学评价的国内外标准状况…… 248
第四节　医疗器械生物学评价的程序…… 251
第五节　医疗器械生物学评价分类及试验选择…… 261
第六节　医疗器械生物学评价的特点和内容…… 265
第七节　医疗器械生物学评价试验…… 268
第八节　口腔医疗器械生物学评价试验的特点…… 281
第九节　医疗器械生物学评价与风险分析…… 283
思考题…… 287
参考文献…… 287
第七章　医疗器械质量管理体系…… 289
第一节　质量管理体系基础…… 289
第二节　质量管理体系基本要求…… 294
第三节　质量管理体系文件的编写…… 309
第四节　质量管理体系内部审核…… 319
思考题…… 334
参考文献…… 334
第八章　医疗器械临床试验…… 335
第一节　医疗器械临床试验的管理…… 335
第二节　医疗器械临床试验资料…… 339

第三节 医疗器械临床试验……344
第四节 医疗器械临床试验中的统计学问题……350
思考题……368
参考文献……368
第九章 医疗器械申报注册……369
第一节 医疗器械安全有效性……370
第二节 医疗器械分类……372
第三节 医疗器械产品命名……379
第四节 风险管理……381
第五节 技术报告……389
第六节 医疗器械注册单元……392
第七节 说明书、标签和包装标志……394
第八节 医疗器械申报注册……398
思考题……408
参考文献……409
第十章 医疗器械不良事件监测……410
第一节 医疗器械不良事件的概念……410
第二节 导致医疗器械不良事件的主要因素……411
第三节 医疗器械不良事件监测的必要性……412
第四节 国际医疗器械不良事件监测概况……414
第五节 我国医疗器械不良事件监测的工作进展及其要求……421
第六节 我国医疗器械不良事件监测系统建设的总体思路……421
思考题……422
参考文献……422

第一章　医疗器械标准

医疗器械标准化工作是一项基础工作，是医疗器械监督管理的重要组成部分。从事医疗器械研制、生产、监督管理等工作的相关人员都应了解医疗器械标准化方面的基础知识，准确理解和把握医疗器械国家标准、行业标准和注册产品标准的有关要求。

在这里，我们首先要明确，什么是医疗器械？《医疗器械监督管理条例》中给出了医疗器械的定义。本条例所称医疗器械，是指单独或者组合使用于人体的仪器、设备、器具、材料或者其他物品，包括所需要的软件；其用于人体体表及体内的作用不是用药理学、免疫学或者代谢的手段获得，但是可能有这些手段参与并起一定的辅助作用；其使用旨在达到下列预期目的：① 对疾病的预防、诊断、治疗、监护、缓解；② 对损伤或者残疾的诊断、治疗、监护、缓解、补偿；③ 对解剖或者生理过程的研究、替代、调节；④ 妊娠控制。

《医疗器械注册管理办法》明确了我国对医疗器械实行产品生产注册制度，其第二条规定："在中华人民共和国境内销售、使用的医疗器械均应当按照本办法的规定申请注册，未获准注册的医疗器械，不得销售使用。"按照《医疗器械监督管理条例》第十二条的规定及《医疗器械注册管理办法》中对注册申请材料的要求，申报注册医疗器械时，应该包含产品标准。产品标准是对产品结构、规格、质量和检验方法等所做的技术规定。

《医疗器械监督管理条例》中第十五条规定："生产医疗器械，应当符合医疗器械国家标准；没有国家标准的，应当符合医疗器械行业标准。医疗器械国家标准由国务院标准化行政主管部门会同国务院药品监督管理部门制定。医疗器械行业标准由国务院药品监督管理部门制定。"在《医疗器械监督管理条例》中明确规定了医疗器械产品必须符合医疗器械国家标准、行业标准。

由此可见，医疗器械的产品标准可以是国家标准、行业标准或注册产品标准。申报注册时提交的医疗器械的标准经相应的药品监督管理部门核准，并在该产品获准注册后即为注册标准。产品标准既是生产该产品的生产企业必须执行的重要文件，也是药品监督管理部门对医疗器械进行监督管理的主要依据。

第一节　标准化工作的基础知识

一、标准与标准化

标准是为在一定范围内获得最佳秩序，对活动或其结果规定共同的和重复使用的规则、导则或特性的文件。该文件经协商一致并经一个公认的机构批准，以特定形式发布，作为共同遵守的准则和依据。为在一定的范围内获得最佳秩序，对实际的或潜在的问题制定共同的和重复使用的规则的活动，制定、发布及贯彻实施标准的活动过程称为标准化。

标准化的重要意义是改进产品、过程和服务的适用性，防止贸易壁垒，促进技术合作。“通过制定、发布和实施标准，达到统一”是标准化的实质。标准化的工作任务就是制定标准、组织实施标准以及对标准的实施进行监督。

制定标准是标准化活动的起点，标准制定部门应对需要制定标准的项目进行编制计划、组织草拟、审批、编号、发布等活动。有组织、有计划、有措施地贯彻执行标准，将标准规定的内容贯彻到生产、流通、使用等领域中去的过程，是标准制定部门、使用部门的共同任务，“获得最佳秩序和社会效益”是标准化工作的目的。在国民经济的各个领域中，凡具有多次重复使用和需要制定标准的具体产品，以及各种定额、规划、要求、方法、概念等，都可称为标准化对象。标准化对象一般可分为两大类：一类是标准化的具体对象，即需要制定标准的具体事物；另一类是标准化总体对象，即各种具体对象的总和所构成的整体，通过它可以研究各种具体对象的共同属性、本质和普遍规律。标准化有利于发展社会主义市场经济，是促进科技进步的重要途径，能够保证产品、工程、服务质量；是提高企业管理水平的基础，是加强国际贸易与合作的有效工具。

二、标准体系

标准体系是指“一定范围内的标准按其内在联系形成的科学的有机整体”，也可以说标准体系是一种由标准组成的系统。标准体系包括现有的标准和预计应发展的标准。标准体系的构成是指标准体系的内在结构，它有以下几个特点。

（1）配套性。各种标准互相依存、互相补充，共同构成一个完整的系统。

（2）协调性。标准之间在相关的质的方面相互一致、相互衔接、互为条件的协调发展，包括相关性协调和扩展性协调。

（3）比例性。不同种类标准之间和不同专业的标准之间存在着一种数量的比例关系。

三、标准体系表

一定范围的标准体系内的标准按一定形式排列起来的图表称为标准体系表。

标准的各个层次都有自己的体系表，如国家标准体系表、行业标准体系表、企业标准体系表等。各层次标准体系表的综合即构成总标准体系表。标准体系表的主要内容包括以下几个方面。

（1）一定时期内应有的全部标准。

（2）各类标准以及各项标准之间相互连接、相互制约的内在关系。

（3）标准优先顺序。

（4）与其他行业的配合关系以及需要与其他行业配合制定的标准。

（5）继续使用的现有标准以及一定时期内应新制定、修订和更新的标准。

标准体系表具有目的性、协调性、层次性、成套性和发展性的基本特性。编制标准体系表应遵循系统原则、层次恰当原则、相关原则、目的性原则、协调性原则、成套性原则和动态性原则这些基本原则。

四、医疗器械标准化和标准化体系

医疗器械产品的安全、有效使用，依赖于安全、合理的产品设计和持续稳定的质量体系保证，这两方面都离不开医疗器械标准的支撑。医疗器械生产企业通过执行相关的医疗器械标准，符合相应的医疗器械标准来保证产品满足法规要求，保证产品的安全、有效。同时，医疗器械标准也是国家监督管理部门实施监督管理的法定技术依据。

医疗器械具有产品结构复杂、更新迅速、临床使用中带有较高风险性的特点。医疗器械产品大多是多学科多门类技术综合应用的结果，一些新型的医疗器械往往是最前沿科技成果的直接应用。电气类医疗器械常常伴随着强电、强磁、高辐射等不安全因素；介入人体、植入人体等医疗器械，以及与人体体表直接接触的医疗器械往往涉及交叉感染及生物安全等问题。因此，只有从产品的研制、生产、管理过程抓起，把安全、有效的要求贯彻到每一个产品、每一个生产过程中，才能保证医疗器械的安全、有效。

目前，我国医疗器械国家标准和行业标准已有700多项，包括基础标准、管理标准、安全标准、方法标准、技术性能标准等。其中，医用电气安全要求系列标准、医疗器械生物学评价系列标准、医疗器械灭菌过程的确认和控制系列标准、医疗器械质量保证体系专用要求标准和医疗器械风险分析标准及一些重要产品的标准基本覆盖了主要医疗器械安全要求和重要产品通用技术条件的要求，构成了我国医疗器械标准体系的基本框架。

目前，我国的医疗器械标准化工作队伍主要由以下三部分组成。

（1）医疗器械标准化技术委员会。各医疗器械标准化技术委员会承担着医疗器械国家标准、行业标准计划建议的提出和标准制定、修订的重要任务，同时，这些技术委员会还对口国际电工委员会（IEC）和国际标准化组织（ISO）相应的技术委员会，在国家标准化行政主管部门和医疗器械主管部门的统一指导下代表我国参与国际标准化工作，并跟踪国际标准的发展趋势。

（2）各省市医疗器械主管部门的标准化工作人员。在国家医疗器械主管部门的统一领导下，负责推动医疗器械标准的具体实施。

（3）各医疗器械生产企业的标准化工作人员。

五、医疗器械行业标准的管理

根据《医疗器械监督管理条例》第十五条的规定，医疗器械国家标准由国务院标准化行政主管部门会同国务院药品监督管理部门制定。医疗器械行业标准由国务院药品监督管理部门制定。

国家食品药品监督管理局为加强对医疗器械行业标准制修订工作的管理，建立公开、透明、高效的医疗器械行业标准制修订运行机制，提高医疗器械行业标准的质量，根据《中华人民共和国标准化法》、《医疗器械监督管理条例》和《医疗器械标准管理办法（试行）》，于2007年4月组织制定了《医疗器械行业标准制修订工作规范（试行）》（见附录一）。

第二节　标准的分级与类别

一、标准的分类

标准的分类有多种，为了不同的目的，可以从各种不同的角度对标准进行不同的分类。目前常用的分类有三种，即层级分类法、约力分类法和对象分类法。

1. 层级分类法

按照标准化层级标准作用的有效范围，可以将标准划分为不同层次和级别的标准，如国际标准、区域标准、国家标准、行业标准、地方标准和企业标准。

（1）国际标准是指国际标准化组织（ISO）、国际电工委员会（IEC）和国际电信联盟（ITU）制定的标准，以及国际标准化组织确认并公布的其他国际组织制定的标准。国际标准在世界范围内统一使用。

（2）区域标准又称为地区标准，泛指世界某一区域标准化团体所通过的标准。通常提到的区域标准，主要是指原经互会标准化组织、欧洲标准化委员会、非洲地区标准化组织等地区组织所制定和使用的标准。只限于在世界上一个指定地区的某些国家组成的标准化组织，称为地区性标准组织。例如，亚洲标准咨询委员会（ASAC）、欧洲标准化委员会（CEN）等。这些组织有的是政府性的，有的是非政府性的，其主要职能是制定、发布和协调该地区的标准。

（3）国家标准是指需要在全国范围内统一技术要求，由国务院标准化行政部门组织制定的标准。

（4）行业标准是指没有国家标准而又需要在全国某个行业范围内统一技术要求，由国务院有关行政主管部门组织制定的标准。

（5）地方标准是指没有国家标准和行业标准而又需要在省、自治区、直辖市范围内统一技术要求，由省、自治区、直辖市标准化行政主管部门组织制定的标准。

（6）企业标准是由企业批准发布，在企业范围统一实施的标准。

2. 约力分类法

按约束力不同，可分为强制性标准和推荐性标准。具有法律属性，在一定范围内通过法律、行政法规等手段强制执行的标准是强制性标准；其他标准是推荐性标准。

（1）强制性标准是国家通过法律的形式明确要求对于一些标准所规定的技术内容和要求必须执行，不允许以任何理由或方式加以违反、变更，这样的标准称之为强制性标准，包括强制性的国家标准、行业标准和地方标准。

（2）推荐性标准是指国家鼓励自愿采用的具有指导作用而又不宜强制执行的标准，即标准所规定的技术内容和要求具有普通指导作用，允许使用单位结合自己的实际情况，灵活加以选用。这类标准不具有强制性，任何单位均有权决定是否采用。应当指出的是，推荐性标准一经接受并采用，或各方商定同意纳入经济合同中，就成为各方必须共同遵守的技术依据，具有法律上的约束性。

3. 对象分类法

按标准对象的名称不同，标准可分为指导性标准、通用标准、管理标准、产品标准、安全标准、技术标准、术语标准、方法标准、环境标准、代码标准、包装标准、设备标准、工作标准等。

（1）指导性标准是对标准化工作的原则和一些具体做法的统一规定。例如，产品型号编制规则、各类标准编制导则等。

（2）通用标准是将一些相同特征综合在一起，制定一个在一定范围通用的标准。许多个性标准之间往往包含有一些相同的特征，如产品标准中的尺寸规格、参数系列、使用环境条件、验收规则和试验方法等。通常也称共性标准。

（3）管理标准是对标准化领域中需要协调统一的管理事项所制定的标准。管理标准按其对象可分为技术管理标准、生产组织标准、经济管理标准、行政管理标准、业务管理标准和工作标准等。

（4）产品标准是对产品结构、规格、质量和检验方法所做的技术规定。产品标准按其适用范围，分别由国家、部门和企业制定。它是一定时期和一定范围内具有约束力的产品技术准则，是产品生产、质量检验、选购验收、使用维护和洽谈贸易的技术依据。产品标准的主要内容包括：① 产品的适用范围；② 产品的品种、规格和结构形式；③ 产品的主要性能；④ 产品的试验、检验方法和验收规则；⑤ 产品的包装、储存和运输等方面的要求。

（5）安全标准是为保护人和物安全制定的标准。安全标准一般有两种形式：一种为专门的安全标准；另一种是在产品标准或工艺标准中列出有关安全的要求和指标。

（6）技术标准是对标准化领域中需要协调统一的技术事项所制定的标准。

（7）术语标准是以各种专用术语为对象所制定的标准。术语标准中一般规定术语、定义（或解释性说明）和对应的外文名称。

（8）方法标准包括两类：一类以试验、检查、分析、抽样、统计、计算、测定、作业等方法为对象制定的标准；另一类是为合理生产优质产品，并在生产、作业、试验、业务处理等方面提高效率而制定的标准。

（9）环境标准是在一定时间和空间范围内，根据社会经济的发展需要，以保护生态环境和生活环境为目标而制定的统一规范。

（10）工作标准是按工作岗位制定的，对岗位重复性工作事项制定的表述岗位工作质量的标准。

（11）设备标准是以生产过程中所用设备为对象而制定的标准。设备标准的内容主要包括设备的品种、规格、技术性能、试验方法、检验规则、加工精度、维修管理及包装、储运等。

二、标准的分级

《中华人民共和国标准化法》将我国标准分为国家标准、行业标准、地方标准、企业标准四级。

对需要在全国范畴内统一的技术要求，应当制定国家标准。对没有国家标准而又需要在全国某个行业范围内统一的技术要求，可以制定行业标准。对没有国家标准和行业标准而又需要在省、自治区、直辖市范围内统一的工业产品的安全、卫生要求，可以制定地方标准。

企业生产的产品没有国家标准、行业标准和地方标准的，应当制定相应的企业标准。对已有国家标准、行业标准或地方标准的，鼓励企业制定严于国家标准、行业标准或地方标准要求的企业标准。

另外，对于技术尚在发展中，需要有相应的标准文件引导其发展或具有标准化价值，尚不能制定为标准的项目，以及采用国际标准化组织、国际电工委员会及其他国际组织的技术报告的项目，可以制定国家标准化指导性技术文件。

标准化指导性文件（以下简称“指导性技术文件”）是为仍处于技术发展过程中（如变化快的技术领域）的标准化工作提供指南或信息，供科研、设计、生产、使用和管理等有关人员参考使用而制定的标准文件。

第三节 我国标准化管理体制

一、标准化管理体制

我国标准化工作实行统一管理与分工负责相结合的管理体制。

按照国务院授权，在国家质量监督检验检疫总局管理下，国家标准化管理委员会统一管理全国标准化工作。国务院有关行政主管部门和国务院授权的有关行业协会分工管理本部门、本行业的标准化工作。

省、自治区、直辖市标准化行政主管部门统一管理本行政区域的标准化工作。省、自治区、直辖市政府有关行政主管部门分工管理本行政区域内本部门、本行业的标准化工作。

市、县标准化行政主管部门和有关行政部门主管，按照省、自治区、直辖市政府规定的各自的职责，管理本行政区域内的标准化工作。

二、各级标准的制定

我国的国家标准由国务院标准化行政主管部门制定；行业标准由国务院有关行政主管部门制定；地方标准由省、自治区和直辖市标准化行政主管部门制定；企业标准由企业自己制定。

三、强制性标准和推荐性标准的划分

具有法律属性，在一定范围内通过法律、行政法规等手段强制执行的标准是强制性标准；其他标准是推荐性标准。

强制性标准一经颁布，必须贯彻执行。否则，造成恶劣后果和重大损失的单位和个人，要受到经济制裁或承担法律上的责任。

根据《国家标准管理办法》和《行业标准管理办法》，一般下列标准属于强制性标准。

(1) 药品、食品卫生、兽药、农药和劳动卫生标准。

(2) 产品生产、储运和使用中的安全及劳动安全标准。

(3) 工程建设的质量、安全、卫生等标准。

(4) 环境保护和环境质量方面的标准。

(5) 有关国计民生方面的重要产品标准等。

四、标准有效期

自标准实施之日起，至标准复审重新确认、修订或废止的时间，称为标准的

有效期，又称标龄。由于各国情况不同，标准有效期也不同。一般 ISO 标准每五年复审一次。

根据《中华人民共和国标准化法》的规定，标准发布实施后，制定标准的部门应根据科技的发展和经济建设的需要适时对标准进行复审，以确认现行标准继续有效或者予以修订、废止。国家标准的复审周期一般不超过五年。指导性技术文件发布后三年内必须复审，以决定是否继续有效、转化为国家标准或撤销。医疗器械产品标准使用年限一般与医疗器械注册证的年限是一致的。

第四节　相关的法律、法规

一、标准化法

《中华人民共和国标准化法》（以下简称《标准化法》）由中华人民共和国第七届全国人民代表大会常务委员会第五次会议于 1988 年 12 月 29 日通过，1989 年 4 月 1 日起实施，是我国标准化工作的基本法。《标准化法》规定了我国标准化工作的方针、政策、任务和标准化体制等，它是国家推行标准化以及实施标准化管理和监督的重要依据。

《标准化法》的主要内容包括以下几个方面。

（1）阐述指定标准化法的目的。

（2）规定制定标准的对象、制定标准的原则要求、标准化管理体制、标准的审批与发布权限、标准的复审要求以及制定标准的工作机构等。

（3）规定国家机关、企业、事业单位在实施标准中的职责。

（4）规定标准实施监督的对象范围。

（5）规定对主要违法行为的行政处罚及应负的刑事责任、质量监督人员执法的法律责任、行政处罚的决定机关等。

《标准化法》的第六条对企业生产的产品标准做了规定，“企业生产的产品没有国家标准和行业标准的，应当制定企业标准，作为组织生产的依据。企业的产品标准须报当地政府标准化行政主管部门和有关行政主管部门备案。已有国家标准或者行业标准的，国家鼓励企业制定严于国家标准或者行业标准的企业标准，在企业内部适用。”

二、《医疗器械监督管理条例》中涉及标准方面的规定

1.《医疗器械监督管理条例》第十五条

生产医疗器械，应当符合医疗器械国家标准；没有国家标准的，应当符合医疗器械行业标准。

医疗器械国家标准由国务院标准化行政主管部门会同国务院药品监督管理部门制定。医疗器械行业标准由国务院药品监督管理部门制定。

2.《医疗器械监督管理条例》第十一条

首次进口的医疗器械，进口单位应当提供该医疗器械的说明书、质量标准、检验方法等有关资料和样品以及出口国（地区）批准生产、销售的证明文件，经国务院药品监督管理部门审批注册，领取进口注册证书后，方可向海关申请办理进口手续。

3.《医疗器械监督管理条例》第三十七条

违反本条例规定，生产不符合医疗器械国家标准或者行业标准的医疗器械的，由县级以上人民政府药品监督管理部门予以警告，责令停止生产，没收违法生产的产品和违法所得，违法所得5000元以上的，并处违法所得2倍以上、5倍以下的罚款；没有违法所得或者违法所得不足5000元的，并处5000元以上、2万元以下的罚款；情节严重的，由原发证部门吊销产品生产注册证书；构成犯罪的，依法追究刑事责任。

4.《医疗器械监督管理条例》第十二条

申报注册医疗器，应当按照国务院药品监督管理部门的规定提交技术指标、检测报告和其他有关资料，其中的技术指标就包含在标准内，检测的依据就是标准。

三、《医疗器械标准管理办法（试行）》中对医疗器械注册产品标准的有关规定

《医疗器械标准管理办法（试行）》于2001年11月19日经国家食品药品监督管理局局务会审议通过发布，自2002年5月1日起施行。

在《医疗器械标准管理办法（试行）》的第四章规定了注册产品标准的制定和审核有关要求，《医疗器械标准管理办法（试行）》要求注册产品标准应执行国家标准、行业标准和有关法律、法规的要求，并按国务院药品监督管理部门公布的《医疗器械注册产品标准编写规范》的要求起草；制造商在申报产品注册时应向药品监督管理部门提交注册产品标准文本和标准编制说明。

第五节　国际上三大标准化机构简介

一、国际标准化组织（ISO）

国际标准化组织（International Organization for Standardization，ISO）是

目前世界上最大、最权威的国际标准化专门机构。1946 年 10 月 14 日至 26 日，中、英、美、法、苏等 25 个国家的 64 名代表集会于伦敦，正式表决通过建立国际标准化组织。1947 年 2 月 23 日，ISO 章程得到 15 个国家标准化机构的认可，国际标准化组织宣告正式成立。

国际标准化组织的主要活动是制定国际标准，协调世界范围的标准化工作，组织各成员国和技术委员会进行情报交流，以及与其他国际组织进行合作，共同研究有关标准化问题。

按照 ISO 章程，其成员分为团体成员和通信成员。团体成员是指最有代表性的全国标准化机构，且每一个国家只能有一个机构代表其国家参加 ISO。通信成员是指尚未建立全国标准化机构的国家（或地区）。通信成员不参加 ISO 技术工作，但可了解 ISO 的工作进展情况，经过若干年后，待条件成熟，可转为团体成员。

ISO 的工作语言是英语、法语和俄语，总部设在瑞士日内瓦。

二、国际电工委员会（IEC）

国际电工委员会（International Electrotechnical Commission，IEC）是世界上成立最早的国际性电工标准化机构，负责有关电气工程和电子工程领域中的国际标准化工作。

IEC 出版包括国际标准在内的各种出版物，并希望各成员在本国条件允许的情况下，在本国的标准化工作中使用这些标准。

目前，IEC 的工作领域已由单纯研究电气设备、电机的名词术语和功率等问题扩展到电子、电力、微电子及其应用、通信、视听、机器人、信息技术、新型医疗器械和核仪表等电工技术的各个方面。

我国 1957 年参加 IEC，1988 年起以国家技术监督局的名义参加 IEC 的工作，现在以中国国家标准化管理委员会（SAC）的名义参加 IEC 的工作。

三、国际电信联盟（ITU）

国际电信联盟（International Telecommunication Union，ITU）是联合国的一个专门机构。该国际组织成立于 1865 年 5 月 17 日，是由法、德、俄等 20 个国家在巴黎会议上为了顺利实现国际电报通信而成立的国际组织，定名为“国际电报联盟”，1932 年，70 个国家代表在西班牙马德里召开会议，决议把“国际电报联盟”改为“国际电信联盟”。1947 年，在美国大西洋城召开国际电信联盟会议，经联合国同意，国际电信联盟成为联合国的一个专门机构。

世界标准服务网（www.wssn.net）是国际标准化组织推出的国际性标准信息检索网站，其特点是提供一个全世界标准信息网络的互联平台，以链接的方式将各级各类标准信息网站连接在一起，形成一个统一的标准信息检索系统。只要进到了世界标准服务网，就可以查到全世界各国的标准信息。在世界标准服务网中，可检索到国际标准化组织（ISO）、国际电工委员会（IEC）和国际电信联盟（ITU）的标准网站；可以查到64个国家级成员的73个网站，如日本工业标准委员会（JISC）、印度标准局（BIS）等；可以查到ISO、IEC、ITU认可的8个区域性标准化机构的网站，如欧洲标准化委员会（CEN）、太平洋地区标准化会议（PASC）等；可以查到41个国际性从事标准化的组织的网站，如国际铁路联盟（UIC）、世界卫生组织（WHO）等；可以查到5个与标准化工作相关的其他国际组织或区域性组织的网站，如世界贸易组织（WTO）等。

第六节　医疗器械标准工作的管理机构和职能

一、管理机构

由国务院药品监督管理部门组织贯彻医疗器械标准工作的法律、法规，制定医疗器械标准工作的方针、政策和管理办法，组织制定和实施医疗器械标准工作规划和计划；指导、监督全国医疗器械标准工作，组织起草医疗器械国家标准；组织制定、发布医疗器械行业标准；监督实施医疗器械标准，管理各医疗器械专业标准化技术委员会，组织转化国际标准。

国家食品药品监督管理局将设立医疗器械标准化技术委员会，负责全国医疗器械标准化工作的技术指导和协调，开展医疗器械标准体系的研究，提出医疗器械标准工作政策及标准项目规划的建议；指导、协调各医疗器械专业标准化技术委员会的工作；开展标准工作的培训、宣传、技术指导和国内外标准化学术交流活动；通报医疗器械标准工作信息。

二、医疗器械专业标准化技术委员会

1. 各医疗器械专业标准化技术委员会主要任务

（1）宣传贯彻标准化工作的法律、法规、方针和政策。

（2）提出医疗器械各专业国家标准或行业标准制定、修订及研究项目的规划和计划建议。开展医疗器械标准研究工作。

（3）承担国家标准和行业标准的制定、修订任务，负责报批标准的整理、校核、编辑工作。

（4）承担医疗器械标准工作的技术指导。协助各级药品监督管理部门处理标准执行中的技术问题。

（5）负责收集、整理医疗器械标准资料，建立本专业内的医疗器械标准技术

档案。

（6）开展医疗器械国家标准、行业标准的宣传贯彻和学术交流活动，协助培训标准工作人员。

2. 现有的医疗器械专业标准化技术委员会简介

1）全国医用电器设备标准化技术委员会（SAC/TC10）

（1）负责专业范围：医用电器设备。

（2）秘书处所在单位：上海医疗器械质量监督检验中心。

2）医用X射线设备及用具分技术委员会（SAC/TC10/SC1）

（1）负责专业范围：医用X射线设备及用具。

（2）秘书处所在单位：辽宁医疗器械研究所（沈阳）。

3）医用超声设备分技术委员会（SAC/TC10/SC2）

（1）负责专业范围：医用超声设备。

（2）秘书处所在单位：国家医用超声设备质量监督检验中心（武汉）。

4）放射治疗、核医学和放射剂量学分技术委员会（SAC/TC10/SC3）

（1）负责专业范围：放射治疗设备、核医学设备和放射剂量仪器。

（2）秘书处所在单位：北京医疗器械检测中心。

5）物理治疗设备分技术委员会（SAC/TC10/SC4）

（1）负责专业范围：物理治疗设备。

（2）秘书处所在单位：国家骨科器械电疗仪器质量监督检验中心（天津）。

6）医用电子仪器分技术委员会（SAC/TC10/SC5）

（1）负责专业范围：医用电子仪器。

（2）秘书处所在单位：上海医疗器械质量监督检验中心。

7）全国外科器械标准化技术委员会（SAC/TC94）

（1）负责专业范围：外科器械。

（2）秘书处所在单位：上海医疗器械质量监督检验中心。

8）全国医用注射器（针）标准化技术委员会（SAC/TC95）

（1）负责专业范围：一次性无菌医用注射器（针）。

（2）秘书处所在单位：上海医疗器械质量监督检验中心。

9）全国光学和光学仪器标准化技术委员会（SAC/TC103）

（1）负责专业范围：光学和光学仪器。

（2）秘书处所在单位：上海光学仪器研究所。

10）医用光学和仪器分技术委员会（SAC/TC103/SC1）

（1）负责专业范围：医用光学仪器。

（2）秘书处所在单位：杭州医疗器械质量监督检验中心。

11）全国医用输液器具标准化技术委员会（SAC/TC106）

（1）负责专业范围：医用输液、输血注射器具。

（2）秘书处所在单位：济南医疗器械质量监督检验中心。

12）全国医用体外循环设备标准化技术委员会（SAC/TC158）

（1）负责专业范围：医用体外循环设备。

（2）秘书处所在单位：广州医疗器械质量检测中心。

13）全国计划生育器械标准化技术委员会（SAC/TC169）

（1）负责专业范围：计划生育器具。

（2）秘书处所在单位：上海医疗器械质量监督检验中心。

14）全国医疗器械质量管理和通用要求标准化技术委员会（SAC/TC221）

（1）负责专业范围：医疗器械质量管理和通用要求。

（2）秘书处所在单位：国家医疗器械质量认证中心。

15）全国医疗器械生物学评价标准化技术委员会（SAC/TC248）

（1）负责专业范围：医疗器械生物学评价。

（2）秘书处所在单位：济南医疗器械质量监督检验中心。

16）全国口腔材料和器械设备标准化技术委员会（SAC/TC99）

（1）负责专业范围：口腔材料和器械设备。

（2）秘书处所在单位：北京大学口腔医学院。

17）全国麻醉和呼吸设备标准化技术委员会（SAC/TC116）

（1）负责专业范围：麻醉和呼吸设备。

（2）秘书处所在单位：上海医疗器械质量监督检验中心。

18）全国医用临床检验实验室和体外诊断系统标准化技术委员会（SAC/TC136）

（1）负责专业范围：医用质量临床检验实验室和体外诊断仪器和试剂。

（2）秘书处所在单位：北京医疗器械检测中心。

19）全国消毒技术与设备标准化技术委员会（SAC/TC200）

（1）负责专业范围：消毒技术和设备。

（2）秘书处所在单位：广东医疗器械质量检测中心。

目前正在筹建的分技术委员会有以下两个。

20）全国外科植入物和矫形器械标准化技术委员会心血管植入物及体外系统分技术委员会

（1）负责专业范围：心血管植入物。

（2）秘书处所在单位：天津市医疗器械质量监督检验中心。

21）全国外科植入物和矫形器械标准化技术委员会材料及骨科植入物分技术委员会

（1）负责专业范围：消毒技术和设备。

（2）秘书处所在单位：天津市医疗器械质量监督检验中心。

第七节 医疗器械基本要求和医疗器械标准的关系

一、医疗器械产品的基本要求

一个能够上市的医疗器械产品应该符合以下基本的要求。

1. 必须是安全的

医疗器械在规定的条件使用时，为了达到预期的设计目的，必须考虑使用场合具备的技术知识、经验以及使用者受教育或培训程度等因素，它们即便在单一故障状态下也不应该危及临床的条件或病人、使用者、应用场合的其他人员的安全和健康。

2. 必须根据目前认可的工艺技术设计和制造

在产品设计和生产制造过程中，所采用的方案应该符合安全的原则以及考虑一般公认的技术状态。如果使用中存在风险，则应该权衡病人的利弊以及规定的安全和健康防护要求，设定可以接受的风险水平，在设计和生产方案中对风险采取重新设计、警告或报警，或在使用说明书中告知风险的措施。

3. 必须达到产品的预期性能

医疗器械应该达到生产企业在产品说明书中明示的性能要求，在产品应用的每一个权限定义范围内，产品的设计、制造、包装应该符合该产品的作用。

4. 必须保证在规定的寿命周期内产品的安全和性能

生产企业应确保上市产品在使用说明书中规定的产品寿命期限内，当器械处于正常使用条件的状态下，产品的特性和性能不能下降，不能产生危及临床条件、病人和使用场合相关人员安全的影响。

5. 产品在规定的运输、储存的条件下，其安全和性能不受影响

产品的设计、制造、包装应该达到这样的要求，按照生产者提供的产品说明书，产品在运输、储存过程中，其使用特性和性能不会受到不利影响。

6. 副作用必须在可接受范围内

产品预期性能的功效应该大于任何副作用。

二、医疗器械基本要求和标准的关系

医疗器械基本要求是医疗器械制造商所生产的医疗器械上市产品必须满足的，也是各国药品管理部门对其监督审查的重点；医疗器械标准既是医疗器械生产企业开发、生产全过程的主要依据，又是政府部门监督医疗器械产品质量的依据。通过执行有关的医疗器械标准，用符合医疗器械标准来证明上市产品符合基本要求，保证所生产的医疗器械产品达到安全有效的要求。因此，对医疗器械基本要求所涉及的相关内容应尽可能用产品标准形式具体体现。当然，医疗器械标准不可能体现产品的全部风险，有些风险可能通过质量管理体系予以控制，必要时，也可以通过产品说明书将剩余风险告知用户。

第八节　重要医疗器械标准

医疗器械是一种有使用风险的产品，为了能有效地控制产品质量，长期以来，各医疗器械标准化技术委员会制定了大量标准，其中有些标准涉及面广，是大多数医疗器械产品应该采用的标准，这些重要的医疗器械标准基本覆盖了主要医疗器械产品的安全方面要求，构成了医疗器械安全方面的标准化体系。

一、医疗器械风险管理对医疗器械的应用（YY/T 0316—2003）

该标准等同采用了ISO14971—1：2000标准。

所有医疗器械，小到一次性注射器，大到CT机，在使用过程中无一例外地都存在风险，零风险是不存在的，这就是医疗器械风险。如何在使用可能发生故障的医疗器械时，将风险降到最低，以及在随机状态下如何保障医疗器械的使用安全，这就是医疗器械风险管理的内容。

风险一般是指损害发生的概率与损害的严重程度，医疗器械风险管理就是要预见会发生什么故障，这些故障会带来哪些风险，人体是否能够接受。最常提到的医疗器械不良反应，实际上都是质量合格的产品，但在使用过程中也难免会发生一些危害。风险管理就是要保证医疗器械在正常运行以及不可预知的故障状态下的使用安全。为了确保医疗器械在使用时万无一失，在医疗器械风险管理报告中，要对随机使用的安全性给予适当评价并提供解决办法。比如，给骨折患者安装的骨板钉，有多种原因可以引起断裂，一种可能是选用的材料出现问题，还可能是生产过程中的加工误差。此外，医生在使用过程中的操作失误也会成为诱因。还有患者的原因，比如安装后的剧烈运动等。风险管理就是要提前规避这些诱因，并明确告知医生及患者。

对于医疗器械来说，风险管理不仅要顾及其在使用中的安全，还要考虑这些

医疗器械被淘汰后的处置安全，目的是避免污染环境，以及防止非法二次利用等。医疗器械风险管理包括风险分析、风险评价、风险控制、全部剩余风险评价、生产后信息等过程。通过科学规范地运作，确保医疗器械风险降低到可接受水平。

医疗器械的风险管理应该伴随医疗器械的整个寿命周期，从设计开发、生产、交付使用、售后服务到报废处置的全过程。这个过程涉及生产、经营、使用、回收等诸多单位。比如一次性输液器，使用后如果处理不当，不仅会造成环境污染，还可能被不法分子重新包装后二次使用。这就说明医疗器械在报废处理过程中也是有风险的。再比如，随着医疗器械的软件不断升级，时效性也越来越强，软件的时效就是系统的时效。如何有效利用软件又不使其成为医疗器械遭淘汰的原因，这就是设计和开发的风险。

YY/T 0316 标准主要是研究医疗器械产品的随机失效时间，对危害的发生概率及伤害的严重程度进行定性乃至定量的分析，并判断医疗器械可接受程度以决定医疗器械及其预期用途的适宜性的一份重要标准。

标准要求医疗器械满足一系列有关安全性标准外，还要对和医疗器械使用有关的风险进行分析评估。

风险分析和管理主要规定了判定危害和风险分析的程序，主要涉及与医疗器械有关的危害，这种主要是随机失效事件的研究，要求把风险量化，至少是具体的定性分析，以便确定医疗器械的安全性。另外，还有医疗器械在正常情况下的风险分析和事故率的统计数据，都是使风险量化的重要来源。

标准中没有产品技术、安全的具体要求，也不规定具体的技术途径，它只规定了进行风险分析的程序，主要涉及随机事件的分析，因此它和其他安全标准是相辅相成的。

二、医用电气设备安全要求（IEC60601 系列及其他相关标准）

该系列标准是应用于医用电气设备的系列安全标准。系列标准由医用电气设备的安全通用要求、并列标准和专用安全要求三者构成一个标准族，是保证医用电气设备类医疗器械安全的最基本的技术法规。

IEC60601—1 是对所有的医用电气设备规定了共同的安全要求；并列标准 IEC60601—1—XX 是对一部分医用电气设备规定了补充的安全要求；安全专用要求 IEC60601—2—XX 是对某一类型医用电气设备规定了安全的专用要求。目前，IEC60601 系列的部分标准已转化为国内标准。

GB9706.1—1995　医用电气设备　第 1 部分：安全通用要求

GB9706.15—1999　医用电气设备　第 1 部分：安全通用要求　1. 并列标准：医用电气系统安全要求

YY0505—2005　医用电气设备　第1-2部分：安全通用要求-并列标准：电磁兼容——要求和试验

GB9706.2—2003　医用电气设备　第2-16部分：血液透析、血液透析滤过和血液滤过设备的安全专用要求

GB9706.3—2000　医用电气设备　第2部分：诊断X射线发生装置的高压发生器安全专用要求

GB9706.4—1999　医用电气设备　第2部分：高频手术设备安全专用要求

GB9706.5—1992　医用电气设备　能量为1～50MeV医用电子加速器专用安全要求

GB9706.6—1992　医用电气设备　微波治疗设备专用安全要求

GB9706.7—1994　医用电气设备　超声治疗设备专用安全要求

GB9706.8—1995　医用电气设备　第2部分：心脏除颤器和心脏除颤器监护仪的专用安全要求

GB9706.9—1997　医用电气设备　医用超声诊断和监护设备专用安全要求

GB9706.10—1997　医用电气设备　第2部分：治疗X射线发生装置安全专用要求

GB9706.11—1997　医用电气设备　第2部分：医用诊断X射线源组件和X射线管组件安全专用要求

GB9706.12—1997　医用电气设备　第1部分：安全通用要求　3. 并列标准诊断X射线设备辐射防护通用要求

GB9706.13—1997　医用电气设备　第2部分：遥控自动驱动式γ射线后装设备安全专用要求

GB9706.14—1997　医用电气设备　第2部分：X射线设备附属设备安全专用要求

GB9706.16—1999　医用电气设备　第2部分：放射治疗模拟机安全专用要求

GB9706.17—1999　医用电气设备　第2部分：γ射束治疗设备安全专用要求

GB9706.18—2006　医用电气设备　第2部分：X射线计算机体层摄影设备安全专用要求

GB9706.19—2000　医用电气设备　第2部分：内窥镜设备安全专用要求

GB9706.20—2000　医用电气设备　第2部分：诊断和治疗激光设备安全专用要求

GB9706.21—2003　医用电气设备　第2部分：用于放射治疗与患者接触且具有电气连接辐射探测器的剂量计的安全专用要求

GB9706.22—2003　医用电气设备　第2部分：体外引发碎石设备安全专用要求

GB9706.23—2005　医用电气设备　第2-43部分：介入操作　X射线设备安全专用要求

GB9706.24—2005　医用电气设备　第2-45部分：乳腺X射线摄影设备及乳腺摄影立体定位装置安全专用要求

GB9706.25—2005　医用电气设备　第2部分：心电监护设备安全专用要求

GB9706.26—2005　医用电气设备　第2部分：脑电图机安全专用要求

GB9706.27—2005　医用电气设备　第2部分：输液泵和输液控制器安全专用要求

GB9706.28—2006　医用电气设备　第2部分：呼吸机安全专用要求 治疗呼吸机

GB9706.29—2006　医用电气设备　第2部分：麻醉系统的安全和基本性能专用要求

GB10793—2000　医用电气设备　第2部分：心电图机安全专用要求

GB11243—2000　医用电气设备　第2部分：婴儿培养箱安全专用要求

YY0319—2000　医用电气设备　第2部分：医疗诊断用磁共振设备安全专用要求

YY0455—2003　医用电气设备　第2部分：婴儿辐射保暖台安全专用要求

YY/T 0457.1—2003　医用电气设备　光电X射线影像增强特性　第1部分：入射尺寸的测定

YY/T 0457.2—2003　医用电气设备　光电X射线影像增强特性　第2部分：转换系数的测定

YY/T 0457.3—2003　医用电气设备　光电X射线影像增强特性　第3部分：亮度分布和非均匀性测定

YY/T 0457.4—2003　医用电气设备　光电X射线影像增强特性　第4部分：图像失真的测定

YY/T 0457.5—2003　医用电气设备　光电X射线影像增强特性　第5部分：探测量子效率的测定

YY/T 0457.6—2003　医用电气设备　光电X射线影像增强特性　第6部分：对比度及炫光系数的测定

YY/T 0457.7—2003　医用电气设备　光电X射线影像增强特性　第7部分：调制传递函数的测定

YY0568—2005　医用电气设备　第2部分：手术照明灯和诊断照明灯安全专用要求

YY0570—2005 医用电气设备 第2部分：手术台安全专用要求

YY0571—2005 医用电气设备 第2部分：医院电动床安全专用要求

YY/T 0590.1—2005 医用电气设备 数字X射线成像装置特性 第1部分：量子探测效率的测定

YY0607—2007 医用电气设备 第2部分：神经和肌肉刺激器安全专用要求

通用安全标准要求产品从设计制造开始就要考虑产品的安全性，不仅要考虑正常使用时的安全性，还要考虑设备在运输、储存、安装、保养时的安全性；不仅要考虑设备在正常状态下的安全性，还要考虑设备在非正常状态下的安全性；不仅要考虑设备不会产生可以预见到的危险，还要考虑与预期目的不相关的危险，以确保医用电气设备的安全性。标准的许多要求都是从设计的角度提出的，是医用电气设备生产企业应普遍遵循的通用标准。这份标准是帮助生产者设计和制造安全的产品，是生产者、检验机构和政府管理部门评价产品是否安全的依据。

安全标准和其他标准在执行上有一个显著的不同点，就是安全标准的强制执行，这在《中华人民共和国标准化法》中已作出了规定，因此，医用电气设备的生产企业必须执行这些标准。

三、医疗器械生物学评价（ISO10993系列和GB/T 16886系列）

该系列标准用于介入或植入人体的医疗器械的生物安全性评价，是保证与人体直接接触的医疗器械安全的重要标准。

医疗器械是有别于一般工农业产品的特殊商品，其质量好坏直接关系到患者的生命安全，为了保证医疗器械的安全性，在产品设计时必须先考虑可能出现的各种危害，并在设计上保证其造成的危害减至最低程度。医疗器械的安全性评价程序为：物理和化学性能评价—生物学评价—临床研究，生物学评价是医疗器械安全性评价的关键环节。

医疗器械生物学评价标准主要是为保证与人体接触或植入体内的一类医疗器械安全性而制定的，是指导这类医疗器械安全评价的基本标准。在制定具体医疗器械产品标准时，要按照生物学评价标准，同时根据产品的临床使用特点来制定产品的生物学性能要求和评价方法。

目前，我国已制定的有关生物学评价的标准如下。

YY/T 0127.3—1998 口腔材料生物学评价 第2单元：口腔材料生物试验方法 根管内应用试验

YY/T 0127.4—1998 口腔材料生物学评价 第2单元：口腔材料生物试验方法 骨埋植试验

YY/T 0127.5—1999　口腔材料生物学评价　第2单元：口腔材料生物试验方法　吸入毒性试验

YY/T 0127.6—1999　口腔材料生物学评价　第2单元：口腔材料生物试验方法　显性致死试验

YY/T 0127.7—2001　口腔材料生物学评价　第2单元：口腔材料生物试验方法　牙髓牙本质应用试验

YY/T 0127.8—2001　口腔材料生物学评价　第2单元：口腔材料生物试验方法　皮下植入试验

YY/T 0127.9—2001　口腔材料生物学评价　第2单元：口腔材料生物试验方法　细胞毒性试验：琼脂覆盖法及分子滤过法

YY/T 0127.10—2001　口腔材料生物学评价　第2单元：口腔材料生物试验方法　鼠伤寒沙门氏杆菌回复突变试验（Ames试验）

GB/T 16175—1996　医用有机硅材料生物学评价试验方法

GB/T 16886.1—2001　医疗器械生物学评价　第1部分：评价与试验

GB/T 16886.2—2000　医疗器械生物学评价　第2部分：动物保护要求

GB/T 16886.3—1997　医疗器械生物学评价　第3部分：遗传毒性、致癌性和生殖毒性试验

GB/T 16886.4—2003　医疗器械生物学评价　第4部分：与血液相互作用试验选择

GB/T 16886.5—2003　医疗器械生物学评价　第5部分：体外细胞毒性试验

GB/T 16886.6—1997　医疗器械生物学评价　第6部分：植入后局部反应试验

GB/T 16886.7—2001　医疗器械生物学评价　第7部分：环氧乙烷灭菌残留量

GB/T 16886.9—2001　医疗器械生物学评价　第9部分：潜在降解产物的定性和定量框架

GB/T 16886.10—2005　医疗器械生物学评价　第10部分：刺激与迟发型超敏反应试验

GB/T 16886.11—1997　医疗器械生物学评价　第11部分：全身毒性试验

GB/T 16886.12—2005　医疗器械生物学评价　第12部分：样品制备与参照样品

GB/T 16886.13—2001　医疗器械生物学评价　第13部分：聚合物医疗器械的降解产物的定性与定量

GB/T 16886.14—2003　医疗器械生物学评价　第14部分：陶瓷降解产物

的定性与定量

GB/T 16886.15—2003　医疗器械生物学评价　第 15 部分：金属与合金降解产物的定性与定量

GB/T 16886.16—2003　医疗器械生物学评价　第 16 部分：降解产物和可溶出物的毒代动力学研究设计

GB/T 16886.17—2005　医疗器械生物学评价　第 17 部分：可沥滤物允许限量的建立

四、医疗器械灭菌过程的确认和控制系列标准（ISO11134、ISO11135 等～GB18278—2000、GB18279—2000 等）

这类标准用于无菌医疗器械灭菌过程的确认和控制，是保证无菌类医疗器械安全的重要标准。

清洁、消毒、灭菌是预防和控制医院感染的一个重要环节，它包括医院病室内外环境的清洁、消毒和诊疗用具、器械、药物的消毒、灭菌，以及接触传染病患者的消毒隔离和终末消毒等措施。

消毒是指杀灭或清除传播媒介上的病原微生物，使之达到无害化的处理。

灭菌是指杀灭或清除传播媒介上的所有微生物（包括芽孢）的处理。

经过灭菌的物品称“无菌物品”。用于需进入人体内部，包括进入血液、组织、体腔的医用器材，如手术器械、注射用具、一切置入体腔的引流管等，要求绝对无菌。

消毒与灭菌是两个不同的要领。灭菌可包括消毒，而消毒却不能代替灭菌。消毒多用于卫生防疫方面，灭菌则主要用于医疗护理。

医院诊疗用医疗器械一般按污染后可造成的危害程度和在人体接触部位的不同分为以下三类。

（1）高度危险的器材。穿过皮肤、黏膜而进入无菌的组织或器官内部，或与破损的皮肤黏膜密切接触的器材，如手术器械、注射器、心脏起搏器等。必须选用高效消毒法（灭菌）。

（2）中度危险的器材。仅与皮肤、黏膜密切接触，而不进入无菌组织内，如内窥镜、体温计、氧气管、呼吸机及所属器械、麻醉器械等。应选用中效消毒法，杀灭除芽孢以外的各种微生物。

（3）低度危险器材和物品。不进入人体组织，不接触黏膜，仅直接或间接地与健康无损的皮肤接触，如果没有足够数量的病原微生物污染，一般并无危害，如口罩、衣被、药杯等，应选用低效消毒法或只作一般卫生处理。只要求去除一般细菌繁殖体和亲脂病毒。

消毒、灭菌的方法有：①物理消毒灭菌法。是利用物理因子杀灭微生物的方法，包括热力消毒灭菌、辐射消毒、空气净化、超声波消毒和微波消毒等。②化学消毒灭菌法。利用化学药物渗透细菌的体内，使菌体蛋白凝固变性，干扰细菌酶的活性，抑制细菌代谢和生长或损害细胞膜的结构，改变其渗透性，破坏其生理功能等，从而起到消毒灭菌作用。

目前，已制定的相关标准如下所示。

GB18278—2000　医疗保健产品灭菌　确认和常规控制要求　工业湿热灭菌

GB18279—2000　医疗器械　环氧乙烷灭菌　确认和常规控制

GB18280—2000　医疗保健产品灭菌　确认和常规控制要求　辐射灭菌

GB18281.1—2000　医疗保健产品灭菌　生物指示物　第1部分：通则

GB18281.2—2000　医疗保健产品灭菌　生物指示物　第2部分：环氧乙烷灭菌用生物指示物

GB18281.3—2000　医疗保健产品灭菌　生物指示物　第3部分：湿热灭菌用生物指示物

GB18282.1—2000　医疗保健产品灭菌　化学指示物　第1部分：通则

GB/T 19971—2005　医疗保健产品灭菌　术语汇编

GB/T 19972—2005　医疗保健产品灭菌　生物指示物　选择、使用及检验结果判断指南

GB/T 19973.1—2005　医用器材的灭菌　微生物学方法　第1部分：产品上微生物总数的估计

GB/T 19973.2—2005　医用器材的灭菌　微生物学方法　第2部分：确认灭菌过程的无菌试验

GB/T 19974—2005　医疗保健产品灭菌　灭菌因子的特性及医疗器械灭菌工艺的设定、确认和常规控制的通用要求

五、YY/T 0287—2003 医疗器械质量管理体系用于法规的要求

该标准等同采用 ISO13485：2003，是医疗器械质量体系应用的专用要求，医疗器械的生产企业要建立完善的质量保证体系，才能保证生产安全有效的医疗器械。该标准规定了质量管理体系要求，组织（企业）可依此要求进行医疗器械的设计和开发、生产、安装和服务以及相关服务的设计、开发和提供；也可用于内部和外部评定组织满足法规要求和顾客的能力。

该标准的主要目的是便于实施经协调的质量管理体系的法规要求。因此，标准包含了一些医疗器械的专用要求，删除了 ISO9001 中不适于作为法规要求的某些要求。由于这些删除，质量管理体系符合本标准的组织不能声称符合 ISO9001 标准，除非其质量管理体系还符合 ISO9001 中所有的要求。

该标准强调法规要求，许多地方不过分强调顾客要求。这是因为顾客满意不

适合于作为医疗器械的法规目标，这与全世界管理体系法规的协调目标是一致的。

该标准结合医疗器械行业特点，增加了许多专业性规定。如组织保存记录的期限应至少相当于组织所规定的医疗器械的寿命期，但从组织放行产品的日期起不少于2年，或按相关法规要求规定；对产品清洁、防止污染、人员健康等方面的要求；增加了提供质量问题早期报警和评审生产后阶段的经验等内容；此外，对有源植入性医疗器械和植入性器械还有专用要求，即"组织应记录检验和试验人员的身份"；等等。

六、医用电气设备环境试验要求和试验方法（GB/T 14710）

执行该标准是要求有源医用电气设备在不同的气候、机械环境下使用时，产品的安全性和有效性还应该得到保证。医疗器械产品在全世界的各个地方使用，世界各地的气候环境不同，产品在运输过程中可能承受的气温可能从零下几十摄氏度到零上几十摄氏度，在不同的区域间运输，可能是平坦的高速公路，也可能是崎岖不平的山路，如果产品设计时选用的元器件不恰当或产品内部结构设计不尽合理，那么，不同的气温、颠簸的路程，都可能对医用电气设备中的电气元器件或产品的结构固定产生影响，进而影响到产品的安全性和有效性，这份标准就是模拟产品在不同的气候、机械环境下运输、运行，以此来验证产品在不同环境下使用情况。

七、一次性使用医疗、卫生用品卫生要求（GB15980、GB15979）

1. GB15980—1995《一次性使用医疗用品卫生标准》

标准规定了一次性使用医疗用品（用于病人检查、治疗、护理用指套、手套、吸痰管、阴道窥镜、治疗巾、皮肤清洁巾、擦手巾、压舌板、垫单、中单等接触完整黏膜、皮肤的各类一次性使用医疗、护理用品）灭菌及消毒前、后的卫生标准。本标准对一次性使用医疗用品（包括灭菌的和消毒的一次性使用医疗用品）生产企业中生产、装配、包装车间等生产过程和生产工人提出卫生要求的质量控制。

标准适用于各类一次性使用医疗用品生产企业，也适用于灭菌与消毒服务单位。

2. GB15979—2002《一次性使用卫生用品卫生标准》

标准规定了一次性使用卫生用品的产品和生产环境卫生标准、消毒效果生物监测评价标准和相应检验方法，以及原材料与产品生产、消毒、储存、运输过程卫生要求和产品标志要求。

本标准适用于国内从事一次性使用卫生用品的生产与销售的部门、单位或个人，也适用于经销进口一次性使用卫生用品的部门、单位或个人。

一次性使用卫生用品是指使用一次后即丢弃的、与人体直接或间接接触的，并为达到人体生理卫生或卫生保健（抗菌或抑菌）目的而使用的各种日常生活用品，产品性状可以是固体，也可以是液体。例如，一次性使用手套或指套（不包括医用手套或指套）、纸巾、湿巾、卫生湿巾、电话膜、帽子、口罩、内裤、妇女经期卫生用品（包括卫生护垫）、尿布等排泄物卫生用品（不包括皱纹卫生纸等厕所用纸），在本标准中统称为“卫生用品”。

第九节　医疗器械注册标准

一、什么是注册标准

所谓注册标准，是指企业在申报产品注册时，向医疗器械监督管理部门提交的供医疗器械注册用的产品标准。该标准可以是国家标准、行业标准和注册产品标准，其中选用的国家标准、行业标准应当是能覆盖申报注册产品安全有效性的产品标准。

自《医疗器械监督管理条例》于 2000 年 4 月 1 日开始实施以来，医疗器械监督管理工作步入了法制化轨道。医疗器械标准是医疗器械研制、生产、经营、使用和监督管理共同遵守的技术法规。医疗器械标准工作是整个监督管理工作的技术基础。从《医疗器械监督管理条例》发布之初，《医疗器械标准管理办法》就列入《医疗器械监督管理条例》配套规章的立法计划。

针对《医疗器械监督管理条例》中没有给出注册产品标准法律地位的问题，国家食品药品监督管理局多次向有关部门汇报、协调，最终最高人民法院审判委员会和最高人民检察院检察委员会于 2001 年 4 月 5 日最高人民法院审判委员会第 1168 次会议、2001 年 3 月 30 日最高人民检察院第九届检察委员会第 84 次会议通过了《最高人民法院、最高人民检察院关于办理生产、销售伪劣商品刑事案件具体应用法律若干问题的解释》，自 2001 年 4 月 10 日开始施行。在该司法解释中，明确规定：“没有国家标准、行业标准的医疗器械，注册产品标准可视为‘保障人体健康的行业标准’。”注册产品标准获得了法律地位。

注册产品标准应由制造商制定，能保证产品安全有效，并在产品申请注册时，经医疗器械监督管理部门依据国家标准和行业标准相关要求审核确认。注册产品标准规定的技术条款应符合或优于国家标准和行业标准的规定；医疗器械生产企业获得注册批准以后，应根据经审查批准的注册产品标准组织生产；国家可根据国家标准、行业标准、注册产品标准对其产品质量实施监督管理。

注册产品标准是反映产品质量特征的技术文件，包括以下方面。

(1) 技术内容应合理性，有较强的可操作性。

(2) 技术内容规定的各项性能指标应满足产品预期用途的承诺。

(3) 技术内容规定的各项安全指标应能将产品的可预见风险程度降到最低限度。

(4) 技术内容规定的各项指标内容应依据临床试验结果，覆盖产品的全部质量特征。

(5) 技术内容的制定还应该注意与国家有关的法律、法规相一致以及相关的强制性标准的执行情况。

二、注册产品标准的编号

注册产品标准编号由注册产品标准代号、标准复核机构所在地简称（国别）、注册产品标准顺序号和年代号组成。其中，标准复核机构所在地简称对应境内生产的医疗器械，为一位或两位汉字，是指国家、省、自治区、直辖市简称，或省、自治区＋设区市简称。国别简称表示为三位英文字母，对应进口的医疗器械。

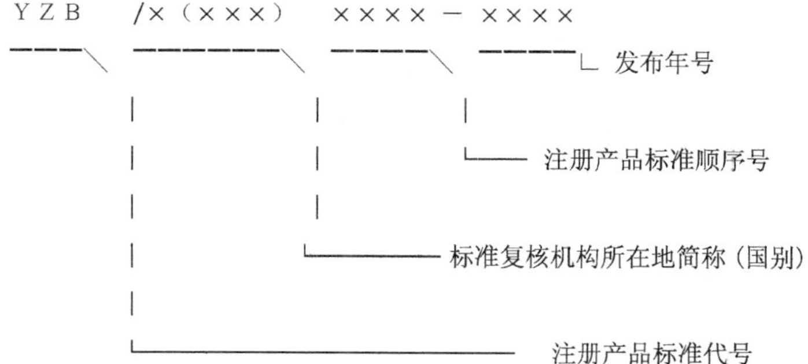

三、注册标准的基本内容

注册标准一般可直接采用国家标准、行业标准作为产品注册标准，但企业应从风险管理的角度考虑所采用的标准是否已完全覆盖了产品的全部安全性、有效性。通常某一类产品的国家标准、行业标准是针对这类产品必须具有的最基本的安全和性能要求作出规定，而不会详细阐述产品的型号、规格、材料、组成等某一产品的特征性内容，因此应有一份承诺性文件详细说明自己产品的型号、规格、材料、组成等特征性内容，并承诺自己的产品在采用这些国家标准或行业标准后，足以保证产品的安全性和有效性。如果一个产品按照产品名称可以找到相应的国家标准或行业标准，但这个产品还具有一些主要的功能是国家标准或行业标准没有包含的，建议另行编制注册产品标准。

四、注册产品标准的编写要求

注册产品标准的编写是一项技术性很强同时又具有一定行政协调性的工作，负责编写注册产品标准的人员至少应该熟悉产品，具有一定的语言组织、表达能力和组织协调能力。在着手编写产品标准前，要针对产品进行调查研究，收集国内外有关标准和资料，了解同类产品的新的科研成果和技术发展趋势；标准完成初稿后应组织企业内部的相关技术人员和相关的部门（如技术科、工艺科、质量检验科等）进行讨论并组织必要的试验和验证；产品标准经注册确认后，应及时组织企业内部相关人员学习、理解和执行经确认的产品标准。

注册产品标准的编写应按 GB/T 1.1—2000《标准化工作导则 第1部分：标准的结构和编写规则》的要求进行编写。

注册产品标准应符合相关的国家标准、行业标准和专业安全标准等要求，引用的相关国家标准、行业标准应在有效期内，并且其中的“要求”和相应的“试验方法”应一并执行；标准的编写规范应符合规定，编制说明应符合要求；标准中的安全、有效指标应体现产品的预期目的和风险分析；制定标准时，主要指标、安全指标应通过验证；标准中规定的出厂检验条款应合理。

在制定注册产品标准时，应考虑不低于已批准上市国内同类产品的平均水平；对涉及安全性的技术性能指标，应从风险分析角度看问题，凡能用标准控制的应优先考虑，并作为市场准入的最基本要求。

在制定注册产品标准时，有相关的推荐性标准的，由企业选择性执行，不作为强制要求，但作为上市产品实际风险控制的要求考虑，只要是适用的原则上应执行，除非说明不适用的理由成立。

注册产品标准的编写一般应包括下列基本要求。

1. 注册产品标准名称

注册产品名称应具有科学性，符合国家药品监督管理部门规定的医疗器械产品命名原则。注册产品标准的名称一般应与注册产品名称一致，并应避免采用商品名作为注册产品标准的名称，不可含有“企业商标”或含有“临床疗效”等内容。产品名称前可以冠以“型号”，也可以编制“系列”产品标准，如单道心电图机、XP-1 单道心电图机、XP 系列单道心电图机等。

2. 前言

每个标准都应有前言，它由专用部分和基本部分组成。

（1）专用部分适当给出下列信息。

①指明采用国际标准、国外先进标准的采用程度和版本，说明对国际导则或其他类似标准、规范等文件的采用情况；

②指明与采用对象的主要技术差异及简要理由；

③与前版的重要技术内容改变情况的说明；

④与其他标准文件或其他文件的关系的说明；

⑤指明哪些附录是标准的附录，哪些是提示的附录。

（2）基本部分适当给出下列信息。

①本标准由×××部门提出；

②本标准由×××部门归口；

③本标准起草单位：××××；

④本标准主要起草人：××××；

⑤本标准首次发布、历次修订的年、月。

编写前言时，如果产品已有相应的国家标准、行业标准，而注册产品标准未完全等同采用，有的内容不采用，有的内容修改后采用，那么，应该在前言中说明没有采用的内容或修改采用的内容。

一般，注册产品标准会随国家新的法律、法规、国家标准、行业标准的出台或者是四年一期的注册周期变换而进行修订，因此，在前言中应该详细说明标准版本的演变情况，以便于后续人员了解整个产品的发展情况。同时，在每次变换版本时，还应该在前言中说明新版本与老版本的不同之处，特别是由于产品的变化引起的产品标准内容的变更，或者是执行新的国家标准、行业标准后产品标准内容的变化情况，便于使用到这份标准的人员可以很快地了解新版本标准的大致情况。

3. 范围

在标准的这个部分应该明确陈述本标准规范的对象和所涉及的各个方面，指明适用的界限。因此，这个部分极其重要，相当于整份标准的纲领，基本上标准中“要求”章节提出的安全性和有效性的内容，就是依据这个部分阐述的产品预期用途，通过对产品的风险评价来设定的。

一般可以分成二段来写，第一段描述本标准规定的内容，第二段描述本标准所适用的产品以及该产品的预期用途。

应该注意的是，经常有些产品标准对产品的预期用途的描述不准确，往往将产品的适用范围与产品的预期用途混为一谈。比如对心电图机的描述，应该描述为“产品供医疗机构用于……”，而在企业的产品标准中，经常会描述成“产品可用于内科、外科、儿科等部门测试心电图”。另外，在对产品的预期用途进行描述时，应明确产品是仅供在医疗机构内使用，还是既可在医疗机构内使用，也可在专业人士的监控下在家庭环境中使用，或是仅供在家庭环境中使用。明确产品的使用环境非常重要，因为使用环境也是对产品进行风险评估时要考虑的重要因素。

4. 规范性引用文件

应包括引导语和规范性引用文件的一览表。一览表中引用文件的排列顺序为国家标准、行业标准、国际标准及规范性文件等。

引导语一般采用范本语句，可以叙述为："下列文件中的条款通过本标准的引用而成为本标准的条款。凡是注日期的引用文件，其随后所有的修改版（不包括勘误的内容）或修订版均不适用于本规范，然而，鼓励根据本标准达成协议的各方研究是否可使用这些文件的最新版本。凡是不注日期的引用文件，其最新版本适用于本规范。"

规范性引用文件一览表其实不是采用表格方式，只是将本产品标准中引用到的规范性文件逐一列出，如果本产品标准中引用了多个规范性文件，则排列的顺序为国家标准、行业标准、国际标准及规范性文件，同一类别的文件则以编号的大小为顺序，编号小的文件在前面。例如，某个产品标准中同时引用到 GB9706.1《医用电气设备 第1部分：安全通用要求》和 GB/T 16886.1—2001《医疗器械生物学评价 第1部分：评价与试验》两份标准，那么，在规范性引用文件一览表中出现的形式如下：

……

GB9706.1　　　　　　医用电气设备 第1部分：安全通用要求

GB/T 16886.1—2001　医疗器械生物学评价 第1部分：评价与试验

……

5. 分类与命名（型号规格、结构形式、基本参数等）

为符合标准要求的产品（系列）建立一个分类、型号、产品代码或产品标记，可以包括规格、尺寸、基本参数、产品的使用环境等。

在这个章节里，应该将产品的重要信息详细地罗列出来，特别是产品的基本结构、基本组成、产品使用的主要的原材料、产品型号的命名方式等，对于有源电气设备，还可以包括产品的电气结构图，如果产品是由多个设备组成一个系统，还应该在这个章节中写清整个系统的组成以及系统中每个设备的情况。

一般，无源产品的产品标准在这个章节中可能包括产品使用的材料、所有产品的型号规格、各型号规格的产品的基本尺寸，并有简单的产品结构示图，例如：①一份简单的手术器械产品标准，应该在这章内写明产品使用的材料、所有产品的型号规格、各型号规格的产品的基本尺寸，并有简单的产品结构示图；②对于一些无源敷料类产品，同样应该在这章内写明产品使用的材料、所有产品的型号规格、各型号规格的产品的基本尺寸，并有简单的产品结构示图，如果产品由多层材料组成，还应该明确每一层采用的材料，每一层材料的形状、大小、厚度等内容。

一般有源产品的产品标准在这个章节中可能包括产品型式、命名规则、产品的结构组成、所有产品的型号规格、各型号规格的产品的基本参数，并有简单的产品结构示图和产品的使用环境、电源要求等，例如：①对于一般的有源设备，应写明产品的型式是台式、立式、吊式、壁式或可移动式等，明确产品的型号规格共有多少，以及产品型号命名的方式，明确产品的结构组成，明确产品的一些基本参数。这里指的基本参数应该是为完成本产品基本功能必需的一些重要参数，如纯软件类产品就必须给出可以支持本软件正常运作的硬件的配置要求等。②对于一个医用电气系统，除了明确产品的型式、产品的型号规格、产品型号命名的方式、产品的一些基本参数外，还应该详细阐述这个系统由哪些设备组成，这些设备中，哪些属于医用电气设备、哪些不属于医用电气设备，系统中的非医用电气设备的安全要求如何规定，整个系统是否采用带隔离变压器的多孔插座等内容。

6. 要求

产品标准中的要求这个章节是最能直接体现产品安全性、有效性的一个章节，编写这个章节时，应该依据对整个产品进行风险分析的基础上，对产品在使用过程中可能引起风险而必须进行定量或定性规定的要求全部在这个章节中给予规定。安全性及有效性要求的编写应考虑要求的合理性、有效性、安全性、适用性、完整性和协调性。

一般安全性能要求方面应注意选择适用下列标准：GB9706 系列医用电气设备安全要求系列标准、GB/T 16886 医疗器械生物学评价系列标准、YY/T 0127.X 口腔材料生物学评价系列标准以及其他安全要求。

有效性能要求应包括重要性能和一般性能指标。有强制性国家标准、行业标准的产品，其性能应符合国家标准、行业标准的要求。如果对应的国家标准、行业标准是推荐性的，企业应尽量考虑执行国家标准、行业标准中提出的要求。没有国家标准、行业标准的产品，其性能应由产品制造商根据产品预期应用情况确定，并保持性能要求与说明书中明示的技术指标一致。

作为一个特定产品的国家标准、行业标准，其实是针对这一类产品提出的最基本的要求，有时为了适应临床机构的一些附加要求，或为了使产品在市场上提高竞争力，企业设计的产品可能带有一些特别的功能，或产品的一些主要技术指标高于国家标准、行业标准的要求，在这种情况下，企业应该在产品标准中针对自己的产品提出详细合理的要求。

在编制产品标准时，对于产品具有的所有功能（或性能），产品标准中都应该明确要求。有些产品带有一些辅助功能（如一些计时、不同的显示等），企业往往在产品标准中未加以规定，但作为一个特定的产品来说，这些辅助功能就是这个产品特有的特性，只有在产品标准中有明确的规定，才能说明产品确有这些特定功能，产品生产才有据可依，否则，可能导致产品生产的随意性。

一般从下面几个方面考虑。

（1）电气安全方面。目前，医用电气设备应符合 GB9706.1《医用电气设备第 1 部分：安全通用要求》和相关的专用安全要求。实验室用设备可考虑采用 GB4793.1《测量、控制和实验室用电气设备的安全要求》和相关的专用安全要求。医用电气系统中的非医用电气设备应明确适用的安全标准。

（2）生物安全方面。不论是无源医疗器械还是有源医疗器械，如果产品中具有与人体直接接触的部分，那么，就应该对与人体直接接触的材料考虑生物安全的要求。应该注意，这里指的是与人体直接接触材料，而不是原材料，因此，应该评价产品成品。

有时，企业在编制产品标准时，会误解为只考虑原材料的生物安全性能，而忽略了原材料在制成成品的加工过程中，由于生产工艺和添加剂的影响，生物安全性能发生了变化。

在编制产品标准时，应根据产品的实际使用状况（与人体接触的部位、接触时间长短等因素）按照 GB16886.1 标准的要求再确定具体要求。

（3）化学性能方面。一些在使用过程中与人体接触的材料应考虑化学性能的要求，包括材料分析（如烧灼残渣、微量元素、单体等）或器械溶出物分析（如还原物质、酸碱度、重金属、不挥发物、紫外吸光度、残留物限量、微量元素等），以及控制成品中有害成分、加工助剂、灭菌剂残留等。

（4）物理性能方面。应依据产品实际的临床使用情况，从产品的使用风险、临床使用要求等方面考虑产品必须达到的要求，必须包括能够保证产品有效性的所有要求。

（5）微生物控制方面。作为在使用时与人体直接接触的产品或部件（特别是敷料类产品、管路类产品等），都应该考虑对微生物的控制要求。

一般与人体表面皮肤、自然腔道直接接触的产品或附件（如非创口接触的敷贴、一次性使用心电电极等），根据产品的实际使用状况，可选择参照 GB15980—1995《一次性使用医疗用品卫生标准》、GB15979—2002《一次性使用卫生用品卫生标准》执行，对产品应考虑细菌总落数、真菌、致病菌等要求。

一般与创口接触的产品（如伤口敷料、腹腔引流管等），应该要求产品是无菌的。对于那些产品的实际使用状况必须是无菌的产品，如果产品在出厂时已经过有效的灭菌过程，产品已达到无菌要求，则在产品标准中应该提出“产品应无菌”的要求，并明确产品能保证无菌状态的有效期；如果产品出厂时未经过灭菌过程（如有些医用纱布等），产品的消毒灭菌过程由使用方自行进行，那么，在产品标准中应该对产品的“初始污染菌”提出要求，并应考虑产品在未灭菌状态下可储存的时间。

（6）环境试验。医用电气设备应选择执行 GB/T 14710—1993《医用电气设备环境要求及试验方法》标准，生产商应根据产品的实际使用环境选择标准中给出的三组环境条件中的一组，也可以根据产品的实际使用环境，对标准中规定的环境条件的某个参数进行修正，如某个产品只能在环境温度为 10～35℃的环境中使用，那么，气候环境试验时，额定工作低温试验应该为 10℃，而额定工作高温试验应该为 35℃。一般在产品标准中要明确产品环境试验的气候条件和机械环境条件，并以表格的形式明确每一环境下应该进行的试验项目（如表 1-1所示）。

表 1-1 环境试验项目

试验项目		试验要求		检测项目		备注
		持续时间/h	恢复时间/h	初始检测	中间或最后检测	
额定工作低温试验	额定工作电压波动下限	—	—	—		通电状态
	额定工作电压		—	全性能		
	额定工作电压波动上限	—	—	—		
低温储存试验		●		—		正常条件
额定工作高温试验	额定工作电压波动下限	—	—	—		通电状态
	额定工作电压		—	—		
	额定工作电压波动上限	—	—	—		
运行试验			—	—		通电状态
高温储存试验		●		—		正常条件
额定工作湿热试验			—	—		通电状态
湿热储存试验		●		—		正常条件
振动试验		—	—	—		正常条件
碰撞试验		—	—	—		正常条件
运输试验		—	—	—	全性能	正常条件

注：1. 由 GB/T 14710—1993 规定的栏目用“●”表示；不做要求的栏目用“—”表示。

2. 空白格内按照 GB/T 14710—1993 的规定，选择后进行填写。

(7) 其他。随着科技发展和新产品的不断出现，产品的要求除了上面所述的要求外，还会有其他新的要求，如软件产品的要求等。总之，企业在编制产品标准时，必须全面考虑产品实际性能进行编制。

7. 试验方法

试验方法应与要求相对应，有要求就必须有相应的试验方法。试验方法一般应采用已颁布的标准试验方法。如果没有现行的试验方法可采用时，规定的试验方法应具有可操作性和可再现性。试验中使用的测试仪器、设备、工具及标准样品等一般应有规定的精度等级。

产品标准中试验方法的制定确认过程中，企业应进行实验、验证，确认确实可行，试验时还应考虑实际操作时的误差要求，要避免标准中的试验方法描述含糊而导致实际操作时可能有多种解释。

8. 检验规则、判定原则、验收规则

产品标准的检验应包括出厂检验和周期检验，企业应该按照产品的特性选取抽样方法，可以采用计数抽样、百分比抽样或其他的抽样方法，也可直接明确样品数量等。在这个章节中，关键是要明确出厂检验和周期检验的抽样方法、检验的项目、合格或不合格如何判定等内容。

9. 标志、标签、使用说明书

产品标准应根据自己的产品特点、使用要求、相关标准及法律法规等的要求规定标志、标签和说明书的要求。如果有其他的随机文件，随机文件作为产品的一部分，应对随机文件作出规定。

10. 包装、运输和储存

产品标准应根据产品的特点及相关标准规定产品的包装要求、运输储存要求。

11. 附录

如果注册产品标准有附录部分，应明确附录的性质，是规范性附录还是资料性附录，规范性附录给出标准正文的附加条款，资料性附录给出对理解或使用标准起辅助作用的附加信息。同时，在注册产品标准的前言部分，也应该提示标准具有附录部分并明确附录的性质。

12. 编制说明

编制说明是为了帮助使用者全面了解和贯彻表注所作的必要说明，它不作为标准的组成部分，也不能作为仲裁的依据。

注册产品标准编制说明一般包括下列主要内容。

（1）产品概述。主要内容包括结构、工作原理、预期目的和用途，国内外已批准上市相同产品的情况，等等。

（2）主要技术条款确定的依据（针对主要性能、使用性能、安全性能），包括：①强制性标准执行情况的说明。②风险分析与评价——结合对应的指标。③国内外文献资料、专利、检索。④设计验证、自检报告、数据。⑤公式推理、调研→医院。⑥与人体接触的材料是否已在临床应用过，安全性、可靠性是否已得出证明。a）已应用过→大家公认的。b）刚开始应用、未普及（提供证明材料——在专业、行业、刊物上发表及临床单位应用，其安全性、可靠性得到证明）。c）新材料→必须进行生物学评价。对产品的使用状态必须介绍清楚，包括类别（接触、非接触、有源、无源器械、诊断、治疗）、接触部位（体表、体内、腔道）、接触时间（≤60min、1～24h、1～30d、>30d）等内容。

（3）管理类别确定的依据：①产品分类目录；②产品分类规则。

（4）引用或参照相关标准和资料。

（5）产品试验方法、自测报告（对自测报告的分析与评价、指标数据、方法，及其合理性、有效性、安全性、可操作性）。

（6）与国内外同类产品标准的对比。

（7）采用国际标准情况。

（8）征求用户意见情况：①征求意见的处理情况；②涉及技术指标的认同情况。

（9）其他需要说明的内容。

第十节　注册产品标准中常见的问题

一、强制性标准、推荐性标准、国际标准

在编制注册产品标准时，对于与产品有关的强制性的国家标准、行业标准必须执行。推荐性的国家标准、行业标准应该参照执行，如果不执行推荐性的国家标准、行业标准中的某些条款，企业必须在产品标准的编制说明中详细说明不采纳的理由，以及不采纳国家标准、行业标准后产品仍能保证安全、有效的说明。

二、安全专用要求标准、安全通用要求标准、系统安全要求标准

在编制有源医疗器械的注册产品标准时，对于与产品有关的强制性的安全标准，不论是国家标准还是行业标准都必须执行。有安全专用要求标准的产品，还必须执行安全专用要求标准。一般安全专用要求标准优先于安全通用要求标准。如果产品不是一个单一的设备而是一个系统，就必须执行系统安全要求标准。

三、标准的修改和修订

企业在编制注册产品标准时，如果产品是企业的新品种，且这个种类的产品目前还没有现行有效的国家标准、行业标准可以直接采用，一般企业可以制定注册产品标准。

如果产品已有注册产品标准，且在有效期内，由于企业对产品进行了改进，需要对注册产品标准的一些条款进行调整，企业可以采取修改注册产品标准，以使企业生产的产品与注册产品标准相一致；同时，依据《医疗器械注册管理办法》的有关规定，企业应考虑注册产品标准的修改内容是否涉及产品注册的实质性内容，来决定产品是否需提交重新注册。

按照《医疗器械注册管理办法》的规定，产品需四年一个周期申报重新注册，一般企业在申报重新注册时，应该对原注册时的注册产品标准进行修订。如果在原四年的注册周期中，曾对注册产品标准进行修改，那么，在标准修订时，应该将原修改的内容融合到新版的注册产品标准中。因此，企业在提交四年一次的重新注册资料时，企业提交的注册产品标准应该是一份完整的、新版的标准。

四、纯软件产品的标准要求

目前在编制作为医疗器械的纯软件产品的注册产品标准，还处于探索阶段，软件产品至少应符合信息产业的一些商业软件必须执行的标准，一般还应注意在注册产品标准中要明确软件具有的功能、软件运行的平台、硬件的配置条件等内容。注册产品标准中应明确软件的版本号。

五、安全要求附录 A 及其编制说明

在编制有源医疗器械的注册产品标准时，如果产品属医用电气设备或医用电气系统，医疗器械注册管理部门可能要求标准中将安全作为一个规范性附录编写，并在前言说明该附录的性质。一般电气安全标准都是强制性的国家标准或行业标准，而每个产品根据自身的特点，不可能对国家标准或行业标准的全部条款都适用，在这种情况下，企业应该在注册产品标准的编制说明中，针对本企业产品不适用条款的原因逐一说明。

附录一：医疗器械行业标准制修订工作规范（试行）节选

一、医疗器械行业标准起草单位和起草人的选择

（一）起草单位的选择

（1）技委会或归口单位在提出医疗器械行业标准计划项目立项建议时，应当向国家食品药品监督管理局推荐起草单位。立项提案单位若符合起草单位条件，可作为起草单位参加该标准的制修订工作。

（2）为确保起草单位能胜任所承担或安排的任务，技委会或归口单位应当坚持公开、公正、择优的原则，结合标准内容，选定适当的单位为起草单位，并填写医疗器械行业标准起草单位登记表（如附表 1-1 所示），上报国家食品药品监督管理局批准。

（3）起草单位一般应当具备下列条件：

①业务范围应当与标准涉及的内容相适应；

②具有与标准项目相关的科研和技术能力，在行业内具有较高的权威性；

③具有熟悉国家医疗器械有关政策、法律、法规和医疗器械标准体系的人员；

④具有熟悉标准中涉及的技术发展趋势、国内外的生产水平和使用要求，对当前存在问题和解决办法都较为了解的人员；

⑤具备相应标准试验验证的能力。

（4）起草单位可以是科研单位、检测机构、生产企业，也可以是大专院校或临床使用单位。

（5）已确定的起草单位不得随意变动。若确需变动的，技委会或归口单位须向国家食品药品监督管理局提出起草单位变更申请，批准后方可变更。

（二）起草人的选择

（1）标准第一起草人应当具备以下条件：

①具有相应的专业知识，从事标准化工作 3 年以上并具有一定的标准化和法规知识，中级以上（含中级）专业技术职称人员优先考虑；

②从事过产品检验或质量技术工作；

③有较好的文字表达能力，英语水平较高；

④有一定的组织管理和协调能力；

⑤能充分表述自己的观点，积极听取他人的意见和建议；

⑥没有出现过在未办理标准计划项目变更、调整事宜的情况下，擅自拖延或中止项目，无故不按时完成标准工作任务的情况；

⑦应当为项目起草单位的工作人员。

（2）起草小组成员应当由技委会、归口单位或起草单位推荐，并应适当考虑标准立项提案单位推荐的人选或标准提案人，确定的起草人应当填写医疗器械行业标准起草人登记表

(如附表 1-2 所示)，在技委会或归口单位秘书处备案。

起草小组成员的变更，须经技委会或归口单位同意。

二、医疗器械行业标准计划项目的管理

(1) 医疗器械行业标准制修订工作应严格按照医疗器械行业标准计划项目规范、有序地进行。承担医疗器械行业标准计划项目的技委会或归口单位每半年应当向国家食品药品监督管理局报告项目的执行情况，填写医疗器械行业标准计划项目执行情况汇总表。

(2) 国家食品药品监督管理局对医疗器械行业标准计划项目的执行情况进行监督检查，并适时公布执行情况。

(3) 医疗器械行业标准计划项目执行过程中原则上不做调整。确需中途撤销或更改的，技委会或归口单位须向国家食品药品监督管理局提交申请，并填写医疗器械行业标准计划项目调整申请表。当调整医疗器械行业标准计划项目的申请未被批准时，必须依照原定计划进行工作。

(4) 医疗器械行业标准计划项目应当按立项时确定的期限完成，完成以国家食品药品监督管理局接收为准。如果不能按期完成，应当提前 3 个月向国家食品药品监督管理局提出项目延期申请。会审未通过且需要延期的医疗器械行业标准计划项目，应当在会审后 1 个月内向国家食品药品监督管理局提交项目延期申请。

(5) 经国家食品药品监督管理局批准延期的医疗器械行业标准计划项目，应当在申请的延长期内完成。医疗器械行业标准计划项目只可申请延期 1 次，延期 1 年。超过立项完成期限的，且延期申请未获批准的，或申请延期后在延长期内仍未完成的，国家食品药品监督管理局将对承担该项目的技委会或归口单位给予通报批评。

(6) 未完成当年医疗器械行业标准计划项目总数 80%，且未获批准项目延期的技委会或归口单位，国家食品药品监督管理局将给予通报批评。

三、医疗器械行业标准采用国际标准和国外先进标准的原则

医疗器械行业标准采用国际标准和国外先进标准应当执行《采用国际标准管理办法》(国家质量监督检验检疫总局令第 10 号) 的规定。

四、医疗器械行业标准的验证

(1) 由技委会或归口单位组织，选择有条件的单位对医疗器械行业标准进行验证，并对验证结果进行分析，给出结论。

(2) 对医疗器械行业标准中需要试验验证才能确定的技术要求和方法应当进行试验验证。

(3) 试验验证前，应当先拟定试验大纲，确定试验目的、要求、试验对象、试验方法，试验中使用的仪器、设备、工具、工作场地、工作环境以及验证时应当注意的事项等，以确保试验验证的可靠性和准确性。

(4) 对于受本行业或国内条件所限，不能或不便进行试验验证的项目，应当了解国际上同类型技术要求采用的依据和数据，积极寻找代替和类似的手段加以验证，保证标准的科学性、合理性和先进性。

(5) 同一验证项目应在不同企业或检测机构中开展。

(6) 对验证后的技术要求，医疗器械行业标准采用的基本原则通常为中等偏上水平。对于有较大发展潜力的产品，可以适当提高技术要求的水平。

五、医疗器械行业标准的征求意见

（1）标准征求意见阶段是医疗器械行业标准制修订的重要环节，应当周密、细致、完备。一般应当在调查研究和试验验证的基础上，提出标准征求意见稿。

（2）技委会或归口单位应向被征求意见的单位提供标准征求意见稿、编制说明、验证报告以及有关附件。

（3）被征求意见的单位应当有足够的覆盖面和代表性。征求意见的对象主要为技委会委员，有关生产、使用、科研、监督和管理单位以及大专院校。若标准内容与其他部门相交叉时，需征求相关部门意见。

（4）征求意见的期限一般为 2 个月。被征求意见的单位应当在规定期限内回复意见，如没有意见也应复函说明，逾期不复函，按无异议处理。对比较重大的意见，应当说明论据或提出技术论证。

（5）对征求来的意见必须进行归纳和处理，并在征求意见汇总处理表中恰当表述。对于重大的修改意见，须有充分的论据，方可决定是否采纳。若反馈的意见分歧较大，必要时可进行调查研究或补充验证工作，并考虑重新征求意见。

（6）根据征求到的意见，起草单位修改标准草案（征求意见稿）及其编制说明和有关附件后，形成标准送审稿，提交技委会或归口单位组织审查。

六、医疗器械行业标准的审查

（1）技委会或归口单位对标准送审稿组织审查，分会审和函审两种审查形式。必要时，可在会审或函审前对标准进行预审。

（2）对涉及面广、分歧较多、内容较复杂的标准送审稿宜采用标准预审方式，以提高标准送审稿和标准审查会的质量。预审主要是对送审稿中的关键技术要求提出初步评价，力求使有争议的重点问题在预审时得到解决。预审结论不作为报批标准的依据。

（3）无论采用会审形式还是函审形式，均应提前 1 个月将送审资料（标准送审稿、征求意见汇总处理表、验证报告、编制说明及相关附件）送交参加审查的人员或机构。

（4）标准起草单位需对标准的主要技术内容、编制工作过程、征求意见及对征求意见的处理情况等进行说明，并能准确地解释标准中技术要求的内涵及采用依据。对各方提出的意见或建议应当如实准确地进行解答，并积极采纳合理的部分。

（5）标准审查应当组织有代表性的生产企业、用户、科研、检验、大专院校等方面的委员代表进行，原则上应当协商一致，如需表决，必须有不少于全体委员代表的 3/4 同意方为通过（会审时未出席会议，也未说明意见者，以及函审时未按规定时间投票者，按弃权计票）。

（6）标准送审稿审查通过后，标准起草单位依据会审或函审意见进一步修改，秘书处编审后形成标准报批稿。

七、医疗器械行业标准的批准和发布

（1）技委会或归口单位将标准报批稿、征求意见汇总处理表、审查会议纪要、编制说明、验证报告、医疗器械行业标准可行性说明（附件 7）以及其他相关资料按有关规定上报国家食品药品监督管理局。

（2）国家食品药品监督管理局对标准报批稿及报批资料进行程序、技术或协调方面的审核，对于未通过审核的医疗器械行业标准，一般应退回有关技委会或归口单位，限时解决问题后再行审核。

（3）国家食品药品监督管理局对审核通过的医疗器械行业标准予以编号，确定实施日期并予以发布，必要时应当就标准实施提出指导性意见。

（4）技委会或归口单位在医疗器械行业标准发布后应做好标准的宣传、培训、技术指导和技术咨询工作。

八、医疗器械行业标准的复审

（1）医疗器械行业标准复审是指医疗器械行业标准自开始实施后5年内，根据科学技术的发展，及时对医疗器械行业标准进行重新审查，以确认现行标准继续有效或者予以修改、修订、废止的过程。

（2）国家食品药品监督管理局统一管理医疗器械行业标准复审工作。具体复审工作由负责标准制修订的技委会或归口单位承担。医疗器械行业标准复审管理可参照《关于国家标准复审管理的实施意见》（国标委计划〔2004〕28号）的规定执行。

九、医疗器械行业标准的修订和修改

（1）技委会或归口单位应当随时跟踪医疗器械行业标准的实施情况，并及时向国家食品药品监督管理局上报。对需要修订的标准，技委会或归口单位应当及时向国家食品药品监督管理局提出医疗器械行业标准计划项目立项建议。

（2）医疗器械行业标准出版后，个别技术内容须作少量修改或补充时，由技委会或归口单位提出医疗器械行业标准修改单（附件8）和修改说明（修改原因、依据和修改过程），上报国家食品药品监督管理局。审查批准后，由国家食品药品监督管理局发布医疗器械行业标准修改单。

十、医疗器械行业标准经费管理

（1）医疗器械行业标准经费主要用于医疗器械行业标准的调研、验证、修改、审查、维护等方面，包括资料费、起草费、材料消耗费、差旅费、咨询费、验证费、会议费、审查费、宣传及培训费和管理费等项开支。

①资料费：用于查询、收集、整理国内外标准及相关资料等方面的支出。

②起草费：用于起草标准文本的支出。

③材料消耗费：用于购置样品和试验消耗品的支出。

④差旅费：用于制定或修订医疗器械行业标准有关的差旅方面的支出。

⑤咨询费：用于医疗器械行业标准制定、修订过程中向有关机构和专家进行咨询、征求意见等方面的支出。

⑥验证费：用于验证医疗器械行业标准所需的试验验证支出，包括研制或购置设备及开展实验的费用。

⑦会议费：用于对医疗器械行业标准进行研讨等有关会议支出。

⑧审查费：用于对医疗器械行业标准进行审核、评定方面的支出。

⑨宣传及培训费：用于技委会、分技委或归口单位对重大医疗器械行业标准进行培训的支出。

⑩管理费：用于医疗器械行业标准制定、修订的立项调研、论证，项目组织实施和检查，

标准维护等方面的支出。

⑪其他费用：除上述支出外，开展标准制修订工作必须发生的费用。

(2) 医疗器械行业标准专项经费严格按项目管理。医疗器械行业标准计划项目专项经费由国家食品药品监督管理局按年度进行拨付。

(3) 医疗器械行业标准专项经费由技委会或归口单位支配使用。国家拨付的标准经费应当实行专账管理，严格控制支出，保证资金按规定范围使用。使用单位每年应向国家食品药品监督管理局提交本年度医疗器械行业标准计划项目拨付经费使用决算报告。

(4) 国家食品药品监督管理局定期或不定期对经费使用情况进行监督检查。对不能完成医疗器械行业标准计划项目或违反规定使用经费的单位，将给予通报批评，追回所拨经费。

附表 1-1　医疗器械行业标准起草单位登记表

<table>
<tr><td rowspan="2">项目名称</td><td colspan="9">（中文）</td></tr>
<tr><td colspan="9">（英文）</td></tr>
<tr><td>单位名称</td><td colspan="9"></td></tr>
<tr><td>地址</td><td colspan="5"></td><td colspan="2">邮编</td><td colspan="2"></td></tr>
<tr><td rowspan="3">联系人</td><td>姓名</td><td></td><td>性别</td><td colspan="3"></td><td colspan="2">职务</td><td></td></tr>
<tr><td>电话</td><td></td><td colspan="2">传真</td><td colspan="5"></td></tr>
<tr><td>手机</td><td></td><td colspan="2">电子邮件</td><td colspan="5"></td></tr>
<tr><td>单位总人数</td><td colspan="2"></td><td colspan="2">工程技术人员人数</td><td colspan="5"></td></tr>
<tr><td>单位简介</td><td colspan="9"></td></tr>
<tr><td>主要产品及研究成果</td><td colspan="9"></td></tr>
<tr><td>业务领域</td><td colspan="9"></td></tr>
<tr><td>单位意见</td><td colspan="9">（签字、盖章）
年　月　日</td></tr>
<tr><td>技委会或归口单位意见</td><td colspan="9">（签字、盖章）
年　月　日</td></tr>
<tr><td>主管部门意见</td><td colspan="9">（签字、盖章）
年　月　日</td></tr>
</table>

附表 1-2　医疗器械行业标准起草人登记表

<table>
<tr><td>姓名</td><td></td><td>性别</td><td></td><td>出生年月</td><td colspan="2">年　　月</td></tr>
<tr><td>技术职称</td><td colspan="2"></td><td>工作单位</td><td colspan="3"></td></tr>
<tr><td>行政职务</td><td colspan="2"></td><td>现从事专业</td><td colspan="3"></td></tr>
<tr><td>通信地址</td><td colspan="3"></td><td>邮政编码</td><td colspan="2"></td></tr>
<tr><td>联系电话</td><td colspan="3"></td><td>传真</td><td colspan="2"></td></tr>
<tr><td>电子信箱</td><td colspan="6"></td></tr>
<tr><td>毕业时间</td><td colspan="3">年　　月</td><td>学历</td><td></td><td>学位</td><td></td></tr>
<tr><td colspan="8">会何种外语　1. 英语□　2. 法语□　3. 德语□　4. 日语□　5. 俄语□　6. 其他(请注明)</td></tr>
<tr><td colspan="8">外语熟练程度(　　)英语　(　)法语　(　)德语　(　)日语　(　)俄语　(　　)其他
1. 流利□　2. 中等□　3. 入门□</td></tr>
<tr><td colspan="2">有何专业技术特长</td><td colspan="6"></td></tr>
<tr><td colspan="2">从事标准化工作的时间</td><td colspan="6"></td></tr>
<tr><td colspan="2">曾负责组织制修订标准、主要职责</td><td colspan="6"></td></tr>
<tr><td colspan="2">参加何种学术组织任何种职务</td><td colspan="6"></td></tr>
<tr><td colspan="2">所在单位意见</td><td colspan="6">(签字、盖章)
年　月　日</td></tr>
<tr><td colspan="2">技委会或归口单位意见</td><td colspan="6">(签字、盖章)
年　月　日</td></tr>
</table>

思　考　题

1. 在什么情况下，企业应该编制注册产品标准?

2. 一份完整的注册产品标准应包括哪些内容?

3. 有些产品已有国家标准或行业标准，为什么企业针对自己的产品还要编制注册产品标准?

4. 在编制注册产品标准的分类、命名、基本参数时，应注意什么?

5. 在编制注册产品标准的要求时，应考虑哪些方面？

6. 请谈谈本人对注册产品标准的编制说明的重要性的认识。

参考文献

国家食品药品监督管理局医疗器械司. 2000. 医疗器械监督管理培训教材.

郝和平，等. 2000. 医疗器械监督管理和评价. 北京：中国医药科技出版社.

中华人民共和国标准化法. 1988.

中华人民共和国卫生部. 2002. 消毒技术规范.

第二章　医用电气设备的安全要求与检测

20 世纪 70 年代初期，由于医疗中使用大量的医学仪器，常常因安全使用和管理不当而遭到致命性电击，使患者和医生对现代医用电气设备产生恐惧心理，严重地影响了医学仪器的发展，于是引起有关仪器专家学者和厂家的重视，一些国家先后研究和制定医用电气设备的安全使用标准。为了适应医疗仪器的国际市场需要，自 20 世纪 70 年代以来，国际上两个较大的国际性组织一直为制定和完善仪器的国际标准进行积极工作，这两个组织是国际标准化组织（ISO）和国际电工委员会（IEC），前者主要制定不用电的仪器和器具仪表的标准，后者主要制定电子仪器的标准。在 IEC 中，有多个技术委员会（Technical Committee，TC），医用电子仪器规定在 TC-62，在其中设有四个专门分委员会（Sub-Committee，SC），这当中的 SC62A 是负责制定有关医用电气设备通用安全标准的组织。主要制定的有《医用电气设备　第 1 部分：安全通用要求（IEC601—1）》，于 1988 年公布，并于 1991 年做了小的修订，这个规定成为 IEC 各成员国制定本国医用电气设备安全标准的指南。IEC 的 SC62B、SC62C 分别是制定放射设备标准和核医学仪器标准的组织，而 SC62D 是制定各种医用电子仪器产品标准和专用安全标准的组织。

我国国家技术监督局采用 IEC（国际电工委员会）标准 IEC60601—1—1988《医用电气设备　第 1 部分：安全通用要求》（第二版）及其第一号修订（1991—11）作为我国医用电气设备安全规定的国家标准，于 1995 年 12 月 21 日发布实施。这个安全标准要求医疗设备的制造者和使用者双方都必须认真学习和实施（参看国家技术监督局 1995 年发布的《医用电气设备　第 1 部分：安全通用要求》）。在医用电气设备安全通用要求国家标准中，较详细地规定了名词术语、标记和文件、测试方法、环境条件、仪器分类、电击与防护、供电设备与接地等有关内容。此外，还规定机械危险和放射线辐射危险的防护，易燃、易爆物危险的防护等。在规定中有些标准是强制性的，必须贯彻执行，只是对某些要求或试验方法为非强制性的。

我国在 20 世纪 70 年代初已对一些重要的电气设备提出了一些最基本的安全要求，如绝缘电阻、泄漏电流、电介质强度等。

1979 年，我国首次派员参加了在巴黎召开的 IEC/TC62 年会，获取了大量有关医用电气设备方面的国际标准，开始认识到医用电气设备的安全是受到国际有关机构重视的项目。

1980 年经当时的国家标准局批准，成立了全国医用电器标准化技术委员会，开始着手转化 IEC 国际标准，制订我国自己的医用电气设备的通用安全要求。

1982 年 6 月，经主管单位的翻译和部分验证，编辑了《医用电气设备的安全通用要求》译文集，并由技术标准出版社正式出版发行，受到了全国医电行业的重视和欢迎。

1983 年，全国医用电器标准化技术委员会根据原国家医药管理局的计划制订了 WS2—295《医用电气设备安全要求》部颁标准，这是一份参照采用 IEC60601—1（1977）制订的标准。WS2—295 的颁布实施使我国对医用电气设备的电安全要求向国际标准靠拢了一步。WS2—295 发布后，医疗器械行业在原国家医药管理局的指导下，进一步组织对 IEC60601—1 的试验验证，为等同采用 IEC60601—1 作技术准备。验证结果表明，IEC60601 的要求基本上都是必要的和可行的。为进一步提高我国医疗设备的安全质量水平，1986 年正式开始由上海医疗器械研究所制订 GB9706.1—1988《医用电气设备　第 1 部分：安全通用要求》国标。1988 年，GB9706.1—1988 国标正式发布，该标准等效采用了 IEC60601—1（1977）及其第一号修订（1984 年 12 月）中所规定的内容。GB9706.1—1988 的发布与实施使我国医电产品的安全登上了一个新台阶。然而，IEC/TC62 对医用电气设备安全的研究在不断地进行，而且速度越来越快。1988 年出版了 IEC60601—1（1988）第二版，之后又对第二版作了修改。为跟上国际安全标准的步伐，原国家医药管理局于 1994 年下达了国药质字（94）第 72 号《关于下达 1994 年制、修订医药标准项目计划的通知》，以项目编号 94-1 正式下达给上海医疗器械质量监督检验中心负责起草。GB9706.1—1995 于 1995 年 12 月 21 日发布，1996 年 12 月 1 日实施。该标准等同采用了 IEC60601—1（1988）《医用电气设备　第 1 部分：安全通用要求》（第二版）及其第一号修订（1991—11）。该标准的发布执行，为患者提供了安全使用医用电气设备的有力保障。

国际标准于 1995 年又发布了修订件 2（即 A2：1995）。2007 年标准制定单位又对 GB9706.1—1995 版进行了修订，国家即将颁布新标准以代替 GB9706.1—1995，本章以即将实施的新标准作为参考来编写相关的内容。

医用电气设备的安全是总体安全（包括设备安全、医疗机构的医用房间内的设施安全和使用安全）的一个部分，该标准是对在医疗监视下的患者进行诊断、治疗或监护，与患者有身体的或电气的接触，和（或）向患者传送或从患者取得能量，和（或）检测这些所传送或取得的能量的医用电气设备提出了安全要求。标准要求设备在运输、储存、安装、正常使用和制造厂的说明保养设备时，在正常状态下、单一故障状态下时都必须是安全的，不会引起同预期应用目的不相关的安全方面的危险。对于生命维持设备以及中断检查或治疗会对患者造成安全方面危险的设备，其运行可靠性、用来防止人为差错的必要结构和布置，都作为一种安全因素在该标准中作出了规定。

该标准共分 10 篇、59 个章节及 11 个附录，分别对医用电气设备的环境条件做了规定；对电击危险、机械危险、不需要的或过量的辐射等危险提出了要求；对工作数据的准确性和危险输出的防止、不正常的运行、故障状态以及有关医用电气设备安全的电气和机械结构的细节都做了规定和要求。

根据《医疗器械注册管理办法》，第二类、第三类医疗器械必须由国家食品药品监督管理局会同国家质量监督检验检疫总局认可的医疗器械检测机构进行注册检测，经检测符合适用的产品标准后，方可用于临床试验或者申请注册。在中华人民共和国境内销售、使用的医疗器械均应当按照该办法的规定申请注册，未获准注册的医疗器械，不得销售、使用，因此有源医疗器械安全性评价的重要性也日益凸现。

在医疗器械的检测中，安全性是最重要的检测内容。本章重点阐述医用电气设备安全的基本知识、基本概念、常用电气安全性和机械安全性检测方法以及医用电气系统的安全要求等内容。

第一节　医用电气设备安全的基本知识

一、安全性

“安全”一词，它是表示没有危害的意思。在生活的各个领域中都存在“安全”的问题。在临床大量使用医用电气设备时，必须确保对患者和医生不造成危害，即保证安全。

现代医院的医疗中引进各种技术先进的电气设备，对这些新技术在医疗中的作用效果应该给以科学的技术评价。一方面要对其在诊断和治疗中的有效性做出评价，另一方面还应对其危险性做出评价。医疗仪器在这正反两个方面都必须满足医疗要求，才是一种成功和可用的新技术。如果只重视仪器的有效性而忽视安全性，很可能出现“手术成功而患者死亡”。反之，只重视安全性而忽视有效性，将降低医疗水平，治不好病。人们在选购和使用医用电气设备时，经常重视有效性而忽视安全性。在医疗中使用不安全的技术或仪器，将对患者和仪器使用人员的生命造成威胁，这是工程技术人员必须高度重视的一个严重问题。

前面把安全解释为“没有危害”，从工程学的角度看，“没有危害”的事是没有的。在安全工程学中，把安全定为发生危害的概率小。常用各种事件组合结果发生危害的概率大小表示安全程度，人们努力采取措施，防止或减少发生危害的概率，提高安全性。

在 GB9706.1 安全通用要求国家标准中，医用电气设备的安全性涉及一系列防止潜在危险发生的要求和措施，主要有以下方面。

1. 防电击危险

医用电气设备是用在人体上进行诊断和治疗疾病的，其工作对象是患者。因患者一般是处于对外来作用非常脆弱的状态，已无能力判断危险，或即使意识到危险也可能难以摆脱。有的疾病使患者对外界刺激的抵抗力降低，有的在诊断和治疗中，因外来的刺激而引起更坏的影响。例如，心脏病人因很小的电流就会引起心室纤颤，特别是在插入心导管进行诊治的情况下，即使是微小电流也容易因电击引起心室纤颤造成危险。在临床使用医用电气设备时，都希望不给患者以任何痛苦，但多少是要伴随着一定痛苦的，只不过要使其痛苦在正常范围内，而不会造成危险。另外，患者因病或麻醉和药物的影响可能失去意识，处于不清醒状态，也使患者失去对危险的感觉。可见，用医用电气设备对患者进行诊断和治疗时，必须从患者特点出发，充分考虑医疗仪器的安全性问题，尽量减少仪器相互干扰和外界影响，确保仪器的正常性能，达到医疗安全的目的。医疗仪器的安全使用和管理，这是临床医护人员和医学工程技术人员共同完成救死扶伤使命的必备条件。

有关防电击危险的要求和检测将是本章以下介绍的重点。

2. 防机械危险

国际和国内曾出现过因医用电气设备的某些机械结构设计或制造工艺的缺陷，给患者或医务人员带来的危害事故。

(1) 设备支承患者部件的机械强度不足、提拎把手和手柄的承载能力低；内窥镜手术进行时曾发生器械断裂；自体血液回收过程中离心碗破裂，血液流失等事故。

(2) 运动部件未加防护，如意外接触皮带、齿轮。

(3) 粗糙表面、尖角及锐边的碰伤。

(4) 稳定性，如设备在运输或使用过程中因倾斜发生的倾倒。

(5) 悬挂物，如无影灯的悬挂装置的断裂而跌落。

GB9706.1安全通用要求国家标准中，有对机械危险防护的要求和检测方法。

3. 防过量辐射危险

来自以诊断、治疗为目的用于患者的医用电气设备的辐射，可能超过人类通常可接受的限值。必须对患者、操作者、其他人员以及设备附近的灵敏装置采用足够的防护装置，以使他们免受来自设备的不需要的或过量的辐射。

目前的GB9706.1安全通用要求国家标准主要针对X射线辐射和电磁兼容性，有关不需要的或过量辐射的防护和检测要求。

4. 电磁兼容性（EMC）

在现代化医院中，使用着各种类型的医用电气设备或系统，它们在工作时产生一些有用或无用的电磁能量，这些能量可能造成系统内各设备间的互相干扰，以及系统与外部其他设备或系统之间的干扰。例如，手术室中启动高频电刀，能对周围的医疗设备产生很大的电磁干扰，使其他设备无法正常工作。也有国内外有关报道，有关ICU病房中存在对电磁干扰敏感的医疗设备，如监护仪、输液泵等，受外界的手机等的干扰而影响正常工作的案例。

新修订的GB9706.1安全通用要求国家标准的第36章，已规定执行“YY0505—2005医用电气设备电磁兼容要求与试验”行业标准。有关其内容在第三章讲述。

5. 防爆炸危险

主要针对与空气混合的易燃麻醉气及与氧或氧化亚氮混合的易燃麻醉气点燃危险的防护。

手术室里，医用电气设备在存在有空气、氧气或一氧化氮与可燃麻醉气组合的混合气中使用时，可能发生爆炸。

6. 防超温、失火危险

设备在正常使用和正常状态下，并在规定的环境温度范围内，具有安全功能的设备部件及其周围的温度一旦超过规定的极限温度，将给患者造成危险。例如，曾有过某医院的婴儿培养箱，由于箱温失控，超过正常状态时允许的温度限值，而致婴儿死亡的例子。

另外，设备在使用过程中可能由于滥用造成部分或全部损坏而引起失火危险，因此设备应有足以防止失火危险的强度和刚度。

GB9706.1安全通用要求国家标准中，有对超温、防火的防护和检测的要求。

7. 防微生物

对于正常使用时与患者接触的部件，GB9706.1安全通用要求国家标准要求在使用说明书中规定其清洗、消毒、灭菌的方法，以确保不损坏或影响其安全防护性能。

8. 生物相容性

GB9706.1 安全通用要求国家标准规定，预期与生物组织、细胞或体液接触的设备部件和附件的部分，应按照 GB/T 16886.1《医疗器械生物学评价 第 1 部分：评价与试验》国家标准中给出的指南和原则进行评估和形成文件，并通过检查制造商提供的资料来检验是否符合要求。

9. 防过量输出危险

设备的过量输出超过人能承受的安全极限，将对患者或操作者带来危险。

造成过量输出的原因，可能是一台多功能设备设计成能按不同治疗要求提供低强度或高强度的输出时，操作人员因不熟悉设备的安全操作造成的误设定，而影响患者或操作者的安全。

GB9706.1 安全通用要求国家标准对过量输出提出了防止的要求和措施。

二、电流的生理效应

众所周知，人体本身就是一个电的导体，当人体成为电路的一部分时，就有电流通过人体，从而引起生理效应。值得注意的是，引起生理效应和人体损伤的直接因素是电流而不是电压。例如，10^7 V 电压、1μA 电流的电源可能对人体无害，而 220V 电压、30A 电流的电源却足以致人于死地。

1. 电流对人体组织的基本作用

电流对人体组织的基本作用主要有以下三个方面。

（1）热效应。热效应又称为组织的电阻性发热，当电流通过人体组织时会产生热量，使组织温度升高，严重时就会烧伤组织，低频电与直流电的热效应主要是电阻损耗，高频电除了电阻损耗外，还有介质损耗。

（2）刺激效应。人体通入电流时，在细胞膜的两端会产生电势差，当电势差达到一定值后，会使细胞膜发生兴奋。如为肌肉细胞，则发生与意志无关的力和运动，或使肌肉处于极度紧张状态，产生过度疲劳；如为神经细胞，则产生电刺激的痛觉。随着电流在体内的扩散，电流密度将迅速减小，因此，通电后受到刺激的只是距通电点很近的神经与肌肉细胞。此外，从体内通入的电流和从体外流入的电流对心脏的影响也有很大的不同。

（3）化学效应。人体组织中所有的细胞都浸没在淋巴液、血液和其他体液中。人体通电后，上述组织液中的离子将分别向异性电极移动，在电极处形成新的物质。这些新形成的物质有好多是酸、碱之类的腐蚀性物质，对皮肤有刺激和损伤作用。

直流电的化学效应除了电解作用外还有电泳和电渗现象，这些现象可能改变局部代谢过程，也可能引起渗透压的变化。

2. 影响电流生理效应与损伤程度的因素

影响电流生理效应与损伤程度的因素有电流、通电时间、电流频率、电流途径以及人的适应性，下面逐一进行分析。

1）电流

电流对于电流生理效应与损伤程度的影响是显而易见的。电流越大，影响越大；反之，影响则越小。表 2-1 列出了从体外施于人体不同的低频电流所引起的不同生理效应与损伤程度。这里假设的条件是：通电时间为 1s，电流从人体的一条臂流到另一条臂，或从一条臂流到异侧的一条腿。

表 2-1 低频电流通过人体的生理效应（50Hz）

电流(平均值)	生理效应与损伤程度(通电 1s)
0.5～1mA	感觉阈
2～3mA	电击感
5mA	安全阈值
10～20mA	最大脱开电流
＞20mA	疼痛和可能的肌体损伤
＞100mA	心室纤维性颤动
＞1A	持续心肌收缩
6A	暂时呼吸麻痹
＞6A	严重烧伤和肌体损伤

（1）感觉阈。感觉阈是人所能感受到的最小电流。但该值因人而异，并且随测试的不同而不同，一般认为感觉阈在 0.5～1mA 范围内。

（2）脱开电流。脱开电流的定义是人体通电后，肌肉能任意缩回的最大电流。当通过人体的电流大于脱开电流时，被害者的肌肉就不能随意缩回，特别是手掌部位触及电路时形成所谓“黏结”，受害者就会丧失自卫能力而继续受到电击，直至死亡。脱开电流也因人而异，男人的脱开电流平均值是 16mA，女人为 10.5mA；男人的最小脱开电流阈值是 9.5mA，女人是 6mA，儿童更低一些。

（3）呼吸麻痹、疼痛和疲劳。较大的电流会引起呼吸肌的不随意收缩，严重的会引起窒息，肌肉的不随意强直性收缩和剧烈的神经兴奋会引起疼痛和疲劳。

（4）心室纤颤。心脏肌肉组织失去同步称为心室纤颤，它是电击死亡的主要原因。一般人的心室纤颤电流阈值为75～400mA。

(5) 持续心肌收缩。当体外刺激电流大到1～6A时，整个心脏肌肉收缩，但电流去掉后，心脏仍能产生正常的节律。

(6) 烧伤和身体的损伤。过大的电流会由于皮肤的电阻性发热而烧伤组织，或强迫肌肉收缩，使肌肉附着从骨上离开。

2) 通电时间

通电时间越长，人体损伤越严重。这是因为皮肤电阻随着通电时间的延长而下降，从而使流过人体的电流增大。

3) 电流频率

电流的生理效应及损伤程度，与作用于人体的电流频率间的关系大致有如下两个方面。

(1) 电流频率与人体阻抗的关系。人体模型可等效为电阻和电容的组合，因此，人体的阻抗与电流的频率有关，频率越高，阻抗越低，流入人体的电流就越大。

(2) 电流频率与刺激持续时间的关系。刺激的持续时间随着电流频率增加而缩短。实验证明，当频率高于100Hz时，刺激效应随着电流频率增加而减弱；当频率高于1MHz时，刺激效应完全消失，只有生热作用。刺激效应最强的是50～60Hz的交流电，比50Hz更低的频率，其刺激效应也减弱。

4) 电流途径

同样的电流流过人体不同的部位和不同的器官，其生理效应与损伤程度大不一样，即电流的途径不同，引起的危险性也不同。比如，电流的路径接近心脏、肺、大脑等重要器官，就可能使心跳、呼吸停止，从而致人于死地。另外，当电流加在体表上的两个点时，总电流中只有很少一部分流过心脏，这些加在体表上的宏大电流称为宏电击。当电流加在体表时，使心肌纤颤所需的电流值远比直接加到心脏上的电流大得多。在插有心导管的情况下，流过心导管的所有电流都流过心脏，这时，只要有75～400μA的电流就能引起心脏纤颤。进入人体内在心脏内部所加的电流所引起的电击称为微电击，微电击的安全权限一般是10μA。

5) 人的适应性

对电刺激的适应能力因人而异，通常，男人比女人强，大人比小孩强，强壮的人比虚弱的人强。即使是同一个人，在电流变化率较小时适应性较强，因此危险性减小；电流变化率增加时适应性减弱，危险性就增大。表2-2为电流对人体的作用。

表 2-2 电流对人体的作用

<table>
<tr><td rowspan="3">电流 / 性别 / 效应</td><td colspan="2">直流/mA</td><td colspan="4">交流/mA(有效值)</td></tr>
<tr><td rowspan="2">男</td><td rowspan="2">女</td><td colspan="2">50</td><td colspan="2">100</td></tr>
<tr><td>男</td><td>女</td><td>男</td><td>女</td></tr>
<tr><td colspan="2">最小感知电流(略有麻感)</td><td>5.2</td><td>5.3</td><td>1.0</td><td>0.7</td><td>12</td><td>8</td></tr>
<tr><td colspan="2">无痛苦感电流(肌肉自由)</td><td>9</td><td>6</td><td>1.8</td><td>1.2</td><td>17</td><td>11</td></tr>
<tr><td colspan="2">有痛苦感电流(肌肉自由)</td><td>62</td><td>41</td><td>9</td><td>6</td><td>55</td><td>37</td></tr>
<tr><td colspan="2">有痛苦感,不能脱离电流</td><td>76</td><td>51</td><td>16</td><td>10.5</td><td>75</td><td>50</td></tr>
<tr><td colspan="2">强烈电击,肌肉强直,呼吸困难</td><td>90</td><td>60</td><td>23</td><td>15</td><td>94</td><td>63</td></tr>
<tr><td rowspan="2">可能引起室颤</td><td>电击 0.03s</td><td>1300</td><td>1300</td><td>1000</td><td>1000</td><td>1100</td><td>1100</td></tr>
<tr><td>电击 3s</td><td>500</td><td>500</td><td>100</td><td>100</td><td>500</td><td>500</td></tr>
<tr><td>一定引起室颤</td><td colspan="7">上一项电流值的 2.75 倍</td></tr>
</table>

三、电击的分类

使用医用电气设备遇到电的安全性问题最重要的即是电击。电击分为强(宏)电击和微电击两类，下面分别说明这两类电击产生的原因和特点。

1. 强电击

当人体触碰带电部位时将引起电击，其主要原因是当电源和人体接触时相当于连接一个等效电阻，如果形成一个导电的回路，将有一定电流经过人体。当电流从体外经过皮肤流进体内，然后再流出体外，使人体受到电的冲击称为强电击(macroshock)。如电流从人的左手流进体内，由右手流出体外（或右脚等其他部位流出体外）时，感受到电的冲击，即为强电击。

因人体的电阻是一个电容性的阻抗，而且这个阻抗随电源的电压（电压高，绝缘，阻抗下降）和频率改变，还受人体通过电流部位的干湿程度、年龄老少、男女性别等影响很大。故对同样一个电源的带电部位触体时，由于不同人、不同触体部位，则受电击的强度不同；而不同频率和不同电压的电源造成电击的强度和危害也有所不同。

如图 2-1 所示，当把一台有漏电流的医用仪器放在不锈钢桌面上，如仪器的三芯电源插头插到一个没有地线（安全地线孔）的二孔插座上时，医护人员（或患者）一手接触不锈钢桌，另一个手触摸漏电仪器外壳（或外露金属部分），如果仪器漏电流超过 1mA 以上，这个电流将从医护人员的左右手流入体内，将有触电的麻感。如果仪器漏电流超过 100mA 以上，这时医护人员将受到强电击，表现出肌肉痉挛，呼吸困难，心室纤颤，如不及时抢救，将会死亡。

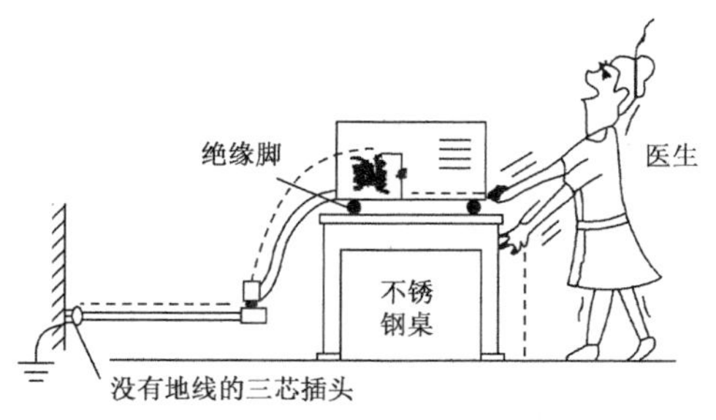

图 2-1 强电击事故一例

2. 微电击

前面讲了通过人体的电流产生的强电击，其电流值都比较大，这样大的电流通过人体全身，其中也必然会有一部分流过心脏。但其真正通过心脏的电流密度却很微弱，就是这很微弱的电流通过心脏达到一定值时，可引起心室纤颤，这就是表 2-1 中所列，当交流电通过人体的电流达到 100mA 以上时，造成强电击引起心室纤颤的原因。有人计算，按人体接触交流电源引入体内电流为 100mA，因强电击引起心肌兴奋、造成心室纤颤推算，经过心肌的电流值只有 35μA。这种被人们忽视的微弱电流通过心脏，却可引起心室纤颤。这是因为电流通过心脏时，引起部分心肌兴奋，使心脏的正常电兴奋传导混乱，造成心脏各部分间的活动节律不同步，引起纤颤，进而使心脏停止搏动，在几分钟之内将造成死亡。

如果有电流直接通过心脏，将引起心室纤颤，这种电击称为微电击（microshock）。很微小的电流就可造成微电击。按 Weinberg 等做狗的实验数据证明，当电流直接在狗的右心室和左心室之间流过 35μA 以上时，将开始产生心室纤颤。这个数据与人体受强电击引起的心室纤颤推算出通过心肌的电流强度相当。考虑到各种人都适用，特别是小孩遭电击的阈值低的情况，故需要把微电击阈值的安全系数定得大些，现在世界各国和 IEC 的安全规定标准都把微电击的阈值定为 10μA，凡直接用于有可能通过心脏电流的医用仪器，其漏电流不得超过 10μA，如超过此安全阈值将有造成微电击的危险。这种仪器要定期测漏电流是否超过 10μA，如超过此值将禁止使用。

这个 10μA 的电流为人最小感知电流的 1/100，是一个非常小的电流值，平时人体通过如此小的电流毫无感觉，因而极易被忽视。一旦这个微小电流通过心肌时，将会引起心室纤颤，造成微电击死亡事故。目前，在医疗中经常使用心导管、心脏起搏器等与心电图机、监护仪和电刀等仪器共用，由于有电极或传感器直接接触心脏组织，如共用的某个仪器漏电流值超过微电击的安全阈值，将有造成电击的危险。所以这些共用的医疗仪器的漏电流必须控制在安全阈值 10μA 以下，否则将可能造成预想不到的严重医疗事故。

如图 2-2 所示，这是用心导管直接观测心室内血压的电子血压监视器与有外壳漏电流的心电图机在同一患者身体上并用时的情况。当心导管（内部为生理盐水导电）插入心室内，外壳漏电的心电图机的地线又断开时（或没有地线），这时心电图机的微弱漏电流将通过心电图机的接触导联电极进入心脏，通过心导管流出体内，到血压监视器的接地端，形成一个漏电流回路。如果这个漏电流超过安全阈值，将使患者造成微电击，引起心室纤颤，如不及时抢救将造成重大医疗事故。

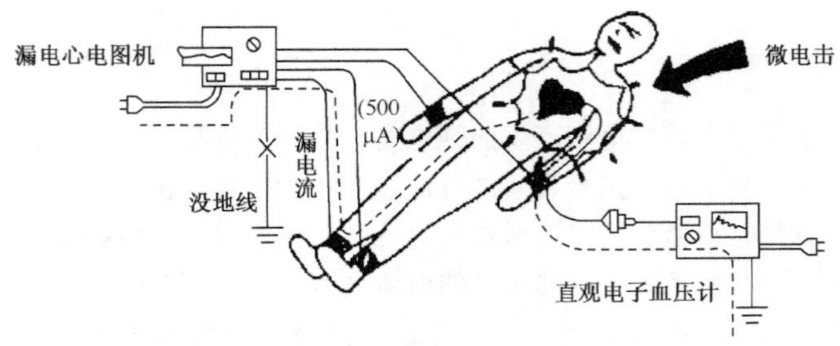

图 2-2　两个医疗仪器并用时的微电击事故一例

可见，即使插入心脏的传感器及连接心导管的血压监视器均没有漏电流（或漏电流小于 10μA），但因与其并用的、在体表监测用的心电图机具有较大的漏电流，而且它又没有连接好安全地线，结果造成微电击医疗事故。这种情况，在现代医疗中并不少见，必须引起有关人员高度重视。

四、产生电击的因素

产生电击的原因不外乎两点，一是人与电源之间存在两个接触点，形成回路；二是电源电压和回路电阻产生了较大的电流，该电流流过人体发生了生理效应。下面介绍几种可能产生电击的情况。

1. 仪器故障造成漏电

泄漏电流是从仪器的电源到金属机壳间流过的电流。所有的电子设备都有一定的泄漏电流。泄漏电流主要由电容泄漏电流和电阻泄漏电流两部分组成。电容泄漏电流又称为位移漏电流，它是由两根电线之间或电线与金属外壳之间的分布电容所致。电线越长，分布电容越大，产生的泄漏电流也越大。例如，50Hz 的交流电，2500pF 的电容产生大约 1MΩ 的容抗、220μA 的泄漏电流。射频滤波器、电源变压器、电源线以及具有杂散电容的一切部件都可产生电容泄漏电流。电阻泄漏电流又称为传导漏电流，产生电阻漏电流的原因很多，比如绝缘材料失效、导线破损、电容短路等。需要指出的是，由于仪器故障造成的漏电流一般属于电阻产生的传导漏电流。

在漏电中最值得注意的是仪器外壳漏电和连接到病人处的导联漏电，这些漏电都可产生电击事故。正常情况下，仪器的外壳应该是不带电的，但是如果电源的火线偶然与壳体短路，则金属壳体上就带上了 220V 的电压，这时如果站立在地上的人触及金属壳体，人就成为 220V 电压与地之间的负载，就会有数百毫安的电流通过人体，产生致命的危险。图 2-3 所示为外壳与火线短路后引起触电的一个例子。

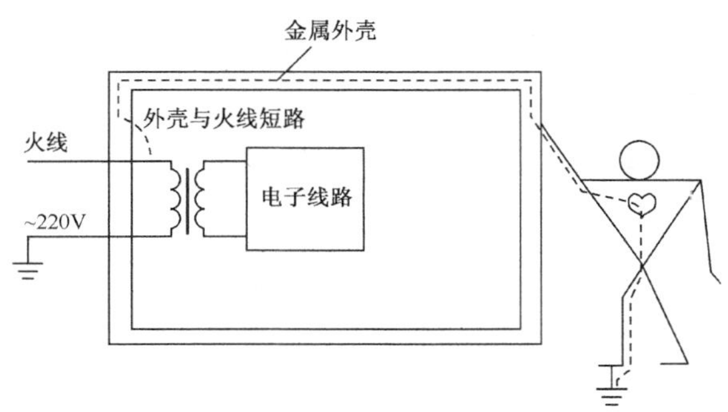

图 2-3　仪器外壳与火线短路后引起电击

2. 电容耦合造成的漏电

电容几乎存在于任何地方。任何导体与地之间、用绝缘体分开的两个导体之间都可等效为一个电容器而形成交流通路，从而产生由于电容耦合而造成的漏电。例如，仪器的外壳没有接地时，外壳与地之间就形成电容耦合。同样，在电源火线与地之间也形成电容耦合。这样，机壳与地之间就产生电位差，即外壳漏电，如图 2-4 所示。这种漏电的范围一般为几十微安到几百微安，最大不会超过 500μA，因此人们触及外壳时，至多有点麻木的感觉，不会有更大的电击危险，但对于电气敏感的病人，若这个电流全部流过心脏，就足以引起严重后果。

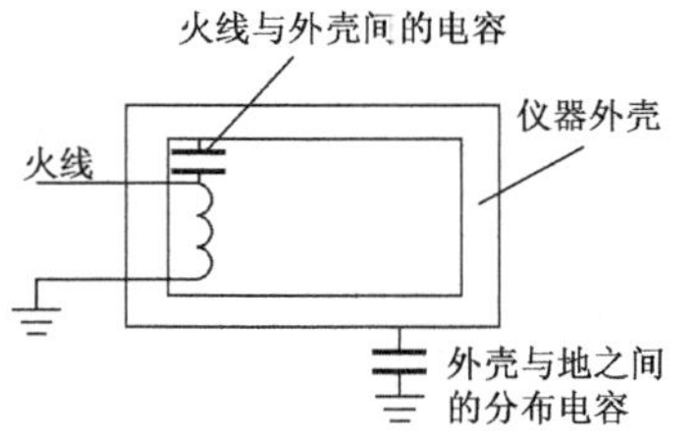

图 2-4　由于电容耦合引起的漏电

3. 外壳未接地或接地不良

几乎所有的医疗仪器都有一个可被医务人员或病人接触到的金属外壳，如果这个外壳不接地或接地不良，那么在电源火线和机壳之间的绝缘故障或电容短路，都会在机壳和地之间形成电位差。当医务人员或病人同时接触到机壳和任何接地物体时，就会形成电击。图 2-5 所示为机壳未接地线时引起的电击。

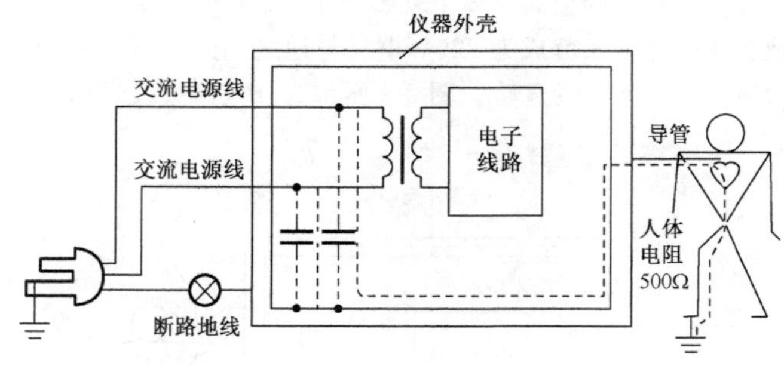

图 2-5 机壳未接地或地线断路时引起电击

4. 非等电位接地

一般情况下，都要求仪器的外壳必须接地，但是如果有几台仪器（包括病床）同时与病人相连，那么各台仪器的外壳电位必须相等，否则也会发生电击事故。

这类电击事故如图 2-6 所示，病人与病床接触，病床在 *A* 点接地，同时正在给病人诊断的心电图机的接地导联将病人的右腿在 *B* 点接地，也就是说，病人同时在 *A* 点和 *B* 点接地，这就要求 *A*、*B* 两点严格等电位。但是实际上往往存在 *A*、*B* 两点电位不等的情况。例如，有一台外壳漏电的仪器也接入心电图机的

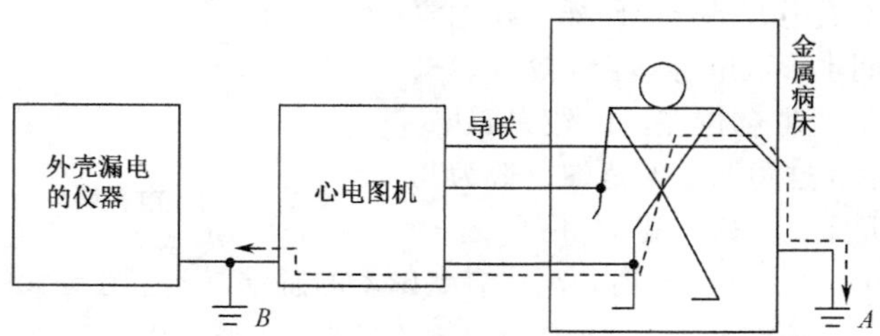

图 2-6 非等电位接地导致电击

同一支路，即在 B 点接地。由于 A、B 之间总有一定的电阻，而外壳漏电的仪器将 B 点电位抬高，与 A 点之间形成一个电位差，这个电位差使电流从 B 点通过心电图机和病人回流到 A 点，病人就会受到电击。漏电流的大小与 A、B 两点间地电阻的大小和外壳漏电仪器的漏电程度有关。

5. 皮肤电阻减小或消除

人被电击时，皮肤电阻限制了能够流过人体的电流。皮肤电阻随着皮肤水分和油脂的数量不同而变化。显然，皮肤电阻愈大，受到电击的危险性就愈小。皮肤电阻的大小还与接触面积有关，接触面积愈小，皮肤电阻愈大，因此应当尽可能地减少人体与仪器外壳直接相触的机会和面积。

任何减小或消除皮肤电阻的做法都会增加可能流过的电流，从而使病人更容易受到电击的危害。但是，在生物电的测量过程中，为了提高测量的正确性，往往希望把皮肤电阻减小一些。例如，测量心电时，在皮肤和电极之间涂上一层导电膏，就是为了减小皮肤电阻，因此正在医院里接受诊断和治疗的病人比一般人更容易受到电击。测量的正确性和电击的危险性是生物医学测量中的一对矛盾，应当引起生物医学工程师和医务人员的足够重视。

第二节　电击防护的措施

医用电气设备的适用对象多数是不健康的人，有的疾病本身使患者对外界刺激的抵抗力降低；有的由于诊断和治疗，外来的刺激很容易引起更不良的影响。例如，心脏病人，很小的电流就会引起心室颤动，在插入心导管的情况下，即使是微小电流也容易因电击引起心室颤动。有的病人由于疾病或者麻醉和药物的影响有可能失去意识，意识处于不清醒状态时，患者失去对危险的感觉。其次，由于疾病种类和治疗上的需要，要使患者身体不动，将身体固定在病床和诊查台上，这样的患者即使感觉到电击的危险也无法逃生。

可见，加强医用电器设备的电气安全措施，最大限度地减少病人遭受电击的可能性，有着特别重要的意义。

防止电击的基本着眼点有两个方面：其一是将病人同所有接地物体和所有电流源绝缘开来；其二是把病人所有够得着的导电表面都保持在同一电位上，但不一定是地电位。目的都是使通过病人的电流减到最小。下面具体介绍几种电击防护措施。

一、保护接地

仪器外壳接地是最经常使用的安全措施，由于外壳可靠接地，即使火线与外壳发生了短路，短路电流的极大部分也会从外壳地线回流到地，流过人体的电流只是其中的很小一部分，同时又因短路电流足够大，可立即熔断线路中的保险丝，从而迅速切断仪器电源，保障人身安全。图 2-7 为仪器外壳接地时的情况。下面分析人接触外壳时流过人体的电流。设人体电阻 R_P 为 1kΩ，外壳接地电阻 R_E 为 10Ω，外壳绝缘阻抗 R_i 为 100kΩ，C_i 为 300pF。由计算可知，若当仪器外壳不接地时，流过人体的电流为 1mA，则仪器外壳接地后，流过人体的电流减小到 9.9μA，其余的 990μA 电流通过外壳接地线流向大地。显然，接地电阻越小，流过人体的电流也越小，通常要求接地电阻越小越好。

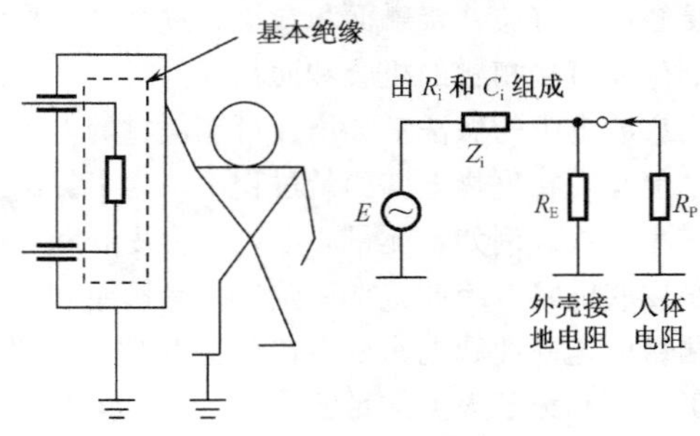

图 2-7　仪器外壳接地

一般情况下，只要保证外壳接地良好、有效、可靠，即使仪器发生故障，外壳漏电；仍可保证病人安全而不会受电击。但是在某些特殊场合，例如在危重监护病房特别是对电气敏感的病人同时使用多台仪器时，为防止仪器外壳非等电位接地而引起的电击事故，必须采取等电位接地系统。同时也要指出为了安全，即使仪器具备了保护接地，仪器内部的带电部件与仪器的可触及部分必须是基本绝缘的，这类仪器通常称为 I 类设备。

二、等电位接地

在分析产生电击的因素时，曾提到当多台仪器同时与病人相连时，如果各台仪器的外壳电位不等，就会发生电击。因此，等电位接地系统是防止电击的又一有力措施。

所谓“等电位接地系统”，是使病人环境中的所有导电表面和插座地线处于相同电位，然后接真正的“地”，以保护电气敏感病人，也能保护病人免受其他地方地线故障的影响。

在测量仪器的周围环境中有很多金属物，如自来水管、煤气管、金属电线管、建筑物的钢筋和金属窗框等，将这些金属物和仪器外壳连接后再接地就成为等电位化方式，如图 2-8 所示。

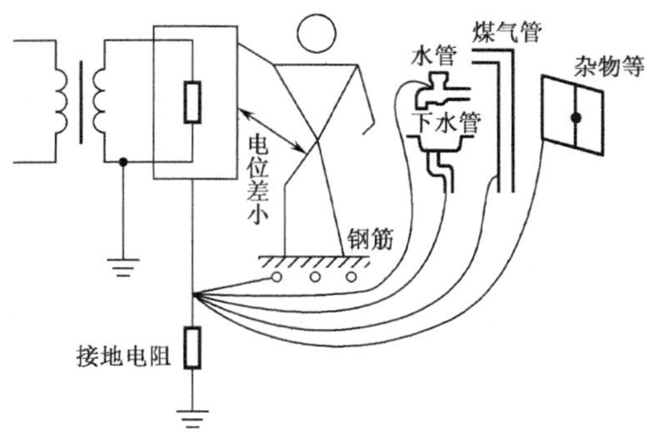

图 2-8　等电位接地

在同等电位接地线连接有困难或禁止连接的情况下，可用充分厚的绝缘物覆盖在金属表面上，防止人和金属表面接触。在安全标准中，原则上要求离患者 2.5m 以内的范围要达到等电位化。2.5m 的距离意味着当患者伸手时或者借助其他人所能接触到的范围。

三、双重绝缘

当仪器没有保护接地时，为了安全使用，仪器除了上述提及的基本绝缘外，还必须附加独立于基本绝缘以外的辅助绝缘或加强绝缘，由基本绝缘和辅助绝缘组成的绝缘称为双重绝缘。

辅助绝缘这种方法的保护原理，如图 2-9 所示。把基础绝缘和辅助绝缘重合在一起，这种类型的医用电气设备叫也 II 类设备。II 类设备的双重绝缘中有一种绝缘损坏，另一种绝缘仍能保证安全。I 类设备的附加保护安全是靠接地电阻的外部因素，而 II 类设备附加保护安全是靠仪器本身的内部绝缘性能加强，这是此两种仪器的不同特征。II 类设备的外壳即使是用导电材料做的，原则上也不需要把它接地。只有某些特殊的仪器，为了防止微电击而将其接地。

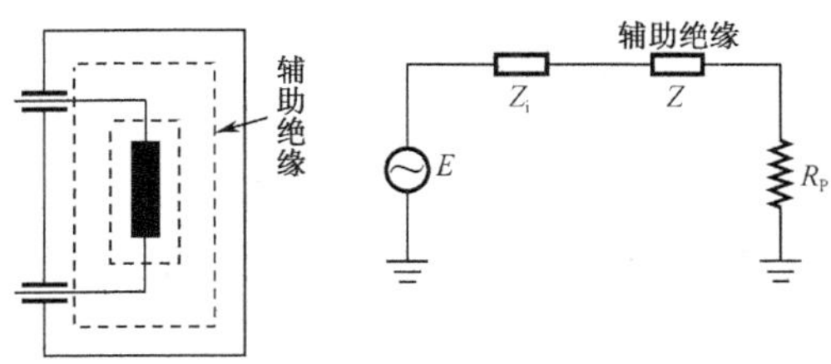

图 2-9　辅助绝缘

采用双重绝缘后，即使仪器漏电，也不会引起电击事故。需要指出的是，双重绝缘不但能防止宏电击，也能防止微电击。

四、低电压供电

低压供电的方法有两种，一是采用低压电池供电，二是采用低压隔离变压器供电。低压电池供电一方面可达到低压供电的目的，另一方面由于它没有接地端，因此电池供电的仪器的外壳可不接地，这样就可取消人体接地的措施。电池供电广泛应用于无线电遥测中，比如在ICU、CCU监护系统中，往往需要对病人的心电、脉搏、呼吸等生理参数进行不间断的监护。图2-10所示的遥测系统可实现这一目的。

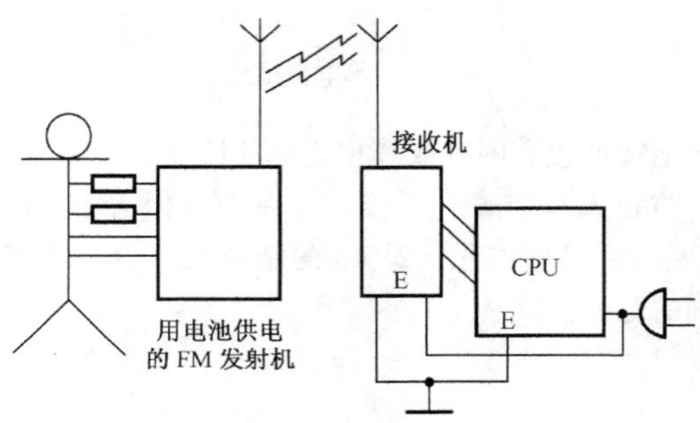

图2-10　生理遥测系统

遥测系统的主要组成部分是：传感器、放大器、发射机、发射天线、接收天线、接收机及记录器。以心率无线遥测为例，通常的做法是：将放大器、发射机组装在一个体积尽可能小的盒子里，线路由电池供电。发射信号被在远处的接收机接收，接收部分不与人体接触，故可采用市电供电。因电池电压通常较低，不会对人体构成危险，故低压电池供电是避免电击事故的一种有效方法。

低压隔离变压器常使用在如眼底镜和内窥镜等仅有一个灯泡耗电量较大的医疗设备中，其输出低压部分与地绝缘。

五、应用部分浮置绝缘

医用电气设备具有应用部分的很多，应用部分是设备为了实现其功能需要与患者有身体接触的部分，为了防止通过应用部分使患者受到电击，而用基础绝缘把它和电路，特别是和电源的原线圈分开。但是，仅用基础绝缘这一种方法，当绝缘损坏时就不安全了。

例如，心脏导管和埋植体内的起搏器的刺激电极，其应用部分直接接触患者心肌或心腔，如果有漏电流直接刺激心肌，极易引起心室纤颤。所以，需要限制由应用部分流出的漏电流在极小范围内，才能保证安全。如果漏电流过大，可将应用部分接地（保护接地），会大大减少经过心脏的漏电流。但在这种情况下，如果还有其他仪器也连接在患者身体上，从旁的仪器流出的漏电流经过连接心脏的应用部分流向大地，也将引起微电击事故，如图 2-11 所示。

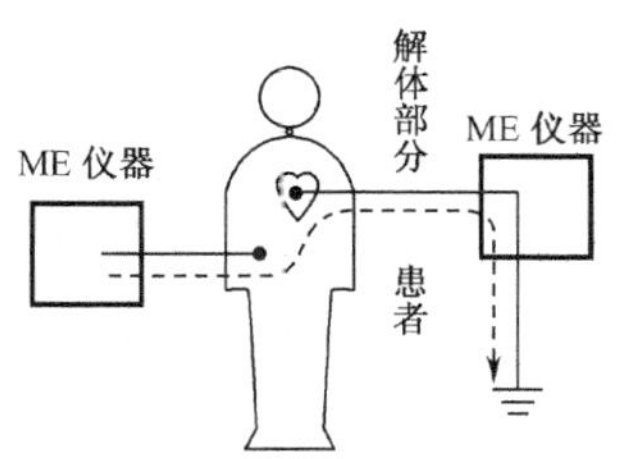

图 2-11　放在心脏内的应用部分接地的电击事故

为了在医疗中同时使用多台医疗仪器而不引起电击事故，必须采取措施限制接触心脏的应用部分流过的电流。为此目的，把应用部分与仪器的其他部分和接地点绝缘，这种方法称为应用部分浮置绝缘（isolated applied part）或称浮动（floating）应用部分。绝缘应用部分的主要特点是，它可以利用高绝缘阻抗来限制通过应用部分的漏电流，确保患者安全。

第三节　医用电气设备的基本概念

一、医用电气设备、医用电气系统和非医用电气设备定义

1. 医用电气设备

医用电气设备（medical electrical equipment)(以下简称为设备）定义为：与某一专门供电网有不多于一个的连接，对在医疗监视下的患者进行诊断、治疗或监护，与患者有身体的或电气的接触，和（或）向患者传送或从患者取得能量，和（或）检测这些所传送或取得的能量的电气设备。

该定义规定了医用电气设备的界定范围。

（1）设备与供电网有一个或没有（内部电源）连接。如果存在多于一个的连接，则该设备实质上已构成一个医用电气系统。对于医用电气系统的安全可参照 GB9706.15—1999 医用电气设备系统的安全要求执行。

（2）设备处于医疗监视下，用于对患者进行诊断、治疗或监护。这里强调设备应处于医疗监视下，用于诊断、治疗或监护病人为目的，这不同于一般家用的保健电气设备，更与非诊断、治疗或监护用途的其他设备相区别。

（3）设备与患者有身体的或电气的接触，和（或）在医疗监视下向患者传递或从患者取得能量，和（或）检测这些所传递或取得的能量。也就是说，设备与患者必须有身体或电气的接触，或者从患者传递或取得能量（所谓能量一般是指声能、光能、热能、电能等）或者检测这些传递的能量。这三者可以是其中之一，也可以任意组合。

（4）明确了设备中由制造商指定的附件也是设备的一部分。

2. 医用电气系统

GB9706.15 是医用电气设备安全通用要求的一个并列标准，它适用于医用

电气系统的安全，该标准对医用电气系统作了如下定义：医用电气系统是指不止一台医用电气设备或者是医用电气设备与其他非医用电气设备通过耦合，和/或一个可移式多插孔插座连接成的具有规定功能的组合。

不止一台医用电气设备或者是医用电气设备与其他非医用电气设备通过耦合是指不同台设备间的所有功能性连接，而可移式多插孔插座即为有两个或两个以上的插孔插座，这种插座与软电缆/电线相连，或与软电缆/电线组成一体，当与网电源相连时，可以方便地从一个地方移到另外一个地方。

符合上述定义的医用电气系统，其医用电气设备的安全性评价应满足GB9706.1标准外，医用电气系统应符合GB9706.15医用电气系统的安全要求。

3. 非医用电气设备

现代电子技术和生物医学技术在医学实践中的应用和迅速发展，已经导致了这样一个局面，即使用由众多台数设备组成的比较复杂的系统来取代单台医用电气设备对患者进行诊断、治疗或监护。越来越多的这种系统，是由原先为不同专业应用领域（不一定是医学领域）使用而制造的设备通过直接相连或间接相连而组成。当医用电气设备与非医用电气设备通过耦合组成医用电气系统时，要求患者只能与符合GB9706.1（IEC60601—1）的医用电气设备连接，所连接的非医用电气设备本身可以符合适用它们专业领域的安全标准中提出的要求，GB9706.15—1999附录DDD给出了一些非医用电气设备适用的安全标准。

GB8898—1997（或IEC65：1985）电网电源供电的家用和类似一般用途的电子及有关设备的安全要求。

GB4706.1—1992（或IEC335）家用和类似用途电器的安全通用要求。

GB4793—1984（或IEC348：1978）电子测量仪器的安全要求。

GB6738—1986（或IEC414：1973）电测量指示和记录仪表及其附件的安全要求。

GB10320—1995（或IEC820：1986）激光设备和设施的电气安全。

IEC50（826）：1990国际电工词汇——826章：建筑物的电气设施。

IEC950：1986信息技术设备（包括商务电气设备）的安全。

IEC1010—1：1990测量、控制和实验室用电气设备的安全要求　第1部分：一般要求。

ISO7767：1988监视患者呼吸混合气的氧分析仪——安全要求。

ISO8185：1988医用加湿器——安全要求。

ISO8359：1988医用氧气浓缩器——安全要求。

但GB9706.15—1999明确指出，当将医用电气设备与非医用电气设备置于不同的医疗环境中（患者环境、医用房间、非医用房间），有对非医用电气设备提出附加的防电击保护措施的要求。例如，附加的保护接地、附加的隔离变压器、浮动的供电电源、隔离装置。

二、医用电气安全重要的基本概念

1. “类”与“型”

GB9706.1标准从六个不同的角度对医用电气设备进行了分类，并要求按不同的类别用不同的标记作识别，本部分主要分析其中两种分类方法。

1）按附加保护措施的不同分类

可分为I类设备、II类设备和内部电源设备三类。

（1）I类设备。I类设备对电击的防护不仅依靠基本绝缘，而且还有附加安全保护措施，把设备与供电装置中固定布线的保护接地导线连接起来，使可触及的金属部件即使在基本绝缘失效时也不会带电的设备，如图2-12所示。

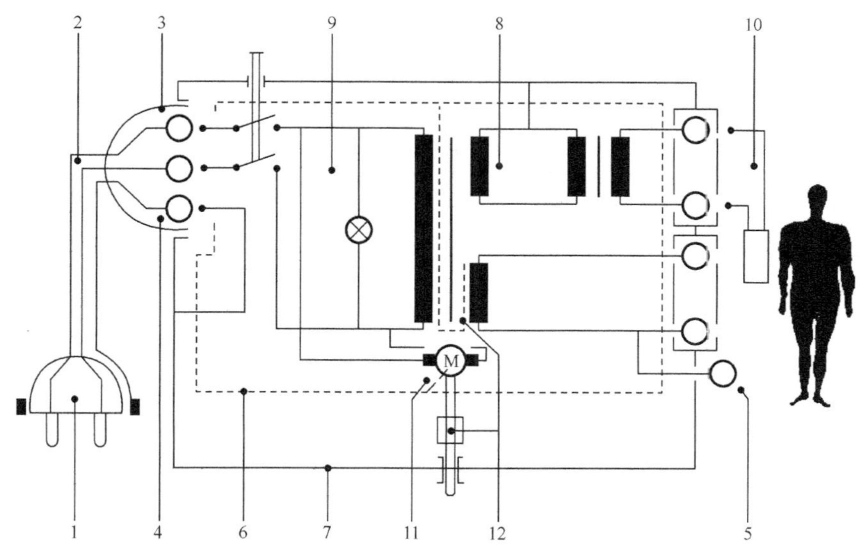

图2-12 I类设备的图例

1. 有保护接地接点的插头；2. 可拆卸的电源软电线；3. 设备连接装置；4. 保护接地用接点和插脚；5. 功能接地端子；6. 基本绝缘；7. 外壳；8. 中间电路；9. 网电源部分；10. 应用部分；11. 有可触及轴的电动机；12. 辅助绝缘或保护接地屏蔽

具有基本绝缘和接地保护线是I类设备的基本条件，也就是说，I类设备除了对电击防护具有基本绝缘外，还必须将设备中可触及的金属部件与固定布线的保护接地导线连接起来。但在为了实现设备功能必须接触电路导电部件的情况下，I类设备可以具有双重绝缘或加强绝缘的部件（这些部件可以不进行保护接地)、有安全特低电压运行的部件（这些部件不需要保护接地）或有保护阻抗来防护的可触及部件。如果只用基本绝缘实现对网电源部分与规定用外接直流电源（用于救护车上）的设备的可触及金属部分之间的隔离，则必须提供独立的保护接地导线。

（2）II 类设备。II 类设备对电击的防护不仅依靠基本绝缘，而且还有如双重绝缘或加强绝缘那样的附加安全保护措施，但没有保护接地措施，也不依赖于安装条件的设备。II 类设备一般采用全部绝缘的外壳，也可以采用有金属的外壳，如图 2-13 所示。

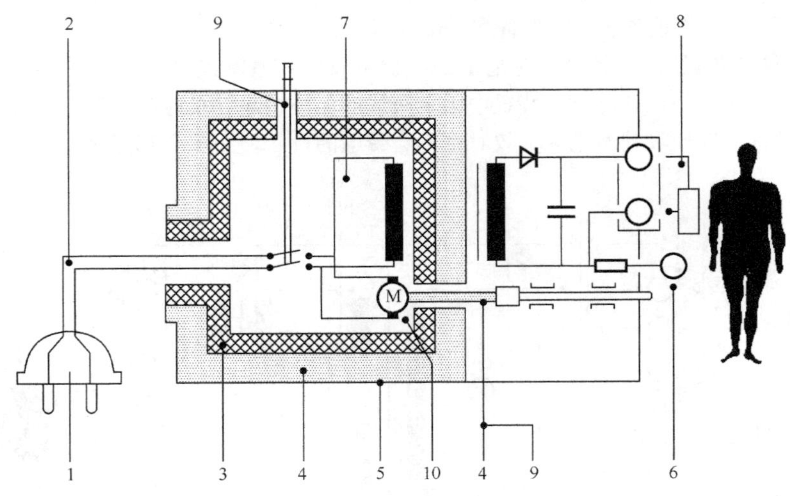

图 2-13　Ⅱ类设备的图例

1. 网电源插头；2. 电源软电线；3. 基本绝缘；4. 辅助绝缘；5. 外壳；6. 功能接地端子；7. 网电源部分；8. 应用部分；9. 加强绝缘；10. 有可触及轴的电动机

采用全部绝缘的外壳的设备，是有一个基本连续的坚固的、并把所有导电部件封闭起来的绝缘外壳，但一些小部件（如铭牌、螺钉及铆钉）除外，这些小部件至少用相当于加强绝缘的绝缘与带电部件隔离。

带有金属外壳的设备是有一个用金属制成的基本连续的封闭外壳，其内部全部采用双重绝缘和加强绝缘，或整个网电源部分采用双重绝缘（除因采用双重绝缘显然行不通而采用强绝缘外）。

II 类设备也可因功能的需要备有功能接地端子或功能接地导线，以供患者电路或屏蔽系统接地用，但功能接地端子不得用作保护接地，且要有标记，以区别保护接地端子，在随机文件中也必须加以说明。功能接地导线只能作内部屏蔽的功能接地，且必须是绿/黄色的。

(3) 内部电源设备。内部电源设备能以内部电源进行运行的设备。内部电源一般具有两种情况。

第一种具有和电网电源相连装置的内部电源设备。这种设备必须为双重分类，如I类内部电源、II类内部电源设备。

第二种内部电源设备当与电网电源相连接时，必须符合I类设备或II类要求。当其未与电网电源相连时，必须符合内部电源设备的要求。例如，有的设备使用电池就可以工作，但在设备上还有一个输入插孔，用来与电源变换器（这种电源变换器可单独配置）连接。通过这种连接，设备就可以使用电网电源进行工作，因此，还必须符合I类或II类设备的要求。

2) 按防电击的程度分类

由于医用电气设备使用场合不同，对设备的电击防护要求的宽严程度也不同。这是因为电流对人体的伤害程度与通过人体电流的大小、持续时间、通过人体的途径、电流的种类以及人体状态等多种因素有关。医用电气设备同患者有着各种各样的接触部位，有与体表接触和体内接触，甚至也有直接与心脏接触，例如各种理疗仪器大多同患者的体表接触。各种手术设备（电刀、妇科灼伤器）要同患者体内接触。而心脏起搏器、心导管插入装置则要直接与心脏接触，按其使用的场合不同，规定不同的对电击防护的程度，在标准中划分为B型、BF型、CF型。根据这些组合把仪器进行分类，如表2-3所示的型号分类。

表2-3　触体部分的种类和型号

	适用体表、体腔	适用与心脏
不绝缘	B	—
触体部分绝缘	BF	CF

C代表cor（心脏），B代表body（躯体），F代表浮置隔离，连接心脏的部分一定是绝缘触体部分（CF），在IEC安全通则和GB9706.1医用电气设备安全标准中，对这种类型仪器分别规定容许漏电流值。

(1) B型应用部分（type B applied part）。符合本标准规定的对于电击防护的要求，尤其是关于漏电流容许值的要求的应用部分，并用附录D中表D2的符号1来标记。

注：B型应用部分不适合直接用于心脏。

(2) BF型应用部分（type BF applied part）。符合本标准规定的对于电击防护程度高于B型应用部分要求的F型应用部分，并用附录D中表D2的符号2来标记。

注：BF型应用部分不适合直接用于心脏。

(3) CF型应用部分（type CF applied part）。符合本标准中规定的对于电击防护程度高于BF型应用部分要求的F型应用部分，并用附录D中表D2的符号

3 来标记。

（4）防除颤应用部分（defibrillation-proof applied part）。具有防护心脏除颤器对患者的放电效应的应用部分。

2. 带电

指一个部分所处的状态。当与该部分连接时，便有超过容许漏电流值的电流（在 GB9706.1 的 19.3 中规定）从该部分流向地或从该部分流向该设备的其他可触及部分。

这里的“带电”不是我们平时所认为的“有电流或电压就是带电”，而是强调“连接”后会产生超值电流，即当与该部件连接时，便有超过允许漏电流值的电流从该部件流向地或从该部件流向设备的其他可触及部件。

3. 网电源部分

设备中旨在与供电网作导电连接的所有部件的总体。就本定义而言，不认为保护接地导线是网电源部分的一个部件。

这里指的所有部件，一般是指电源变压器的一次绕组之前的部分，包括保险丝、电源开关及有关的连接导线，有的还有抗干扰元件和通电指示元件等或延伸至隔离之前，而保护接地导线不是网电源部分的一个部件。

4. 内部电源

包含在设备内并提供设备运行所必需的电能的电源。

5. 应用部分

应用部分指正常使用的设备的一部分，即设备为了实现其功能需要与患者有身体接触的部分，或可能会接触到患者的部分，或需要由患者触及的部分。

应用部分的主要特征是与患者接触，但应用部分不仅仅是与患者相接触的全部部件，而且还应包括连接患者用的导线在内（如心电图机的导联线、高频手术设备的手术导线、中性及双极电极的输出电路、微波治疗设备的发热电极的连接电缆、波导管以及接插件等）。对那些操作者在操作设备时必须同时触及患者和某一部件时，则该部件可以考虑作为应用部分，设备在使用过程中及与患者接触的部件也应考虑作为应用部分。

6. 信号输入、输出部分

（1）信号输入部分。设备的一个部分，但不是应用部分，用来从其他设备接收输入信号电压或电流，例如为显示、记录或数据处理之用。

（2）信号输出部分。设备的一个部分，但不是应用部分，用来向其他设备输出信号的电压或电流，例如为显示、记录或数据处理之用。

信号输入部分和信号输出部分，不同于应用部分。应用部分的特征是同患者接触；信号输入部分的特征是用来接收从其他设备来的信号电压和电流；信号输出部分的特征是用来向其他设备输出信号电压和电流。信号输入部分和信号输出部分都是与其他设备有关，而不是与患者有关。

7. 高电压

任何超过 1000V 交流或 1500V 直流或 1500V 峰值的电压称为高电压。

8. 可触及的金属部分

不使用工具即可接触到的设备上的金属部件。这种接触可以是使用功能上需要的接触，也可以是无意的偶然接触。设备的金属外壳是可触及的金属部件，而那些用标准测试指能触及到的设备上的金属部件，也应视为可触及的金属部件。

9. 安全特低电压

在用安全特低电压变压器或等效隔离程度的装置与供电网隔离，当变压器或变换器由额定供电电压供电时，在不接地的回路中，导体间交流电压不超过 25V 或直流电压不超过 60V 名义电压。

根据上述定义，安全特低电压必须具备下面三个条件：与供电网有效隔离；回路不接地；电压值为 AC≤25V，DC≤60V。不能认为交流电压不超过 25V 或直流电压不超过 60V 就是安全特低电压。

10. 电气间隙、爬电距离

电气间隙是指两个导体部件之间的最短空气路径。

爬电距离是指沿两个导体部件之间绝缘材料表面的最短路径。

确定电气间隙的基本因素是瞬时过电压、电场条件（电极形状）、污染、海拔高度，还有下述可能影响电气间隙的因素：防电击防护、机械状况、隔离距离、电路中绝缘故障的后果、工作的连续性。

爬电距离是由考虑中的距离的微观环境决定的。影响爬电距离的基本因素是电压、污染、绝缘材料、爬电距离的位置和方向、绝缘表面的形状、静电沉积、承受电压的时间等。因此，设计者应根据具体情况，充分考虑这些影响电气间隙和爬电距离的基本因素及其他可能的影响因素。

电气间隙和爬电距离在绝缘配合中的作用是不同的，因此在按各自作用选取的最小爬电距离可能会小于最小电气间隙值。在实际中这样设计和选用是不合理的。在此条件下最小爬电距离应当等于最小电气间隙。表 2-4 所示为 GB9706.1 新标准规定的电气间隙和爬电距离的值。

表 2-4　电气间隙和爬电距离　　（单位：mm）

<table>
<tr><td rowspan="2"></td><td>直流电压/V</td><td>15</td><td>34</td><td>75</td><td>150</td><td>300</td><td>450</td><td>600</td><td>800</td><td>900</td><td>1200</td><td rowspan="2"></td></tr>
<tr><td>交流电压/V</td><td>12</td><td>30</td><td>60</td><td>125</td><td>250</td><td>400</td><td>500</td><td>660</td><td>750</td><td>1000</td></tr>
<tr><td rowspan="2">相反极性部分间的基本绝缘</td><td rowspan="2">A—f</td><td>0.4</td><td>0.5</td><td>0.7</td><td>1</td><td>1.6</td><td>2.4</td><td>3</td><td>4</td><td>4.5</td><td>6</td><td>电气间隙</td></tr>
<tr><td>0.8</td><td>1</td><td>1.3</td><td>2</td><td>3</td><td>4</td><td>5.5</td><td>7</td><td>8</td><td>11</td><td>爬电距离</td></tr>
<tr><td rowspan="2">基本绝缘或辅助绝缘</td><td rowspan="2">A—a_1，A—b
A—C，A—j
B—d，B—c</td><td>0.8</td><td>1</td><td>1.2</td><td>1.6</td><td>2.5</td><td>3.5</td><td>4.5</td><td>6</td><td>6.5</td><td>9</td><td>电气间隙</td></tr>
<tr><td>1.7</td><td>2</td><td>2.3</td><td>3</td><td>4</td><td>6</td><td>8</td><td>10.5</td><td>12</td><td>16</td><td>爬电距离</td></tr>
<tr><td rowspan="2">双重绝缘或加强绝缘</td><td rowspan="2">A—a_2，
A—e，A—k
B—a，B—e</td><td>1.6</td><td>2</td><td>2.4</td><td>3.2</td><td>5</td><td>7</td><td>9</td><td>12</td><td>13</td><td>18</td><td>电气间隙</td></tr>
<tr><td>3.4</td><td>4</td><td>4.6</td><td>6</td><td>8</td><td>12</td><td>16</td><td>21</td><td>24</td><td>32</td><td>爬电距离</td></tr>
</table>

11. 基本绝缘、双重绝缘、加强绝缘、辅助绝缘

基本绝缘：用于带电部件上对电击起基本防护作用的绝缘。

双重绝缘：由基本绝缘和辅助绝缘组成的绝缘。

加强绝缘：用于带电部件的单绝缘系统，它对电击的防护程度相当于本标准规定条件下的双重绝缘。

辅助绝缘：附加于基本绝缘的独立绝缘，当基本绝缘发生故障时由它来提供对电击的防护。

本标准述及了四种绝缘，为了便于理解，下面作些简要说明。

基本绝缘是对带电部件提供基本防护，使之在正常条件下不会带电。如 II 类设备的不可触及的带电部件就可以采用基本绝缘，在一般情况下能起到防电击的作用。

辅助绝缘是附加在基本绝缘上的独立绝缘，以便在基本绝缘万一失效时对带电部件进行防电击。这里特别要注意“独立”二字，即它与基本绝缘之间是相互独立的，可以分开使用，单独进行电介质强度试验，辅助绝缘的电介质强度要比基本绝缘高些。

双重绝缘和加强绝缘的区别是：前者是由基本绝缘和辅助绝缘两个独立的绝缘构成，后者是个单独的绝缘系统。尽管它们的电介质强度相当，但应用场合不一定相同，双重绝缘一般用于需要双重保护的带电部件，加强绝缘就不宜用于需要双重保护的带电部件。

12. 漏电流

1）对地漏电流

由网电源部分穿过或跨过绝缘流入保护接地导线的电流。

在保护接地导线断开的单一故障条件下，如果有接地的人体接触到与该保护接地导线相连的可触及导体（如外壳），则这个对地漏电流将通过人体流到地，当这个电流大于一定值时，就有电击的危险。

2）外壳漏电流

从在正常使用时操作者或患者可触及的外壳或外壳部件（应用部分除外），经外部导电连接而不是保护接地导线流入大地或外壳其他部分的电流。

如果是II类设备，由于它们不配备保护接地线，则要考虑其全部外壳的漏电流；如果是I类设备，而它又有一部分的外壳没有和地连接，则要考核这部分的外壳漏电流；另外，在外壳与外壳之间，若有未保护接地的，则还要考核两部分外壳之间的外壳漏电流。

3）患者漏电流

从应用部分经患者流入地的电流，或是由于在患者身上出现一个来自外部电源的非预期电压而从患者经F型应用部分流入地的电流。

这里是由于应用部分一定要接到患者身上，而患者又接地（患者往往是站在地上的），如果应用部分对地存在一个电位差，则必然有一个电流从应用部分经患者到地（这要排除设备治疗上需要的功能电流），这便是患者漏电流。

作为F型隔离（浮动）应用部分本来是浮动的，但是当患者身上同时有多台设备在使用时，或者发生其他意外情况时，使患者身上出现一个外部电源的电压（作为一种单一故障状态），这时也会产生患者漏电流。

4）患者辅助电流

正常使用时，流经应用部分部件之间的患者的电流，此电流预期不产生生理效应，例如放大器的偏置电流、用于阻抗容积描记器的电流。

这里是指设备有多个部件的应用部分，当这些部件同时接入一个患者身上，在部件与部件之间若存在着电位差，则有电流流过患者。而这个电流又不是设备生理治疗功能上需要的电流，这就是患者辅助电流。例如心电图机各导联电极之间的流过患者身上的电流，阻抗容积描记器各电极之间流经患者的电流均属此例。

“患者辅助电流”这一定义还应区别于打算产生生理效应的（如对神经和肌肉刺激、心脏起搏、除颤、高频外科手术，即患者功能电流）电流。

5）漏电流的容许值

漏电流是衡量医疗仪器电气安全的一项重要指标，它的容许值在GB9706.1

新标准做了规定，表 2-5 给出了直流、交流及复合波形的连续漏电流和患者辅助电流的容许值。除非另有说明，其值均为直流或有效值。

另外，在正常状态或单一故障状态下，不论何种波形和频率，漏电流有效值不应超过 10mA。

表 2-5 各类仪器的规定容许漏电流值 (单位：mA)

电流		B 型		BF 型		CF 型	
		正常状态	单一故障状态	正常状态	单一故障状态	正常状态	单一故障状态
对地漏电流(一般设备)		0.5	1[1)]	0.5	1[1)]	0.5	1[1)]
按注 2)、注 4)的设备对地漏电流		2.5	5[1)]	2.5	5[1)]	2.5	5[1)]
按注 3)的设备对地漏电流		5	10[1)]	5	10[1)]	5	10[1)]
外壳漏电流		0.1	0.5	0.1	0.5	0.1	0.5
按注 5)的患者漏电流	d.c.	0.01	0.05	0.01	0.05	0.01	0.05
	a.c.	0.1	0.5	0.1	0.5	0.01	0.05
患者漏电流(在信号输入部分或信号输出部分加网电源电压)		—	5	—	—	—	—
患者漏电流(应用部分加网电源电压)		—	—	—	5	—	0.05
按注 5)患者辅助电流	d.c.	0.01	0.05	0.01	0.05	0.01	0.05
	a.c.	0.1	0.5	0.1	0.5	0.01	0.05

注：1)对地漏电流的唯一单一故障状态，就是每次有一根电源导线断开。

2)设备的可触及部分未保护接地，也没有供其他设备保护接地用的装置，且外壳漏电流和患者漏电流(如适用)符合要求。例如，某些带有屏蔽的网电源部分的计算机。

3)规定是永久性安装的设备，其保护接地导线的电气连接只有使用工具才能松开，且紧固或机械固定在规定位置，只有使用工具才能被移动。例如，X 射线设备的主件，如 X 射线发生器、检查床或治疗床；有矿物绝缘电热器的设备；由于符合抑制无线电干扰的要求，其对地漏电流超过表第一行规定值的设备。

4)移动式 X 射线设备和有矿物绝缘的移动式设备。

5)表中规定的患者漏电流和患者辅助电流的交流分量的最大值仅是指电流的交流分量。

13. 功能接地端子和保护接地端子

功能接地端子指直接与测量供电电路或控制电路某点相连的端子，或直接与为功能目的而接地的屏蔽部分相连的端子。保护接地端子指为安全目的与Ⅰ类设备导体部件相连接的端子，该端子通过保护接地导线与外部保护接地系统相连接。

功能接地端子与保护接地端子的目的不同。功能接地端子是为了安全以外的目的，而直接与测量供电线路或控制电路某一点（往往是电路的公共端）相连接，或直接与某屏蔽部分相连接，而这屏蔽是为功能性目的的接地。保护接地端子是为了安全目的而与I类设备导体部件相连接的，这个端子必须要与外部保护接地系统（大地）相连接。功能接地端子不能作为保护接地端子用。

14. 单一故障状态

设备内只有一个安全方面危险的防护措施发生故障，或只出现一种外部异常情况的状态（见GB9706.1中3.6）。

单一故障状态可以是设备本身引起的，也可以是设备外部的异常情况引起的。单一故障状态有两个特征：只与安全相关，设备损坏到失去其运行功能的不包括在内；单一性，只出现一个影响安全性能的故障。

设备在单一故障状态下仍应保持安全，因此单独一个保护措施发生故障是允许的。一般来说，如设备按标准的要求进行设计和制造，两个独立故障同时发生的概率就相当小。各种单一故障是考核测试的主要项目，经验证测试它们必须符合标准的有关要求；各种单一故障状态在测试时，用模拟的办法来创造测试条件，通过验证考核设备在单一故障状态下的符合性。

下列的故障是单一故障，这些故障在本标准中有特定的要求和试验。

（1）断开一根保护接地导线。

（2）断开一根电源导线。

（3）F型应用部分上出现一个外来电压。

（4）信号输入部分或信号输出部分出现一个外来电压。

（5）与氧或氧化亚氮混合的易燃麻醉气外壳的泄漏。

（6）液体的泄漏。

（7）可能引起安全方面危险的电气元件故障。

（8）可能引起安全方面危险的机械零件故障。

（9）温度限制装置故障。

若一个单一故障状态不可避免地导致另一个单一故障状态时，则两者被认为就是一个单一故障状态。

15. 安全系数

安全系数指最小断裂载荷与安全工作载荷之比。

这里涉及两个概念，即最小断裂载荷与安全工作载荷。

最小断裂载荷：符合胡克定律（当应力不超过材料的弹性极限时，应力与应变成正比关系）的最大载荷，即平时的破坏载荷。

安全工作载荷：某一部件在安装说明和使用说明中要求都得到遵守的情况下，根据制造厂声明的所可承受的最大负载，即平时设计负载。

安全系数的选取，要根据其具体情况作具体分析。除了要考虑载荷与应力计算的准确程度、材料性质的均匀性和构件的工作条件等主观估量和客观实际间必须存在的差异等因素外，还必须保证构件有必要的强度储备，以防构件在出现偶然的不利工作条件下发生破坏。一般讲，脆性材料的安全系数要取大些，动载荷比静载荷的安全系数要取大些，重要的及工作条件差的构件比一般的构件安全系数应大些。

第四节　医用电气设备安全性检测

一、漏电流检测

医疗仪器的安全性测试中最重要的测试就是测量仪器的漏电流。漏电流有对地漏电流（流过保护接地导线的电流）、外壳漏电流（从外壳流向大地的电流）、患者漏电流（从应用部分经患者流入大地的电流，或是由于在患者身上意外地出现一个来自外部电源的电压而从患者经 F 型应用部分流入地的电流）、患者辅助电流（流入处于应用部分部件之间的患者的电流）等四种。

GB9706.1 对漏电流的测量方式作了详细的规定，其主要内容有：概述、测量供电电路、设备与测量供电电路的连接、测量布置及测量装置（MD）和具体的漏电流测量线路等内容。

1. 概述

（1）对地漏电流、外壳漏电流、患者漏电流及患者辅助电流的测量，在设备达到符合第七篇所要求的工作温度之后和在 4.10 规定的潮湿预处理之后。

（2）设备接到电压为最高额定网电源电压的 110%的电源上。

（3）能适用单相电源试验的三相设备，将其三相电路并联起来作为单相设备来试验。

（4）对设备的电路排列、元器件布置和所用材料的检查表明无任何安全方面危险可能性时，试验次数可减少。

2. 测量供电电路

GB9706.1 列举了五种测量供电电路，现介绍两种常用的供电电路。

（1）规定使用指定的 I 类单相网电源的设备，连接到图 2-14 所示电路。试验时必须依次断开和闭合开关 S_8。然而，若所指定电源具有固定的永久性安装的保护接地导线，试验时必须闭合开关 S_8。

（2）规定使用指定的 II 类单相网电源的设备，连接到图 2-14 所示电路，但不使用保护接地连接和 S_8。图中，①为设备外壳；②为规定的电源。

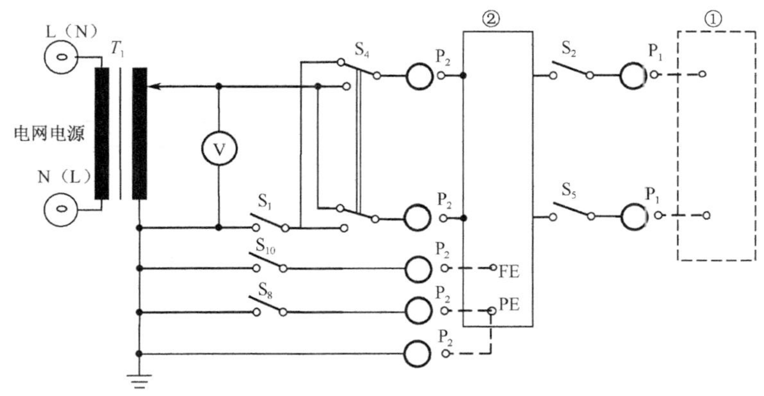

图 2-14　由规定按Ⅰ类或Ⅱ类单相电源供电的设备的测量供电电路

在Ⅱ类时，不使用保护接地连接和 S_8

(3) 规定与有一端大约为地电位的供电网相连的设备，以及对电源类别未预规定的设备，连接到图 2-15 所示电路。

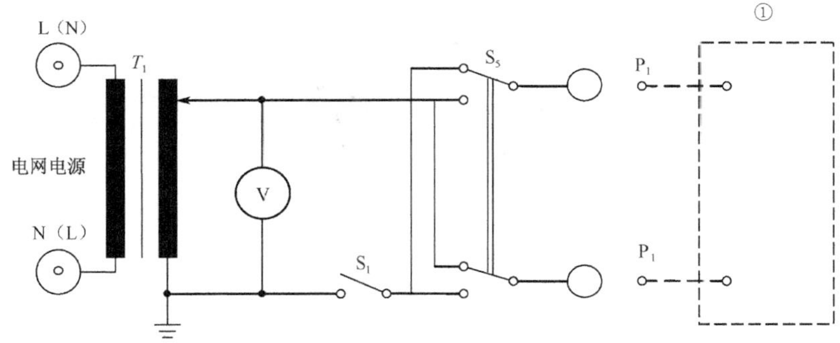

图 2-15　供电网的一端近似地电位时的测量供电电路

3. 测量装置

对直流、交流及频率小于或等于 1MHz 的复合波形来说，测量装置（MD）必须给漏电流或患者辅助电流源加上约 1000Ω 的阻性阻抗，如图 2-16 所示。

4. 对地漏电流测量电路

测量时可将测量装置接在保护接地端和墙壁接地端钮（大地）之间。当仪器采用两眼插座时，应将电源插头交换一下进行测量，以改变电源的极性，取两者中的较大值作为漏电电流。如仪器本身有附加保护接地端钮时，应将它和接地断开后测量。对地漏电流的测量如图 2-17 所示，图中⑤为应用部分。

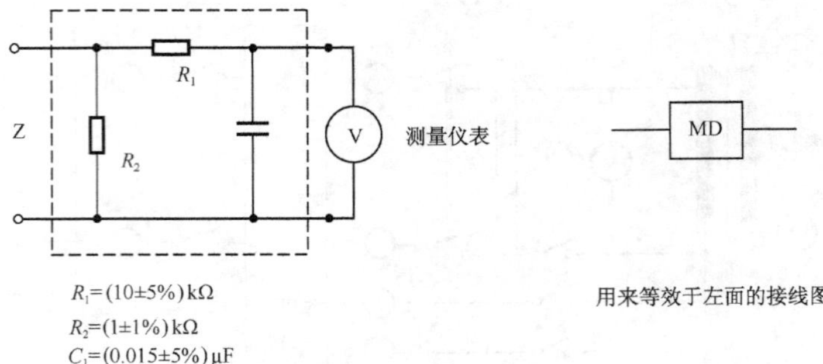

图 2-16 测量装置的图例

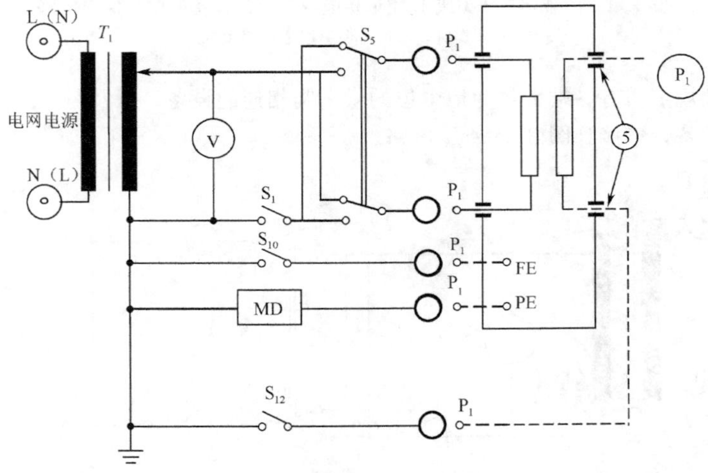

图 2-17 具有或没有应用部分的Ⅰ类设备对地漏电流的测量电路（采用图 2-15 的测量供电电路的图例）

测量时，将 S_5、S_{10}和 S_{12}的开、闭位置进行所有可能的组合：S_1 闭合（正常状态）和 S_1 断开（单一故障状态）

GB9706.1 中图 17 使用规定的Ⅰ类单相电源，具有或没有应用部分的设备对地漏电流的测量电路略。

5. 外壳漏电流测量电路

测量时，Ⅰ类设备，不论其有无应用部分，按图 2-18 用图 2-15 相应的测量供电电路试验。用 MD_1 在地和未保护接地外壳的每个部分之间测量。用 MD_2 在未保护接地外壳的各部分之间测量。

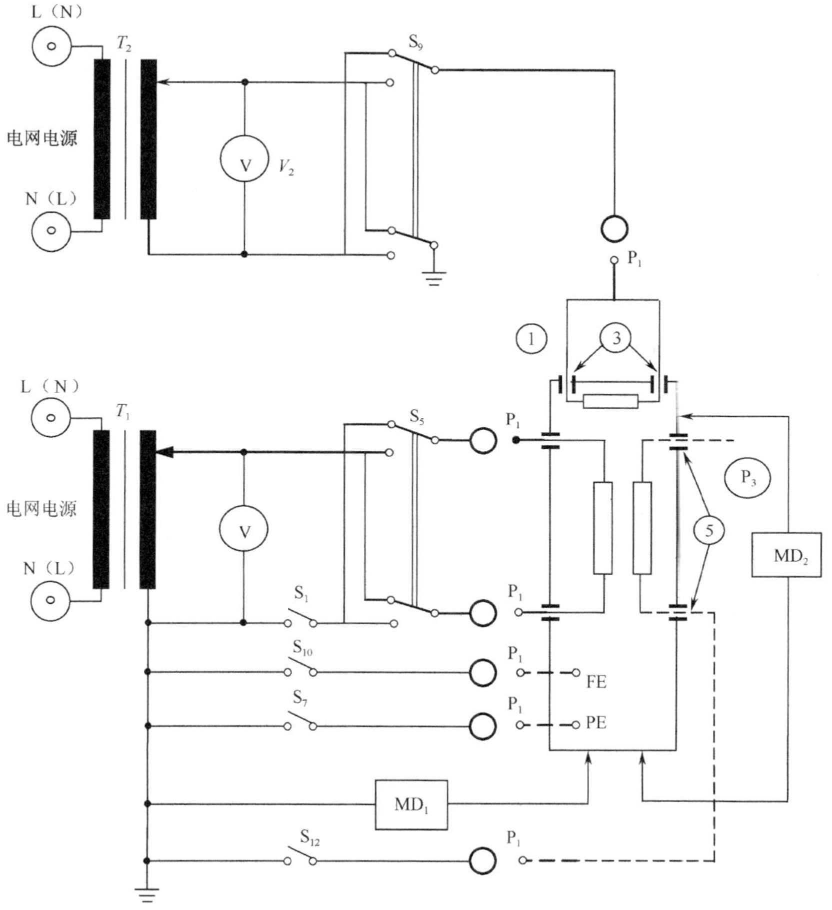

图 2-18　外壳漏电流的测量电路对 I 类设备，不使用保护接地连接和 S_7；采用图 2-15 的测量供电电路的图例

I 类设备，不论其有无应用部分，按图 2-18 用图 2-15 相应的测量供电电路试验，但不使用保护接地连接和 S_7。用 MD_1 在外壳和地之间或当外壳有几个部分时在外壳每一部分之间测量。

GB9706.1 中图 19 使用规定的 I 类单相电源，具有或没有应用部分的设备外壳漏电流的测量电路略。

6. 患者漏电流测量电路

对应用部分的连接，必须测量的患者漏电流有：对 B 型设备，从连在一起的所有患者连线，或按制造厂的说明对应用部分加载进行测量；对 BF 型设备，轮流从应用部分的同一功能的连在一起的所有患者连线，或按制造厂的说明对应用部分加载进行测量；对 CF 型设备，轮流从每个患者连接点进行测量。

测量患者漏电流时，GB9706.1 对测量电路规定了下列各种情况：有应用部分的 I 类、II 类设备；有 F 型应用部分的 I 类、II 类设备；有应用部分和信号输入和（或）信号输出部分的 I 类、II 类设备及内部电源设备相应的各种情况。本节节选了从 F 型应用部分至地的患者漏电流的测量电路图例 2-19 和内部电源供电设备从应用部分至外壳的患者漏电流的测量电路图例 2-20。图中，③代表短接了的或加上负载的信号输入或信号输出部分；④代表内部电源；⑥代表非应用部分且未保护接地的可触及金属部件。

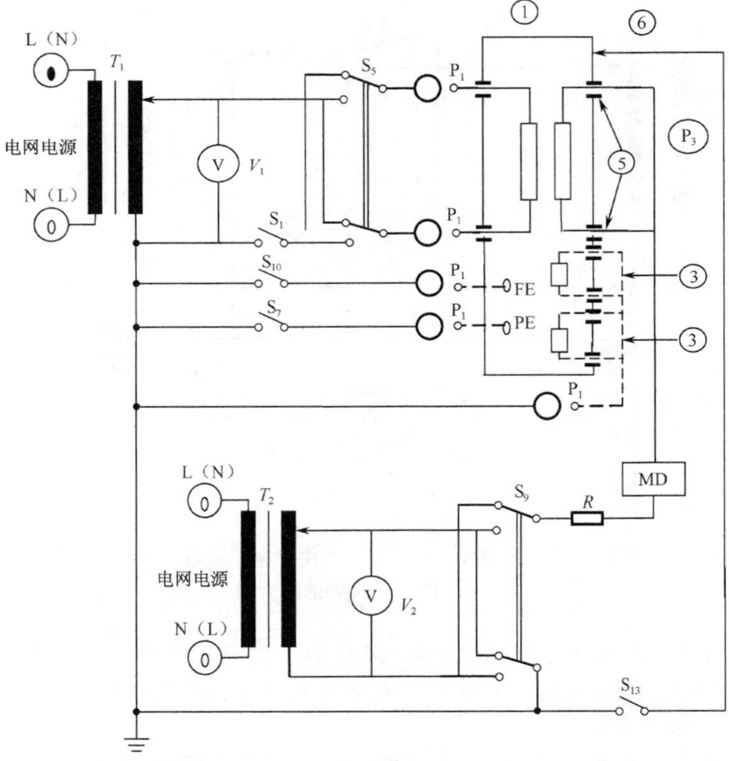

图 2-19　由应用部分上的外来电压引起的从 F 型应用部分至地的患者漏电流的测量电路

II 类设备时不使用保护接地连接和 S_7；采用图 2-15 的测量供电电路的图例

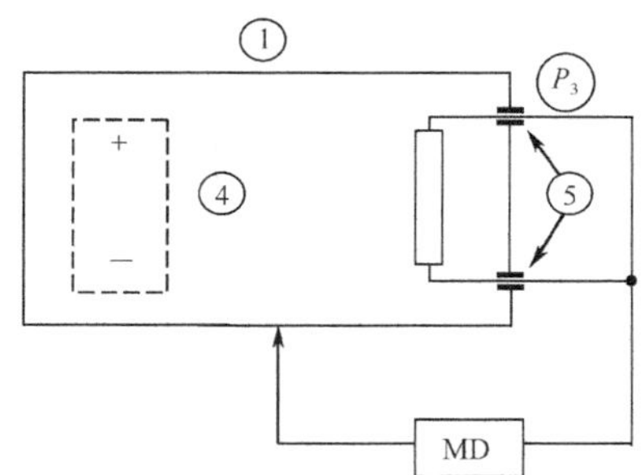

图 2-20　内部电源供电设备从应用部分至外壳的患者漏电流的测量电路

7. 患者辅助电流测量电路

对应用部分的连接可参照患者漏电流的要求。同时，测量患者辅助电流时，GB9706.1 也对测量电路规定了下列各种情况：有应用部分的 I 类、II 类设备和内部电源设备两种情况。图 2-21 为 I 类、II 类设备的患者辅助电流测量的图例。

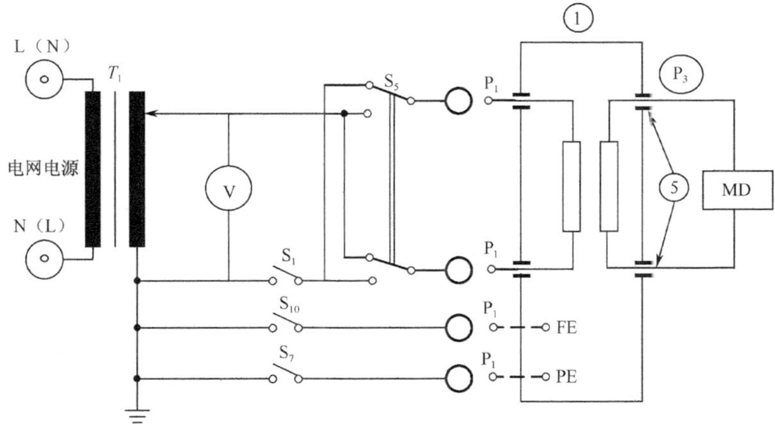

图 2-21　患者辅助电流的测量电路对 II 类设备则不使用保护接地连接和 S_7（采用图 2-15 的测量供电电路的图例）

在 S_1、S_5 和 S_{10} 的开、闭位置进行所有可能的组合的情况下进行测量；S_1 断开时是单一故障状态；若仅为 I 类设备时：在 S_5 和 S_{10} 的开、闭位置进行所有可能组合的情况下，闭合 S_1 并断开 S_7 进行测量（单一故障状态）

二、接地电阻检测

一般的医用电子仪器，都是靠仪器的接地端钮通过导线和大地相连，俗称

“接地”，从而旁路漏电流，以防止患者和操作者遭受电击。在此意义上，接地线是否良好、接地端钮是否良好是安全的重要因素。

GB9706.1 规定不用电源软电线的设备，保护接地端子与保护接地的所有可触及金属部件之间的阻抗，不得超过 0.1Ω；带有电源输入插口的设备，在插口中的保护接地点与已保护接地的所有可触及金属部件之间的阻抗，不得超过 0.1Ω；带有不可拆卸电源软电线的设备，网电源插头中的保护接地脚和已保护接地的所有可触及金属部件之间的阻抗不得超过 0.2Ω。

欲测量接地线的导通与否，用最小刻度是 1Ω 左右的仪表即可，但若要知道接地线的正确电阻值，则需要最小刻度为 10mΩ 左右的低阻测量仪器，以便能准确地测量 0.1～0.2Ω 这样小的电阻。但是，测量如此小的电阻时，被测点和表笔间的接触电阻也属同一数量级，所以一般应采用如下试验方法。

用 50Hz 或 60Hz、空载电压不超过 6V 的电流源，产生 25A 或 1.5 倍于设备额定电流，两者取较大的一个（±10%），在 5～10s 的时间里，在保护接地端子或设备电源输入插口保护接地连接点或网电源插头的保护接地脚和在基本绝缘失效情况下可能带电的每一个可触及金属部分之间流通。测量上述有关部分之间的电压降，根据电流和电压降确定的阻抗，不得超过上述规定的值。

三、电介质强度检测

如果物体某部分带电后，其电荷只能停留在该部分，而不能显著地向其他部分传布，这种不导电的物体称为绝缘体，又称电介质，如玻璃、石蜡、硬橡胶、塑料、松香、丝绸、瓷器、干燥空气等都是电介质。电介质具有不导电的能力，但实际上绝缘材料在电场作用下都会有一很小的电流通过，这一电流称为漏泄电流。电工上常用体积电阻率和表面电阻率来表征材料内部和表面的绝缘特性，它们的数值越大，材料的绝缘性能愈好。

当施加于电介质两端的外电场强度高于某一临界值后，其电流突然上升，电介质失去绝缘性能，这种现象称为击穿，此临界电场强度称为电介质强度或电气强度，即材料能承受而不致遭到破坏的最高电场强度，其值为在规定的试验条件下发生击穿的电压除以施加电压的两电极间的距离所得的商。电介质强度试验是检验不同带电部位的绝缘材料能否承受过电压的能力，是电气安全要求中一个重要的检验项目，是保证每一台设备都符合标准要求所必须检测的项目。标准中规定了对带电部件和其他部分之间电介质强度要求。

1. 绝缘路径（绝缘图）的检验和试验电路

GB9706.1—1995 标准规定了对带电部件和其他部分之间电介质强度的要求，这些电介质强度要求仅限于引起安全方面危险的部位（绝缘路径），这些部位和要求如下所述。

1）对所有各类设备的通用要求

（1） A—a_1：在带电部件和已保护接地的可触及金属部件之间。这种绝缘必须是基本绝缘。

（2） A—a_2：在带电部件和未保护接地外壳部件之间。这种绝缘必须是双重绝缘或加强绝缘。

（3） A—b：在带电部件和以双重绝缘中的基本绝缘与带电部件隔离的导体部件之间。这种绝缘必须是基本绝缘。

（4） A—c：在外壳和以双重绝缘中的基本绝缘与带电部件隔离的导体部件之间。这种绝缘必须是辅助绝缘。

（5） A—e：在非信号输入或信号输出部分的带电部分和未保护接地信号输入或信号输出部分之间（是双重绝缘和加强绝缘）。

（6） A—f：在网电源部分相反极性之间。这种绝缘必须是基本绝缘。

（7） A—g：在用绝缘材料作内衬的金属外壳（或罩盖）和为试验目的用来与内衬内表面相接触的金属箔之间。当通过内衬测得带电部件与外壳（或罩盖）之间的距离小于 57.10 条所要求的电气间隙时，可以应用这种内衬。

当外壳（或罩盖）已保护接地，要求的电气间隙是按基本绝缘考虑的，内衬必须按基本绝缘处理。

当外壳（或罩盖）未保护接地，要求的电气间隙按加强绝缘考虑。

若带电部件和内衬内表面距离不小于按基本绝缘要求的电气间隙，那个距离必须当作基本绝缘处理。内衬必须当作辅助绝缘。

若上述距离小于按基本绝缘的要求，则内衬必须按加强绝缘处理。

（8） A—j：在未保护接地的可触及部件、电源软电线绝缘损坏时会带电的部件和进线入口处套管内的、电线保护套内的、电线固定件内的或类似物件内的电源软电线上所缠绕的金属箔之间，或（和）插在软电线位置处其直径与软电线相同的金属杆之间。这种绝缘必须是辅助绝缘。

（9） A—k：依次在信号输入部分、信号输出部分和未保护接地的可触及部件之间。这种绝缘必须是双重绝缘或加强绝缘。

2）对有应用部分的设备的要求

对于有应用部分的设备，也必须试验电介质强度。

（1） B—a：在应用部分（患者电路）和带电部分之间。这种绝缘必须是双重绝缘或加强绝缘。

当应用部分和带电部件之间的总隔离由一个以上的电路绝缘组成时，这些电路实际上可能具有不同的工作电压，必须注意到隔离措施的每一部分承受的是从有关基准电压导出的合适的试验电压。这意味着试验 B—a 可由两个或更多个在隔离措施中各个隔离部分上的试验来代替。

(2) B—b：在应用部分各部件之间和（或）在应用部分与应用部分之间。这条要求具体专用标准确定。

(3) B—c：在未保护接地且仅以基本绝缘与带电部件隔离的部件和应用部分之间。这种绝缘必须是辅助绝缘。

(4) B—d：在 F 型应用部分（患者电路）和包括信号输入及信号输出部分在内的外壳之间。这种绝缘必须是基本绝缘。

(5) B—e：在包括应用部分的任何部件接地的正常使用时，如 F 型应用部分上有电压使其与外壳之间的绝缘受到应力时，则在 F 型应用部分（患者电路）和外壳之间。这种绝缘必须是双重绝缘或加强绝缘。

图 2-22 为上述提及的在电介质强度试验时的绝缘路径和相应的试验电路。

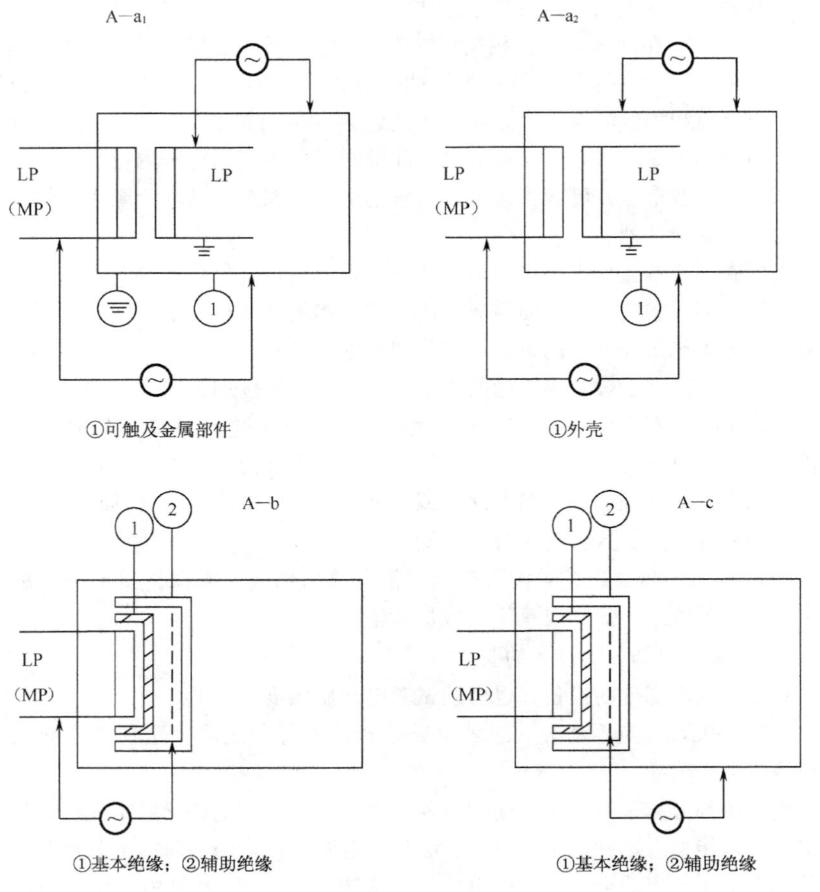

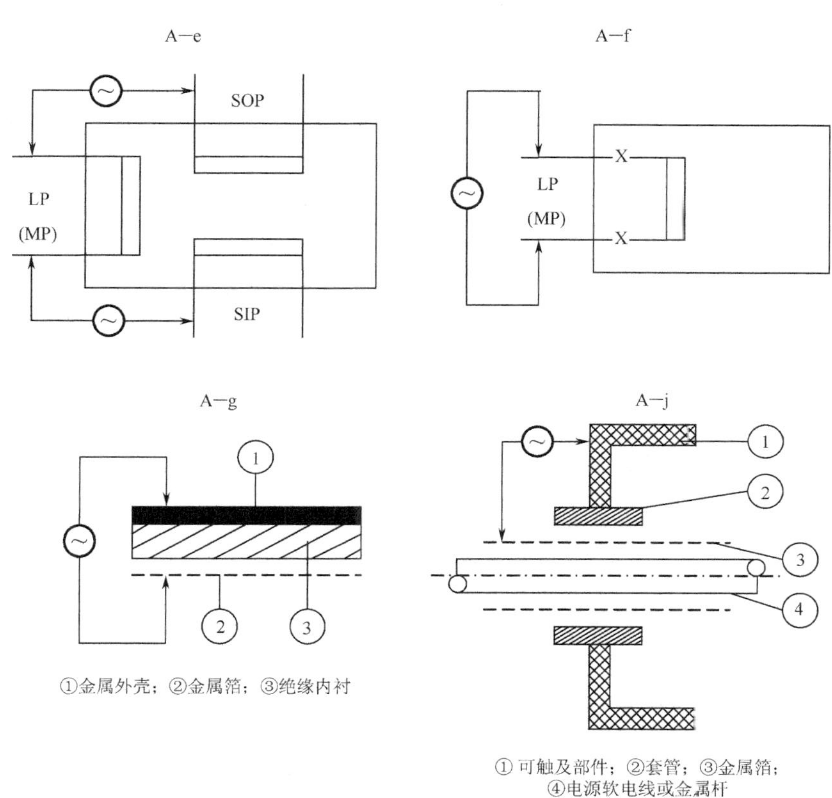

①金属外壳；②金属箔；③绝缘内衬

① 可触及部件；②套管；③金属箔；
④电源软电线或金属杆

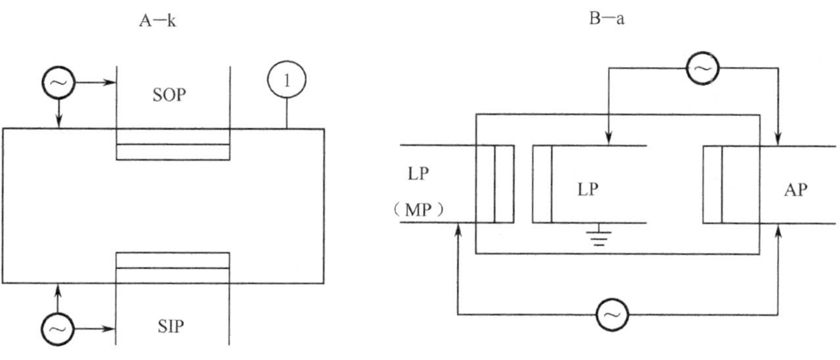

①未保护接地的可触及部件

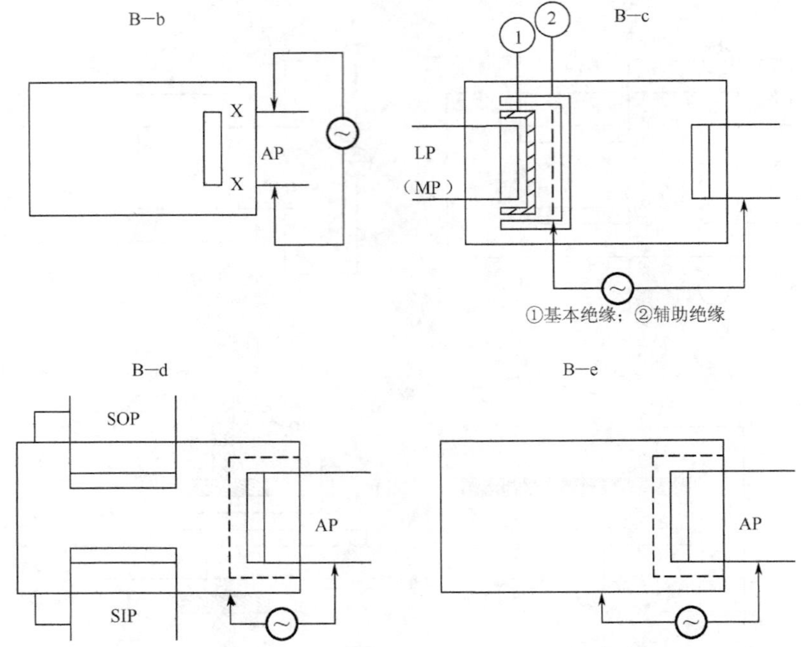

图 2-22 电介质强度试验时的绝缘路径和相应的试验电路

MP. 网电源部分；SOP. 信号输出部分；SIP. 信号输入部分；AP. 应用部分；LP. 带电部分；X. 测量目的而断开的电路

2. 试验电压值

在进行电介质强度试验前，应先确定待试验的电气绝缘要求达到怎样的绝缘程度，即标准所述的基本绝缘、辅助绝缘、双重绝缘或加强绝缘。绝缘程度可根据上述的绝缘路径 A—a～A—j、B—a～B—e 中规定来确定。

电气绝缘的电介质强度必须足以承受表 2-6 中规定的试验电压。

表 2-6 试验电压

被试绝缘	对基准电压(*U*)相应的试验电压(*V*)					
	$U\leqslant 50$	$50<U\leqslant 150$	$150<U\leqslant 250$	$250<U\leqslant 1000$	$1000<U\leqslant 10000$	$10000<U$
基本绝缘	500	1000	1500	$2U+1000$	$U+2000$	注 1)
辅助绝缘	500	2000	2500	$2U+2000$	$U+3000$	注 1)
加强绝缘和双重绝缘	500	3000	4000	$2(2U+1500)$	$2(U+2500)$	注 1)

注：1)如有必要，由专用标准规定。

表中基准电压（U）是在正常使用时，当设备加上额定供电电压或制造厂所规定的电压两者中较高电压时，设备有关绝缘可能受到的电压。

双重绝缘中每一绝缘的基准电压（U），等于该双重绝缘在正常使用、正常状态和额定供电电压时，设备加上前一段条文中所规定的电压时，每一绝缘部分所承受的电压。

对于未接地应用部分的基准电压（U），患者接地（有意或无意的）被认为是一种正常状态。

对两个隔离部分之间或一个隔离部分与接地部分之间的绝缘，其基准电压（U）等于两个部分的任何两点间最高电压的算术和。

F 型应用部分和外壳之间绝缘的基准电压（U），取包括应用部分中任何部位接地的正常使用状态时，该绝缘上出现的最高电压。然而，基准电压应不低于最高额定供电电压，或在多相设备时不低于相对中线的电压，或内部电源设备时不低于 250V。

对防除颤应用部分，基准电压（U）的确定不考虑可能出现的除颤电压。

例 1　某一 I 类设备，要进行电源输入端与外壳之间（$A—a_1$）电介质强度试验。电源输入端可能出现的最高电压为：220V＋20V，基准电压为：U＝242V，问试验电压值为多少？

答：（$A—a_1$）条所要求的绝缘程度为基本绝缘，查表 2-6 得到：试验电压值为 1500V。

例 2　某一个 BF 型设备，要进行应用部分和电源输入端之间（B—a）电介质强度试验。应用部分可能出现 50V 电压。电源输入端可能出现的最高电压 U_1 为 242V，问试验电压值为多少？

答：基准电压为：$U=U_1+U_2=242+50=292\text{V}\approx300\text{V}$。（B—a）条所要求的绝缘程度为双重绝缘或加强绝缘。查表 2-6 得到：

试验电压值为：$2(2U+1500)\approx2(2\times300+1500)\approx4200\text{V}$。

3. 试验步骤

开始，必须加上不超过一半规定值的电压，然后必须在 10s 内将电压逐渐增加到规定值，必须保持此值达 1min 之后，必须在 10s 内将电压逐渐降至一半规定值以下。

试验时不得发生闪络或击穿。

四、电源变压器检测

对电源变压器的检测有过热、电介质强度和结构等项目。

1. 过热检测

用于医用电气设备的电源变压器，必须防止其基本绝缘、辅助绝缘和加强绝缘在任何输出绕组短路或过载时过热。

变压器外部的或变压器外壳外部的防止过热的保护装置，如熔断器、过电流释放器、热断路器等保护装置，必须连接成使保护装置至变压器间的布线之外的任何元器件损坏时，不会造成保护装置不起作用。通过检查来检验是否符合要求。表 2-7 为过热时的最高温度。

表 2-7　环境温度为 25 ℃时电源变压器绕组过载和短路状态下容许的最高温度

绕组和与其接触的铁心叠片部分	最高温度/℃
A 级材料	150
B 级材料	175
E 级材料	165
F 级材料	190
H 级材料	210

1）短路

有限制绕组温度的保护装置的电源变压器，接至保持 90%～110%额定供电电压或保持额定供电电压范围最低值的 90%～110%的电压，取二者中最不利的电压。轮流短路每一个次级绕组，除初级绕组外的其他各绕组均按正常使用加载。次级绕组的所有保护装置必须动作。在表 2-7 的最高温度被超出之前，保护装置必须动作。

2）过载

电源变压器包括它们的保护装置（如有的话），按正常工作条件来试验。

按第 42 条规定的条件，直到达到热稳态；供电电压保持在 90%或 110%的额定供电电压，或保持在 110%额定供电电压范围的最高值，取最不利的电压值；轮流对每一绕组或抽头段进行试验，其他绕组或抽头段按有关设备正常使用加载。

变压器的抽头段和绕组过载时，按下述要求加载。

(1) 用符合 GB9364《小型熔断器的管状熔断体》和 GB9815《家用及类似用途的熔断器》的熔断器作保护装置的电源变压器分别加载 30min 和 1h，流过熔断器电路的试验电流，按表 2-8，并将熔断器以可忽略阻抗的连线代替。

(2) 如果短路电流小于上述的试验电流，则将变压器抽头段或绕组短路直至到达热稳定状态。

(3) 用热断路器作保护装置的电源变压器，将流过变压器抽头段或绕组的电流加载到热断路器不至于动作的最大值，试验继续到达热稳定状态。

表 2-8　电源变压器试验电流

保护熔断丝(片)额定电流标示值 I/A	试验电流与熔断丝(片)额定电流之比
$I \leqslant 4$	2.1
$4 < I \leqslant 10$	1.9
$10 < I \leqslant 25$	1.75
$I > 25$	1.6

(4) 用过电流释放器作保护装置的电源变压器，加载到释放器跳闸电流的95%，直至达热稳定状态。

(5) 无保护装置限制绕组温度的电源变压器，必须将会引起最不利结果的次级绕组或次级绕组抽头段的输出端短路。试验必须继续直至到达热稳定状态。

为达到这些试验的目的，跳闸电流按下述整定。

(1) 无延时的过电流释放器。引起释放动作的最低电流值。

(2) 有延时的过电流释放器。从室温开始，经最大延时或经 1h，两者中取较短时间，引起释放动作 的电流值。

试验时，温度不得超过表 2-7 给定值。

2. 电介质强度检测

电源变压器初级绕组和其他绕组、屏蔽及铁芯之间的电气绝缘，假设在组装的设备中按前面规定已进行过电介质强度试验，则不必重复试验。

电源变压器初级和次级绕组的匝间和层间绝缘的电介质强度，必须在潮湿预处理后通过下列试验。

(1) 没有任一绕组的额定电压超过 500V 的变压器，用其绕组额定电压的 5 倍或其绕组额定电压范围上限值的 5 倍、而频率不低于额定频率 5 倍的电压加在绕组的两端。

(2) 有绕组额定电压超过 500V 的变压器，用其绕组额定电压的两倍或其绕组额定电压范围上限的两倍、而频率不低于额定频率两倍的电压加在绕组的两端。

(3) 三相变压器可用三相试验装置试验，或用单相试验装置依次试验三次。

(4) 关于铁芯以及初级、次级绕组间的任何屏蔽的试验电压，必须按有关变压器的规范选用。如果初级绕组有一个有标记的与电源中性线的连接点，除非铁芯（和屏蔽）规定接至电路的非接地部分，该点必须与铁芯相连（有屏蔽时也与屏蔽相连）。将铁芯（和屏蔽）接到对标记连接点有相应电压和频率的电源上来进行模拟。

如果该连接点没有标记，除非铁芯（和屏蔽）规定接至电路的非接地部分，必须轮流将初级绕组的每一端和铁芯相连（有屏蔽时也与屏蔽相连）。必须将铁芯（和屏蔽）轮流接至对初级绕组每一端有相应电压和频率的电源上来进行模拟。

3. 结构检测

（1）初级绕组与对应用部分或未保护接地的可触及金属部分有导电连接的次级绕组之间的隔离，必须用下列方法之一得到：绕在分开的绕线管筒或线圈架上；绕在同一个线管筒或线圈架上，线圈之间用无孔隙的绝缘层隔开；同心地绕在同一个绕线管筒或线圈架上，线圈之间用无孔隙的、厚度不低于 0.13mm 的保护铜屏蔽；同心地绕在同一个绕线管筒上，线圈之间用双重绝缘或加强绝缘隔离。

通过检查来检验是否符合要求。

（2）必须有防止端部线匝移动到绕组间绝缘之外的措施。

（3）若保护接地屏蔽只有一匝，它必须有不小于 3mm 长的绝缘重叠。屏蔽的宽度必须至少等于初级绕组的轴向长度。

（4）具有加强绝缘或双重绝缘的变压器，其初级和次级绕组之间的绝缘必须是：总厚度至少为 1mm 的绝缘层，或总厚度至少不低于 0.3mm 的两层绝缘，或三层绝缘，每两层的组合能承受加强绝缘的电介质强度试验。

（5）符合上面第（1）条的变压器，初级和次级绕组间的爬电距离必须符合加强绝缘的要求，并有下列的修正。

①绕组线上的瓷漆或清漆被认为各对这些爬电距离提供了 1mm 的距离。

②爬电距离是通过一绝缘隔挡两部分之间的连接线来测量的，除了以下情况：形成连接的两部分用热封接形成，或重要的连接处用其他类似的封接方法形成；在连接处的必要地方完全充满胶合剂；用胶合剂粘在绝缘隔挡表面，以使潮气不致被吸入连接处。

③如果能证明模制变压器内没有气泡，且在涂瓷漆或涂清漆的初级绕组与次级绕组之间绝缘，当基准电压 U 不超过 250V 时，绝缘厚度至少为 1mm，而且绝缘厚度随较高的基准电压成比例地增加时，则可认为模制变压器内部不存在爬电距离问题。

（6）环形铁芯变压器内部绕组的导线引出线，必须有两层符合双重绝缘要求的，总厚度至少为 0.3mm 的套管，并伸出绕组外至少 20mm。

通过检查来检验是否符合第（3）～（6）条的要求。

五、布线与连接检测

GB9706.1 分别对医用电气设备内部的布线和连接是否符合标准作了具体的

描述。其中对网电源的布线和连接本节作重点介绍，通过检查下列项目来检验是否符合要求。

1. 电源接线端子装置

1）网电源接线端子的通用要求

打算与固定布线永久性连接的设备，以及打算用可重新接线的不可拆卸的电源软电线连接的设备，必须具有网电源接线端子装置，其连接必须用螺钉、螺母或等效的方法。除非在导线断裂时有隔挡使带电部件与其他导体部件间的爬电距离和电气间隙不会降至 57.10 条中的规定值以下时，不得仅仅依靠接线端子来保持导线的位置。

2）网电源接线端子装置的布置

有可重新接线的软电线且备有接线端子同外部软线或软电源线相连接的设备，其接线端子和保护接地端子必须排列得尽量靠近，以保证接线方便。

网电源接线端子装置必须布置适当，或者有必要的防护，以保证即使在安装就绪后绞线中有一根导线脱出在外时，在带电部件和可触及的导体部件之间也不会出现意外接触的危险，对 II 类设备来说，在带电部件和仅用辅助绝缘与可触及的导体部件相隔离的导体部件之间，不会发生意外接触的危险。

3）网电源接线端子的固定

设备的接线端子必须固定得使在夹紧或松开接线时，内部布线不会受到应力，也不会使爬电距离和电气间隙降低到 57.10 条所规定的值以下。通过检查，并对所规定的最大截面积的导线夹紧和松开 10 次之后进行测量，来检验是否符合要求。

4）与网电源接线端子的连接

对于用夹紧方法连接可重新接线的软电线设备，软电线的接线端子不要求对软电线进行专门的准备就可进行正确接线；接线端子必须设计合理并且位置适当，使在拧紧固定螺钉或螺母时，导线不会损伤，也不会脱出。

5）布线的固定

导线和连接器必须固定妥善和（或）绝缘良好，使意外的拆卸不会引起安全方面的危险。如因它们的连接点松开且绕它们的支承点活动，而可能触及到引起安全方面危险的电路时，就认为它们未被妥善固定。松开的例子必须被认为是单一故障状态。

2. 网电源部分的布线

1）绝缘

如果网电源部分某单根导线的绝缘达不到 GB5013.1 或 GB5023.1 所要求的

软电线中各单根导线的绝缘要求时，则该导线被认为是一根裸导线。

2）截面积

网电源接线端子装置至保护装置之间的网电源部分内部布线的截面积，不得小于 57.3c 条规定的电源软电线要求的最小截面积。

网电源部分其他布线的截面积，以及所有印刷电路的线路尺寸，都必须足以在可能的故障电流时，能防止发生着火危险。如果对过电流保护的有效性有疑问，则必须把设备接到一个规定的当网电源部分发生故障时可以取得预料的最严重的短路电流值的供电网，来检验是否符合要求。然后，模拟网电源部分某单个绝缘的故障，使故障电流为最不利的数值时，不得发生安全方面的危险。

3. 电源软电线的连接

1）电线固定用的零件

配有电源软电线的设备和网电源连接器，都必须有固定电线用的零件，以防导线在设备与网电源连接器的接线处受到拉力和扭力的影响，并防止导线的绝缘磨损。将电线打结或用线把电线末端系住等免除应力的方法，均不得使用。

2）软电线防护套

非移动设备除外的其他设备的电源软电线，在设备进线口处必须用绝缘材料制成的防护套加以保护，以防过分弯曲。

3）便于连接

设备内部设计用来固定布线的或供可重新接线的电源软电线用的空间，必须足以允许导线方便地引入和接线，若有盖子，在盖上盖子时必须不会发生损坏导线或其绝缘的危险。必须有可能在盖上盖子以前对导线已经正确连接和定位做检验。

第五节　常用机械安全性检测

一、外壳和防护罩检测

外壳和防护罩是用于防止人与带电部件接触，或防止与保护绝缘发生故障后可能带电的部件接触，同时也用于防止（如机械的、热的、化学的等）其他方面的危险。

GB9706.1 对外壳和防护罩除了对防电击做了规定，还对它的机械强度和刚度提出了如下要求。

（1）外壳或外壳部件及其所有零件的刚度试验，用 45N 直接向内的力加在面积为 $625mm^2$ 的任何表面上，不得造成任何看得出的损伤或使爬电距离和电气间隙降低到规定值以下。

（2）外壳或外壳部件及其所有零件的强度试验，用附录 G 所示并说明的弹簧冲击试验装置，对试样施加冲击能量为（0.5±0.05）J 的撞击。

释放机构的弹簧调整到能施加足够的压力以保持释放爪处于啮合位置。

把击发球形柄拉到释放爪与锤柄上的槽口啮合为止，于是释放杆把释放机构打开，让锤头往下打。

设备要牢固地支撑，必须对外壳上可能的每个薄弱点撞击三次。对手柄、控制杆、旋钮、显示装置和类似装置以及信号灯及其灯罩也必须施加压力，但对信号灯或灯罩仅在其高出外壳 10mm 以上或其面积超过 $4cm^2$ 时才进行。装在设备内部的灯及灯罩仅对正常使用时容易损坏的进行试验。

（3）可携带式设备上的提拎把手或手柄，必须能承受下列加载试验。

把手及其固定用零件承受等于设备重量 4 倍的力。均匀地加力于把手中心处 7cm 的长度上，不要猛拉，应在 5～10s 内从零开始逐渐加大到试验值，并保持 1min。

设备装有一个以上把手时，力必须分布在把手之间，必须根据设备在正常提拎位置时所测定的每个把手所承受设备质量的百分比来确定力的分布。设备若装有一个以上把手但设计成易于仅用一个把手提拎，则每一把手必须能承受总的力。把手与设备间不应松动，也不得出现永久变形、开裂或其他损坏现象。

二、运动部件检测

GB9706.1 规定了对运动部件必须通过检查以下项目来检验是否符合要求。

（1）设备在运行时不需敞露，但一旦敞露后可能造成安全方面危险的活动部件必须：在可移动设备中，配备足够的防护件，这些防护件须是形成设备整体的一个部分；在固定设备中，除非技术说明书中制造厂提供的安装说明要求那些防护件或等效的防护物将另外提供，否则必须同样地配备防护件。

（2）缆绳（绳索）、链条和皮带必须被限制不会脱离或跳出其导引装置，或必须有其他方法防止安全方面的危险。为此保护目的而采用的机械装置仅用工具才能移开。

（3）设备或设备部件的运动如可能伤害患者，就必须只能由设备部件的操作者对控制器件进行连续的开动。

（4）受机械磨损可能引起安全方面危险的部件，必须可以接触，以便检查。

三、悬挂物检测

有悬挂质量（包括患者）的设备部件，悬挂装置的机械故障可能造成安全方面的危险。因此，对悬挂物的检查必须通过对设计数据和全部维护说明书的检查来检验是否符合下述两条的要求。对任何活动部件，还必须符合上述提及要求。

1. 有安全装置的悬挂系统

(1) 当悬挂的牢固性取决于例如弹簧的部件，由于其制造过程可能有隐性缺陷，或有的部件的安全系数不符合下一条的要求，除断裂时有超程限制者外，必须备有安全装置。

(2) 在悬挂装置失效和安全装置（例如备用缆绳）启用后，设备仍能使用时，必须向操作者显示安全装置已被启用。

2. 无安全装置的金属悬挂系统

如果不提供安全装置，则悬挂系统的结构必须符合下列要求。

(1) 总载荷必须不超过安全工作载荷。

(2) 当磨损、腐蚀、材料疲劳和老化不可能损害支承的性能时，所有支承件的安全系数必须不低于4。

(3) 当预计到磨损、腐蚀、材料疲劳和老化可能损害支承的性能时，有关的支承部件安全系数必须不低于8。

(4) 当使用断裂延伸率低于5%的金属作支承零件时，则上述 (2) 和 (3) 中所述的安全系数必须乘以1.5。

(5) 滑轮、链轮、皮带轮和导向装置，必须设计和制造成使悬挂系统能保持本条规定的安全系数，并在规定更换绳索、链条和皮带的最短寿命期内维持不变。

四、稳定性检测

医用电气设备稳定性的检查项目如下。

(1) 正常使用时将设备倾斜10°，必须不失衡，或必须满足第 (2) 条的要求。

(2) 当倾斜到10°时，设备如失去平衡，则必须满足下述所有要求：

①除运输外，在正常使用的任何位置倾斜到5°时，设备不得失衡。

②设备必须有警告性标志说明只能在某一位置时进行搬运，且必须在使用说明书中清楚说明或在设备上用图例表示。

③在规定的搬运位置，当设备倾斜到10°时不得失衡。

(3) 通过称重（如必要）及检查设备和（或）随机文件来检查把手或其他提拎装置是否符合下列要求。

①质量超过20kg且正常使用时要搬动的设备或设备部件，必须备有合适的提拎装置（如把手、起重环等），或在随机文件中必须指明设备可以安全起吊的位置或安装时应该如何搬运。搬运方法清楚且不会产生安全方面危险时，不要求专门的解释和说明。

②质量超过20kg被制造厂规定为携带式的设备，必须有合理布置的携带用

把手，以便设备可能由两人或更多的人携带。

第六节　医用电气系统的安全要求

第三节已经论述了医用电气系统的基本概念和组成形式，本节主要依据GB9706.15对医用电气系统的安全要求进行介绍。

一、基本术语

1. 耦合

不同台设备间的所有功能性连接。

2. 间接接触

人或动物与在故障状态下会带电的外露导体部件的接触。

3. 患者环境

患者与系统部件或触及系统部件的某些其他人员之间可能发生有意或无意接触的任何空间区域，如图 2-23 所示。

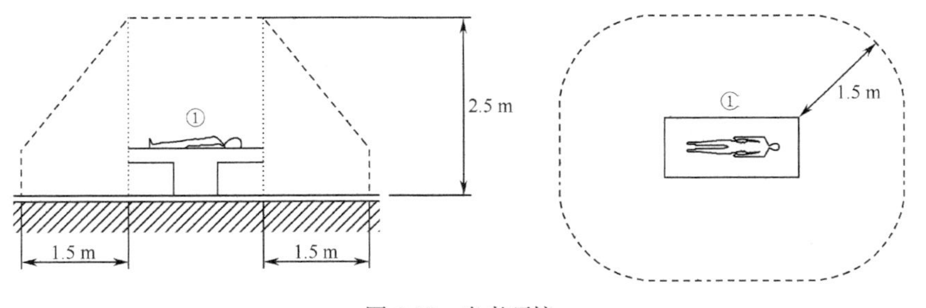

图 2-23　患者环境

4. 隔离装置

出于安全原因而阻止不需要的电压或电流在系统部件之间传输的、具有信号输入部分和信号输出部分的部件或部件组合。

5. 可移式多插孔插座

可移式多插孔插座是指有两个或两个以上的插孔插座，这种插座与软电缆/电线相连，或与软电缆/电线组成一体，当与网电源相连时，可以方便地从一个地方移到另外一个地方。

二、医用电气设备的组合

电气设备可以安置在用来对患者进行诊断、治疗或监护的医用房间内，也可以安置在不进行医疗实践的非医用房间内。

在医用房间内，电气设备可以放置在被称为患者环境的区域内，或患者环境的区域外。在医学实践中，可能有两种情况。

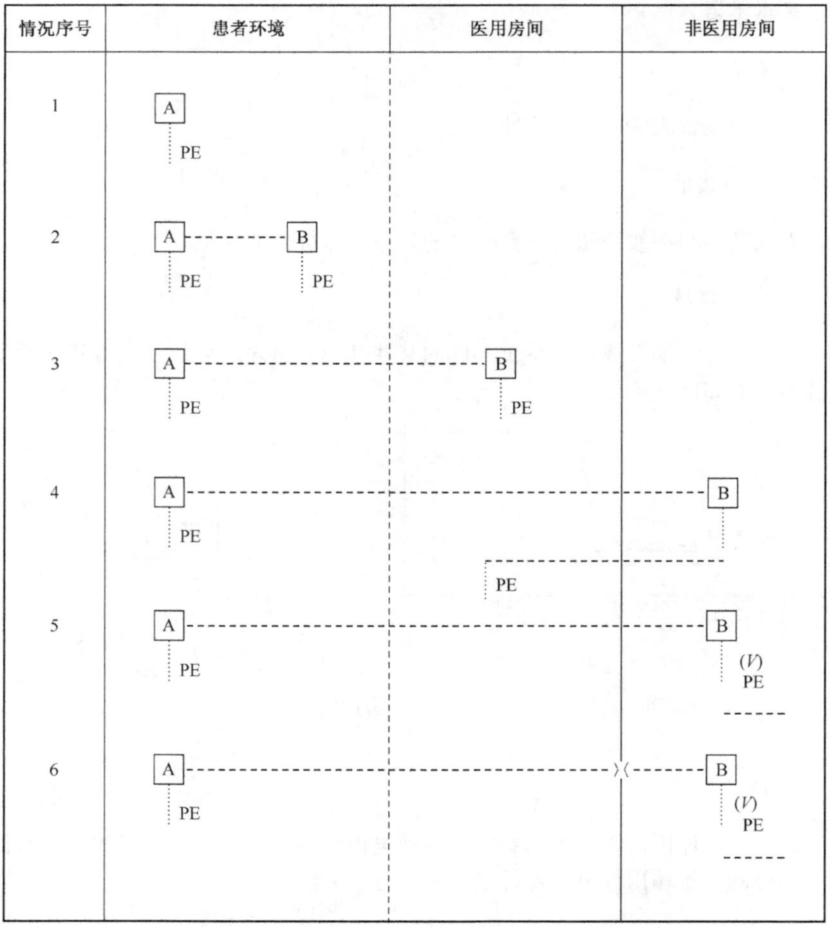

情况序号	患者环境	医用房间	非医用房间
1	A PE		
2	A - - - B PE　PE		
3	A - - - PE	- - - B PE	
4	A - - - PE	- - - PE	- - - B
5	A - - - PE	- - -	- - - B (V) PE
6	A - - - PE	- - -	〉〈 - - - B (V) PE

图例说明：
(V)＝不同地方之间的电位差
〉〈＝隔离装置
PE＝保护接地

图 2-24　医用电气设备与非医用电气设备的组合

(1) 同时工作的医用电气设备，即不同的设备同时与一个患者相连接，但设备之间不互连。这种情况的设备可能会相互产生干扰，例如，手术室内的高频手术设备可能影响对患者进行监护的设备。

(2) 由医用电气设备、可能还有非医用电气设备为了某一目的（例如为了对患者进行诊断或治疗）而永久性地或暂时性地连接组成的系统。例如，X 射线诊断检查系统、带电视摄像仪的内窥镜、病人监护仪、带个人电脑的超声设备、CT 或核磁共振成像仪。

这种系统的各不同部分可以安置在患者环境内或患者环境外，但始终在一个医用房间内或者可以超出这个范围被安置在一个非医用房间内，例如安置在配电间或数据处理间内。图 2-24 为医用电气设备与非医用电气设备的组合。

对图 2-24 的组合情况，表 2-9 给出了附加的安全保护措施。

表 2-9　各种组合情况的概括

情况序号	设备 A	设备 B	方　法
1	GB9706(或 IEC60601)/×		不存在问题
1a	有关 GB×××标准（或 IEC）		若外壳漏电流小于 0.5mA，不存在问题。若外壳漏电流大于 0.5mA，用方法 Q(隔离变压器)
2a	GB9706(或 IEC60601)/×	GB9706(或 IEC60601)/B	不存在问题
2b	GB9706(或 IEC60601)/F	有关 GB×××标准(或 IEC 标准)	对设备 B，用方法 P、Q、R 中任一种
2c	GB9706(或 IEC60601)/B	有关 GB×××标准(或 IEC 标准)	对设备 A，用方法 P
			对设备 B，用方法 P、Q、R 中任一种
3a	GB9706(或 IEC60601)/×	GB9706(或 IEC60601)/B	不存在问题
3b	GB9706(或 IEC60601)/F	有关 GB×××标准(或 IEC 标准)	不存在问题
3c	GB9706(或 IEC60601)/B	有关 GB×××标准(或 IEC 标准)	对设备 A，方法 P
4	见 3a，3b，3c		
5a	GB9706(或 IEC 60601)/×	GB9706(或 IEC60601)/B	对设备 A，用方法 P 或 S（可能有接地回路）
5b	GB9706(或 IEC 60601)/×	有关 GB×××标准(或 IEC 标准)	对设备 A，用方法 P 或 S(可能有接地回路)
6a	GB9706(或 IEC60601)/×	GB9706(或 IEC60601)/B	不存在问题(用方法 S 带隔离装置)
6b	GB9706(或 IEC60601)/×	有关 GB×××标准(或 IEC 标准)	不存在问题(用方法 S 带隔离装置)

注：P 为附加的保护接地；Q 为附加的隔离变压器；R 为浮动的供电电源；S 为隔离装置。

三、辅助网电源插座与可移式多插孔插座

辅助网电源插座是设备上带有电网电压的插座，不使用工具即可以向另外设备或向本设备的其他分离部分提供电能。另外，GB9706.1 通用标准 57.2e 对辅助网电源插座有专门要求：非永久性安装设备上用来向另外设备或本设备的分离部分提供电源的辅助网电源输出插座，必须是网电源插头插不进的型式，这些辅助网电源输出插座必须有专用标记（见 GB9706.1 中 6.1k)。

为了尽可能少地影响 GB9706.1 规定的安全水平，可移式多插孔插座除了应满足 IEC884—1 家用及类似用途插头插座第 1 部分：通用要求外，必须根据所连接的设备是医用电气设备的特点，还需符合 GB9706.15 中 57.2.201 条的要求，即必须使用工具才能把医疗实践中使用的电气设备连接到可移式多插孔插座，否则可移式多插孔插座必须至少通过隔离变压器供电，隔离变压器和可移式多插孔插座必须符合附录 EEE 提出的要求（见 GB9706.15 附录 EEE)。

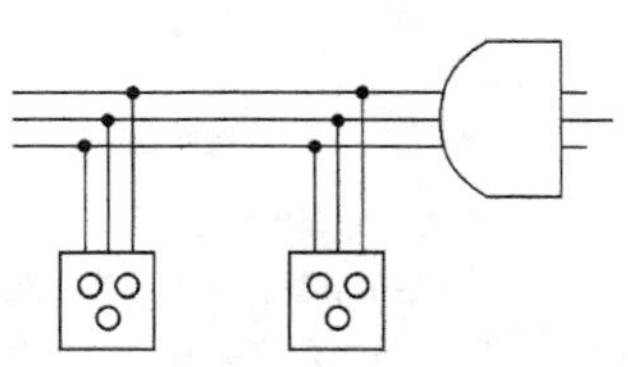
图 2-25 辅助网电源插座的供电形式

上述定义和要求表明：辅助网电源插座和可移式多插孔插座与供电网都只有一个连接，都是多设备组合应用的一种途径，对连接的设备都有明确限定，与供电网的实质性连接都是如图 2-25 所示的一种连接电路。那么，一个困惑的问题是：为什么用辅助网电源插座将多设备组合后仍是医用电气设备，而用可移式多插孔插座将多设备组合则是医用电气系统？对 GB9706.1，GB9706.15 作深入分析，从中可以发现，这两种组合方式的本质区别不在于连接形式，而取决于对安全考虑的不同出发点。用辅助网电源插座将多设备连接起来组合使用，其预期的医疗用途是确定的，为了实现这一用途而组合的设备是确定的，一旦确定是不能改变的。它从设计的一开始，就是和本设备连接作为设备的组成部分和本设备一起通盘考虑了安全性。整体符合医用电气设备的定义和 GB9706.1 通用标准的要求，因此可视为一台医用电气设备。

可移式多插孔插座特别适用于将现有的设备组合起来实现某一非永久性的医疗用途，对设计和组装来说，具有较大的灵活性，可以为了不同的用途来重新组合设备，但必须重新验证安全。这种可变性导致与其相连设备的不确定性，因此事先无法确定整体的安全性，组合成一个整体后的安全性就不能用 GB9706.1 通用标准要求，而只能作为一个系统按 GB9706.15 标准考虑组合后的安全性。所以，用辅助网电源插座连接设备的组合是医用电气系统的一个特例，符合 GB9706.1 通标的要求，很显然，也必能符合 GB9706.15 系统要求。GB9706.15 中 3.201 对系统的通用要求正是基于达到医用电气设备同等的安全水平为前

提的。

四、标准对组成医用电气系统的补充要求

GB9706.15—1999 涉及了这种情况，对医用电气系统的安全提出了检测的项目和要求，使得安装后或改建后的系统不得对患者、操作者或环境造成安全方面的危险。作为 GB9706.1 的一个并列标准，GB9706.15—1999 主要在下列主要的条款中作了补充描述。

1. 对系统试验的通用要求

在安装后或改建后，系统必须符合本标准的要求。

（1）必须考虑仅仅是由于组成系统的不同设备的互连而引起的危险。

（2）在系统中单台设备的安全试验已经根据相关标准执行的不得重复进行。

（3）试验必须在下述状态下进行：正常状态下，除非本标准另有规定；系统制造者规定的运转状态下。

2. 系统漏电流

1）漏电流指标

（1）外壳漏电流。

正常状态下，在患者环境内来自系统部件或系统部件之间，容许的外壳漏电流不得超过 0.1mA。

即使在任何非永久性安装的保护接地导线断开的情况下，在患者环境内来自系统部件或系统部件之间，容许的外壳漏电流不得超过 0.5mA。

如果系统含有可移式多插孔插座，还必须测量在正常状态下保护接地的部件的外壳漏电流。

（2）患者漏电流。

正常状态下，B 型设备和 BF 型设备的患者漏电流不得超过 0.1mA，CF 型设备的患者漏电流不得超过 0.01mA。

2）漏电流测量

对仅仅是组成系统的一个医用电气设备部分：则应检查随机文件中对如何组成系统、如何符合系统安全要求的说明是否符合 GB9706.15 来检验是否符合要求。

对辅助网电源插座的形式：按正常工作状态连接所有设备，按 GB9706.1 中图 16、图 18、图 20、图 21、图 22、图 26 所示的测量，来检验是否符合 GB9706.1 中有关漏电流的要求。对永久性安装设备则没有保护妾地导线断开的单一故障状态。

对可移式多插孔插座的形式：按正常工作状态连接所有设备，用 GB9706.1

中 19.4e 规定的测量装置按图 2-26 所示对患者环境中的设备测量漏电流。

对固定网电源插座的形式：按正常工作状态连接所有设备，用 GB9706.1 中 19.4e 规定的测量装置按图 2-27 所示对患者环境中的设备测量漏电流。

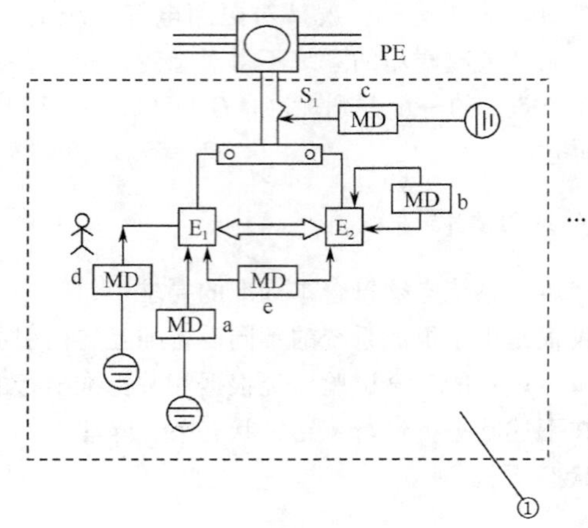

图 2-26　可移式多插孔形式的测量电路

闭合 S_1（正常状态）测量 e、d。分别在闭合 S_1 和断开 S_1（单一故障状态）。对患者环境中每台设备测量 a、b，对设备之间测量 c。①：患者环境，S_1：模拟保护接地导线断开（单一故障状态）的开关

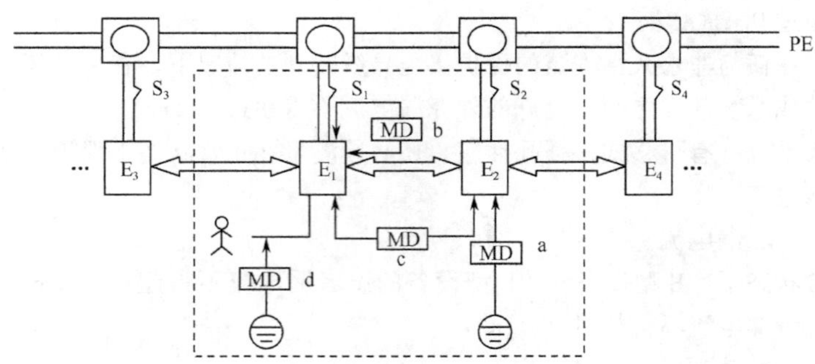

图 2-27　固定网电源插座形式的测量电路

闭合 S_1、S_2、S_3、S_4（正常状态），测量 d。对患者环境中的每台设备测量 a、b，设备之间测量 c。分别断开 S_1、S_2、S_3、S_4（单一故障状态），对患者环境中的每台设备测量 a、b，设备之间测量 c。S_1、S_2、S_3、S_4：模拟设备保护接地导线断开（单一故障状态）的开关

注：只有和患者环境中设备直接耦合的设备的故障状态才有现实意义

如果患者环境中的设备都采取了附加的保护接地，则不必进行单一故障状态的测量。

如果患者环境中的设备对信号输入和输出部分提供了充分的防护，或者患者环境内外的设备之间的信号输入和输出由隔离装置提供了适当的电气隔离，则不必考虑患者环境外设备的单一故障状态。

3. 爬电距离和电气间隙

隔离装置的爬电距离和电气间隙必须符合表 2-10 的规定。

基准电压（*U*）是最高额定供电电压。对多相设备来说，是相线和中线之间的供电电压。对内部电源设备，*U* 为 250V。

表 2-10　爬电距离和电气间隙

电压 *U*/V												
	直流	15	36	75	150	300	450	600	800	900	1200	
	交流	12	30	60	125	250	400	500	660	750	1000	
隔离装置 /mm		0.8	1	1.2	1.6	2.5	3.5	4.5	6	6 5	9	电气间隙
		1.7	2	2.3	3	4	6	8	10.5	12	16	爬电距离

此外该标准还对设别、标记和文件，外壳和防护罩，隔离运动部件等条目也作了补充，具体可参见标准。

思　考　题

1. 简述有源医疗器械安全性的概念。
2. 电流的生理效应有哪些？产生电击的因素有哪些？
3. 宏电击和微电击有什么区别？
4. 医疗器械产品防电击的措施有哪些？
5. 简述 I 类设备和 II 类设备的区别。
6. 简述 B 型、BF 型、CF 型设备的含义。
7. 简述基本绝缘、双重绝缘、加强绝缘和辅助绝缘的含义。
8. 保护功能接地的作用是什么？
9. 医用电气设备的漏电流可分为哪几种？其安全值应为多少？
10. 有源医疗器械产品的电气安全参数测试主要有哪几项？
11. 电介质强度检测时，其绝缘路径应怎样选择？试验电压值应怎样计算？
12. 医疗器械产品常用机械安全性检测有哪几项？
13. 医用电气系统漏电流的检测有哪些具体要求？

参 考 文 献

郝和平，等．2000．医疗器械监督管理和评价．北京：中国医药科技出版社．

钱晓阳．2005．医用电气系统安全的讨论．中国医疗器械杂志，29（1）．

余学飞．2000．医学电子仪器原理与设计．广州：华南理工大学出版社．

GB4793.1—1995. 测量、控制和试验室用电气设备的安全要求　第1部分：通用要求.
GB9706.1—1995. 医用电气设备　第1部分：安全通用要求.
GB9706.12—1997. 医用电气设备　第1部分：安全通用要求.
GB9706.15—1999. 医用电气设备　第1部分：安全通用要求.

第三章　医用电气设备的电磁兼容

随着现代科学技术的发展，电气和电子设备的数量及种类不断增加，使电磁环境日益复杂。为了在这种日益复杂的电磁环境中减少相互间的电磁干扰，使各种设备能正常运转，电磁兼容（EMC）已成为一个国际上被普遍关注的问题。

世界上，例如欧共体等国家，对电气和电子设备颁布了EMC指令和一系列电磁兼容标准，并以此作为市场准入的条件。

医疗器械也不例外，国际电工委员会（IEC）于1993年发布第一版“IEC60601—1—2：1993医用电气设备电磁兼容要求和试验”标准；2001年9月又修订，发布了第二版“IEC60601—1—2：2001医用电气设备电磁兼容要求和试验”新标准。

在欧洲，1993年起，先后颁布了与医疗器械有关的强制性指令和标准。医疗器械指令（MDD）93/42/EEC、有源植入医疗器械指令（AIMD）90/385/EEC和体外诊断设备指令（IVDD）98/79/EC，以及等同采用IEC60601—1—2的“EN60601—1—2医用电气设备电磁兼容要求和试验”标准，作为欧共体MDD指令的协调标准而强制执行。凡在欧共体国家上市的医疗器械，其产品安全性和电磁兼容性，必须达到医疗器械指令和EN 60601—1—2标准规定的要求。

在我国，从20世纪80年代起先后组织制定了70多个基本等同或等效采用国际电工委员会（IEC）和国际无线电干扰特别委员会（CISPR）有关电磁兼容的国家标准。其中，许多基础标准是各行业制定本产品EMC标准的基础。

1999年，国家发布了《电磁兼容认证管理办法》和《第一批实施电磁兼容安全认证的产品目录》，首先对进入流通领域的广播电视设备、信息技术设备、家用电器等九大类与人们生活密切相关的产品实行强制性监督管理，对没有通过电磁兼容认证的产品，不得在中国境内销售和进口。

2005年4月，国家食品药品监督管理局批准颁布了“YY5050—2005医用电气设备电磁兼容性要求和试验”的强制性标准，它是“GB9706.1—1995医用电气设备安全通用要求”国家标准的并列标准。

随着医用电气设备电磁兼容标准的发布，学习、掌握电磁兼容的标准以及设计、制造符合医疗器械电磁兼容标准要求的医用电气设备将是医疗器械工作者面临的新任务。

本章就电磁兼容（electromagnetic compatibility，EMC）的基本概念、医用电气设备电磁兼容标准规定的基本要求和试验方法作简要介绍。

第一节 电磁兼容的基本概念

一、电磁干扰及其危害

1. 电磁骚扰和电磁干扰

什么是电磁骚扰和电磁干扰？有时两者会发生概念的混用。IEC 对两者分别定义如下。

（1）电磁骚扰（electromagnetic disturbance）是指“任何可能引起装置、设备或系统性能降低的电磁现象”。

（2）电磁干扰（electromagnetic interference，EMI）是指“电磁骚扰引起设备、传输通道或系统性能的降低”。

由此可见，电磁骚扰仅仅是客观存在的一种物理现象，而电磁干扰是由电磁骚扰引起的后果。电磁骚扰可能是电磁噪声、无用信号或传播媒介自身的变化。严格地说，只要把两个以上的元件置于至于同一环境中，工作时就会产生电磁干扰的后果。

日常生产及生活中使用的电气和电子设备，在工作时往往会产生一些有用或无用的电磁现象，这就是电磁骚扰。在两个系统之间的骚扰称为系统间骚扰，在系统内部各设备间的骚扰称为系统内骚扰。

2. 电磁干扰的危害

在电磁环境中，电磁干扰造成的危害是多种多样的，可能从最简单的令人烦恼的现象直到严重的灾难。

电磁干扰的严重性，可以从国防、航天系统到工业、民用系统的大量案例得到说明。医疗系统也不例外，也有因电磁干扰造成设备或系统失效，危及患者生命事故的案例。

1）在欧美国家的危害事例

据美国 FDA 医疗器械和辐射卫生中心（CDRH）自 1973～1993 年这 20 年的不良事故报告显示，疑与医疗器械受电磁干扰有关的事故报告达 100 件以上。其中，有心电图机（ECG）、呼吸机、输液泵和呼吸障碍监护仪等范围很广的医疗设备，它们受到来自电气手术设备、荧光灯以及含有无线电发射器的多种多样发射源的干扰。

有媒体报道，某些设备因电磁干扰（EMI）而失效，甚至导致患者伤害或死亡的案例。

（1）1998 年 3 月，得克萨斯州的奥斯汀市的一家电视台在开始测试其新的数字电视系统（DTV）时，附近一家医院的无线检测系统失灵了，原因是医院的检测系统和电视台的数字电视信号占用了相同的频带。

（2）1993年，配有心脏起搏器的一名患者，在法庭外接受金属探测器扫描后引起心室的颤动。

（3）一个戴助听器的学生走进刚安装了高效照明系统的教室，就感到很不舒服（下巴震动），原因是照明系统的电源辐射干扰了她的助听器。

（4）1992年，在救护车上连有除颤监护仪的一名患者受到救护车的车载无线电的干扰，使设备运行受阻而死亡。原因是救护车的移动设备发射的场强大于20V/m，超过了医疗设备的干扰极限。

（5）新生儿呼吸监护仪受调频电台FM发射的影响。经证实是外部干扰了监护仪的正常呼吸模式的监测，无法确切发出报警信号。

（6）设备的CRT显示器上出现过度的伪像，医务人员难以判断心率，致使病人无法复苏。

（7）呼吸监护仪因静电放电（ESD）导致报警失效，监护仪工作停止。

（8）X线治疗设备因静电放电（ESD）造成显示消失、X线球管和机架动作失控以及定时钟故障。

（9）1987年，患者监护系统受干扰影响未发警报，致使2名患者因患者监护系统未检出心律不齐而死亡。

2）在日本的事故报告

近年来，日本厚生劳动省曾收到一系列的事故报告。

（1）1995年，瑞士的医疗机构内使用日本制的注射泵在注射药液时发生了误动作，经调查认为是有人在病房内使用了移动电话。

（2）1996年，日本冈山县内的某医疗机构中曾发生入院患者在输液时的输液泵报警和停机事故。经查明原因，是该患者在输液时同病房的其他患者使用了移动电话之故。

为此，日本厚生劳动省于1996年制定了“关于防止使用携带式电话产生电磁波干扰医用电气设备的临时指南”，对手机这类携带式电话在医院内的使用作了法规性指导。

二、电磁干扰三要素

形成电磁干扰必须具备以下三个要素。

（1）电磁干扰源，指产生电磁干扰的元器件、设备或自然现象。

（2）耦合通道（或称耦合路径），即传输电磁骚扰的通路或媒介。

（3）被干扰体（敏感设备或器件），指对电磁干扰产生响应的设备或器件。

所有的电磁干扰都由上述三要素的组合而产生。

电磁干扰的三要素如图 3-1 所示。

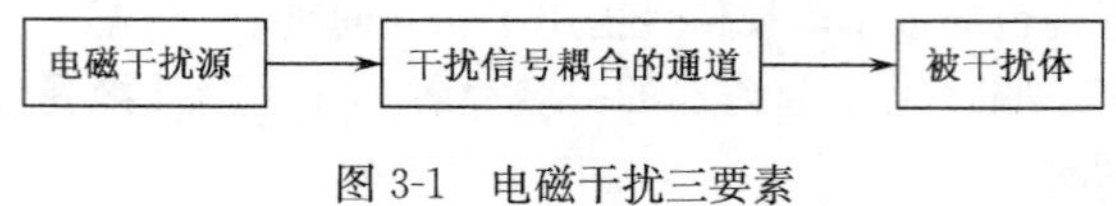

图 3-1　电磁干扰三要素

为了实现电磁兼容，都应从上述三要素出发，运用技术和组织两措施。所谓技术措施，就是从分析电磁干扰源、耦合通道和被干扰体（敏感部位）入手，采取有效的技术措施，抑制干扰源、消除或减弱干扰的耦合、降低敏感部位对干扰源的响应或增加敏感部位对干扰源的抗干扰能力；为了对人为干扰进行限制，并验证所采用的技术措施的有效性，还必须采取组织措施，制定和遵循一套完整的标准和规范，进行频谱分配，控制与管理频谱的使用，依据频率、工作时间、天线方向性等规定工作方式，分析电磁环境并布置地域，进行电磁兼容管理。

三、电磁骚扰源

1. 电磁骚扰的特性

电磁骚扰具有以下基本特性。

1）频谱宽度

电磁骚扰能量具有不同的频率分布特性，可根据这种特性来确定其频谱宽度。在连续波骚扰中，交流声骚扰的频谱宽度最窄，而脉冲骚扰中，单位脉冲函数的频谱宽度最宽。

2）波形

电磁骚扰有各种不同的波形，波形是决定电磁频谱宽度的一个重要因素。以脉冲波形为例，脉冲波形中的低频含量主要取决于脉冲的面积，高频含量与脉冲前后沿的陡度有关，前后沿愈陡，所占频谱宽度越宽。

3）出现率

电磁骚扰场强或功率随时间的分布与电磁骚扰的出现率有关。电磁骚扰的出现率可分为周期性骚扰、非周期性骚扰和随机骚扰三种类型。周期性骚扰是指在确定的时间间隔内能重复出现的骚扰。非周期性骚扰虽然不能在确定的周期内重复出现，但其出现时间是确定的，而且可预测。两者都是为某一特定目的而产生的骚扰，如电源产生的骚扰、指令脉冲产生的骚扰。随机骚扰则不能按预测的方式出现和变化，它一般采用概率统计的方法进行描述，如内燃机点火系统、电机的电刷等。

4）电磁骚扰的极化特性

极化特性指在空间给定点上，电磁骚扰场强矢量的方向随时间变化的特性，取决于天线的极化特性。当骚扰源天线和敏感设备天线极化特性相同时，辐射骚扰在敏感设备输入端产生的感应电压最强。

5）电磁骚扰的方向特性

骚扰源朝空间各个方向辐射电磁骚扰，敏感设备接收来自各个方向的电磁骚扰的能力是不同的，描述这种辐射或接收能力的参数称为方向特性。

6）天线的有效面积

表征敏感设备接收骚扰场强能力的参数。天线有效面积越大，敏感设备接收骚扰场强的能力也越强。

2. 电磁骚扰源的分类

电磁骚扰源可分为自然骚扰源和人为骚扰源两种类型。

1）自然骚扰源

自然骚扰源主要是天电噪声。天电噪声是大气层中发生的自然现象，包括雷电时的放电和来自太阳、月亮、星球、行星和银河的噪声。其中，尤其以雷电产生且称之为“浪涌”的电磁干扰最厉害。雷电产生的强大的电磁干扰不仅严重干扰国家的无线电广播通信，而且会对各类工业电气、电子设备带来严重干扰和破坏。如果对雷电产生的“浪涌”措施不当，将给国防和国民经济带来难以估量的损失。

2）人为骚扰源

人为骚扰源的典型例子有连续波骚扰源和瞬态骚扰源。

（1）连续波骚扰源。连续波骚扰源产生的电磁骚扰主要是纯的或窄带信号调制的正弦波，以及高重复频率的周期信号。

①发射机。所产生的电磁骚扰包括有意发射信号、谐波发射信号及乱真发射信号。有意发射信号的带宽由有用信号特性和所用调制方法决定。乱真发射信号指有意发射信号带宽之外的发射信号，包括发射机机频的谐波、主控振荡器产生的乱真信号。它们能以天线、发射机壳体、电源线作为发射源进行发射，从壳体的接缝、网孔、输入或输出连接线等处泄漏。

②本机振荡器。接收机本振产生的基波和谐波可经过电源线传导，然后从机壳或天线直接辐射。

③交流声。是由进入系统的周期性低频信号所引起的连续波骚扰。

（2）瞬态骚扰源。工业、科学和医用设备（ISM）、家用电器、便携式电动工具、荧光灯和照明装置以及信息技术设备是主要的瞬态骚扰源。它们产生的电磁骚扰起因于：手动开关和继电器的单次性开关转换动作，以及旋转设备、气体放电、自动点火和半导体开关等的重复性转换工作方式引起电流或电压的突然改变，并且时而在接触瞬间形成电弧。

四、医疗中的电磁环境

所谓电磁环境，就是“存在于给定场所的所有电磁现象的总和”。给定场所即空间，所有电磁现象包括了全部时间和全部频谱。

在现代化医院中，使用着各种类型的医用电气设备或系统。它们在工作时产生一些有用或无用的电磁能量，这些能量可能影响其他设备或系统的工作。医疗的电磁环境中，同样存在系统内各设备间的互相骚扰，称为系统内骚扰（内部EMC），以及系统与外部其他设备或系统之间的骚扰称为系统间骚扰（外部EMC）。如图 3-2 所示。

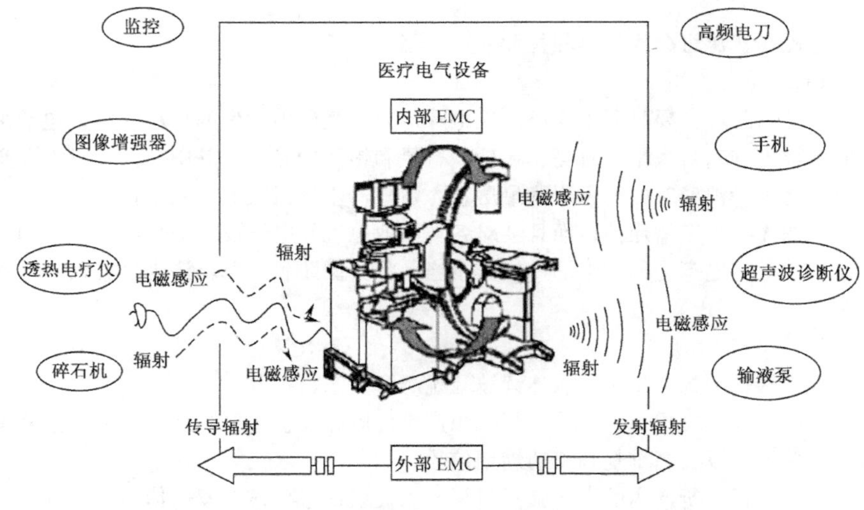

图 3-2　医疗环境中的电磁骚扰源

医院中使用的某些设备或系统既可能是电磁骚扰源，也可能是对电磁骚扰敏感的设备或系统。

1. 医院内的电磁骚扰源

（1）电子手术装置及其支持设备，如高频电刀，能产生大量高达 30V/m 场强的电磁干扰。

（2）X 光和超声设备，包括治疗和诊断。

（3）伽玛刀、电子加速器、震波碎石机和激光治疗仪器。

（4）短波、微波治疗仪等透热治疗设备。

（5）电脑系统。

(6) 步话机（1～5W 的发射功率）。

(7) 手机，在离手机辐射源几英尺的地方可产生达 3V/m 的场强。

它们在工作时向周围发射不同频率范围、不同大小的电压（电流）或场强的电磁波，可能会影响无线电广播通信业务或医疗环境内其他医疗设备或系统的工作。

2. 对电磁骚扰敏感的设备或系统

在现代化医院内，也存在众多可能对电磁骚扰敏感的设备。

(1) 生命支持设备，像呼吸机、自动对患者控制微量药液注入流量的输液泵等。

(2) 患者监测设备，如心电、脑电图仪及其他患者监护设备或系统。

(3) 助听器，含有低功率的敏感电子线路，电磁干扰会导致其失效。

(4) 无线医疗监护系统（PWS），由于患者是活动的，常有可能带着敏感设备走进产生高电磁干扰的地方。

(5) 核磁共振成像系统，该系统必须高度屏蔽，任何明显的泄漏都会对系统的工作或附近的医疗仪器产生影响。

(6) 植入心脏的设备，例如心脏起搏器和植入心脏的除颤器，患者可能会走进有高电磁干扰源（>200V/m）的地方。

(7) 患者监护系统，由于检测的人体信号非常微弱，通常以微伏或者纳安至微安为单位，因而对电磁骚扰非常敏感，容易受到以人体为天线的感应电压的干扰。

对于电磁骚扰敏感的医用电气设备，应采取有效抑制或隔离电磁骚扰的措施，以避免电气设备与医疗设备或系统之间的相互干扰。

五、电磁骚扰的传播

1. 电磁噪声的频谱

所谓噪声，就是“由不规则波动组成、并产生不快感觉”的东西。电子线路在处理电信号的同时，还流动着电信号以外的令人不愉快的无用信号，这就是噪声。

IEC 对电磁噪声（electromagnetic noise）的定义是“一种明显不传送信息的时变电磁现象，它可能与有用信号叠加或组合”。

电磁噪声的频谱非常宽，它具有时域和频域以及相互对应的关系。

下面以一典型的周期梯形脉冲为例来说明。最常见的周期梯形脉冲是 TTL 钟频，其时域波形如图 3-3 所示。

图中的 t_r 为脉冲上升沿，t_0 为脉冲宽度。如果 $t_0+t_r=5/T$，则其频谱如图 3-4 所示。

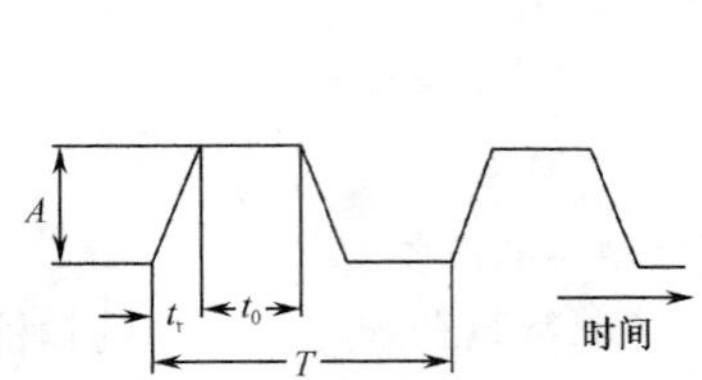

图 3-3 周期梯形脉冲的波形

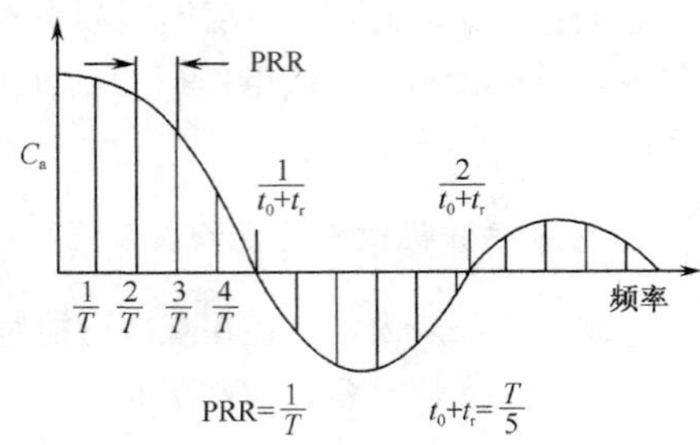

图 3-4 周期梯形脉冲的频谱

其各条谱线的幅度可以写为

$$A_n = 2A\frac{t_0+t_r}{T}\times\frac{\sin[\pi n(t_0+t_r)/T]}{\pi n(t_0+t_r)/T}\times\frac{\sin(\pi n t_r/T)}{\pi n t_r/T} \tag{3-1}$$

图 3-4 所示的负的幅度表示相位相反。令 $t_0+t_r=d$，$n/T=f$，f 为各条谱线所处的频率。此时，式（3-1）的包络可写为

$$e = 2Ad[\sin(\pi fd)]/(\pi fd) \tag{3-2}$$

图 3-5 给出了 TTL 电平的 1MHz 时钟脉冲的频谱变化规律。

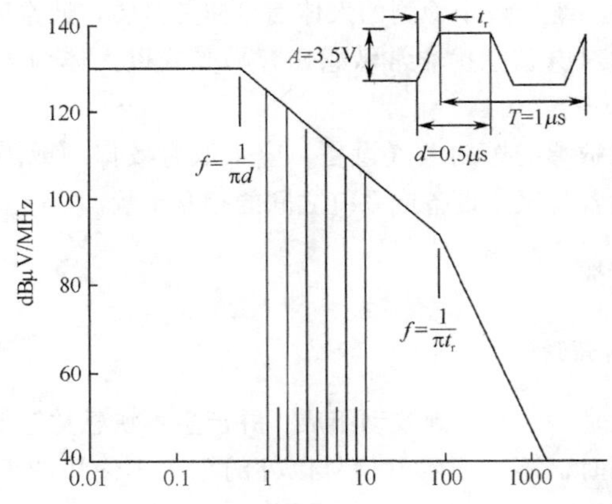

图 3-5 TTL 电平的 1MHz 时钟脉冲的频谱

从图 3-5 可见，频谱包络有两个转折点，当频率低于 $1/(\pi d)$(0.637MHz)时，包络幅度基本不变；当频率在 $1/(\pi d)\sim 1/(\pi t_r)$ 范围内，包络幅度按 20dB/10 倍频程下降(10 倍频程即高频对低频之比值为 10)；频率高于 $1/(\pi t_r)$ 时，包络幅度按 40dB/10 倍频程下降。

图 3-6 给出了 8 种不同波形的脉冲频谱包络特性。图中可见矩形波的谱线下降最慢，而高斯脉冲所占的频带最窄。

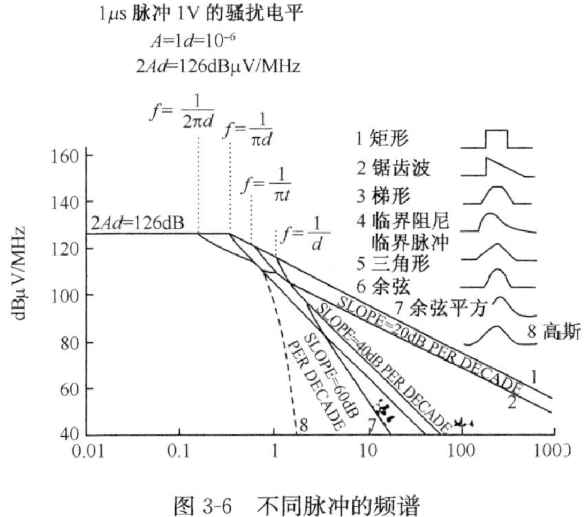

图 3-6　不同脉冲的频谱

对于电磁波来说，不论是传导还是辐射传播特性都与所研究的导线或空间的几何尺寸对信号的波长比值密切相关。由于电磁脉冲的频谱非常宽，所以信号波长所占的范围也非常宽。

例如：f=10kHz，λ=3×10^4m；f=1MHz，λ=300m；f=100MHz，λ=3m；f=1GHz，λ=0.3m。

于是，对于一个特定的空间距离，对某些频率为近场，而对另一些频率则为远场。例如，3m 法测量，对于 10MHz 以下频率属于近场范围，而对于 300MHz 以上频率便进入远场区。同样长的导线，对于某些频率为长线，而对另一些频率则为短线。在分析宽频带电磁噪声的传播特性时，要同时考虑远场与近场，长线与短线的影响。

2. 骚扰源与接收器的耦合

从骚扰源到接收器之间传输电磁噪声的传输通路或媒介，即耦合路径是多种多样的，每一种形式的耦合都可写出其传输函数，图 3-7 列出了从源到敏感部件之间的所有可能的耦合途径。

3. 传导耦合

传导耦合是骚扰源与敏感部件间的主要耦合路径之一。传导耦合要求在骚扰

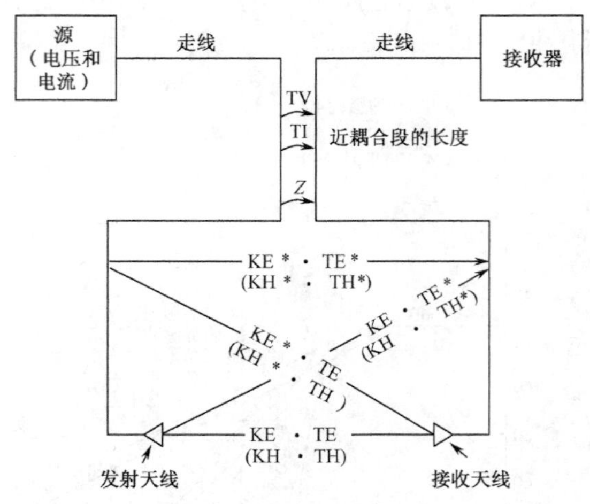

图 3-7　源与接收器的耦合

TV. 电压传输函数；TI. 电流到电压的传输函数；KE. 电压到电场的传输函数（天线源）；TE. 电场到电压的传输函数（天线接收器）；KE*. 电压到电场的传输函数（导线源）；TE*. 电场到电压的传输函数（导线接收器）；KH. 电流到磁场的传输函数（天线源）；TH. 磁场到电压的传输函数（天线接收器）；KH*. 电流到磁场的传输函数（导线源）；TH*. 磁场到电压的传输函数（导线接收器）；Z. 公共阻抗（包含在 TI 模型中）综合上述耦合路径，最基本的耦合路径便是传导耦合和辐射耦合，以及它们的组合

源与敏感部件（设备）之间有完整的电路连接。

传导骚扰可直接通过电源线、信号线、互连线、接地导体等进行耦合。

在音频和低频时，由于电源线、接地导体、电缆的屏蔽层等呈现低阻抗，故电流进入这些导体时易于传播。当噪声传导到敏感电路时就可能产生骚扰作用。在高频时，导体的电感和电容不可忽视，此时电抗值将随频率而变化。在无线电频率内，长电缆上的骚扰传播应按传输线特性来考虑，不能按集总电路元件来考虑。

传导骚扰也可以通过公共阻抗耦合和导线间的感性和容性耦合路径来传播。

1）公共阻抗耦合

当两个以上不同电路的电流流过公共阻抗时，就出现共阻抗耦合。

在电源线和地导体上传播的骚扰电流，通常都是通过共阻抗耦合进入敏感电路的。

公共阻抗耦合的典型例子如图 3-8 所示。

当电路 1 的电流流经公共阻抗 Z 时，就会在电路 2 中形成一个压降 V_2（$V_2 = I_1 Z$），此电压影响电路 2 的负载。引起这种耦合的公共阻抗可以是任何电路元

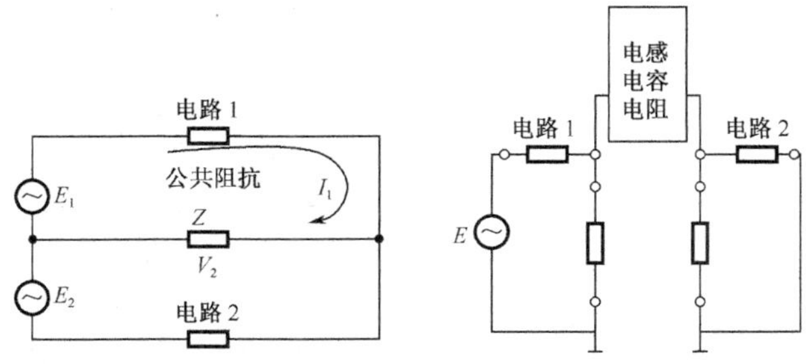

图 3-8 公共阻抗耦合

件，甚至也包括导线或结构间的阻抗。

下面举两个公共阻抗耦合的典型例子。

(1) 公共地回路阻抗。公共地回路阻抗包括接地母线、机壳接地线和机架搭接架等。

图 3-9 为公共地回路阻抗耦合的一个例子。在该图中，电源线（PW）以接地平面为返回回路，而信号线（S）另外安排了一条接地线为回路。看起来好像两者互不干扰，但是在两级电路上的信号线接地点都分别接至接地平面。于是在两级电路接地点之间存在两条通路，一条是信号线的地线，另一条是接地平面。这两者的并联构成了电源回路与信号回路的公共阻抗，使两者相互耦合。例如，直流电源电路的纹波电压就会耦合至信号电路中去。

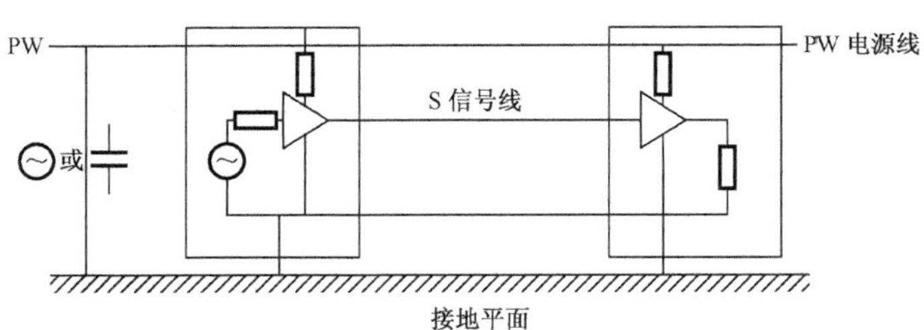

图 3-9 公共地回路阻抗耦合

图 3-10 是图 3-7 公共地回路阻抗耦合的等效电路图。U_1 是骚扰电源回路的骚扰源电压，U_2 是敏感电路回路的信号源电压。

从图中可见，骚扰源电路与信号源电路两者通过公共地阻抗 Z_g 并联，骚扰源电压 U_1 在公共地阻抗 Z_g 上产生骚扰电压 U_g，即

$$U_g \cong Z_g U_1 / (R_{i1} + R_{L1})$$

式中，R_{i1} 为骚扰源的内阻抗；R_{L1} 为骚扰源电路的负载。

$$Z_g \ll R_{i1} + R_{L1}$$

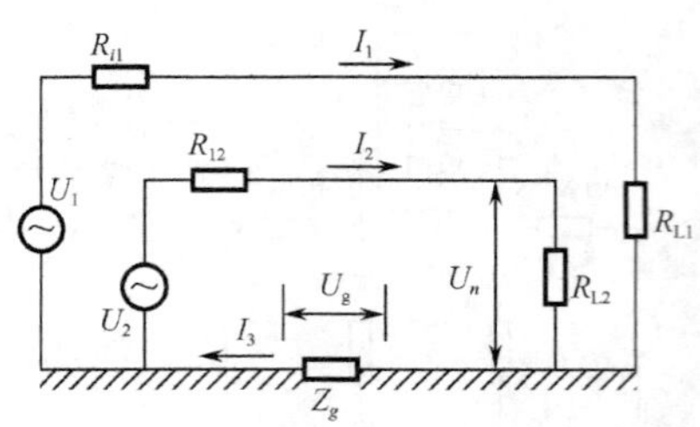

图 3-10　公共地回路阻抗耦合等效电路

U_g 在敏感电路回路的负载 R_{L2} 上形成的骚扰电压 U_n 为

$$U_n = U_g[R_{L2}/R_{i2}+R_{L2}]$$

式中，R_{i2} 为信号源内阻。

将 $U_g \cong Z_g U_1/(R_{i1}+R_{L1})$ 代入上式，得到骚扰电压 U_n 为

$$U_n = Z_g R_{L2} U_1/(R_{i1}+R_{L1})(R_{i2}+R_{L2})$$

可见，敏感电路负载 R_{L2} 上的骚扰电压 U_n 是骚扰源电压 U_1、公共地阻抗 Z_g 及负载 R_{L2} 的函数。

(2) 电源的公共阻抗耦合。图 3-11 表示两个电路通过电源电路的公共阻抗耦合，电路 2 所要求的电源电流必然对电路 1 产生影响。

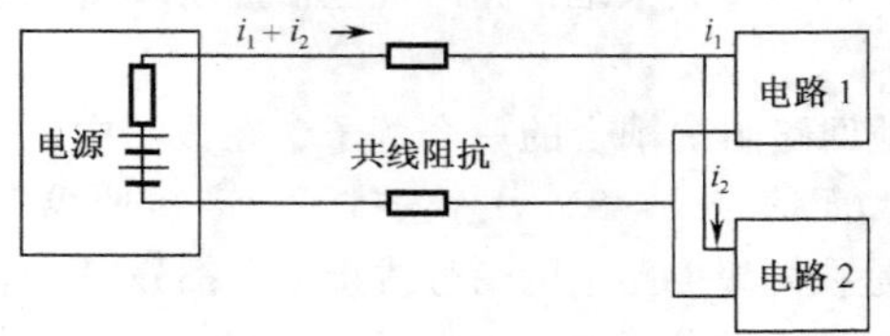

图 3-11　电源的公共阻抗耦合图

2) 导线间的感性和容性耦合感应耦合

两个闭合回路，若距离很近，即使没有直接连接，由于电路间存在磁感应或静电感应，也会产生耦合。图 3-12 示出两种耦合的原理图。

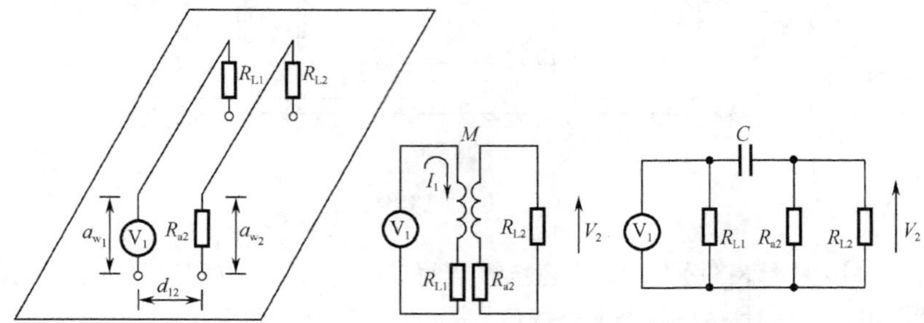

图 3-12　磁感应耦合和静电耦合

由图 3-12 的电感耦合原理图得

$$V_2 = M\frac{\mathrm{d}I_1}{\mathrm{d}t}$$

式中，V_2 为回路 2 的感应电动势，V；M 为两回路间的互感，H。

按图 3-12 的模型，可得

$$M = \frac{\mu_0}{4\pi}\ln\left|\frac{(a_{w_1} + a_{w_2})^2 + d_{12}^2}{(a_{w_1} - a_{w_2})^2 + d_{12}^2}\right|$$

式中，μ_0 为自由空间的磁导率，$\mu_0 = 4\pi \times 10^{-7}$ H/m；a_{w_1} 为 1＃线在接地平面上方的高度，m；a_{w_2} 为 2＃线在接地平面上方的高度，m；d_{12} 为 1＃线与 2＃线之间的距离，m。

在图 3-12 的电路模型中，两回路间除电感耦合外，必然在两线间存在分布电容，从而形成电容耦合。

由电容耦合至回路 2 的电压为

$$V_2 = \frac{R_2 V_1}{R_2 + X_C} \tag{3-3}$$

式中，V_2 为由静电感应（电容耦合）到回路 2 上的电压，V；X_C 为两回路间的容抗，$X_C = 1/(j\omega c)$，Ω。

当没有接地板时，

$$C = \left[\frac{3.5}{2\pi} \times 10^{-10}\right] l_{12} \ln(d_{12}^2 / r_{w_1} r_{w_2})$$

式中，C 为两回路间的分布电容，F；l_{12} 为 1＃ 线与 2＃ 线的接近长度，m；d_{12} 为 1＃ 线与 2＃ 线之间的距离，m；r_{w_1} 为 1＃ 线半径，m；r_{w_2} 为 2＃ 线半径，m。

上述计算只适用于短线（即线路长度远小于 λ/6），也即对低频适用，对于高频，则需要考虑其分布参数，用传输线理论分析。

在实践中，导线间的电容或电感性耦合称为串扰，不同类型的电缆长距离捆在一起时串扰便经常会发生。

医院内的电磁骚扰经常会通过电源的配电网传播。因此，使用不同的电缆类型和布置方法会对传导骚扰的大小产生影响。

4. 辐射耦合

1）辐射耦合的近场与远场

辐射耦合是骚扰耦合的另一种方式，骚扰源通过电磁场的电磁感应在空间进行传播的方式。

辐射耦合的实际路径，在电气设备中可表现为：天线—天线、天线—电缆、天线—机壳、电缆—机壳、机壳—机壳、电缆—电缆。

对于辐射耦合，近场和远场的概念十分重要。根据麦克斯韦方程，一个短偶极子（$D \ll \lambda$ 半径，m）的辐射场可写为

$$E_\theta = \frac{Z_0 ID\pi\sin\theta}{\lambda^2}\left[-\left(\frac{\lambda}{2\pi r}\right)^3\cos\Psi-\left(\frac{\lambda}{2\pi r}\right)^2\sin\Psi+\left(\frac{\lambda}{2\pi r}\right)\cos\Psi\right] \quad (3\text{-}4)$$

$$E_r = \frac{2Z_0 ID\pi\cos\theta}{\lambda^2}\left[-\left(\frac{\lambda}{2\pi r}\right)^3\cos\Psi+\left(\frac{\lambda}{2\pi r}\right)^2\sin\Psi\right] \quad (3\text{-}5)$$

$$H_\varphi = \frac{ID\pi\sin\theta}{\lambda^2}\left[-\left(\frac{\lambda}{2\pi r}\right)^2\sin\Psi+\left(\frac{\lambda}{2\pi r}\right)\cos\Psi\right] \quad (3\text{-}6)$$

式中，Z为自由空间的波阻抗，Ω；$Z_0=\sqrt{\mu/\xi}=120\pi$；$I$为短偶极子电流，A；

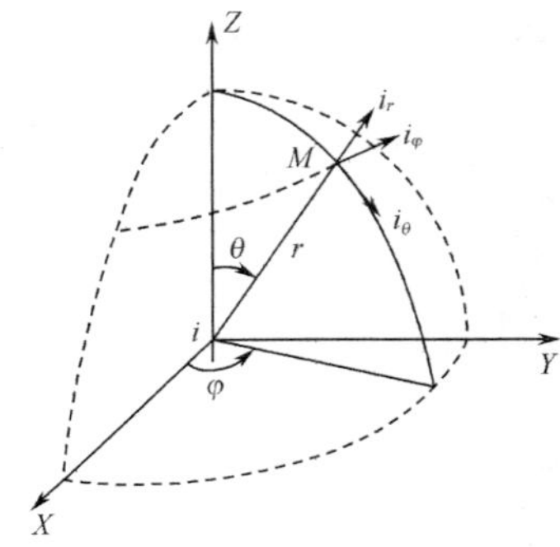

图 3-13 短偶极子的坐标系

*D*为短偶极子的长度，m；θ为辐射距离 r 的顶角；φ为辐射距离 r 在 X-Y 平面的投影对 X 轴的交角（如图3-13所示）；r为从短偶极子至观察点的距离，m，$\Psi=2\mu r/\lambda-\omega t$；$\lambda$为波长，m，$\lambda=\frac{3\times10^8}{f}$。

将式（3-4）的电场分量以归一化坐标画出，画出如图 3-13 所示。该图的横坐标归一化至 $\lambda/(2\pi)$（约 $\lambda/6$ 波长），纵坐标归一化至 $Z_0 ID\pi\sin\theta/\lambda^2$。

（1）E_θ、E_r 和 H_φ 分别包含有正比于$1/r^3$、正比于 $1/r^2$ 以及正比于 $1/r$ 的项。图 3-14 中画出了电场的这三个分量与距离的关系。当 $\lambda/2\pi=1$ 时，这三个分量相等。

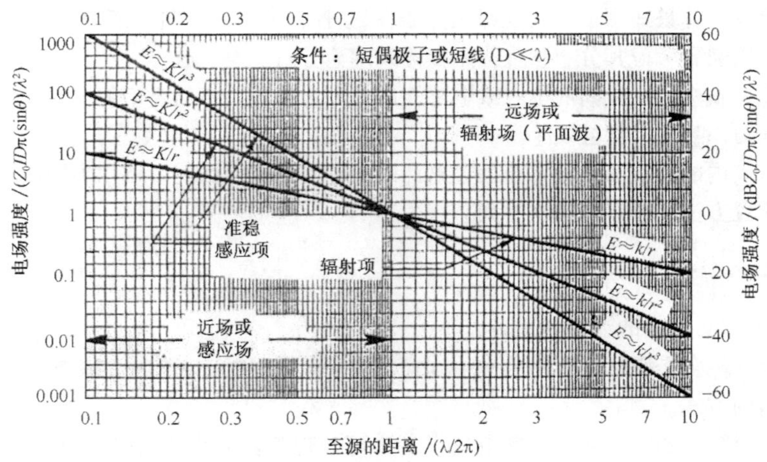

图 3-14 短偶极子的辐射电场强度

(2) 当 $r \gg \lambda/2\pi$ (远场条件) 时，正比于 $1/r$ 的项起主要作用，并随距离的增加而衰减很慢。这部分是真正的“辐射场”，也是所有无线电业务所使用的部分。此时，$Z = E_\theta / H_\varphi = Z_0 = 120\pi$。

(3) 当 $r \ll \lambda/2\pi$ (近场条件) 时，$1/r^3$ 的项起主要作用。此时的波阻抗为

$$Z = E_\theta / H_\varphi \cong Z_0 \lambda/(2\pi r)$$

由于此时 $r \ll \lambda/2\pi$，故 $Z \gg Z_0$，称为高阻抗场，或称电场。也就是说，由短偶极子的辐射，在近场为高阻抗场。

此外，如果源不是一短偶极子，而是一小环，该小环呈现低的电路阻抗。此时，式(3-4)～式(3-6)均有变化，式(3-4)、式(3-5)的第 1 项将消失，式(3-6)将出现一个正比于$(\lambda/2\pi r)^3$ 的项。

此种条件下，波阻抗为

$$Z = E_\theta / H_\varphi \cong Z_0 2\pi r/\lambda$$

此时，在 $\lambda \ll \lambda/2\pi$ 的条件下，$Z \ll Z_0$，称为低阻抗场或称磁场。也就是说，由电流环的辐射在近场区为低阻抗区。

综合上述各点中有关波阻抗的讨论，可以画出图 3-15 波阻抗与距离的关系图。

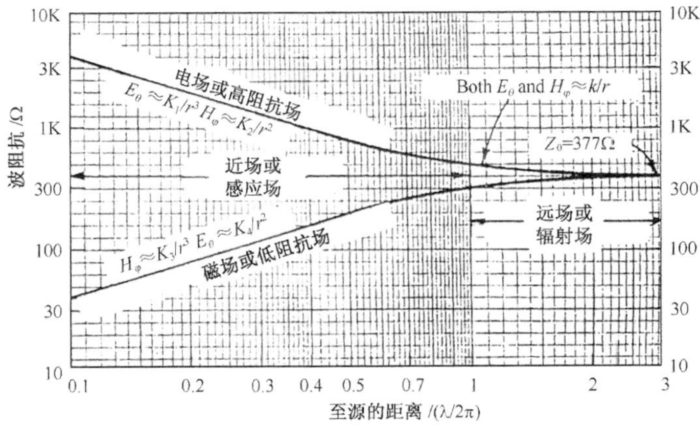

图 3-15　波阻抗与距离的关系图

从以上讨论可见，辐射耦合时，$\lambda/6$ 是个很重要的距离。远大于此距离，即为远场，波阻抗与特性阻抗相等；远小于此距离，即为近场，并取决于源的类型，波阻抗分别趋向高阻抗或低阻抗。

2) 近场耦合

近场耦合也称为感应场耦合，即源与敏感部件之间的距离远小于骚扰波长的

1/6。

(1) 磁场耦合。

在近场条件下,磁场为低阻抗。

装有电感器的设备产生的磁场应该用磁偶极子来代表。式(3-4)～式(3-6)中,当 $r \ll \lambda/2\pi$ 时,磁场强度取决于公式中正比于 $1/r^3$ 项。在离无限小磁偶极子距离为 r 处的磁场强度,在最大方向($\theta=0°$)时可近似为

$$H_r \cong M_m/(2\pi r^3)$$

式中,M_m 为磁偶极子强度磁矩,A/m^2;H_r 为 r 向的磁场强度,A/m。

(2) 电场耦合。

在近场条件下,电场为高阻抗。

设备机箱产生的电场可用电偶极子模型来计算。式(3-4)～式(3-6)中,当 $r \ll \lambda/(2\pi)$时,电场强度取决于公式中正比于 $1/r^3$ 项。而磁场强度很小,此时在离电偶极子距离为 r 处最大方向($\theta=0°$)上的强度,可近似为

$$E_r \cong ID/(2\pi\omega\varepsilon_0 r^3)$$

式中,ω 为角频率,rad,$\omega=2\pi f$;ε_0 为自由空间的介电常数,$\varepsilon_0=(36\pi\times10^9)^{-1}$,F/m;$D$ 为同前,电偶极子长度,m。

对于导线间的电耦合,最简单条件下的表示式可见式(3-4)。

3)远场耦合

在远场区,电波传播的特点是电场与磁场同时存在,而不像近场区,以电场为主或磁场为主。

对于尺寸有限的物体的辐射,可以用磁偶极子或电偶极子模型计算。以磁偶极子为例,$r \gg \lambda/(2\pi)$范围内,

$$E_\varphi \approx \frac{Z_0 \pi IA}{r}\sin\theta$$

$$H_\theta \approx \frac{\pi IA}{r}\sin\theta$$

式中,I 为电流环中的电流,A;A 为电流环面积,m^2。

功率密度可通过坡印亭矢量 $\boldsymbol{S}$ 求出,即

$$|\boldsymbol{S}| = |\boldsymbol{E}\times\boldsymbol{H}| = E_\varphi H_\theta = \frac{E_\varphi^2}{Z_0} = Z_0 H_\theta^2 = Z_0\left(\frac{\pi IA}{r}\right)^2\sin^2\theta$$

类似地,也可以通过电偶极子来计算。

电磁骚扰从骚扰源到敏感部件之间的传播往往通过传导耦合和辐射耦合两种方式的组合来进行。这种组合的耦合路径如示意图 3-16 所示。

从图 3-16 中可见,某电气设备的耦合路径包括:干扰源设备通过电缆、机壳和电源线对受干扰设备的电缆、机壳和电源线的辐射耦合,干扰源设备经公共

电源阻抗和输出/输入路径的传导耦合，及外部电源经被干扰设备的电源线对被干扰设备的传导耦合。

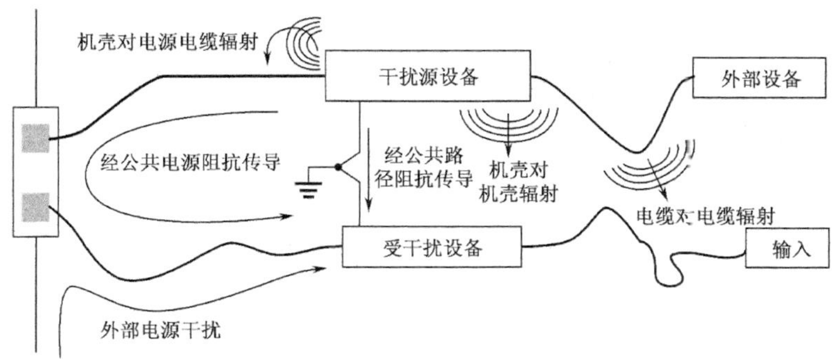

图 3-16　设备的耦合路径示意图

5. 端口的概念

如图 3-17 所示，端口就如传输的“界面”，通过这些端口，电磁骚扰进入（或出自）被考虑的设备，并且骚扰现象的性质和骚扰程度与端口的类型有关。例如，辐射骚扰如果是在所考虑的设备壳体以外耦合到与设备相连的导线上，那么对设备来说，就变成从电源或信号端口进入的传导骚扰，而真正的辐射骚扰是通过设备外壳端口进入设备的骚扰（这里的外壳既可以是像屏蔽室、金属层等那样的实际屏蔽，也可以是像塑料外壳那样没有电磁作用的遮蔽物）。

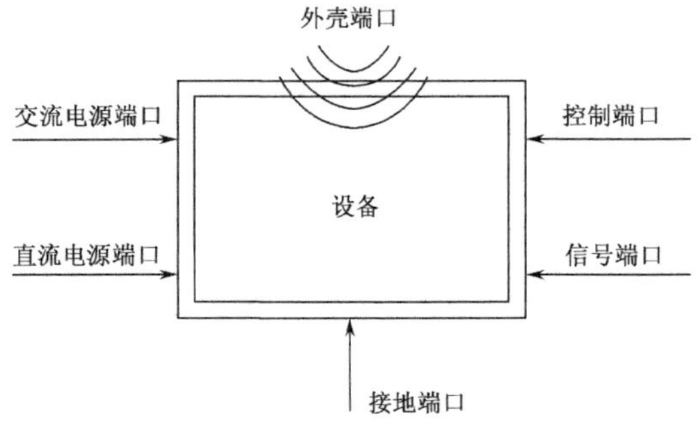

图 3-17　端口的概念图

辐射骚扰出现在设备周围的媒体中，而传导骚扰出现在各种金属性媒体中。

端口的概念可以对各种媒体加以区分，从而按 5 种端口分类：外壳端口、交流电源端口、直流电源端口、控制线/信号线端口、接地端口（即系统和地或参考地之间的连接）。

电磁兼容试验标准对各类设备所规定的试验电平，是对应端口的概念作出的。如 GB4824 标准中规定的电源端子传导骚扰电压限值，是对设备的交流电源端子的骚扰电平测量所规定的最大允许值，这里的端口仅指设备的交流电源线。GB17626.6 标准中的传导骚扰抗扰度试验电平，是对设备的所有电缆（包括电源电缆和信号电缆）注入骚扰电压进行试验，以考核设备的抗扰度能力所规定的最小允许值，这里的端口是指设备的交直流电源线和控制线/信号线。

六、电磁兼容的基本原理

1. 电磁兼容的定义

电磁兼容是研究在有限空间、时间和频谱资源等条件下，各种用电设备可以共存的一门科学。

国际电工委员会（IEC）对它的定义为：“电磁兼容是设备或系统在其电磁环境中能正常工作，且不对该环境中任何事物构成不能忍受的电磁骚扰的能力。”

浅显地说，电磁兼容就是设备或系统在电磁环境中的共存能力，要采用一定的技术手段，使同一电磁环境中的任何设备或系统都应该不受到“过度”的干扰并且也不“过度”干扰其他设备。

医用电气设备和系统也同样既要求不影响无线电广播、电视、无线电通信等业务或者其他设备和系统的正常工作，又要求对电磁骚扰有一定的抗扰能力，工作不受影响。

2. 电磁发射

根据 IEC 定义，电磁发射（electromagnetic emission）是“从源向外发出电磁能的现象”（如图 3-18 所示）。

这里指的“发射”含义不同于通信中的“发射”。电磁兼容中的发射既包含传导发射，也包括辐射发射，而通信中的发射主要指辐射发射。电磁兼容中的发射常是无意的，因而不存在有意做的发射部分，一些功能用途的部件（如电线、电缆），甚至包括连接医疗设备的人体都可能充当发射的角色。

任何有源的电子、电气设备都会向外发射电磁能，发射的电磁能形式可以是辐射电磁场，以场强电平的大小来度量，或传导以幅值和频率大小来度量的电压（或电流）电平。设备或系统发射的电磁能（电压或场强）越大，越容易造成对外界设备的干扰。图 3-18 所示的计算机就是发射源，它向外辐射或传导电磁能。

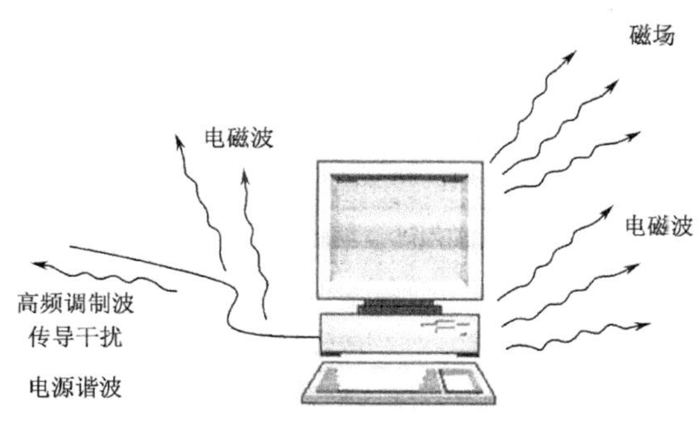

图 3-18　电磁发射举例

3. 抗扰度

抗扰度（immunity）也叫电磁抗扰性，根据 IEC 定义，抗扰度是“装置、设备或系统面临电磁骚扰不降低运行性能的能力”。

抗扰度是表明设备或系统面临电磁干扰不降低运行性能能力的量度。设备或系统的抗扰度电平越高，表明它越能承受外界的电磁干扰。

图 3-19 以计算机为例，表示计算机会受到外界的低频磁场、电磁波、静电放电及其他各种可能的干扰。

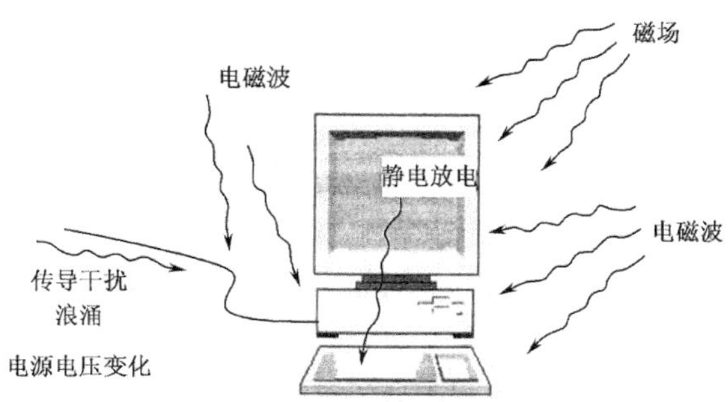

图 3-19　抗扰度举例

与抗扰度相反的另一个名词术语叫电磁敏感度（敏感性）（electromagnetic susceptibility，EMS）。IEC 定义为：“在存在电磁骚扰的情况下，装置、设备或系统没有不降低其运行性能的能力。”它的概念与抗扰度正相反，对电磁骚扰很敏感的设备，它对骚扰的抗扰度能力一定低。

4. 电磁兼容性原理

为了实现在同一电磁环境内设备或系统既不妨害正常的无线电通信业务，又不干扰周围设备的正常工作，必须建立一种规则：既要对设备或系统对外发射的过高电平作适当限制，又要对该设备或系统的抗干扰承受能力作出规定，即设备或系统的抗扰度水平不能太低。这种规则在国际上已制定成一系列基础标准，不同类别的电器、电子设备只要各自按标准将其发射电平和抗扰度电平限制在规定的发射限值和规定的抗扰度限值内，设备就达到了电磁兼容的目的。

这里所说的“发射限值”是指对电磁骚扰源人为规定的最大发射电平；“抗扰度电平”是指“将某给定的电磁骚扰施加于某一装置、设备或系统而其仍能正常工作并保持所需性能等级时的最大骚扰电平”，“抗扰度限值”是对装置、设备或系统规定的最小抗扰度电平。

图 3-20 表示电磁兼容的基本原理图。

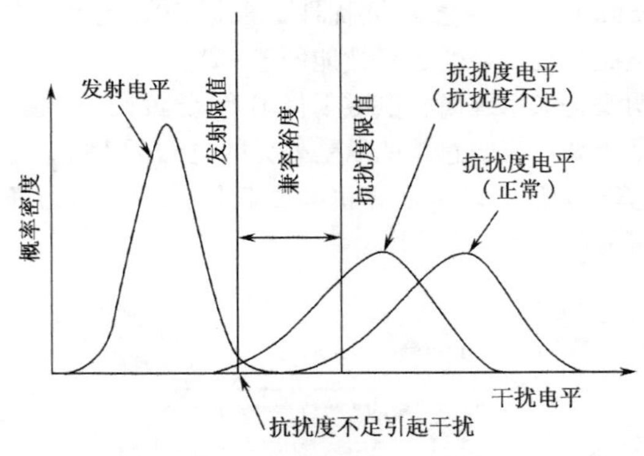

图 3-20　电磁兼容原理图

由图 3-20 可见，电磁干扰和抗扰度是相互对立的两个方面，即设备的电磁干扰发射要小于其抗扰度，这样设备才有足够的抗干扰能力。另一方面，设备的电磁干扰、抗扰度实测值应该与极限值之间有足够的余量，以确保发射电平概率密度曲线与抗扰度电平概率密度曲线分得愈开，即发射限值与抗扰度限值的间隔愈大，设备的电磁干扰极限值与抗扰度限值之间的余量愈大，设备就愈能达到电磁兼容性。

医疗产品的开发和生产必须从限制医疗产品对外的发射电平和改善医疗产品对电磁环境抗扰度能力这两方面着手，限制发射电平和提高抗扰度电平两者兼顾才能达到设备和环境互相协调，实现电磁兼容的目的。

七、电磁兼容的计量单位

在电磁兼容领域中，常用的基本单位有：功率的单位为 W（瓦）、电压的单位为 V（伏特）、电场强度的单位为 V/m（伏/米）和磁场强度的单位为 A/m（安/米）。

在电磁兼容的实际工作中，功率的单位和电压的单位还经常使用分贝功率（如 dBW 或 dBmW）和分贝电压（如 dBV 或 dBμV）为单位。尤其在计算功率或电压的放大或衰减量时使用分贝功率或分贝电压较使用功率、电压比更方便。

1. 分贝功率

其定义为取功率比 P_2/P_1 的对数值，以分贝（dB）为单位，即

$$P_{dB} = 10\lg P_2/P_1$$

式中，P_2 与 P_1 应采用相同的单位。dB 仅是两个量的比值，是无量纲的。随着 dB 表示式中的参考量（如式中的 P_1）的单位不同，dB 在形式上也可带有某种量纲。

分贝功率可以 1W 为参考量，如 P_1 为 1W，P_2/P_1 是相对于 1W 的比值，即以 1W 为 0dB。此时，P_2 具有功率量纲的分贝功率，即

$$P_{dBW} = 10\lg P_W/1\text{W}$$

例如：设 P_2 为 10W，它以 P_1 的 1 W 为 0dB，则 P_2 相对 1 W 的瓦分贝功率表示成

$$P_{dBW} = 10\lg 10\text{W}/1\text{W} = 10$$

即 P_2 的瓦分贝功率为 10dBW。

分贝功率也可以 1mW 为参考量，如 P_1 为 1mW，即以 1mW 为 0dB。此时，P_2 具有功率量纲的分贝功率表示为

$$P_{dBm}\text{W} = 10\lg P_{mW}/1\text{mW}$$

例如：设 P_2 为 10W，它以 P_1 的 1mW 为 0dB，则 P_2 相对 1mW 的毫瓦分贝功率表示为

$$P_{dBm}\text{W} = 10\lg \text{P}_{mW}/1\text{mW} = 10\lg 10^4\text{mW}/1\text{mW} = 40$$

即 P_2 的毫瓦分贝功率为 40dBmW。

2. 分贝电压

将电压比 V_2/V_1 取对数，用带有电压量纲的分贝来表示，即

$$V_{dB}\text{V} = 20\lg V_2/V_1$$

在实际工作中，常用 μV 电压的 dBμV 为单位，即以 $V_1 = 1\mu\text{V}$ 为 0dB，V_2 的 dBμV 表示为

$$V_{dB\mu V} = 20\lg V_{\mu V}/1\mu\text{V}$$

例如，当 V_2 为 10V 时，它以 $V_1 = 1\mu\text{V}$ 为 0dB，它的 dBμV 为

$$V_{dB\mu V}=20\lg 10^7\mu V/1\mu V=140$$

即 V_2 的微伏分贝电压为 140dBμV。

3. 分贝场强

在电磁兼容领域中，电场强度可用 V/m 来度量，也可用分贝的量纲 dBV/m 表示。有时嫌 dBV/m 的量纲太大，而采用 μV/m 的分贝量纲 dBμV/m 表示。

另外，磁场强度用 A/m(安/米)来度量，也可用分贝的量纲 dBA/m 表示。有时嫌 dBA/m 太大，也用 μA/m(微安/米)的分贝量纲 dBμA/m 来表示。

第二节 医用电气设备电磁兼容标准的基本要求和试验方法

医用电气设备的电磁兼容标准，以电磁兼容的国家基础标准为基础，针对医用电气设备或系统的特殊性，从总的要求、标记和随机文件、电磁兼容试验的技术要求和试验方法等方面加以规范和具体化。

一、几个基本术语

1. 抗扰度电平

抗扰度电平（immunity level)。这里的“电平”一词来源于英文“level”，通常的概念是指某一“等级”或“水平”的值。在电气设备的电磁兼容领域中，由于它用于表征某骚扰电压、电流、电场强度或磁场强度的水平值，因而常称之为“电平”。

将某给定的电磁骚扰施加于某一装置、设备或者系统，而其仍然能够正常工作，并保持所需性能等级时的最大骚扰电平。也就是说，超过此电平时该装置的系统、设备就会出现性能降低。

2. 抗扰度试验电平

抗扰度试验电平（immunity test level）指进行抗扰度试验时，用来模拟电磁骚扰试验信号的电平。

3. GB9706 试验电平

GB9706 试验电平（GB9706 test level）是由国家标准规定的抗扰度试验电平。

4. （抗扰度）符合电平

小于或等于设备或系统满足标准相应条款时的抗扰度电平。

5. 射频

射频（radio frequency，RF）指位于声频和红外频谱之间的电磁频谱中，用于无线电信号传播的频率。

注：通常采用的范围是 9k～3000GHz。

6. 生命支持设备或系统

生命支持设备或系统（life-supporting equipment or system）至少包括一种预期有效地保持患者生命或复苏功能的设备或系统，且其一旦不能满足标准要求很可能导致患者严重的伤害或死亡。例如，用来维持患者生命的呼吸机、患者监护系统、输液泵等一类产品就属于生命支持设备或系统。

7. 医用电气系统

医用电气系统（简称系统）（medical electrical system）指多台设备的组合，其中至少有一台设备必须是医用电气设备并通过功能连接或使用一个可移式多插孔插座互连。

注：当提及与系统连接的设备时，应考虑包括（医用电气）设备。

二、通用要求

1. 电磁兼容性

医用电气设备和系统不得发射影响无线电业务的电磁骚扰，也不得发射影响其他设备和系统基本性能的电磁骚扰，而且该医用电气设备和系统的基本性能对电磁骚扰应有符合要求的抗扰度。

医用电气设备和系统，根据临床需要设计有许多不同用途的功能，这里的基本性能仅指与安全有关的功能，而不一定是全部功能。例如，支持人体生命的呼吸机设计有许多功能，但其中通气性能这类基本性能如果失效会致人窒息；用于抢救人生命的心脏除颤设备一旦除颤性能突然失效将导致人的死亡；同样用于人体治疗或诊断的某些治疗仪或诊断仪，一旦其某些基本性能信息出错，也可能导致对人体的伤害。

2. 基本性能

什么是基本性能？根据标准定义，是指“保持剩余风险在可接受限值内所必需的性能特征”。医用电气设备和系统根据临床要求设计具有很多的功能，要鉴别哪些功能属于与安全有关的基本性能，则应使用行业标准“YY/T 0316 医疗器械-风险管理在医疗器械中的应用”中的风险分析方法。在对医用电气设备或系统进行抗扰度试验时，设备或系统的抗扰度合格与否主要看其基本性能是否达到符合性判据的要求。

3. 非医用电气设备

作为医用电气系统一部分的非医用电气设备，不一定都得通过医用电气设备标准的试验。只要该非医用电气设备已符合相应的国内或国际的 EMC 标准，并经风险分析后认为它不增加设备的对外发射或不对系统基本性能造成影响，则该非医用电气设备可豁免本标准要求规定的电磁兼容试验。

以电脑为例，电脑是非医用电气设备，它可以与监护仪等医用电气设备组成医用电气系统。只要有证据（如试验报告）表明电脑已经符合相应的国内或国际的信息系统 EMC 标准（即 GB9524 或 CISPR22“信息技术设备的无线电骚扰限值和测量方法”标准)，并且满足 B 类电脑与 A 类或 B 类医疗设备或者 A 类电脑仅与 A 类医疗设备组成医用电气系统，该电脑可免做医用电气设备的发射试验；如果经风险分析确认该电脑的抗扰度不影响医用电气系统的基本性能，则该电脑不必再做医用电气设备的抗扰度试验。

三、对标记和随机文件的要求

标记和随机文件是以临床医生或患者为对象，要求制造商向他们提供其产品的某些电磁兼容信息，以指导用户正确安装和使用设备或系统。

1. 设备部件的外部标记

制造商应在以下三方面部件和设备上加贴电磁辐射或电磁干扰的警示标记，以提示用户在设备使用中的安全防护和正确使用。

1）含有射频发射器或使用射频能量治疗或诊断的设备或设备部件

对于无线远程监测设备、磁共振成像（MRI）设备、治疗设备，以及短波、微波治疗仪之类，在人体组织中使用高频电磁波加热的透热疗法设备等含有射频发射器或使用射频能量作诊断或治疗的设备或系统，应加贴以下标记：

2）使用豁免静电放电（ESD）试验的连接器

豁免静电放电（ESD）试验的连接器，是指设备中使用的某些连接器件因其线路结构特性决定它难以承受静电放电（ESD）的试验，这类连接器可以免做静电放电（ESD）试验。

对于使用了这类连接器的设备和系统，应在靠近每个这类连接器处贴上以下的 ESD 敏感性标记：

3）专门用于屏蔽场所的设备

某些高电磁敏感度的医疗设备和系统，由于其对外界电磁环境的抗干扰能力较弱，只能限定在屏蔽场所中使用。对于这类设备和系统应在它外部标以警示标志，以告示这类设备只能在指定类型的屏蔽场所中使用。

2. 随机文件的要求

1）使用说明书

要求制造商在产品使用说明书中提供以临床医生或患者为对象的某些电磁兼容信息，以指导用户正确安装和使用设备或系统。如：①便携式和移动式 RF 通信设备是否会影响医用电气设备；②按随机文件中提供的电磁兼容信息进行安装和使用的说明；③对某些使用豁免 ESD 试验连接器的设备，要求提供静电预防措施和对成员培训静电预防措施的说明。

2）技术说明书

(1) 电磁发射。这是对所有医用电气设备和系统的要求。

为了减少设备或系统对周围设备的电磁干扰影响，制造商需在技术说明书中向用户告示设备或系统有关电磁发射的某些使用警示，并填写表 201。

①列出产品符合电磁发射和电磁抗扰度要求的所有电缆、电缆的最大长度(若适用)、换能器及其他附件的清单。

②警示：若使用规定外的附件、换能器和电缆可能导致产品发射的增加或抗扰度的降低。

③警示：产品不得与其他设备接近或叠放使用。

④制造商需向用户告示其设备或系统的电磁发射符合性要求和产品使用所必需的电磁环境条件，并按标准规定将适合其产品的发射符合性要求和电磁环境条件填写在表 201 中。

表 201 的格式如表 3-1 所示。

表 3-1　表 201——指南和制造商的声明—电磁发射—对所有设备和系统

行编号			
1	指南和制造商的声明—电磁发射		
2	[设备或系统]预期使用在下列规定的电磁环境中,[设备或系统]的购买者或使用者应该保证它在这种电磁环境下使用。		
3	发射试验	符合性	电磁环境—指南
4	GB4824 RF 发射	1 组	[设备或系统]仅为其内部功能而使用 RF 能量。因此,它的 RF 发射很低,并且可能不会对附近电子设备产生任何干扰
5	GB4824 RF 发射	2 组	[设备或系统]为了完成其预期功能必须发射电磁能。附近的电子设备可能受影响
6	GB4824 RF 发射	[A 或 B]类	
7	GB17625.1 谐波发射	[A、B、C、D 类或不适用]	
8	GB17625.2 电压波动/闪烁发射	[符合或不适用]	
9		[见 6.8.3.201a) 3)和图 201]	[设备或系统]适于使用在所有的设施中包括家用设施和直接连接到供家用的住宅公共低压供电网
10		[见 6.8.3.201a) 3)和图 201]	[设备或系统]适于使用在非家用和不直接连到供家用的住宅公共低压供电网的所有设施中
11	GB4343—1 RF 发射	符合	[设备]不适合与其他设备互连
12	GB17743 RF 发射	符合	[设备]不适合与其他设备互连

以样机 001 型设备为例，表 201 的举例如表 3-2 所示。

表 3-2　001 型设备的电磁发射举例

指南和制造商的声明—电磁发射		
样机 001 型预期使用在下列规定的电磁环境中,样机 001 型的购买者或使用者应该保证它在这样的电磁环境下使用。		
发射试验	符合性	电磁环境—指南
GB4824 射频发射	1 组	样机 001 型仅为其内部功能使用 RF 能量,因此,它的 RF 发射很低,很可能不会对附近电子设备产生干扰
GB4824 射频发射	B 类	样机 001 型适于使用在所有的设施中,包括家用和直接连到供家用的住宅公共低压供电网
GB17625.1 谐波发射	A 类	
GB17625.2 电压波动/闪烁发射	符合	

表 3-2 中的“符合性”表示制造商在技术说明书中向用户告示该样机 001 型符合 GB4824 标准中 B 类 1 组的射频发射、GB17625.1 中的 A 类谐波发射和 GB17625.2 电压波动/闪烁发射限值的要求。

表中的“电磁环境—指南”表示该样机 001 型适宜使用的环境，它适合在所有设施，包括家用和直接连接到供家用的住宅公共低压供电网中使用。

(2) 电磁抗扰度。为了指导用户正确使用、合理控制适合设备或系统正常工作的电磁环境，减少设备或系统受周围设备电磁干扰的影响，制造商需在技术说明书中按标准规定填写表 202、表 203、表 204、表 205、表 206、表 207 和表 208，以向用户告示其产品的各类电磁抗扰度特性和正常工作所需的电磁环境以及防止手机类移动通信设备干扰其产品正常工作的最小隔离距离。

①对所有设备和系统的要求——填写表 202。

制造商需在技术说明书中按标准规定填写表 202，以向用户告示其产品的静电放电（ESD)、电快速瞬变脉冲群、浪涌、电源线上电压暂降和工频磁场等的 GB9706 试验电平和符合电平，以及适合正常工作所需的电磁环境。

表 202 的格式如表 3-3 所示。

表 3-3　表 202——指南和制造商的声明—电磁抗扰度—对所有设备和系统

指南和制造商的声明—电磁抗扰度			
[设备或系统]预期使用在下列规定的电磁环境中，[设备或系统]的购买者或使用者应该保证它在这种电磁环境下使用。			
抗扰度试验	GB9706 试验电平	符合电平	电磁环境—指南
静电放电(ESD) GB/T 17626.2	±6kV 接触放电 ±8kV 空气放电		地面应该是木质、混凝土或瓷砖，如果地面用合成材料覆盖，则相对湿度应该至少 30%
电快速瞬变脉冲群 GB/T 17626.4	±2kV 对电源线 ±1kV 对输入/输出线		网电源应具有典型的商业或医院环境下使用的质量
浪涌 GB/T 17626.5	±1kV 差模电压 ±2kV 共模电压		网电源应具有典型的商业或医院环境下使用的质量
电源输入线上电压暂降、短时中断和电压变化 GB/T 17626.11	$<5\%U_T$，持续 0.5 周 (在 U_T 上，$>95\%$的暂降) $40\%U_T$，持续 5 周 (在 U_T 上，60%的暂降) $70\%U_T$，持续 25 周 (在 U_T 上，30%的暂降) $<5\%U_T$，持续 5s (在 U_T 上，$>95\%$的暂降)		网电源应具有典型的商业或医院环境下使用的质量。如果[设备或系统]的用户在电源中断期间需要连续运行，则推荐[设备或系统]采用不间断电源或电池供电
工频磁场(50/60Hz) GB/T 17626.8	3A/m		工频磁场应具有在典型的商业或医院环境中典型场所的工频磁场水平特性
注：U_T 指施加试验电压前的交流网电压。			

以样机 004 型影像增强器为例，表 202 的举例如表 3-4 所示。

表 3-4　004 型影像增强器的静电放电、电快速瞬变脉冲群等的抗扰度举例

<table>
<tr><td colspan="4">指南和制造商的声明—电磁抗扰度</td></tr>
<tr><td colspan="4">样机 004 型影像增强器预期使用在下列规定的电磁环境中，样机 004 型影像增强器的购买者或使用者应该保证它在这种电磁环境下使用。</td></tr>
<tr><td>抗扰度试验</td><td>GB9706 试验电平</td><td>符合电平</td><td>电磁环境—指南</td></tr>
<tr><td>静电放电(ESD)
GB/T 17626.2</td><td>±6kV 接触放电
±8kV 空气放电</td><td>±6kV 接触放电
±8kV 空气放电</td><td>地面应该是木质、混凝土或瓷砖，如果地面用合成材料覆盖，相对湿度应该至少 30%</td></tr>
<tr><td>电快速瞬变脉冲群
GB/T 17626.4</td><td>±2kV 对电源线
±1kV 对输入/输出线</td><td>±2kV 对电源线
±1kV 对输入/输出线</td><td>网电源应该具有典型的商业或医院环境下使用的质量</td></tr>
<tr><td>浪涌
GB/T 17626.5</td><td>±1kV 差模电压
±2kV 共模电压</td><td>±1kV 差模电压
±2kV 共模电压</td><td>网电源应该具有典型的商业或医院环境下使用的质量</td></tr>
<tr><td>电源输入线上电压暂降、短时中断和电压变化
GB/T 17626.11</td><td>$<5\%U_{T}$ 对 0.5 周
(在 U_{T} 上，$>95\%$的暂降)
$40\%U_{T}$ 对 5 周
(在 U_{T} 上，60%的暂降)
$70\%U_{T}$ 对 25 周
(在 U_{T} 上，30%的暂降)
$<5\%U_{T}$ 对 5s
(在 U_{T} 上，$>95\%$的暂降)</td><td>$<5\%U_{T}$ 对 0.5 周
(在 U_{T} 上，$>95\%$的暂降)
$40\%U_{T}$ 对 5 周
(在 U_{T} 上，60%的暂降)
$70\%U_{T}$ 对 25 周
(在 U_{T} 上，30%的暂降)
$<5\%U_{T}$ 对 5s
(在 U_{T} 上，$>95\%$的暂降)</td><td>网电源应该具有典型的商业或医院环境下使用的质量，如果样机 004 型影像增强器的用户在电源中断期间需要连续运行，那么推荐样机 004 型影像增强器采用不间断电源或电池供电</td></tr>
<tr><td>工频(50/60Hz)
磁场
GB/T 17626.8</td><td>3A/m</td><td>0.3A/m</td><td>如果发生图像失真，那么要求样机 004 型影像增强器远离工频磁场源或安装磁屏蔽可能是必不可少的。应该测量预期安装场所内的工频磁场，以确保其足够低</td></tr>
<tr><td colspan="4">注：U_{T} 是优先适用试验电平的交流电网电压。</td></tr>
</table>

②对生命支持设备和系统的要求——填写表 203。

生命支持设备和系统的技术说明书中，制造商除了要按上述（1）条填写表 202的抗扰度外，还需增填表 203，以向用户告示其生命支持产品的射频辐射及射频场感应传导骚扰抗扰度的 GB9706 试验电平和符合电平以及合适的电磁环境。

表 203 的格式如表 3-5 所示。

表 3-5　表 203——指南和制造商的声明—电磁抗扰度—对生命支持设备和系统

<table>
<tr><td colspan="4">指南和制造商的声明—电磁抗扰度</td></tr>
<tr><td colspan="4">[设备或系统]预期使用在下列规定的电磁环境中，[设备或系统]的购买者或使用者应该保证它在这种电磁环境下使用。</td></tr>
<tr><td>抗扰度试验</td><td>GB9706 试验电平</td><td>符合电平</td><td>电磁环境—指南</td></tr>
<tr><td></td><td></td><td></td><td>便携式和移动式 RF 通信设备不应比推荐的隔离距离更靠近[设备或系统]的任何部分使用，包括电缆。该距离由与发射机频率相应的公式计算
推荐的隔离距离</td></tr>
<tr><td>RF 传导
GB/T
17626.6</td><td>3Vrms
150k～80MHz
在 ISM 频带[1]之外</td><td>[V_1]V</td><td>$d=[3.5/V_1]\sqrt{P}$</td></tr>
<tr><td></td><td>10Vrms
150k～80MHz
在 ISM 频带内[1]</td><td>[V_2]V</td><td>$d=[12/V_2]\sqrt{P}$</td></tr>
<tr><td>RF 辐射
GB/T
17626.3</td><td>10V/m
80M～2.5GHz</td><td>[E_1]V/m</td><td>$d=[12/E_1]\sqrt{P}$ 80～800MHz
$d=[23/E_1]\sqrt{P}$ 800M～2.5GHz</td></tr>
<tr><td></td><td></td><td></td><td>其中，P 是根据发射机制造商提供的发射机最大输出额度功率，以瓦特(W)为单位，d 是推荐的隔离距离，以米(m)为单位[2]
固定式 RF 发射机的场强通过对电磁场所勘测[3]来确定，在每个频率范围[4]都应比符合电平低
在标记下列符号的设备附近可能出现干扰</td></tr>
<tr><td colspan="4">注：1. 在 80MHz 和 800MHz 频率上，采用较高频段的公式。
2. 这些指南可能不适合所有的情况，电磁传播受建筑物、物体和人体的吸收和反射的影响。
1)150k～80MHz ISM(工业、科学和医疗)频带是指 6.765～6.795MHz、13.553～13.567MHz、26.957～27.283MHz 和 40.66～40.70MHz。
2)在 150k～80MHz 的 ISM(工业、科学和医疗)频带及 80M～2.5GHz 频率范围内的符合电平，是用来减少因移动式/便携式通信装置被偶然带入患者区域时引起干扰的可能性。为此，附加因子 10/3 用于计算在这些频率范围内发射机的推荐隔离距离。
3)固定式发射机场强，诸如：无线(蜂窝/无绳)电话和地面移动式无线电的基站、业余无线电、AM(调幅)和 FM(调频)无线电广播以及电视广播等，其场强在理论上都不能准确预知。为评定固定式 RF 发射机的电磁环境，应该考虑电磁场所的勘测。如果测得[设备或系统]所处场所的场强高于上述应用的 RF 符合电平，则应观测[设备或系统]以验证其能正常运行。如果观测到不正常性能，则补充措施可能是必需的，如重新对[设备或系统]定向或定位。
4)在 150k～80MHz 整个频率范围，场强应该低于[V_1]V/m。</td></tr>
</table>

表中，“电磁环境-指南”一栏内的四个推荐隔离距离 d，是对应 150k～80MHz 的 ISM 频带外和频带内、80～800MHz 和 800M～2.5GHz 四个工作频率范围内的计算式。

制造商应根据本产品的感应传导抗扰度符合电平 V_1、V_2、射频辐射抗扰度符合电平 E_1 以及移动电话的功率 P，按表 205 的要求计算推荐隔离距离 d，并填写推荐隔离距离表。

以生命支持用样机 005 型设备为例，表 203 的举例如表 3-6 所示。

表 3-6　005 型设备射频辐射和射频场感应传导骚扰抗扰度举例

指南和制造商的声明—电磁抗扰度			
样机 005 型预期使用在下列规定的电磁环境中，样机 005 型的购买者或使用者应该保证它在这种电磁环境下使用。			
抗扰度试验	GB9706 试验电平	符合电平	电磁环境—指南
			便携式及移动式 RF 通信设备不应比推荐的隔离距离更靠近样机 005 型的任何部分使用，包括电缆。该距离的计算应使用与发射机频率相对应的公式。推荐的隔离距离
射频传导 GB/T 17626.6	3Vrms （150k～80MHz ISM 频带之外）	1Vrms	$d=3.5\sqrt{p}$
	10Vrms （150k～80MHz ISM 频带）	1Vrms	$d=12\sqrt{p}$
射频辐射 GB/T 17626.3	10V/m （80M～2.5GHz）	10V/m	$d=1.2\sqrt{p}$ 80～800MHz $d=2.3\sqrt{p}$ 800M～2.5GHz 其中，P 是根据发射机制造商提供的发射机最大输出额定功率，以瓦特（W）为单位，d 是推荐的隔离距离，以米（m）为单位 固定式 RF 发射机的场强通过对电磁场所的勘测来确定，在每个频段都应比符合电平低 在标记下列符号的设备附近可能出现干扰 

③对非生命支持设备和系统的要求——填写表 204。

非生命支持设备和系统的技术说明书中，与生命支持设备和系统的要求相似，制造商除了要按上述①条填写表 202 的抗扰度外，还需增填表 204，以向用户告示其产品的射频辐射及射频传导的 GB9706 试验电平和符合电平以及所需的电磁环境（具体规定详见 YY0505—2005 行业标准的表 204 和有关说明）。

④只在屏蔽场所使用的生命支持设备和系统的要求——填写表 207。

制造商在其产品技术说明书中，除适用上述①条的要求外，还需增填表 207，以向用户告示其产品的射频辐射及场感应传导的 GB9706 试验电平和符合电平以及所需的电磁环境条件。

表 207 的格式如表 3-7 所示。

表 3-7 表 207——指南和制造商的声明—电磁抗扰度—规定仅在屏蔽场所使用的生命支持设备和系统

指南和制造商的声明—电磁抗扰度			
[设备或系统]适于使用在下列规定的电磁环境中，[设备或系统]的购买者或使用者应该保证它在这种电磁环境下使用。			
抗扰度试验	GB9706 试验电平	符合电平	电磁环境—指南
RF 传导 GB/T 17626.6	3Vrms 150k～80MHz 在 ISM 频带[1]之外 10Vrms 150k～80MHz ISM 频带[1]		[设备或系统]必须仅在这样的屏蔽场所下使用，屏蔽场所具有[屏蔽效能/滤波衰减的技术要求]中的最低 RF 屏蔽效能，以及从屏蔽场所引出的各电缆具有[屏蔽效能/滤波衰减的技术要求]中的最小 RF 滤波衰减。见[随机文件的相应章节] 在屏蔽场所外都来自固定式 RF 发射机产生的场强，由电磁场所勘测确定，应小于[场强]V/m[2] 在标记下列符号的设备附近可能出现干扰
RF 辐射 GB/T 17626.3	10V/m 80M～2.5GHz		
注：1. 这些指南可能不适合所有的情况，电磁传播受建筑物、物体和人体的吸收和反射的影响。 2. 必须验证并确保屏蔽场所的实际屏蔽效能和滤波衰减满足最小规定。 1) 150k～80MHz ISM（工业、科学和医疗）频带是指 6.765～6.795MHz、13.553～13.567MHz、26.957～27.283MHz 和 40.66～40.70MHz。 2) 固定式发射机场强，诸如：无线（蜂窝/无绳）电话和地面移动式无线电的基站、业余无线电、AM（调幅）和 FM（调频）无线电广播以及电视广播等，在理论上都不能准确预知。为评定固定式 RF 发射机的电磁环境，应该考虑电磁场所的勘测，如果测得[设备或系统]所使用的屏蔽场所外的场强超出[场强]V/m，则应观测[设备或系统]以验证其能正常运行。如果观测到不正常性能，则补充措施可能是必需的，如对[设备或系统]重新定位或使用具有较高的 RF 屏蔽效能和滤波衰减的屏蔽场所。			

以只在屏蔽场所使用的生命支持用样机 007 型设备为例，表 207 的举例如表 3-8所示。

对于表 3-8 中样机 007 型设备所选定的“符合电平”能否满足表第 4 栏中要求的屏蔽场所外最大场强 10V/m 的要求，从表 3-9 可见是完全可行的。

表 3-8 仅在屏蔽场所使用的样机 007 型设备的射频辐射和射频场感应传导骚扰抗扰度举例

指南和制造商的声明—电磁抗扰度			
样机 007 型适用于在下列规定的电磁环境中使用，样机 007 型的购买者或使用者应该保证它在这种电磁环境下使用。			
抗扰度试验	GB9706 试验电平	符合电平	电磁环境—指南
射频传导 GB/T 17626.6	3Vrms （在 150k～80MHz 的 ISM 频带外）	0.3Vrms	样机 007 型必须仅用在屏蔽场所，且在 150kHz～2.5GHz 整个频率范围内，该屏蔽场所具有 31dB 的最低 RF 屏蔽效能和从屏蔽场所引出的各电缆具有 31dB 的最小滤波衰减。见服务手册第 48 页。
	10Vrms （在 150k～80MHz 的 ISM 频带内）	0.3Vrms	在屏蔽场所外部来自固定式 RF 发射机产生的场强，由电磁场所勘测确定，应小于 10V/m。 在标记下列符号的设备附近可能出现干扰。
射频辐射 GB/T 17626.3	10V/m （80M～2.5GHz）	0.3V/m	

表 3-9 007 型设备所选定的“符合电平”的可行性

抗扰度试验	GB9706 试验电平	符合电平	“等效”场强	屏蔽/滤波衰减	屏蔽场所外的“最大场强”
RF 传导 IEC61000—4—6	3Vrms 150k～80MHz ISM 频带外	0.3Vrms	0.3V/m	31dB	10V/m
RF 传导 IEC61000—4—6	10Vrms 150k～80MHz ISM 频带内	0.3Vrms	0.3V/m	31dB	10V/m
RF 辐射 IEC61000—4—3	10V/m 80M～2.5GHz	0.3V/m	3V/m	31dB	10V/m

⑤只在屏蔽场所使用的非生命支持设备和系统的要求——填写表 208。

对规定只在屏蔽场所使用的非生命支持用设备和系统，与生命支持设备和系统的要求相似，制造商也需向用户告示其设备和系统的射频辐射及传导的 GB9706 试验电平和符合电平以及所需的电磁环境条件（具体规定详见 YY0505—2005 行业标准的表 208 和有关说明）。

⑥对含接收或发射射频能量装置的设备和系统的要求。

随着远程医疗事业的迅速发展，为能远距离无线传送医疗信息，实现远距离诊断或治疗目的设备或系统，如远程监护设备、远程监测系统等，正日益普及开来。这类无线传送的设备或系统，自身拥有一固有频带的发射或接受射频（RF）能量的装置，它的发射装置可能会干扰自身的医疗设备或系统及周围的其他设备；它的接收装置可能在其通频带内接收任何骚扰，造成设备或系统的性能降低甚至故障。

对于含 RF 发射或接收装置的这类设备或系统，制造商应在技术说明书中列出：每个接收频率或频带、优选频率或频带，或发射频率或频带、调制类型和频率特性以及有效辐射功率，电缆、传感器和会影响符合性的其他附件。

(3) 推荐隔离距离。现代移动通信设备中使用最广的就是手机。现在的新一代手机由于其工作频率高达 2.5GHz。为了防止手机类移动通信设备辐射的射频电磁场影响附近医用电器设备或系统的正常工作，最简便、又安全的措施是规定手机类移动通信设备的运行要离开医疗设备一段距离。标准向制造商推荐了一个估计隔离距离 d 值的计算式，这距离 d 是不同功率的手机类移动通信设备能在工科医设备（ISM）的不同工作频段上运行，又不影响医疗设备正常工作的最小隔离距离值。

制造商应按照标准的隔离距离 d 值计算式填写隔离距离推荐表，在技术说明书中向用户公示隔离距离的估计值。

①生命支持设备和系统的推荐隔离距离——填写表 205。

制造商应按标准规定填写表 205，以向用户推荐其生命支持设备和系统与便携式及移动式射频通信设备之间的隔离距离。

表 205 的格式如表 3-10 所示。

表 3-10　表 205——便携式及移动式 RF 通信设备和设备或系统之间的推荐隔离距离-对生命支持设备

便携式及移动式 RF 通信设备和[设备或系统]之间的推荐隔离距离				
[设备或系统]预期在辐射 RF 骚扰受控的电磁环境下使用，依据通信设备最大输出功率，[设备或系统]的购买者或使用者可通过下面推荐的维持便携式及移动式 RF 通信设备（发射机）和[设备或系统]之间最小距离来防止电磁干扰。				
发射机的额定最大输出功率（W）	对应发射机不同频率的隔离距离（m）			
	150k～80MHz ISM 频带之外 $d=[3.5/V_1]\sqrt{p}$	150k～80MHz ISM 频带 $d=[12/V_2]\sqrt{p}$	80～800MHz $d=[12/E_1]\sqrt{p}$	800M～2.5GHz $d=[23/E_1]\sqrt{p}$
0.01				
0.1				
1				
10				
100				
对于上表未列出的发射机额定最大输出功率，推荐隔离距离 d，以米（m）为单位，能用相应发射机频率栏中的公式来确定，这里 P 是由发射机制造商提供的发射机最大输出额定功率，以瓦特（W）为单位。 注：1. 在 80MHz 和 800MHz 频率上，采用较高频段的公式。 2. 150k～80MHz 的 ISM（工业、科学和医疗）频带是指 6.765～6.795MHz、13.553～13.567MHz、26.957～27.283MHz 和 40.66～40.70MHz。 3. 附加因子 10/3 用于计算在 150k～80MHz 的 ISM（工业、科学和医疗）频带和 80M～2.5GHz 频率范围内的发射机的推荐隔离距离，以减少便携式/移动式通信设备被偶然带入患者区域时能引起干扰的可能性。 4. 这些指南可能不适合所有的情况。电磁传播受建筑物、物体、人体的吸收和反射的影响。				

以样机 005 型设备为例，表 205 的举例如表 3-11 所示。

表 3-11 便携式及移动式射频通信设备和 005 型设备之间的推荐隔离距离举例

<table>
<tr><td colspan="5">便携式及移动式射频通信设备和样机 005 型之间的推荐隔离距离</td></tr>
<tr><td colspan="5">样机 005 型预期在辐射 RF 骚扰被控制的电磁环境下使用。依据通信设备最大输出功率，样机 005 型的购买者或使用者可通过维持下面推荐的便携式及移动式射频通信设备（发射机）和样机 005 型之间的最小距离来防止电磁干扰。</td></tr>
<tr><td rowspan="2">发射机额定最大输出功率（W）</td><td colspan="4">对应发射机不同频率的隔离距离（m）</td></tr>
<tr><td>150k～80MHz
ISM 频带之外
$d=3.5\sqrt{p}$</td><td>150k～80MHz
ISM 频带
$d=12\sqrt{p}$</td><td>80～800MHz
$d=1.2\sqrt{p}$</td><td>800M～2.5GHz
$d=2.3\sqrt{p}$</td></tr>
<tr><td>0.01</td><td>0.35</td><td>1.2</td><td>0.12</td><td>0.23</td></tr>
<tr><td>0.1</td><td>1.1</td><td>3.8</td><td>0.38</td><td>0.73</td></tr>
<tr><td>1</td><td>3.5</td><td>12</td><td>1.2</td><td>2.3</td></tr>
<tr><td>10</td><td>11</td><td>38</td><td>3.8</td><td>7.3</td></tr>
<tr><td>100</td><td>35</td><td>120</td><td>12</td><td>23</td></tr>
</table>

②非生命支持设备和系统的推荐隔离距离——填写表 206。对于非生命支持用设备和系统，制造商也应向用户告示其这类产品与便携式及移动式射频通信设备的推荐隔离距离（具体规定详见 YY0505—2005 行业标准表 206 和有关说明）。

(4) 关于推荐隔离距离的解析。标准中向制造商建议的推荐隔离距离 d 是根据 GB/T 17626.3 标准中以便携式及移动式射频通信设备为辐射干扰源求得的场强公式推导而来。

这时的推荐隔离距离被定义为：放置在离辐射源某一距离的医疗设备，当其抗扰度电平等于辐射源在该处的辐射场强 E 时，该医疗设备离辐射源的距离 d 称为推荐隔离距离。

关于推荐隔离距离 d 计算式的导出依据，可根据电磁场理论作出以下的解释：

假设一功率为 P(W)的移动电话；认为它是一个短偶极子，它的壳体相当于偶极子的另一个振子，处在无反射空间的某一点；是一个点辐射源。现要求出离该电话距离为 d(m)处的辐射场强 E(V/m)。

根据辐射场原理，先求出 d 处的功率密度 P_d，即

$$P_d = \frac{PG}{4\pi d^2} \tag{3-7}$$

另外，d 处的功率密度 P_d 是在该处辐射产生的电场强度 E(V/m)和磁场强度 H(A/m)之积，即

$$P_d = EH = \frac{E^2}{Z} = \frac{E^2}{120\pi} \tag{3-8}$$

式中，Z 为空间波阻抗，若 d 处的辐射场对波长已是远场，则空间波阻抗 $Z=120\pi=377\ (\Omega)$ 为一常数。

从式(3-7)和式(3-8)得

$$\frac{PG}{4\pi d^2} = \frac{E^2}{120\pi} \tag{3-9}$$

再从式(3-8)整理出 d，得

$$d = \sqrt{\frac{30PG}{E^2}} = \frac{k}{E}\sqrt{P} \tag{3-10}$$

式(3-10)就是 GB/T 17626.3 标准对移动电话给出电场强度 E 的计算式。式中的系数 k 是这样算出的。

假设移动电话的天线为偶极子天线，天线的增益 $G=1.64$，代入后求出系数 k，即

$$k = \sqrt{30G} = \sqrt{30\times 1.64} = \sqrt{49.2} \cong 7 \tag{3-11}$$

由于实际的移动电话及使用环境情况要比理论上的短偶极子发射要复杂得多，因此上式的隔离距离只是一种估算。

实际上，对于在不同频率范围工作的移动电话以及不同类型的非生命支持和生命支持设备而言，由于它们的辐射场强和抗扰度电平各不相同，还需对系数 k 作适当修正。标准对系数 k 的修正规定如下。

①非生命支持设备。移动电话对于非生命支持设备而言，表 2C4、表 206 内隔离距离 d 公式中的系数 k，按不同频率范围作如下的设定：

当移动电话工作在 800M～2.5GHz 频率范围时，天线辐射的场强等于理想半波偶极子的发射场强，设定 $k=7$。这时的移动电话对非生命支持设备影响的主要因素是辐射场强。因此，隔离距离公式为 $d=[7/E_1]\sqrt{p}$。

当移动电话工作在 800MHz 以下频率范围时，天线辐射的场强是理想半波偶极子发射场强的 1/2，设定 $k=3.5$。这时的移动电话对非生命支持设备影响的因素既有射频感应传导电压，又有辐射场强。其中按工作频率范围分为：在 80～800MHz 频率范围工作时，影响的主要因素是辐射场强。隔离距离公式：$d=[3.5/E_1]\sqrt{p}$；在 150k～80MHz 频率范围工作时，影响的主要因素是射频感应传导电压。因此，隔离距离公式为 $d=[3.5/V_1]\sqrt{p}$。

②生命支持设备。移动电话对于生命支持设备而言，表 203、表 205 内隔离距离 d 公式中的系数 k，按不同频率范围作如下的设定。

当移动电话工作在 800M～2.5GHz 频率范围时，以辐射场强的影响为主。设定系数 $k=7$，还需再乘上 10/3 附加因子，这时的隔离距离公式为

$$d=\frac{[7\times 10/E_1]}{3}\sqrt{p}=[23/E_1]\sqrt{p}$$

当移动电话工作在 80～800MHz 频率范围时，以辐射场强的影响为主。设定系数 $k=3.5$，还需再乘上 10/3 附加因子。这时的隔离距离公式为

$$d=\frac{[3.5\times 10/E_1]}{3}\sqrt{p}=[12/E_1]\sqrt{p}$$

当移动电话工作在 150k～80MHz 的 ISM 频带上工作时，以射频感应传导电压的影响为主。设定系数 $k=3.5$，还需再乘上 10/3 附加因子。这时的隔离距离公式为

$$d=\frac{[3.5\times 10/V_2]}{3}\sqrt{p}=[12/V_2]\sqrt{p}$$

当移动电话工作在 150k～80MHz 频率范围上工作时，设定系数 $k=3.5$。这时的隔离距离公式为

$$d=[3.5/V_1]\sqrt{p}$$

从上述隔离距离 d 式中看到，对于在 150k～80MHz 的 ISM 频带上和在 80M～2.5GHz 上工作的生命支持设备，标准规定它的系数 k 是在非生命支持设备的系数 k 上，再乘一个附加因子 10/3。这可理解为：由于标准对生命支持设备的抗扰度电平要求为 10V/m，而对非生命支持设备的要求为 3V/m。也就是说，标准对生命支持设备的抗扰度电平要求比非生命支持设备严了 10/3 倍，若按推荐公式计算离同一移动电话的某个距离 d 处的非生命支持设备或生命支持设备上的场强，为确保这两种设备在同一地点 d 具有各自的抗扰度电平的安全要求而对系数 k 值所做的一项修正。

（5）抗扰度“符合电平”的选择原则。

①实测产品的实际抗扰度电平。产品的实际抗扰度电平是该产品按标准规定的试验方法实测的临界骚扰电压或电场（磁场）强度电平。

②按规则取舍实际的抗扰度电平。当实测的产品抗扰度电平值落在基础 EMC 抗扰度标准电平范围内时，产品电平取基础 EMC 抗扰度标准规定的电平之一；若实测的抗扰度电平值落在基础 EMC 抗扰度标准规定的等级范围外时，产品电平就取实测的抗扰度电平，但其数值须经四舍五入成一位有效数字。

③选择抗扰度“符合电平”。产品实际的抗扰度电平高于标准规定的“GB9706 试验电平”时，“符合电平”一般取等于“GB9706 试验电平”的值。

因产品在物理上、技术上或生理上的充分原因，实际的抗扰度电平低于标准规定的“GB9706 试验电平”时，“符合电平”可选择低于“GB9706 试验电平”的值。

④当选择的抗扰度“符合电平”低于“GB9706 试验电平”时，制造商必须

在产品技术说明书中告示该产品在物理上、技术上或生理上的充分原因。

四、电磁兼容试验的主要技术要求和试验方法

为了检验医用电气设备是否具备良好的电磁兼容性，需要从产品的设计、开发、生产等各个阶段对产品进行试验。

电磁兼容的试验包括对产品的电磁骚扰发射的测量和对产品的电磁骚扰抗扰度试验。医用电气设备的电磁兼容标准对产品的电磁兼容试验从试验要求、试验方法和符合性判定作了规范性规定。

1. 电磁发射

1）对无线电业务的保护

对无线电业务的保护要求包括对医用电气设备的电磁辐射骚扰和电源端子骚扰电压的限制。为了保护无线电广播、通信的业务及避免对周围设备的辐射耦合和传导造成的干扰，除电动牙钻、照明灯具和信息设备构成的医疗设备外，大部分医用电气设备的电磁兼容适用 GB4824《工业、科学和医疗（ISM）射频设备电磁骚扰特性的限值和试验方法》国家标准的试验要求和方法。

(1) 简单设备、照明设备和信息技术设备（ITE）。

①简单设备。如牙钻机、呼吸机和电动手术台等只包括像电动机和开关一类简单电器器件以及只使用在产生 9kHz 以下频率的电子电路的设备。详细的试验方法可参见 GB4343.1《电磁兼容-家用电器、电动工具和类似器具的要求-第一部分：发射》标准。

②照明设备。如 X 光片的照明设备和手术室照明装置等用于医疗用途的单件照明设备。详细的试验方法可参见 GB17743.1《电气照明和类似设备的无线电骚扰特性的限值和测量方法》国家标准。

③信息技术设备（ITE）。指与设备和系统相连接的信息技术设备（ITE）。这类设备一般按 GB9254《信息技术设备-无线电骚扰特性-限值和测量方法》国家标准分类，并按该标准的相关要求进行试验。但是 GB9254 B 类设备可与 GB4824 的 A 类或 B 类系统一起使用，而 GB9254 的 A 类设备只能与 GB4824 的 A 类系统一起使用。

(2) 大部分医疗设备。

除上述三种设备外的大部分医疗设备，都应按 GB4824《工业、科学和医疗（ISM）射频设备电磁骚扰特性的限值和测量方法》标准的要求执行。GB4824 标准主要有以下几项规定。

①对工作频率范围的限制。

国家对无线电频率的分配和管理。无线电频率是一种有限的自然资源，随着

社会的发展和科学技术的进步，各种射频设备大量增加，每一种设备都要占用一个频率或频段，对频谱的需求越来越多，使用的频率越来越拥挤。因此，如何合理、有效地利用频谱资源已经成为一个重要的研究课题。目前可利用的频谱大约在3Hz（极低频）～3000GHz（极高频），如果不对频谱进行合理的分配与管理，就会出现电磁干扰和电磁污染问题。

例如：国家对广播、电视发射的频率分配如下。

调幅广播　中波535～1605kHz，短波1.6～26MHz

调频广播　88～108MHz

VHF（甚高频）电视广播　低端48.5～92MHz

高端167～223MHz

UHF（超高频）电视广播　低端470～566MHz

高端604～796MHz

国家对医疗设备工作频率的分配。根据国家的频谱管理要求和GB4824工业、科学和射频医疗设备（ISM）国家标准对医疗设备工作频率的规定，允许医疗设备工作的中心频率范围为：6.765～6.795MHz、13.553～13.567MHz、26.957～27.283MHz、40.66～40.70MHz，在此频率范围内工作的医疗设备，它的电磁发射能量暂且不受限制。

②中心工作频率范围外的辐射骚扰和传导骚扰的限制。如果医疗设备的电磁发射频率（例如工作信号中的谐波频率）在上述规定的频率范围之外，标准就对超出频率范围的辐射电场强度和传导骚扰电压按照不同设备的类别和组别设置最高限值，以限制其向外辐射和传导骚扰的能量。在工业、科学和医疗（ISM）射频设备的发射标准中，将设备加以分类和分组，以使不同类型设备适合不同等级的电磁发射限值。

③分类和分组。根据GB4824标准的分类和分组原则，大部分医疗设备可分成A类设备或B类设备、1组设备或2组设备。

A类设备：适用于除家用和连接到住宅低压公共电网外的所有设施中使用的设备。如大多数在医院使用的医疗设备，由于连接到专用供电系统（通常由隔离变压器馈给）供电，应当属于GB4824 A类。

B类设备：适用于家用设施和直接连接到住宅低压公共电网设施中使用的设备。如主要用于家庭保健环境和连接到公共电网的设备和系统（例如家庭保健设备和用于住宅区医疗诊所的设备）。

1组设备：因设备自身内在功能需要有意产生或使用传导耦合RF能的设备。如心电图和脑电图设备，医疗成像设备和系统中的X射线诊断系统、CT系统、核医学系统以及超声治疗设备、体外碎石设备、婴儿保育箱和呼吸器等的治疗设备和系统。

2 组设备：因材料处理和电火花腐蚀需要有意产生或使用电磁辐射 RF 能的设备。对于医用电气设备领域，主要是使用射频能量于手术切割、凝血或用以治疗的设备。如磁共振成像系统和短波、超短波、微波治疗设备及高频手术设备和系统等。

对于具体产品的分类和分组可参照 YY0505—2005 标准的“附录 CCC GB4824 分类指南”进行。

④电源端子传导骚扰电压和辐射骚扰场强的限值和测量方法。标准对不同分类和分组产品的电磁发射测量，基本引用了 GB4824 标准对电源端子传导骚扰电压和辐射骚扰场强所规定的测量方法和限值。

电源端子传导骚扰电压的测量是测量产品沿电源线向电网发射的骚扰电压，辐射骚扰场强的测量是测量产品通过空间传播的电磁骚扰辐射的场强。

电源端子传导骚扰电压的限值：GB4824 规定了 150k～30MHz 在试验场进行测量时，A 类和 B 类、1 组和 2 组设备的电源端子骚扰电压的限值。骚扰电压的单位是分贝（dBμV）。在试验场测量时，A 类或 B 类、1 组或 2 组设备的电源端子骚扰电压限值（举例）如表 3-12、表 3-13 所示。

表 3-12　A 类设备电源端子骚扰电压的限值（举例）

A 类设备限值/dBμV				
频率范围/MHz	1 组		2 组	
	准峰值	平均值	准峰值	平均值
0.15～0.5	79	66	100	90
0.50～5	73	60	86	76
5～30	73	60	90～70	80～60

表 3-13　B 类设备电源端子骚扰电压的限值(举例)

B 类设备限值/dBμV		
频率范围/MHz	1 组和 2 组	
	准峰值	平均值
0.15～0.5	66～56	56～46
0.50～5	56	46
5～30	60	50

表中的准峰值限值和平均值限值是指 GB4824 标准规定应在设备的电源端口测量到不同频率范围内的最大骚扰电压允许值。

准峰值和平均值的区别是因接收机接收宽带或窄带的骚扰电压而不同。对于具有宽频带的脉冲型骚扰电压须采用准峰值电压检波器测量，准峰值电压检波器的测量能正确反应脉冲型骚扰的幅值和重复频率。而对于频带宽度较窄的正弦型骚扰须采用平均值检波器测量，平均值检波器的测量能正确反映正弦型骚扰电压的变化。但平均值检波器不能正确反应脉冲型骚扰的幅值变化。

由于实际出现的骚扰电压既可能是宽带的，又可能是窄带的，因此 GB4824 规定受试设备应能同时满足用平均值检波接收机测量所规定的平均值限值和用准峰值检波接收机测量所规定的准峰值限值。如果用准峰值接收机测量时，测量结果小于平均值限值，则可以不必再进行平均值测量。

从上述表中可见，标准对 B 类设备的限值要求明显高于 A 类设备，对 A 类设备中的 1 组设备要求明显高于 2 组设备。

电源端子传导骚扰电压的测量方法：GB4824 标准规定电源端子骚扰电压的测量方法是将医疗设备置于屏蔽室内，按图 3-21 所示的电源端子骚扰电压测量图布置，测量该设备的电源端子骚扰电压，看医疗设备的骚扰电压是否超过如表 3-12、表 3-13 所列的限值。

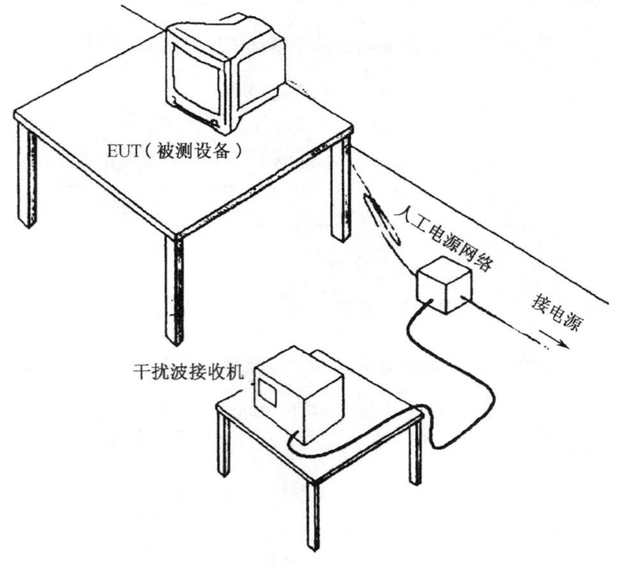

图 3-21　电源端子骚扰电压测量布置图

电源端子骚扰电压测量设备主要包括准峰值和平均值测量的测量接收机（如图 3-22 所示）及人工电源网络（如图 3-23 所示）。

测量接收机实际上是一台外差式接收机，由于电磁骚扰的波形通常由许多频

图 3-22　测量接收机（例）

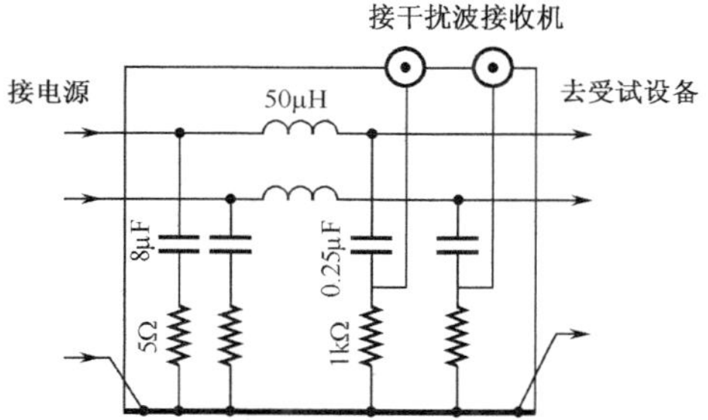

图 3-23　人工电源网络（LISN）原理图

率所组成，测量时先将测量接收机调谐于某个频率，该频率经高频衰减器、高频放大器、混频器、中频衰减器、中频放大器放大后，进行包络检波，再根据需要可获得峰值、有效值、平均值或准峰值，经低频放大后由电表指示。

由于接收机测量的对象是微弱的连续信号，或者是幅值很强的脉冲信号，这就要求测量接收机本身噪音极小、灵敏度很高、检波的动态范围大，在整个测量频段内测量精度能满足±2dB 要求。

测量接收机的准峰值接收和平均值接收，其区别在于对射频信号的检波，前者为准峰值检波，后者为平均值检波。最后的测量结果前者为准峰值，后者为平均值。测量接收机的外观如图 3-22 所示。

医用电气设备 EMC 标准要求骚扰电压测量接收机的测量频率范围应满足 150k～30MHz。

人工电源网络又称线路阻抗稳定网络，它插在电网和被测产品之间，起着隔离电网和产品，使测得的骚扰电压仅是产品发射的，不会混入电网的骚扰；又能在射频范围内在受试设备端与参考地之间或端子间提供稳定阻抗的作用。

电源网络原理如图 3-23 所示，人工电源网络设备的外观如图 3-24 所示。

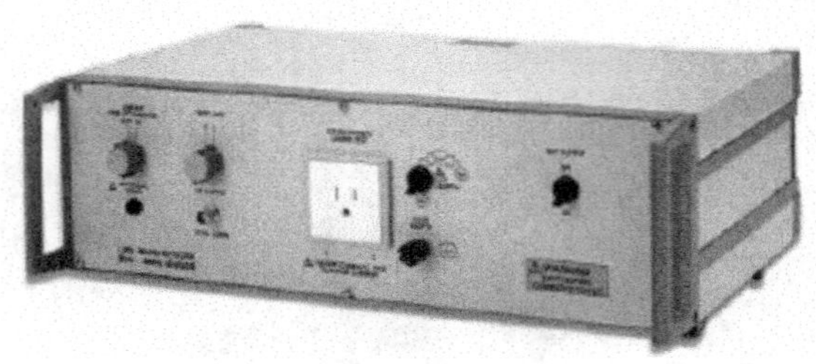

图 3-24　人工电源网络设备（例）

图 3-25 列出了我国某地生产的医用超声诊断仪在做电源端子骚扰电压摸底测量时的测量数据图。图中显示该设备的电源端子骚扰电压，150k～30MHz 频率范围内的 0.15～0.585MHz 上，有若干点的骚扰电压已超过标准规定的限值。

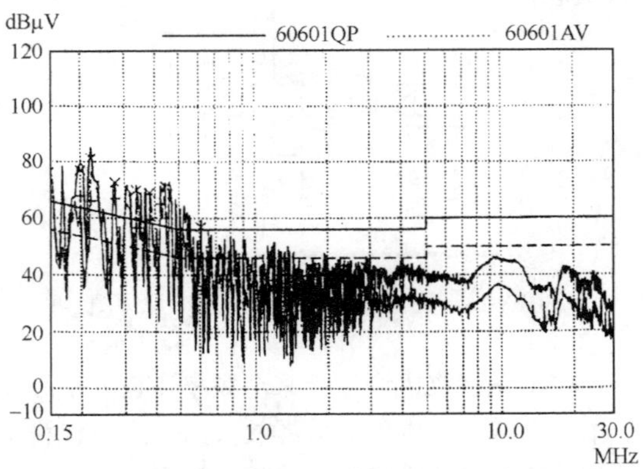

图 3-25　某型医用超声诊断仪的电源端子骚扰电压测量值

辐射骚扰场强的限值：GB4824 标准规定在 30M～1GHz 频率范围进行测量时，A 类设备和 B 类设备辐射骚扰场强的限值。辐射场强的单位是 dBμV/m，2 组 A 类设备可在试验场 10～30m 之间的距离上测量，1 组或 2 组 B 类可在 3～10m 之间测量，在有争议的情况下，2 组 A 类设备应在 30m 距离测量，1 组或 2 组 B 类以及 1 组 A 类设备应在 10m 距离测量。

GB4824 标准规定的限值（举例）如表 3-14、表 3-15 所示。

表 3-14　1 组设备电磁辐射骚扰限值（举例）

频率范围/MHz	在试验场	
	1 组 A 类设备测量距离 10m/[dB(μV/m)]	1 组 B 类设备测量距离 10m/[dB(μV/m)]
30～230	40	30
230～1000	47	37

表 3-15　在试验场 2 组 B 类设备电磁辐射骚扰限值(举例)

频率范围/MHz	电场强度,测量距离 3m/[dB(μV/m)]
0.15～30	—
30～80.872	30
80.872～81.848	50
81.848～134.786	30
134.786～136.414	50
136.414～230	30
230～1000	37

辐射骚扰场强的测量方法：GB4824 标准规定，辐射骚扰电场强度的测量方法是将医疗设备置于开阔试验场或电波暗室（参见部分五 EMC 试验场地的要求）内，按图 3-26 所示的辐射骚扰场强测量布置图布置，测量该设备的辐射骚扰场强，看医疗设备的辐射骚扰场强是否超过如表 3-14 或表 3-15 所列的辐射骚扰场强的限值。

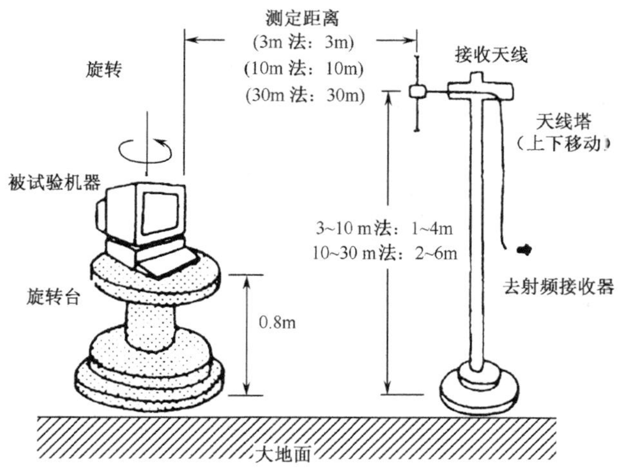

图 3-26　辐射骚扰场强测量布置示意图

辐射骚扰场强的测量仪器和设备主要包含 30M～1GHz 频率范围的测量接收机和相应频率范围的接收天线（如图 3-27 所示）。

测量接收机，在辐射骚扰场强的测量中，对接收机的要求与电源端子骚扰电压测量用接收机基本相同。测量单位使用电场强度 μV/m，测量频率范围在 80M～1GHz。一般，EMC 实验室使用的射频测量接收机的频率范围都较宽，可

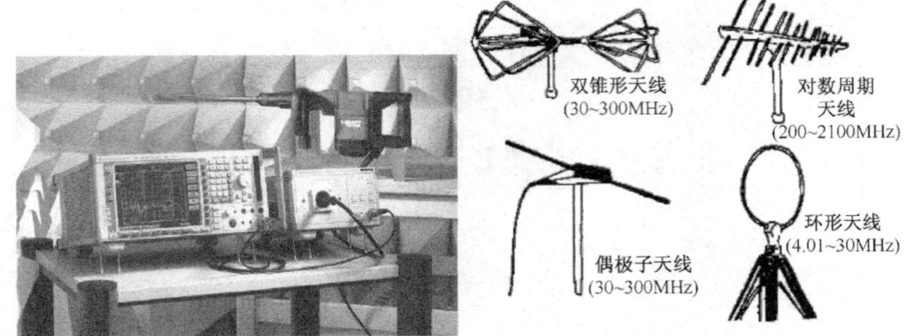

图 3-27　辐射骚扰场强测量接收机和测量用天线（例）

同时在骚扰电压和辐射骚扰场强的测量上使用。如国外某公司生产的射频接收机，其可测频率范围为 9k～2.75GHz。

测量天线，辐射骚扰电磁场经天线接受，将场强变换成电压后由同轴电缆送至测量接收机进行测量。测量值与天线系数之和就是场强。天线系数一般由天线制造者给出。为便于自动化扫频测量，常用宽带天线，如双锥天线（30～300MHz)、对数周期天线（200～1000MHz）或者两者合一的天线（30～1000MHz)。测量 1GHz 以上频率时，需使用方向性很强的喇叭天线。

图 3-28 列出了我国生产的某型携带式医用超声诊断仪的辐射骚扰场强测量数据图。图中显示该设备的辐射骚扰场强，在 30M～1GHz 频率范围内的30～202MHz 上，有的骚扰场强已超过标准限值。

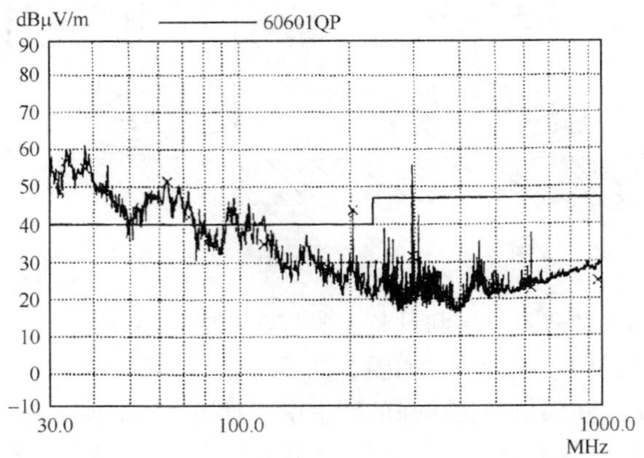

图 3-28　某型医用超声诊断仪辐射干扰电场强度测量值

2）对公共电网的保护要求

从中电压或高电压配电变压器的同一个输出端供给一个以上用户的电网称为公共电网。对于不与公共电网连接的医用电器设备，这条不适用。

（1）谐波失真的限值和试验方法。医用电气设备所使用的交流电源一般都使用工频电源（50Hz，国外有的为60Hz）。正常情况下，电网的工频电源输出都是符合标准的正弦波电压。由于某种原因，医用电气设备的负荷过大使电网大大超载，造成电网输出的电压波形发生畸变，这种畸变对电网很有害，会造成电网电能质量下降、损坏电气设备，威胁电力系统的安全运行，增加电力系统的功率损耗，给系统带来危害。

详细的试验方法参见GB17625.1《电磁兼容（EMC）　限值　谐波电流发射限值（设备每相输入电流≤16A）》国家标准，该标准对设备的谐波失真大小和测量方法作出了限定。

（2）电压波动和闪烁的限值和试验方法。电压波动是由设备的负荷引起的，使一系列的电压持续较长时间地变化。闪烁也是因设备负荷变化造成周围灯光的光线亮度随时间波动而对视觉产生不稳定的印象。

详细的试验方法参见GB17625.2《电磁兼容（EMC）　限值　对每相额定电流≤16A且无条件接入的设备在公用低压供电系统中产生的电压变化、电压波动和闪烁的限制》国家标准，该标准对设备的电压波动和闪烁大小和测量方法作了相应的规定。

2. 电磁抗扰度

1）抗扰度试验的通用要求

医用电气设备的抗扰度试验，在抗扰度限值和符合性判据上有自己的特殊规定。

（1）抗扰度限值的选择。医用电气设备的EMC标准针对典型医疗环境中的静电放电（ESD）、辐射的RF电磁场等7种电磁抗扰度类型，分别规定了相应的医用电气抗扰度要求指标，这些指标的选择和试验方法基本引用了相应的电磁兼容国家基础标准。但是，在对医用电气设备的抗扰度要求上，还有一些自身的特殊性。

从理论上讲，如将医疗设备的抗扰度要求提得越高，似乎更令医疗用户满意。但是，有些高灵敏度的医疗设备，如监护仪等，它的生理换能器检测的生理信号只有微伏（μV）级信号，而医疗环境中的有些电磁干扰电压可达到毫伏（mV）级，电磁骚扰大大高于测量的生理信号。若仅从医疗设备的设计上采取抑制措施，可能存在诸多物理和技术上的实际困难。

医用电气设备的EMC从标准上规定：设备的制造商凡是有充分理由证明自

己的产品在客观技术上还难以达到标准规定的抗扰度指标时，该设备制造商可以按本产品实际的抗扰度水平自行决定低于标准规定的医用电气抗扰度指标。只是设备制造商必须在它的产品技术说明书中向医疗用户作出声明，告知该产品的抗扰度指标以及如何降低医疗电磁环境干扰的措施。如怎样选择安置设备房间的地板、提高环境的相对湿度、选用优质电网电源、加置屏蔽室等。

若证明物理的、技术的或生理的局限性是合理的，则标准允许降低对该产品抗扰度电平的要求。这时制造商需在说明书中向用户告知该产品的符合电平，并对产品使用环境的特性及如何建立这种环境加以说明。

（2）抗扰度试验的符合性判据。医用电气设备能否达到标准规定的抗扰度要求指标，一般都要通过相应的 EMC 试验才能验证。设备在 EMC 试验过程中，可能会出现各种异常现象。这些现象是否就能判定该设备符合或不符合 EMC 标准的要求，必须依据客观的评判标准，这个评判标准就称为医疗设备抗扰度的符合性判据。

在对医用电气设备进行 EMC 试验之前，首先就要制定符合性判据。

制定符合性判据的主要原则是：在某种规定的试验条件下，设备或系统应能提供基本性能并保持安全性，不允许有与基本性能和安全性有关的性能降低的现象出现。

医用电气设备 EMC 标准的符合性判据中，列举了一些与基本性能和安全性有关的性能降低的现象，供 EMC 试验人员在制定试验判据时参考。

例如，设备在试验中，若出现以下现象：器件故障；可编程参数的改变；制造商预置值的复位；运行模式的改变；虚假报警；任何预期运行的终止或中断，即使伴有报警；显示数值的误差大到足以影响诊断或治疗；波形上的噪声，难以从生理产生的信号中区分或者这些噪声会影响到对非生理产生的信号的判断；图像上的伪影或失真，此伪影难以从生理产生的信号中区分或失真会影响到对生理产生的信号的判断；自动诊断或治疗设备和系统在进行诊断或治疗时失效，即使伴随着报警。由于这些现象都涉及基本性能和安全性有关的性能降低，因此可判定该设备不符合某试验的抗扰度要求。

反之，设备在试验过程中若有以下现象出现：影像系统显示的图像有所失真，但失真部分尚属可识别的非生理性图像，并不会影响对疾病的诊断或治疗；心率监护仪显示的心率可能有错误，但这个量在临床上无明显影响；患者监护仪在波形上显示出少量的噪声或瞬变，该噪声或瞬变是可识别的非生理性现象，并不影响诊断或治疗。由于这些现象的出现不涉及设备的基本性能，即不会影响临床的诊断或治疗，并且不影响安全性，因此该设备可以判定为符合某试验的抗扰度要求。

2）各类抗扰度要求和试验方法

（1）各类抗扰度试验的技术要求和试验方法标准一览表。医用电气设备电磁兼容标准对于各类抗扰度试验的技术要求和试验方法都基本引用 EMC 的国家基础标准。各试验项与相应基础标准的对照如表 3-16 所示。

表 3-16 各类抗扰度试验的技术要求和试验方法标准一览表

试验项目	试验技术要求(GB9706 电平)	试验方法标准
静电放电(ESD)	• ±2kV,±4kV,±6kV(接触放电) • ±2kV,±4kV,±8kV(空气放电)	GB17626.2
辐射 RF 电磁场	• 80M～2.5GHz 频段； 3V/m(非生命支持设备和系统) 10V/m(生命支持设备和系统) • 80%,调整频率 2Hz 或 1kHz	GB17626.3
电快速瞬变脉冲群	• 电源线：±2kV • 信号线：±1kV	GB17626.4
浪涌	• 相线对地：±0.5kV,±1kV,±2kV • 相线对相线：±0.5kV,±1kV	GB17626.5
射频场感应传导	• 150k～80MHz 频段； 3Vrms(非生命支持和生命支持设备和系统) • 150k～80MHz 中的 ISM 频段内； 10Vrms(生命支持设备和系统)	GB17626.6
电压暂降	• 95% U_T持续时间 0.5 周期 • 60% U_T持续时间 5 周期 • 30% U_T持续时间 25 周期	GB17626.11
短时中断	>95% U_T	GB17626.11
工频磁场	• 50Hz,60Hz • 3A/m	GB17626.8

（2）各类抗扰度要求和试验方法。

①射频电磁场辐射抗扰度试验。该项试验用来评估医疗产品承受射频电磁场骚扰的能力。例如，产品对移动电话的射频辐射抗扰度就是重要的评估项目。

医用电气设备受到外界的射频（RF）电磁场辐射时，设备外部的长电缆、设备壳体内的电缆、印刷版上的印刷线和电子元器件等这类导体部件最易受到电磁波感应，对设备的工作带来影响。

抗扰度电平要求。医用电气设备的 EMC 标准规定射频电磁场辐射抗扰度电平的指标为：

在 80M～2.5GHz 频率范围内，非生命支持设备和系统抗扰度试验的 GB9706 电平为 3V/m。

在 80M～2.5GHz 频率范围内，生命支持设备和系统抗扰度试验的 GB9706

电平为 10V/m。

试验过程中设备是否符合要求应根据医疗设备抗扰度的符合性判据进行判定。

如果基于物理的、技术的或生理的限制提供合理的证明设备难以达到标准规定的抗扰度指标时，标准允许降低抗扰度电平。但这时制造商应在技术说明书的电磁抗扰度电平表中公布设备的符合性电平指标，并具体说明使用环境的特性和如何建立这种环境。

射频电磁场辐射抗扰度试验方法：射频电磁场辐射抗扰度的试验方法，是将医疗设备置于在开阔场或电波暗室的试验场地（参见部分五所述试验场地的开阔试验场或电波暗室）上，使用射频电磁场辐射抗扰度试验系统，按图 3-29 所示的布置示意图，将受试医疗设备置于离天线距离为 3m 的均匀电磁场下，看医疗设备是否能承受医用电气设备 EMC 标准规定的辐射抗扰度电平。

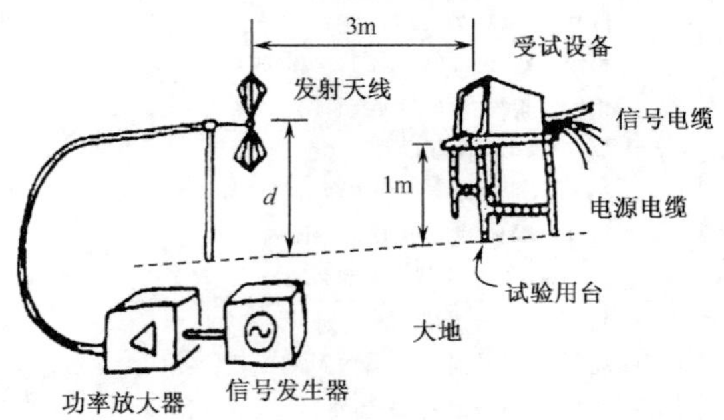

图 3-29 射频电磁场辐射抗扰度试验布置示意图

试验时，由信号发生器和功率放大器提供具有一定功率的调幅信号给发射天线其载频为 80M～2.5GHz、调制信号为 2Hz 或 1kHz 的正弦波、振幅度为 80%（如图 3-30 所示）。

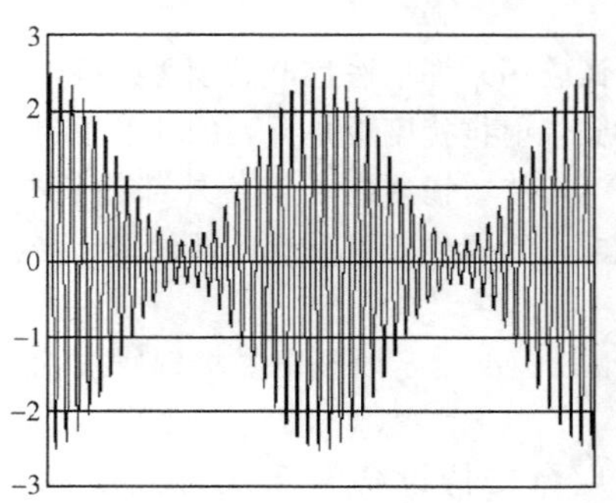

图 3-30 无调制振幅为 1Vrms、经 2Hz 或 1kHz、80%调幅度的射频信号

射频电磁场的辐射抗扰度电平以场强（V/m）为单位。

详细的试验方法参见 GB/T 17626.3《电磁兼容（EMC） 试验和测量技术 射频电磁场辐射抗扰度试验》国家标准。

②射频场感应的传导抗扰度试验。空间电磁场（如广播、电视、雷达等）可以在敏感的医用电气设备或系统的各种连接电缆（如电源线、信号线或患者

电缆）上感应出传导骚扰的电压或电流，作用于设备或系统的敏感电路，对设备或系统产生影响。因此需要试验设备或系统对此类传导骚扰的抗扰度。

抗扰度电平要求：医用电气设备的 EMC 标准为医疗设备规定了射频场感应的传导抗扰度指标是：在 150k～80MHz 的频率范围内，非生命支持设备抗扰度试验的 GB9706 电平为 3Vrms；在 150k～80MHz 的 ISM 频带外，生命支持设备抗扰度试验的 GB9706 电平为 3Vrms；在 150k～80MHz 的 ISM 频带内，生命支持设备抗扰度试验的 GB9706 电平为 10Vrms。

射频场感应的传导抗扰度试验方法：由于电缆对于 80MHz 以下的电磁波感应产生的传导骚扰比对设备内部电路感应引起的骚扰电压作用大。因此，对 80MHz 以下的射频（RF）电磁波抗扰度试验主要采用电缆注入干扰电压（或电流）的方法。

射频感应的传导骚扰抗扰度试验布置图的举例如图 3-31 所示。

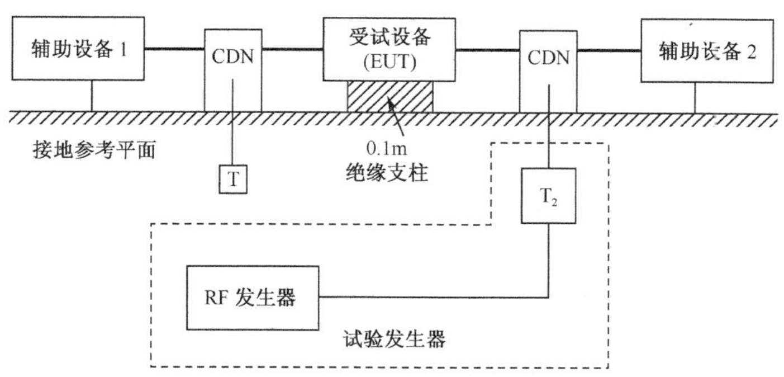

图 3-31　射频感应的传导骚扰抗扰度试验布置图

T. 端接 50Ω 电阻；T2. 功率衰减器；CDN. 耦合/去耦网络

传导骚扰抗扰度试验用的设备由射频信号发生器、衰减器、相应频率范围和输出功率的功率放大器以及耦合和去耦装置等组成。

耦合和去耦装置。在试验时，用来使干扰信号合适地耦合到连接受试设备的各种电缆上的耦合和去耦装置。

耦合和去耦装置分直接注入装置、CDNs（coupling/decoupling network）和注入钳（电流钳或电磁钳）。

以非屏蔽电源线的注入方法为例，使用的耦合和去耦装置是耦合和去耦网络（CDNs）。根据电源线中的芯线数量，耦合和去耦网络（CDNs）可分为 CDN-M1（单线）、CDN-M2（双线）和 CDN-M3（三线），其耦合和去耦电路被装在一个盒子中。

非屏蔽电源线的 CDN-M3 原理图如图 3-32 所示。

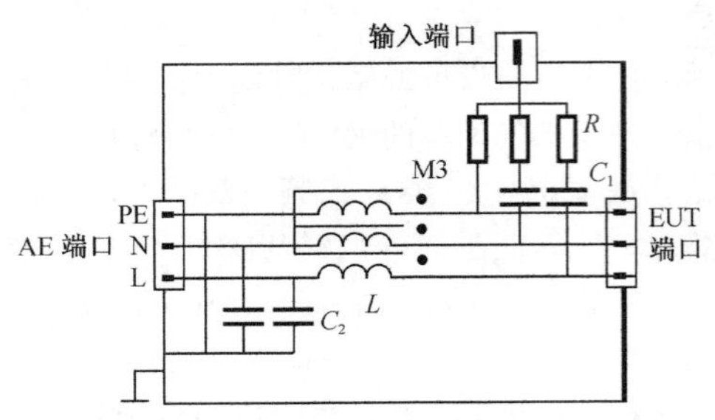

图 3-32　非屏蔽电源线的 CDN-M3 原理图

对于设备或系统所使用的不同电缆，例如电源线、信号电缆、电位均衡导线和患者电缆，要使用合适的耦合和去耦装置进行试验。特别是对患者电缆的试验规定使用电流钳或电磁钳。

射频信号发生器。产生无调制振幅为 1Vrms、经过 2Hz 或 1kHz、80%调幅度的射频信号（如图 3-30 所示），经功率放大器放大后通过耦合和去耦装置向设备的电源电缆和患者电缆等注入射频骚扰电压。

详细的试验方法参见 GB/T 17626.6《电磁兼容（EMC）　试验和测量技术　射频场感应的传导骚扰抗扰度》（IEC61000—4—6）国家标准。

③静电放电(ESD)抗扰度试验。静电是由摩擦产生的，穿着的毛衣、化纤、羽绒服等最容易起静电。人们在日常生活中都有这种体验，当在空气干燥的时候，用手指触碰金属门，会发出轻微的“噼啪”声，禁不住叫起“触电”来。这就是静电放电。

表 3-17　人体、其他元件带电的测量实例

	一般值/V	最高值/V
在地毯上走的人	12000	39000
在维尼纶地砖上走的人	4000	13000
在椅子上工作的人	500	3000

这种静电的电能不大，电压却很高，一般可达上千至万伏，如表 3-17、表 3-18 所示。

表 3-18　衣服摩擦引起人体带电的电压　　（单位：kV）

工作服＼裤子	棉	毛	腈纶	涤纶	尼龙	维尼纶/棉
棉 100%	1.2	0.9	11.7	14.7	1.5	1.8
维尼纶/棉 55/45	0.6	4.5	12.3	12.3	4.8	0.3
涤纶/黏胶 65/35	4.2	8.4	19.2	17.1	4.8	1.2
涤纶/棉 65/35	14.1	15.3	12.3	7.5	14.7	13.8

注：上述电压为工作服和裤子极力摩擦后立即脱掉工作服时的人体带电电压。

如果人身上如此高的静电电压触及医疗电子设备时，能在几十微秒的快速时间内完成静电放电（见图 3-33 静电放电的电流波形）。这种快速静电放电不仅会损坏设备中的半导体元件特别是 MOS 大规模集成电路，而且在高速放电时还会向外发射相当能量的电磁波，可能会对近旁的电子设备造成干扰。

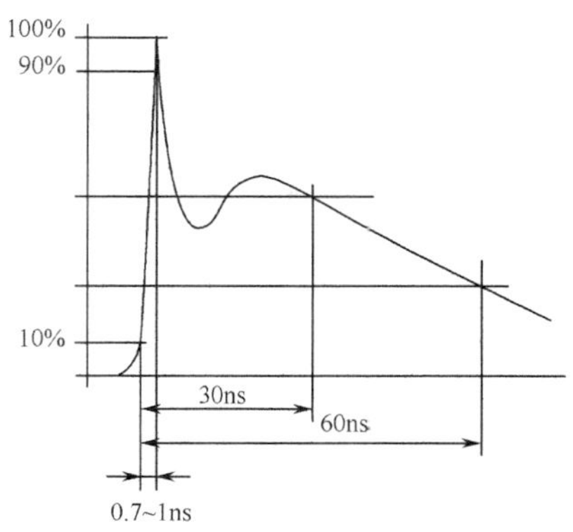

图 3-33　静电放电的电流波形

静电放电抗扰度试验的目的是评估产品在遭受静电放电时性能是否下降。

抗扰度电平要求：医用电气设备的 EMC 标准为医疗设备规定了静电放电（ESD）抗扰度指标是：空气放电，±2kV、±4kV 和±8kV；接触放电，±2kV、±4kV 和±6kV。

试验过程中设备是否符合要求应根据医疗设备抗扰度的符合性判据进行判定。

静电放电抗扰度试验方法：静电放电抗扰度试验是这样一种试验，它模拟操作人员或物体在接触设备时的放电及人或物体对近邻物体的放电，以考察被试设备的抗 ESD 的能力。为了试验医疗设备能否经受外界的静电放电干扰，通常使用静电发生器。静电发生器可产生上千至万伏的静电电压，能用来对试验设备模拟实际的静电放电。

模拟静电放电分直接放电和间接放电。

直接放电指放电电极直接对被试设备进行放电试验，又分接触放电和空气放电。接触放电是将静电发生器的放电电极直接接触设备的金属外壳部件进行的放电，接触放电适用于设备或系统的可触及导电部件；空气放电是将放电电极接近设备外壳部件时通过空气介质形成火花放电，空气放电适用于设备或系统的非导电的可触及部件和触及部件中导电的不可触及部分。

间接放电指将静电发生器的放电电极接触垂直放置于离被测设备壳体面 10cm 处的 0.5cm×0.5cm 大小的金属耦合板或水平放置在设备底下用以绝缘板隔开的金属耦合板向受试设备放电，以模拟人体对设备附近的物体放电，称为间接放电（如图 3-34 所示）。

详细的试验方法参见 GB/T 17626.2《电磁兼容（EMC）　试验和测量技术　静电放电抗扰度试验》国家标准。

④快速瞬变脉冲群抗扰度试验。医用电气设备附近存在有电感性负载的设备（如继电器）时，由于电感性负载的开关触点间隙的绝缘击穿或触点弹跳等原因，会产生快速瞬态骚扰。这种快速瞬态常呈现为脉冲群（反复击穿打火），若电感

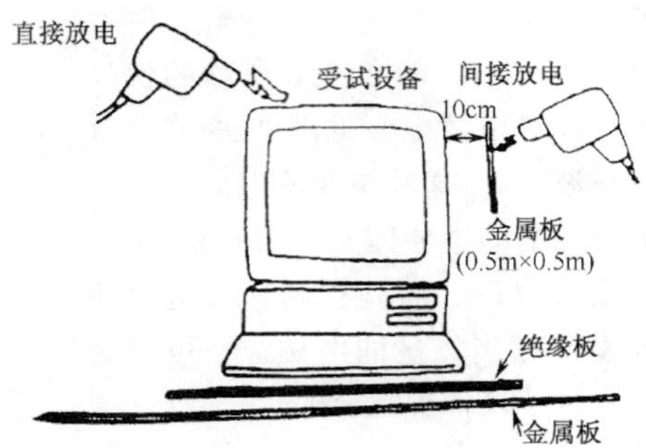

图 3-34　静电放电的试验方法（例）

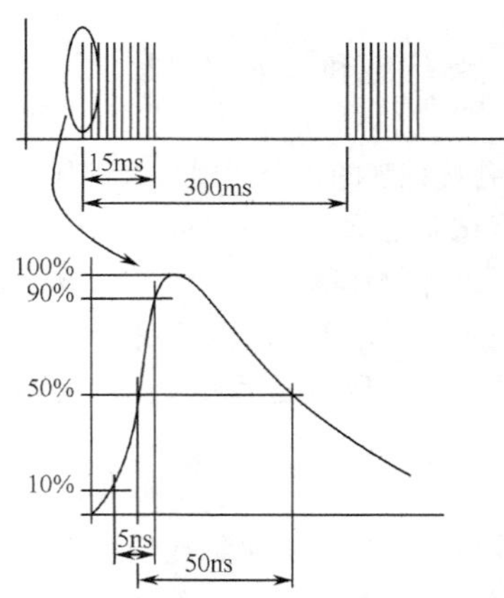

图 3-35　快速瞬变脉冲群的波形图

性负载多次重复开关，则脉冲群又会多次重复出现。这种瞬态骚扰能量较小，一般不大可能引起设备器件的损坏，但由于其频谱分布较宽，仍会耦合到医疗设备的电源线、信号电缆和互联电缆上，对设备的可靠工作产生影响。

快速瞬变脉冲群的波形如图 3-35 所示。

抗扰度电平要求：标准规定在 AC 和 DC 电源线上施加 ±2kV；在信号电缆和互连电缆上施加 ±1kV 的快速瞬变脉冲群的电平；患者电缆不直接进行试验。

试验过程中设备是否符合要求应根据医疗设备抗扰度的符合性判据进行判定。

快速瞬变脉冲群抗扰度试验方法：为了验证电气、电子设备能否经受公共电网上的快速瞬变脉冲群的干扰，应使用能产生图 2-15 波形的快速瞬变脉冲群发生器，通过一耦合装置将瞬变脉冲群注入电源线或其他信号电缆及互连电缆线中。试验设备如图 3-36所示。

详细的试验方法参见 GB/T 17626.4《电磁兼容（EMC）　试验和测量技术　电快速瞬变脉冲群抗扰度试验》国家标准。

图 3-36　快速瞬变脉冲群信号群发生器（例）

⑤浪涌抗扰度试验。自然界发生雷电时，强大的雷电电磁场会在输电线或通信线上感应出很大的雷电电压，称之为浪涌。此外，大功率负载

在开关时或电力系统故障时也会有类似于雷电电压的浪涌发生。浪涌的频率较低，能通过输电线或通信线传送到很远的设备处，干扰设备的正常工作甚至对设备造成损坏。浪涌的波形如图 3-37 所示。

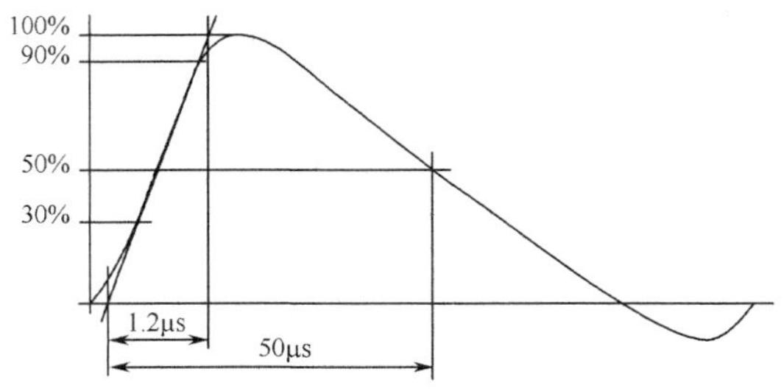

图 3-37　浪涌电压的波形图

抗扰度电平要求：标准要求对 AC 电源线的相线对地施加± C.5kV，± 1kV 和± 2kV；相线对相线施加± 0.5kV 和±1kV。

浪涌抗扰度试验法：为了验证电气、电子设备能否经受公共电网上浪涌电压的干扰，应使用能产生图 3-37 波形的浪涌电压发生器，通过一耦合装置将浪涌电压注入电源线中。

详细的试验方法参见 GB/T 17626.5《电磁兼容（EMC）　试验和测量技术　浪涌（冲击）抗扰度试验》国家标准。

⑥电压暂降、短时中断和电压变化的抗扰度试验。电源系统故障或负载激烈变化往往会引起供电中断或者电源电压暂降的变化。

所谓电压暂降，是指电气系统的某一点电压在短时间内突然下降经半个周期到几秒钟的短暂持续期后又恢复正常（如图 3-38 所示）。短时中断指供电电压消失一段时间，一般不超过 1min 的时间内电压下降到了零，也可认为是 100%幅值的电压暂降（如图 3-39 所示）。

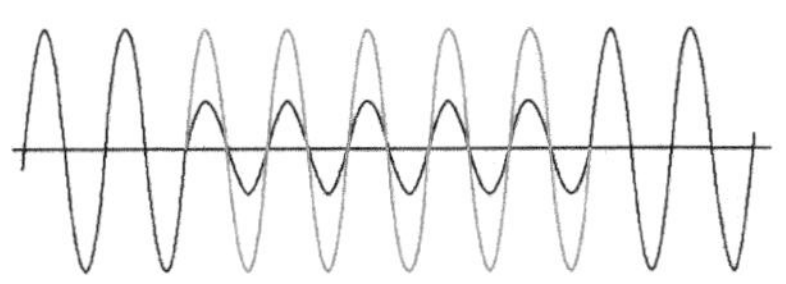

图 3-38　电压暂降试验波形图

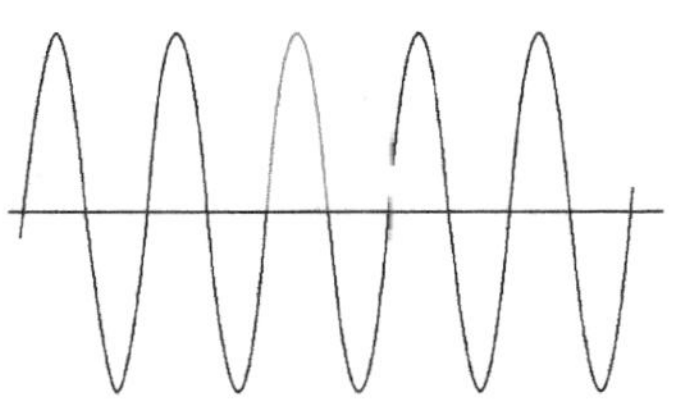

图 3-39　短时中断试验波形图

a. 抗扰度电平要求：标准要求供电电源按表 3-19 所示作电压暂降、短时中断和电压变化。

表 3-19　供电电源抗扰度电平要求

电压试验电平(% U_T)	电压暂降(% U_T)	持续时间(周期,s)
＜5	＞95	0.5
40	60	5
70	30	25
＜5	＞95	5

注：U_T 指施加试验电平前的交流网电压。

b. 电压暂降、短时中断和电压变化抗扰度试验方法：为了试验设备在遇到电压突变情况使得适应能力，可用调压变压器和开关按上表规定要求进行电压暂降和短时中断的试验（如图 3-40 所示），设备在试验过程中应能承受这种变化，能维持设备的正常功能或者在短时变化恢复后设备能恢复正常。

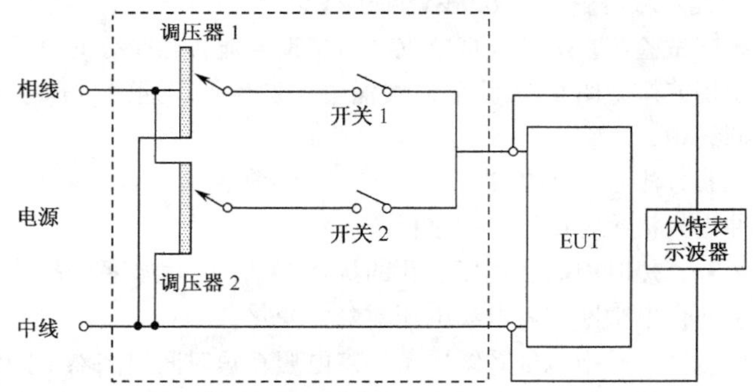

图 3-40　电压暂降、短时中断试验布置图

详细的试验方法参见 GB/T 17626.11《电磁兼容（EMC）　试验和测量技术　电压暂降、短时中断和电压变化抗扰度试验》国家标准。

⑦工频磁场抗扰度试验。工频磁场是指由导体通有 50Hz 或 60Hz 的电网电流后在其周围产生的磁场。该磁场强度与电流大小及离导体的相对距离有关，磁场强度用 A/m 表示。

一般设备中的变压器的漏磁通很小，对其他设备的工频磁场干扰影响很小。只有在故障条件下产生的大电流才有可能产生较大的工频磁场。而高压变电所或输变电线附近产生的磁场强度可高达 10～100A/m。对于某些磁场灵敏度高的医疗设备如心脏起搏器等，将带来干扰。

抗扰度电平要求：标准规定工频磁场的抗扰度试验电平为 3A/m。

工频磁场抗扰度试验方法：试验工频磁场抗扰度的基本方法是将设备置于一能产生均匀磁场的感应线圈（称为亥姆霍兹线圈）内，当线圈内通以标准规定的工频电流后，看该磁场对设备的基本性能有无影响。

用于台式产品的亥姆霍兹线圈的示样如图 3-41 所示。它是一边长为 1m 的正方形，试验时应在三个互相垂直的方向上加于产品上。

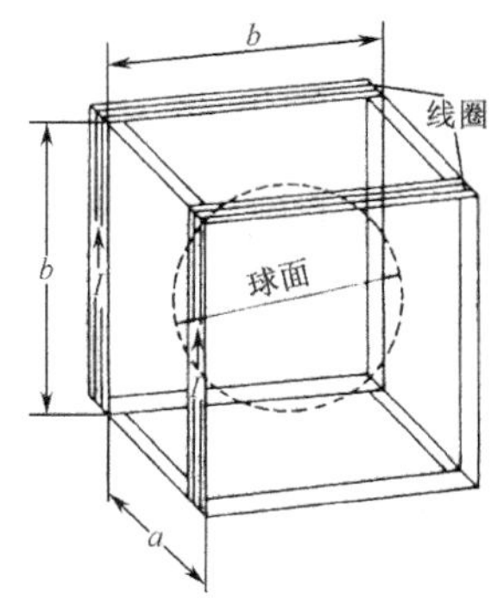

图 3-41　亥姆霍兹线圈

详细的试验方法参见 GB/T 17626.8《电磁兼容（EMC）　试验和测量技术　工频磁场抗扰度试验》国家标准。

五、试验场地的要求

1. 开阔试验场

开阔试验场是重要的电磁兼容试验场地，为了准确测量辐射发射和辐射抗扰度，国内外 EMC 标准都将国际无线电干扰特别委员会（CISPR）推荐的开阔试验场（OATS）作为辐射测量的标准试验场地。

开阔试验场在 30M～1GHz 高频电磁场的发射和接受是以空间直射波与地面反射波在接受点相叠加的理论为基础，其构造是一个平坦、空旷的、电导率均匀良好的、无任何反射物的椭圆形试验场地。椭圆形的长轴是两焦点距离的两倍，短轴是焦距的 $\sqrt{3}$ 倍。发射天线（或受试天线）与接收天线分别置于椭圆的两焦点上，如图 3-42 所示。

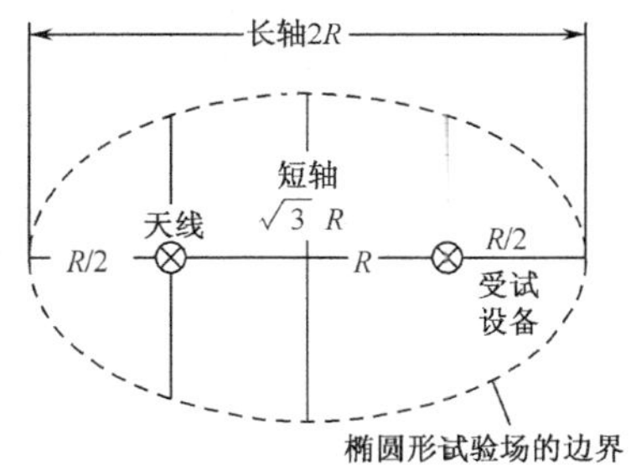

图 3-42　椭圆形试验场地

开阔试验场分 3m 法、10m 法和

30m 法三种，选用哪一种与试验的要求有关。如需 30m 法试验，场地应为 60m×52m；若只需 10m 法，则场地只需20m×18m。

为了获得稳定的电波传输特性，开阔试验场必须有一个固定的、有相当大面积的平整的反射地面。该反射地面必须用高电导率的金属材料构成，一般由钢板、涂锌薄钢板、金属丝网等构成，板与板之间用电焊焊接，无大漏缝或空洞。金属丝网的孔径最大尺寸应<λ/10（如 1000MHz 时，孔径<3cm）。由金属平面构成的反射地面又称接地平板。试验场应设有转台和天线升降杆，便于全方位的辐射发射和天线升降测试（如图 3-43 所示）。

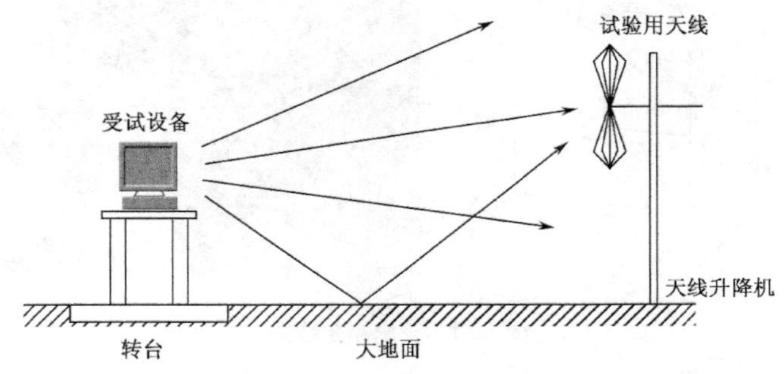

图 3-43　开阔试验场示意图

为了确保开阔试验场的场地达到空旷的、电导率均匀良好又无任何反射物，试验场的选址应避开建筑物电力线、篱笆、树林等，并远离地下电缆管道，还应远离公路主干道，避开通信电缆等，以避免周围环境中的电磁场干扰。这种要求在大城市已很难做到，一般都设在电磁环境较好的郊外或山区（如图 3-44 所示）。

图 3-44　开阔试验场实景（例）

2. 电波暗室

由于开阔试验场造价较高且远离市区，使用不便。若建在市区，则背景噪声电平太大而影响 EMC 测试。于是模拟开阔试验场的电磁屏蔽半电波暗室便应运而生，成了较普遍的 EMC 试验场地。

简单地说，电波暗室＝电磁屏蔽室＋吸收材料。电波暗室须很好地将外部电磁场或内部电磁场良好地隔离，且屏蔽室壁板和结构必须有足够的机械强度，以承受吸波材料的重量。此外，电波暗室的各种滤波器插入损耗、通风波导衰减性能必须与总体特性一致。除了屏蔽门以外，还应有相应的吸波门。电波暗室还应有良好的通风、空调性能。暗室内的温度、湿度控制除满足试品正常工作和检测仪器的要求外，也是保证吸波材料保持长期良好的衰减特性，防止老化所必需的。暗室还应有良好的阻燃和散热性能，以保证暗室的安全使用。

半电波吸收暗室的尺寸以开阔试验场的要求为依据，测试距离（R）为 3m、10m，测试空间的长度为 $2R$，宽应为 $\sqrt{3}R$。考虑到暗室的屏蔽墙上贴的吸波材料厚度及测试时天线活动的高度，半电波吸收暗室空间的尺寸还要大一些。根据国外半电波吸收暗室的有关数据，美国某公司生产的 3m 法空间尺寸为 9m(l)×6m(w)×5.2m(h)；10m 法的空间尺寸为 18m(l)×12m(w)×8.2m(h)，德国某公司建造的空间尺寸为 20m(l)×14m(w)×11m(h)。

贴在屏蔽室墙上的吸波材料大致有两种材料：一种是单层铁氧体片，它的吸波工作频率较高在 30M～1GHz。二是角锥形含碳复合吸波材料，它的角锥长度与欲吸收的电磁波频率有关。频率愈低，角锥长度愈长。在 30MHz 时的长度达 2.5m。由于吸波材料太长，既占空间又易变形。近年广为使用的是将铁氧体片与角锥形吸波材料贴在一起，构成复合吸波材料。使角锥形吸波材料长度大大缩短至 1m 以内，使半电波吸收暗室的测试空间大大增加。有一种锥台式吸波材料的吸波频率范围可达 30M～40GHz。

半电波暗室的主要评价指标用归一化场地衰减和测试面的场均匀性来衡量。半电波吸收暗室建造完成后，必须按 EMC 国家标准经归一化场地衰减和测试面的场均匀性测试符合标准后才能正式使用。半电波吸收暗室如图 3-45 所示。

图 3-45　半电波吸收暗室（例）

3. 电磁屏蔽室

电磁屏蔽室（以下简称屏蔽室）是进行EMC试验的重要设施之一，其主要作用是隔离电磁场。在EMC试验中，屏蔽室主要用作传导骚扰发射测量、骚扰功率测量以及除辐射抗扰度以外的其他抗扰度测量。

图 3-46　电磁屏蔽室（例）

屏蔽室的结构按屏蔽材料分有钢板式或镀锌钢板式、铜网式、铜箔式，其六面体房间、四壁和天花板、地板均采用这些金属材料制造。由于金属板（网）对入射电磁波的吸收损耗、界面反射损耗和板中内部反射损耗，而使屏蔽室产生屏蔽作用。屏蔽室性能的好坏决定于它的屏蔽效能。屏蔽壁的材料、拼板的接缝、通风窗、门以及室内供电用的电源滤波器等都会影响屏蔽室的效能（如图 3-46 所示）。

EMC国家标准具体规定了屏蔽室的射频屏蔽效能的测试方法，屏蔽室建造完成后必须按标准测试符合要求才能正式使用。

思 考 题

1. 我们周围的电磁环境是怎样形成的？在EMC领域中，电磁发射与电磁辐射有什么区别？
2. 电磁干扰的传播途径有几种？电感应产生的干扰是经由哪种传播途径形成的？
3. 根据图 3-1 说明产生干扰的必要条件是什么？（即形成电磁干扰三要素）
4. 一台医用电气设备若要达到电磁兼容，其发射电平与抗扰度电平之间有怎样的关系？
5. 测到一台医用电气设备电源端的干扰电平是 126dBμV，则在其电源端的干扰电压相当于几伏？
6. 举例说明一台医用电气设备在抗扰度试验中，应如何选用 GB9706 试验电平和它的符合电平？
7. 为了保护无线电业务，对医用电气设备的电磁发射（分不同设备）规定了哪些要求？
8. 什么是 A 类设备和 B 类设备？什么是 1 组设备和 2 组设备？
9. 如何选用“准峰值检波”方式和“平均值检波”方式？
10. 人工电源网络的作用是什么？
11. 为了保护公共电网，对医用设备提出哪些限制？
12. 医用电气设备的抗扰度试验要求有几项？分别简述之。

参考文献

白同云. 2000. 如何实现电磁兼容. 中国电子学会电子产业战略研究分会.

陈伟华，等. 1998. 电磁兼容实用手册. 北京：机械工业出版社.

姚世全，等. 1999. 电磁兼容标准实施指南. 北京：中国标准出版社.

不要電波問題対策協議会. 1997.「医用電気機器への電波の影響を防止するための携帯電話等の使用に関する暫定指針」について. 医療用具安全性情報.

谷川 廣治. 2005. EMC規格 Ed. 2：推奨分離距離の規格要求と解説. 医療・福祉における電磁環境研究会平成17年度第2回研究会報告.

厚生省薬務局. 1996. 医療機器に対する電磁妨害について 携帯電話等による医療機器の電磁妨害について、米国及び日本の調査検討状況等を紹介する. 医薬品副作用情報，136.

佐藤智典. 2004. EMCとは何か. テュフオータマ株式会社 山梨 EMCセンター. www. tuv-ohtama. co. jp.

Anthonya Dibiase. 2005. 医疗设备的电磁兼容设计考虑——敏感医疗设备布置不当会导致器械故障. UPS应用，44：54－56.

David W. 2001. Medical Product EMC. Bare Elliott Laboratories Inc.

Keith Armstrong. 2005. Banana Skins. Compendium：247－261.

YY0505—2005. 医用电气设备 第1－2部分：安全通用要求 并列标准：电磁兼容性要求和试验.

第四章　无菌医疗器械的环境控制及微生物检测

无菌医疗器械和药品一样，是人类对抗疾病的载体，它与人民的身体健康和生命安危息息相关。作为一种特殊的商品，无菌医疗器械必须符合相关法规规定，即具有安全有效性。为了满足这一法规要求，无菌医疗器械制造过程的环境和规范生产就成为必要的控制条件，如果不控制空气中的微粒或微生物污染，超量的微粒和微生物就可能会带入产品中，其后果将不堪设想。

随着现代工业的发展，对实验研究和工业生产的环境要求也越来越高，空气洁净技术已被广泛应用于医药行业的生产以及医学实验室的研究领域，该技术是创造洁净空气环境的一门技术，其原理是通过对空气的过滤使其达到一定的洁净度。空气净化系统是无菌医疗器械生产中最重要的支持系统，通过规范的管理保持其有效运转，才能保证无菌医疗器械在符合规定的环境条件下进行生产。因此，空气净化系统是无菌医疗器械生产的必要条件。

在对无菌医疗器械的质量控制中，除了应确保其使用性能外，对于直接接触创口的敷料、进入人体自然腔道或血液的器械，必须进行无菌检查，以控制其微生物的污染，保证人体使用安全。因此，无菌检查是无菌医疗器械生产过程中的重要环节。该检查在 20 世纪初就已被列入了必检项目，现今世界各国药典已对无菌检查的范围、内容、方法以及抽样等作出明确的规定，用以保证无菌产品的使用安全。

本章将对无菌医疗器械的生产环境控制和无菌检查所涉及的相关内容做逐一介绍。

第一节　微生物学的基本概念

微生物是一切肉眼看不见或看不清楚的微小生物的总称。具有体积小、面积大（巨大的营养物吸收面、代谢废物的排泄面和环境信息的接受面）、生长旺、繁殖快、适应强、易变异、分布广、种类多的特点。根据其不同的进化水平和形态上的明显差别可分为原核微生物、真核微生物和非细胞微生物。

我们进行的无菌实验所检验的细菌与真菌就分别属于原核微生物和真核微生物这两大类中。所谓原核微生物与真核微生物最主要的区别就是，真核微生物的细胞核由双层的核膜包裹，其上有许多膜孔，核内有一核仁；而原核微生物的细胞核确切地说只能称为核质体，或称为拟核，其外无核膜包裹。

一、细菌

细菌属原核微生物是一类细胞细而短（细胞直径约 0.5μm，长度约 0.5～5μm），结构简单，细胞壁坚韧，以二等分裂方式繁殖和水生性较强的原核生物，最适生长 pH 为 7.0～8.0。

在我们周围，凡在温暖、潮湿和富含有机物的地方都有大量细菌存在。在它们的大量聚集处，常会散发出特殊的臭味或酸败味。若用手碰触其表面，常会有黏滑的感觉。在固体食物表面如果长出水珠状、鼻涕状、糨糊状的细菌菌落或菌苔时，用小棒试挑一下，常会拉出丝状物来。长有大量细菌的液体，会呈现出混浊，沉淀或漂浮一片片小“白花”，或伴有大量气泡冒出。（菌落指微生物单个细胞或一小堆同种细胞接种于固体培养基表面，在适宜的培养条件下，能迅速生产繁殖，形成以母细胞为中心的一堆肉眼可见的，有一定形态构造的子细胞集团；菌苔指将某一纯种的大量细胞密集地接种到固体培养基表面，结果其长成的各“菌落”相互连接成一片，即为菌苔。）

1. 细菌的分类

（1）细菌按形态一般可分三类：球状（例如金黄色葡萄球菌、藤黄八叠球菌）、杆状（例如炭疽芽孢杆菌、梭杆菌属）及螺旋状（例如霍乱弧菌、梅毒密螺旋体）等。其中，杆菌最为常见，球菌次之，螺旋状的最少（如图 4-1 所示）。

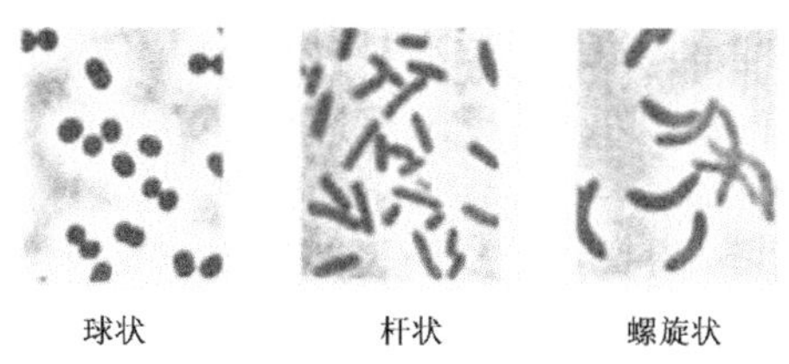

图 4-1　细菌的基本形态

（2）细菌按其呼吸方式可分为好氧菌及厌氧菌两大类。其中，好氧菌又包括专性好氧菌和兼性厌氧菌。厌氧菌一般指的是严格厌氧菌。

专性好氧菌：绝大多数真菌和许多细菌，如铜绿假单胞菌。

兼性厌氧菌：许多酵母菌，如大肠杆菌，产气肠杆菌。

微好氧菌：如霍乱弧菌。

耐氧菌：大多数乳酸菌，如乳酸乳杆菌。

厌氧菌：如梭菌属、双歧杆菌属及各种光合细菌和产甲烷菌。

- 微生物与氧的关系
  - 好氧菌
    - 专性好氧菌：正常大气压下好氧呼吸产能
    - 兼性厌氧菌
      - 以呼吸为主，兼营发酵产能
      - 以呼吸为主，兼营厌氧呼吸产能
    - 微好氧菌：只能在 0.01～0.03Pa 大气压下生活
  - 厌氧菌
    - 耐氧菌：只能以发酵产能，但分子氧无毒害
    - （专性）厌氧菌：只能生长在无氧，氧剧毒

2. 革兰氏染色法

由于细菌的细胞极其微小又过分透明，因此用水浸法直接在显微镜下观察时，只能看到其大体形态和运动情况，若要观察其细致形态和主要构造，一般都要对其进行染色。在各种染色法中，革兰氏染色法是最为重要的。革兰氏染色法可将几乎所有的细菌都分成革兰氏阳性菌和革兰氏阴性菌两个大类，是分类鉴定菌种时的重要指标。

革兰氏染色法由丹麦医生 Gram 于 1884 年创立，固以其名命名。革兰氏染色法的主要操作分为初染（结晶紫）、媒染（碘液）、脱色（95%乙醇）及复染（沙黄）四个步骤。细菌经结晶紫溶液初染后，染上紫色，经碘液媒染，结晶紫就与碘分子形成了一个分子量较大的染色较牢固的复合物。接着就用 95%乙醇进行脱色。这时凡已染上的紫色易被乙醇洗脱者，则又成为无色的菌体，再经沙黄复染而呈红色，此即革兰氏阴性菌；而经 95%乙醇脱色后仍呈紫色，再经沙黄复染维持紫色不变的则是革兰氏阳性菌。

革兰氏染色法的机制主要是：初染、媒染后，细胞的膜或原生质体上染上了不溶于水的结晶紫与碘的大分子复合物。革兰氏阳性菌细胞壁厚，肽聚糖含量高，分子交联度紧密，且含脂类少，洗脱时，肽聚糖网孔脱水收缩，不能溢出，仍呈紫色。革兰氏阴性菌壁薄，肽聚糖含量低且松散，脂类含量又高，复合物易溶出，故呈无色，经复染后呈红色（如图 4-2 和图 4-3 所示）。

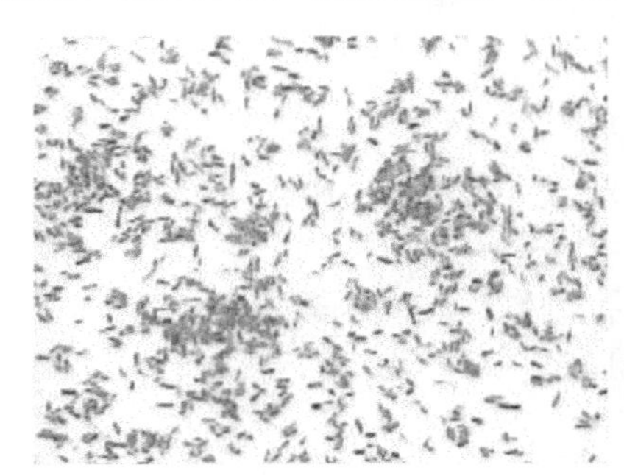

图 4-2　大肠埃希氏杆菌 G^-

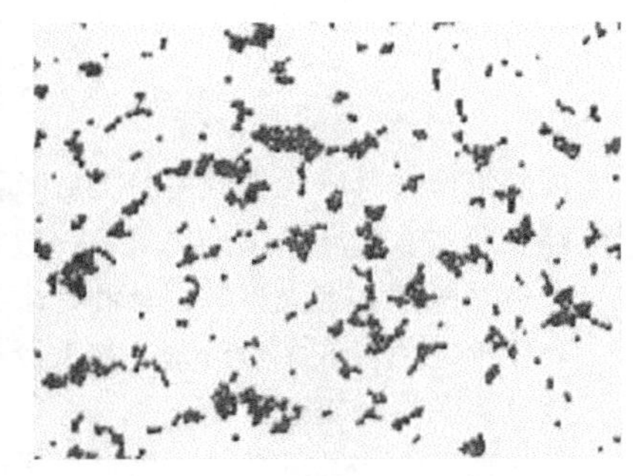

图 4-3　金黄色葡萄球菌 G^+

通过电镜观察以及对细胞壁化学结构的分析表明革兰氏阳性组菌与阴性细菌的细胞壁在结构和化学组分上有显著的差异，如表 4-1 和图 4-4 所示。

表 4-1　革兰氏阳性细菌与革兰氏阴性细菌细胞壁的主要区别

比较的项目	G^+细菌	G^-细菌
肽聚糖厚度/nm	20～80	2～3
肽聚糖结构	多层	单层
鞭毛结构	基体上着生两个环	基体上着生四个环
磷壁酸	多数含有	无
类脂质	一般无	约 20%
蛋白质	无	含量较高
对溶菌酶的敏感性	敏感性较强	敏感性较弱

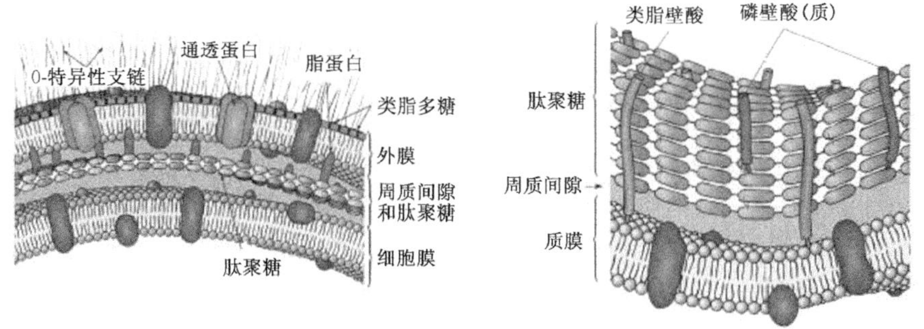

图 4-4　革兰氏阴性细菌与革兰氏阳性细菌细胞壁比较图（Prescott et al.,2002）

二、真菌

真菌是一类有细胞壁、无叶绿素，以寄生或腐生方式生存，少数为单细胞，多数为多细胞，能进行无性或有性繁殖的一类真核细胞型微生物。

真菌大多为分枝丝状体，少数为单细胞个体。通常所说的真菌包括霉菌、酵母和蕈子。形成疏松、绒毛状菌丝体的真菌称霉菌，如毛霉、根霉、青霉、曲霉等。酵母是单细胞真菌。由大量菌丝紧密结合形成真菌的大型子实体叫蕈子，如蘑菇、木耳等。它们的细胞具有与原核微生物不同成分和结构的细胞壁、原生质膜、细胞质和细胞核，细胞内还含有各种不同功能的细胞器。

1. 霉菌

常见的霉菌属于真核微生物，是丝状真菌的一个通俗名称，意即“发霉的真菌”，通常指菌丝体比较发达而又不产生大型子实体的真菌（如图 4-5 所示）。

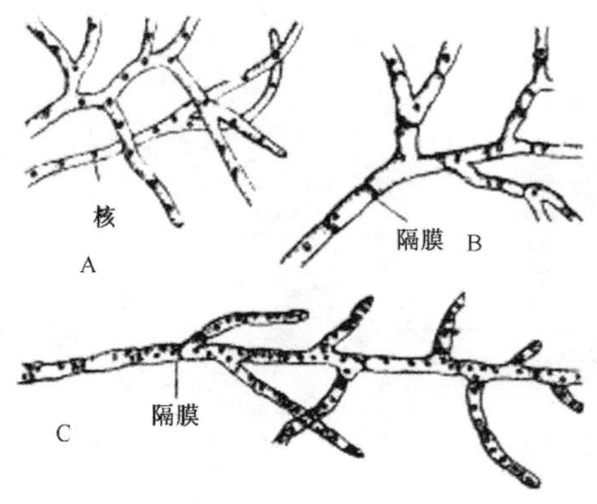

图 4-5　霉菌菌丝

A. 无隔多核菌丝；B. 有隔单核菌丝；C. 有隔多核菌丝

它们往往在潮湿的气候条件下大量生长繁殖，长成肉眼可见的丝状、绒状或蛛网状的菌丝体，在自然条件下，常引起食物、工农业产品的霉变和动植物的真菌病害。霉菌的细胞呈丝状，在固体培养基上的菌落形态较大，质地较疏松，外观干燥，不透明，呈现或紧或松的蛛网状、绒毛状或棉絮状，菌落与培养基的连接紧密，不易挑取，菌落正反面的颜色和边缘与中心的颜色常不一致。下面的表 4-2 中将细菌与霉菌各自主要的菌落特征进行比较。

2. 酵母菌

酵母菌在自然界中分布很广，尤其喜欢在偏酸性且含糖较多的环境中生长，酵母菌是单细胞真核微生物。比细菌的单细胞个体要大得多，一般为 $(1\sim5)\mu m\times(5\sim30)\mu m$。酵母菌具有典型的真核细胞结构。酵母菌有多种繁殖方式，包括无性繁殖和有性繁殖。有人把只进行无性繁殖的酵母菌称作“假酵母”，而把进行有性繁殖的酵母菌称作“真酵母”。

大多数酵母菌的菌落特征与细菌相似，但比细菌菌落大而厚，菌落表面光滑、湿润、黏稠，容易挑起，菌落质地均匀，正反面和边缘、中央部位的颜色都很均一，菌落多为乳白色，少数为红色，个别为黑色。有些种类的菌落会因培养时间过长而表面皱缩，酵母菌菌落往往有“酒香味”。

表 4-2　细菌与霉菌主要菌落形态比较

菌落形态			细菌	霉菌
主要特征	菌落	含水状态	很湿或较湿	干燥
		外观形态	小而突起或大而平坦	大而疏松或大而致密
		相互关系	单个分散或有一定排列方式	丝状交织
	细胞	形态特征	小而均匀	粗而分化
		菌落透明度	透明或稍透明	不透明
参考特征	菌落与培养基结合程度		不结合	较牢固结合
	菌落颜色		多样	十分多样
	菌落正反面颜色的差别		相同	一般不同
	菌落边缘		一般看不到细胞	可见粗丝状细胞
	细胞生长速度		一般很快	一般较快
	气味		一般有臭味	往往有霉味

三、微生物的生长

1. 微生物的生长周期

由于微生物的生命活动是由一系列生物化学反应组成的，而这些反应受温度的影响极为明显，因此温度是影响微生物生长的重要的因素之一。最适温度是某菌分裂时最短或生长速率最高时的培养温度。一般来讲，微生物的生长周期可分为延滞期、指数期、稳定期和衰亡期（如图 4-6 所示）。

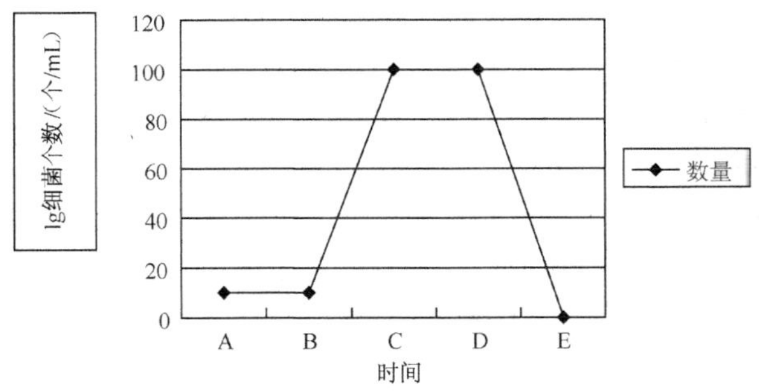

图 4-6　微生物的典型生长曲线

A～B 为延滞期；B～C 为指数期；C～D 为稳定期；D～E 为衰亡期

（1）延滞期。少量微生物接种到新培养液中后，在开始培养的一段时间内细胞数目不增加的时期。生长速率常数等于0、细胞形态变大或增长、细胞内RNA（核糖核酸）含量增高、合成代谢活跃、对外界不良条件的反应敏感。

（2）指数期。细胞以几何级数速度分裂的一段时期。生长速率常数最大、细胞进行平衡生长，菌体内各种成分最为均匀、酶系活跃，代谢旺盛。

（3）稳定期。生长速率常数等于0，即处于新繁殖的细胞数与衰亡的细胞数相等。

（4）衰亡期。个体死亡的速度超过新生的速度。

2. 微生物的营养要求

微生物生长繁殖所需的营养物质主要有水分、碳源、氮源、无机盐和生长因子等。

1）水分

水分占菌体的75％～85％，菌体内的化学反应均在水分参与的状态下进行，是营养、渗透、分泌和排泄的媒介。配制培养基时必须使用蒸馏水。自来水等水源中可能含有高浓度的钙镁等离子，一旦遇到蛋白胨或肉浸液中的磷酸盐，加热后常产生沉淀，影响培养基的质量。

2）碳源

碳源提供构成核酸、蛋白质、糖类和脂类等菌体物质的成分，又是菌体新陈代谢的能源。除了糖类（如葡萄糖、乳糖、淀粉等），还有醇类和有机酸（如甘露醇、甘油、枸橼酸、乙酸等）。糖类不耐热，尤其是在碱性条件下或与氮源一起在高温情况下会加速糖类被急剧破坏。故在制备此类培养基时，多不用高温，或与培养基中的其他成分分开灭菌。

3）氮源

氮源是合成各种氨基酸的必须物质，是组成菌体蛋白质、酶与核酸的成分。氮源可分为无机氮源和有机氮源。前者包括铵盐、硝酸盐等，后者如蛋白胨等。注意含胨类培养基吸水性强，应干燥、密封保存。

4）无机盐

无机盐包括钠、钾、钙、铜、铁等。有些金属元素含量过多，反而会抑制细菌的生长，不宜选用金属类容器配制培养基。

5）生长因子

有些微生物虽然供给它适合的碳源、氮源和无机盐，仍不能生长，还要供给一定量的所谓“生长因子”。其种类很多，如维生素、泛酸、核黄素、烟酸等。生长因子可以从酵母浸出液、血液或血清中获得。

6）培养基

培养基是一种人工配制的、适合微生物生长繁殖或产生代谢产物用的混合养料。

（1）培养基的分类。

按外观的物理状态分固体培养基、半固体培养基、液体培养基。

①固体培养基（添加1%～2%琼脂或5%～12%明胶）。用于菌种的分离、鉴定、菌落计数、检验杂菌、选种、育种、菌种保藏、抗生素等生物活性物质的生物测定。

②半固体培养基（添加0.5%琼脂）。倒放时不致流下，但在剧烈振荡后破散。用于细菌的动力观察、噬菌体效价测定、各种厌气菌的培养以及菌种保藏。

③液体培养基。用于各种生理、代谢研究和获得大量菌体。

按用途可分基础培养基、增菌性培养基、选择性培养基、鉴别性培养基。

①基础培养基。一般常见细菌大多能在此培养基内生长。

②增菌性培养基。根据待检菌的特征与营养要求制备的液体培养基，有时为了防止杂菌干扰，加入选择性抑菌剂抑制杂菌，从而使目的菌优势生长。

③选择性培养基。根据某种微生物的特殊营养要求或对某化学、物理因素的抗性而设计的培养基，其功能是使混合菌样中的劣势菌变成优势菌，从而提高该菌的筛选效率。

④鉴别性培养基。在培养基中添加能与某一菌的无色代谢产物发生显色反应的指示剂，从而用肉眼就能使该菌菌落与外形相似的他种菌落相区分的培养基。例如，伊红美蓝乳糖培养基EMB，多种肠道菌，尤其是E. coli强烈分解乳糖而产生大量混合酸，菌体带H^+，故可染上酸性染料伊红，又因伊红与美蓝结合，所以菌落被染上深紫色，从菌落表面的反射光中还可看到绿色金属闪光。

（2）干燥培养基的简介。

干燥培养基是将新鲜配制的液体培养基用不同的方法去掉水分；或将培养基内的各种固形成分经过适当的处理，充分混匀，使之成为干燥的粉末状。使用的过程中，我们可以根据其使用说明，加一定量的蒸馏水，溶解、分装、灭菌、使用。这种培养基使用方便，节约人力、物力、时间，并且容易储存，已经受到广泛应用。但是由于培养基的配方中原料的理化性能、稳定性不同，经常导致培养基质量差异较大，这就要求培养基的生产企业自身规范，也要求培养基的使用企业规范使用培养基，选择良好供应商，并进行培养基的灵敏度测试。

（3）注意事项。

①干燥培养基，尤其是含有琼脂类的干燥培养基在配制过程中，要不断搅拌、振荡，防止烧焦或局部温度过高，破坏培养基营养成分。

②培养基的 pH 测定时，如与要求不符，可以用酸液或碱液加以调整。一般高压灭菌前的培养基的 pH 可比最终 pH 调高 0.2 左右。调整 pH 后要加热过滤，使培养基澄清。

③任何培养基一旦配成，必须立即进行灭菌，否则很快会引起杂菌丛生，并破坏其固有成分和性质。

④液体、半固体培养基一般在灭菌前分装，固体培养基一般分装至锥形瓶中，灭菌后再根据需要分装平皿或试管。

⑤培养基的灭菌多采用高压蒸汽灭菌。普通培养基灭菌多采用 121℃、15～20min，含糖类培养基多采用 115～116℃、20～30min，此外还有一些对热极不稳定的培养基采用流通蒸汽灭菌或水浴加热灭菌。具体的灭菌条件请使用人员详细阅读培养基配制说明，中国药典附录中也有明确规定。

⑥已经制备好的培养基应保存在冷暗处或冰箱中，根据各种培养基的性质不同，不可能固定一个保存期限。一般情况，可以参考表 4-3。

表 4-3　培养基 2～8℃条件下的保存期限

培养基种类	保存时间	培养基种类	保存时间
平板培养基	2 周	试管培养基（软木塞或蜡封）	8 周
试管培养基（棉塞）	2～4 周		

第二节　无菌实验的基本常识

一、无菌实验的基本要求

1. 无菌实验室的环境控制要求

无菌实验室是进行无菌检查的实验场所，是对环境空气中的悬浮粒子、悬浮微生物及其他一系列相关参数有一定要求的实验室。无菌实验室一般包括无菌作业的关键区域、通道、物料及成品的交付、储存及临时堆放地点。有时仅有一间，可称为无菌作业室。GMP 规定，无菌作业的关键区域空气洁净度级别为 100 级或 10000 级背景下局部 100 级。辅助区域（如通道），通常为 10000 级。

2005 年版中国药典明确规定：无菌检查应在环境洁净度 10000 级下的局部洁净度 100 级的单向层流空气区域或内部隔离系统中进行，其过程必须严格遵守无菌操作，防止微生物污染。单向流空气区、工作台面及环境应定期按《医药工业洁净室（区）悬浮粒子、浮游菌和沉降菌的检测方法》的现行国家标准进行洁净度验证。隔离系统按相关的要求进行验证，其内部环境的洁净度必须符合无菌检查的要求。

GB/T 14233.2—2005 中也对无菌室做出明确要求：无菌操作台或超净工作台局部应符合洁净度 100 级单向流空气区域要求。无菌室在消毒处理完毕后，应检查空气中的菌落数，方法如下：取直径 90mm 培养皿，无菌操作注入融化的营养琼脂培养基约 20mL，在 30～35℃培养 48h 证明无菌后，取 3 只培养皿在无菌室操作台或超净工作台平均位置打开上盖，暴露 30min 后，盖好，置 30～35℃培养 48h 后取出检查。3 只培养皿上生长的菌落平均数应不超过 1 个。在无菌实验过程中，应检查空气中的菌落数，方法同上。在实验开始进行时打开培养皿盖，至实验结束后盖好照上述方法培养，应符合要求。

2. 无菌实验人员的卫生要求

由于人体表面、鼻孔、喉咙口腔以及肠道里面都生长着各类微生物，而且人的活动会引起尘埃飞扬，从而影响无菌实验室内的环境。进入无菌实验室内人员必须保持个人卫生，不得化妆、佩戴首饰，并穿着无菌衣，佩戴帽子、口罩、手套等。无菌衣、帽子、口罩、手套的穿戴不同于普通服装，其穿戴方式、顺序可能影响到隔离效果，所以各单位必须制定出书面的操作规程。操作人员在无菌实验室动作要尽量缓慢，避免剧烈运动，以减少人的发尘量；无菌实验室的门应关紧，避免不必要的移动，以保持无菌实验室的风速、风量和风压。操作人员要严格按照制定的无菌操作规程执行实验操作。同时无菌实验室内的人数多少，也是影响其洁净程度的重要因素之一，所以和实验无关的人员应不得进入无菌实验室。

二、无菌实验室的消毒与物料处理

1. 消毒与灭菌的基本概念

消毒和灭菌是两个不同的概念，其共性就是杀灭微生物以控制其污染。区别是：首先在杀灭微生物的完全性上存在差异，灭菌要求完全杀灭微生物，消毒则是不完全的，只能杀灭一部分微生物，但这也是相对的。强效消毒剂在适宜条件下可能达到灭菌效果，而灭菌在不适宜条件下也可能杀灭微生物不够完全。其次在方法上存在差异，灭菌的方法有多种，而消毒则常利用化学物质。再次在效果检查上有差异，灭菌效果是用无菌检查法来检测，消毒效果则是以对消毒剂的效价来评定。

1）消毒

消毒是指杀灭或清除传播媒介上的病原微生物，使之达到无害化的处理。

凡是用于消毒的化学药品即为消毒剂。消毒剂种类繁多，有固体、液体、气体等。操作人员要根据具体情况选择安全有效的消毒剂。

2）灭菌

灭菌是指杀灭或清除传播媒介上的所有微生物（包括芽孢）的处理。

常用的灭菌方法有热力灭菌、气体灭菌、辐射灭菌、过滤灭菌等。对无菌检查过程中对所用器材的灭菌，常用的灭菌方法是热力灭菌。

无菌检查过程中所用到的器材，能灭菌处理的，必须灭菌处理，如玻璃器皿、注射器、试管、培养基、稀释剂、无菌衣、口罩、接种环等。无法灭菌处理的，使用前必须经过消毒处理，如无菌室内的凳子、天平、工作台、待检样品容器或包装等。下面，我们着重介绍热力灭菌。

高温对细菌具有明显的致死作用，多数无芽孢的细菌经55～60℃作用30～60min后死亡，经80℃湿热5～10min可杀死所有细菌繁殖体、真菌和酵母菌。细菌芽孢对高温有很强的抵抗力，例如炭疽芽孢杆菌的芽孢，耐受5～15min的煮沸，而肉毒梭菌的芽孢则需煮沸3～5h才死亡。所以，热力灭菌又分为干热灭菌和湿热灭菌。

（1）干热灭菌。常用的有火焰、灼烧、干烤和红外线灭菌等。

①火焰和灼烧灭菌。灼烧主要是用于接种工具的灭菌，如接种环、接种针。火焰灭菌常作为无菌操作过程中的辅助灭菌手段，例如，将试管口或锥形瓶口反复经过火焰数次，阻止管口污染。②干烤灭菌。利用热辐射及干热空气进行灭菌。可以进行干烤的器具如剪刀、镊子、不锈钢药匙、玻璃器皿（培养皿、试管、吸管）、注射器、陶瓷制品等。通常加热至150～170℃维持2h，可完全灭菌；200℃维持2h，可去除热源。③干热灭菌。烤箱内物品不能过分紧密，防止受热温度不均，灭菌不完全。

（2）湿热灭菌。通过饱和水蒸气杀灭微生物的一种方法，常用的有高压蒸汽灭菌。

高压蒸汽灭菌穿透力强、温度高、操作简便、经济，是目前灭菌效果可靠、使用广泛的灭菌方法。高压蒸汽灭菌是依靠温度而不是压力来达到灭菌目的，一般灭菌时间为30min，灭菌温度为126℃。凡耐高温潮湿的物品，如培养基、衣服、敷料、玻璃器皿等均可用此方法，常用设备为高压蒸汽灭菌器。

2. 无菌实验室的清洁与消毒

无菌实验室，包括阳性菌接种室等实验室要定期清洁、消毒，消毒剂的品种也要定期更换，防止病原微生物对消毒剂产生耐受。下面介绍常用消毒剂及用途（如表4-4所示）。

1）75%乙醇

能迅速杀死细菌繁殖体，对一般病毒有一定的消毒作用。一般用95%乙醇稀释成70%～75%的乙醇溶液，常常用于皮肤消毒。

表 4-4　常用消毒剂的种类和用途

类别	作用机制	常用种类	用途
酚类	蛋白变性，细胞膜损伤	石炭酸	地面、器具表面、皮肤消毒
醇类	蛋白变性	乙醇	皮肤、体温计消毒
氧化剂	氧化、蛋白沉淀	高锰酸钾	皮肤、尿道、蔬菜、水果消毒
重金属盐	氧化、蛋白酶变性	红汞、硫柳汞	皮肤、黏膜、小创伤消毒
氧化剂	氧化、蛋白沉淀	过氧乙酸、碘酒	塑料、玻璃器材、皮肤消毒
表面活性剂	蛋白变性，细胞膜损伤	新洁而灭	手术洗手、浸泡手术器械

2）来苏（甲酚皂液）

溶于水，呈碱性反应，有除垢作用，其3%水溶液能杀死大多数致病菌繁殖体，包括结核杆菌，对芽孢作用较弱。其5%水溶液作玻璃、器械、衣物消毒，但不能消毒与食品、药品有关的容器、工具和生产场所。2%水溶液可用于皮肤消毒。杀毒作用强，有毒性，消毒手后有麻木感。

3）苯扎溴铵（新洁尔灭）

季胺类化合物，阳离子表面活性剂。抗菌谱较窄，对革兰阳性菌有较强作用，对革兰阴性杆菌，特别是铜绿假单胞菌不敏感，在中性或弱碱性溶液中效果最佳。0.1%水溶液对皮肤、黏膜、创伤和器械、塑料、橡皮与棉织物具有清洁或消毒的双重作用。对皮肤的刺激性小，与肥皂或其他合成洗涤剂、有机物接触时活性大减。

此外，还要监控无菌实验室内的温度、相对湿度、压差以及尘埃粒子数等相关参数，并定期检查无菌环境的空气是否符合规定，确保实验操作环境的安全、可靠。

3. 无菌实验室的物料消毒灭菌

1）进入物料消毒灭菌

进入无菌实验室物品的处理程序：通过物流通道，进入到缓冲传递窗，在物品表面喷以消毒剂（如75%乙醇）后紫外灯开启一段时间灭菌。关闭紫外灯一段时间后，除去物品外包装，方可将物品移入操作室。

进入阳性菌接种室物品处理程序：物品移入相应实验室后，在物品表面喷以消毒剂（如75%乙醇）后紫外灯开启一段时间灭菌，关闭紫外灯一段时间后方可进入实验室。

2）被污染物料的消毒灭菌

被污染的物料应及时进行消毒灭菌。如无菌衣受到污染，可将其脱下，翻转包裹，使污染部分被包裹在内，进行消毒灭菌后，方可清洗再用。阳性菌接种室内的菌种污染，比如打破盛有病原微生物的器皿，导致大量微生物外溢，污染到工作室或操作人员衣物或体表时，不可乱动以免污染面积扩大。可以用浸透消毒液的毛巾或纱布盖在被污染区域上面，或者也可将消毒液倒在污染区，浸没一定时间后，从外部至内部逐步清理污染物，再将衣物灭菌。清理过程中，应避免用手指收集玻璃碎片，以免割伤，造成病原微生物感染事故。

三、阳性菌种的管理

1. 概述

菌种是从事微生物学及生命科学研究的基本材料。微生物具有生命活力，其世代时间一般很短，在传代过程中，易发生变异、衰退，甚至死亡，所以菌种管理是一项基础而重要的工作。

菌种的传代、使用、销毁等，都必须要建立相应台账，详细记录菌种相关信息，如菌种名称、编号、来源历史、日期、代次、培养特性、保藏方法、储存条件等。并定期对检查菌种的存活率等相关特性，来进行菌种确认。

微生物都存在着自发突变，传代次数越多，产生突变的几率越高，衰退的机会越多，为避免菌种在保藏期间和传代过程中死亡、变异、衰退，而影响到实验的结果，必须严格控制传代次数，并采用良好的保藏方法。2005 年版中国药典中明确规定：用于培养及灵敏度检查所用的菌株传代次数不得超过 5 代。转种后的菌种需进行确认实验，内容为实验所需的特征性指标。检定合格后，该菌种方可用于实验。若检定不合格，该菌种销毁，不可再进行传代。需销毁的菌种经批准后方可销毁。

2. 菌种保藏

菌种的保藏的重要手段有低温、干燥、真空。在选择菌种保藏方法时，应首先考虑到所选用的方法能否长期地保持菌种原有特性，同时还应兼顾经济、简便。常用的菌种保藏方法有以下几种。

1）传代培养保藏法

又有斜面培养、穿刺培养、疱肉培养基培养等（后者作保藏厌氧细菌用），培养后于 4～6℃冰箱内保存。用此方法保藏菌种，时间较短，一般为 3～6 月。

2）液体石蜡覆盖保藏法

是传代培养的变相方法，能够适当延长保藏时间，它是在斜面培养物和穿刺培养物上面覆盖灭菌的液体石蜡，一方面可防止因培养基水分蒸发而引起菌种死亡；另一方面可阻止氧气进入，以减弱代谢作用。保存时间约 1～2 年。

3）载体保藏法

是将微生物吸附在适当的载体，如土壤、沙子、硅胶、滤纸上，而后进行干燥的保藏法，例如沙土保藏法和滤纸保藏法应用相当广泛。保存时间约 1～10 年。

4）寄主保藏法

用于目前尚不能在人工培养基上生长的微生物，如病毒、立克次氏体、螺旋体等，它们必须在生活的动物、昆虫、鸡胚内感染并传代，此法相当于一般微生物的传代培养保藏法。病毒等微生物亦可用其他方法如液氮保藏法与冷冻干燥保藏法进行保藏。

5）冷冻保藏法

可分低温冰箱、干冰酒精快速冻结和液氮等保藏法。保存时间约 5～10 年。

6）冷冻干燥保藏法

先使微生物在极低温度下快速冷冻，然后在减压下利用升华现象除去水分（真空干燥）。

3. 阳性对照

阳性对照的目的是检查阳性菌在加入供试品的培养基中能否生长，以验证供试品有无抑菌活性物质和实验条件是否符合要求。这里以金黄色葡萄球菌菌液制备为例，介绍阳性对照菌液的制备。金黄色葡萄球菌在固体培养基上呈葡萄串状，最适 pH 7.0～7.5，最适生长温度 37℃，耐盐性强，可用高盐培养基分离。在营养肉汤培养基中经 37℃培养 24h，呈均匀混浊，管底稍有沉淀生长，摇动易消散。在营养琼脂培养基平板上经 37℃培养 24～48h，产生金黄色脂溶性色素，呈金黄色。

金黄色葡萄球菌菌液制备的过程为：取金黄色葡萄球菌的普通琼脂斜面新鲜培养物，接种一白金耳至需气菌、厌气菌培养基内，在 30～35℃培养 16～18h 后，可用无菌 0.9% NaCl 注射液稀释到约 $1:10^6$～$1:10^8$，得到浓度约为 100cfu/mL（cfu/mL 指的是每毫升样品中含有的菌落总数）的稀释菌液。

第三节 无菌医疗器械的环境控制

一、无菌医疗器械生产环境标准

YY0033—2000《无菌医疗器具生产质量管理规范》的第 5 章“生产环境、设施及布局”共 6 条，附录 A 给出了“无菌医疗器具洁净室（区）空气洁净度级别表”，附录 B 给出了“无菌医疗器具生产环境洁净度级别设置指南”，附录 C

给出了“无菌医疗器具洁净室（区）环境要求及检测”等，对各类无菌医疗器械生产洁净室的洁净级别的划分作了与国际标准相同但更为详细的规定。作为无菌医疗器械生产最主要的外部保障，空气净化系统的建立和维持最为重要，它对无菌医疗器械生产环境控制来说是不可缺少的，没有了这个支持系统的有效保证，任何其他过程的质量保证都是缺乏说服力的。在《无菌医疗器具质量管理规范》中，对洁净室（区）列出了相关的技术标准（如表 4-5 所示）。

表 4-5　无菌医疗器具洁净室（区）环境要求及监测

序号	检测项目			检测标准
1	温度/℃			18～28（与生产工艺相适应）
2	相对湿度/%			45～65（与生产工艺相适应）
3	静压差/Pa	与室外大气		≥10
		不同洁净级别		≥5
		与非洁净区		≥5
4	换气次数/(次/时)	10000 级		≥20
		100000 级		≥15
		300000 级		≥12
	层流风速/(m/s)	100 级		垂直≥0.3，水平≥0.4
5	尘粒最大允许数/(粒/ m³)	100 级	≥0.5μm	3500
			≥5μm	0
		10000 级	≥0.5μm	350000
			≥5μm	2000
		100000 级	≥0.5μm	3500000
			≥5μm	20000
		300000 级	≥0.5μm	10500000
			≥5μm	60000
6	微生物最大允许数（浮游菌和沉降菌任选一项）	100 级	浮游菌	5（个/ m³）
			沉降菌	1（个/皿）
		10000 级	浮游菌	100（个/ m³）
			沉降菌	3（个/皿）
		100000 级	浮游菌	500（个/ m³）
			沉降菌	10（个/皿）
		300000 级	浮游菌	/
			沉降菌	15（个/皿，90mm 培养皿）
7	最低照度			无具体要求，与生产工艺相适应

在ISO TC/14644《洁净室以及相关环境控制》的第四部分“洁净室设施的设计、施工和开车”中，对用于药品及医疗器械生产的洁净室作了明确的规定。对于无菌中心和类似的工艺区应符合100级（ISO class 5），气流流型为单向流，平均风速应大于0.2m/s；对直接支持无菌生产的其他工艺区域、最终无菌产品工艺区应符合100～10000级的相应规定，气流流型为非单向流或混合流；对无菌产品辅助区（包括控制准备区）应符合10000～100000级的相应规定，气流流型为非单向流或混合流。

从质量体系和YY0033《无菌医疗器具质量管理规范》的角度来解释“质量保证”的概念，其实就是强调“过程控制”的概念，这里的过程指的是从项目的酝酿开始直到产品失效的全过程的管理。它们的指导思想是：任何无菌医疗器械产品的质量的形成是设计和生产出来的，而不是检验出来的，应强调预防为主，在生产过程中建立覆盖全过程的质量保证体系，实行全面控制的目的，从而确保产品质量。

从2003年开始，美国卫生服务部的FDA、欧盟和澳大利亚商品管理局均开始对原有的GMP进行新的修订和改版，其中变化最大的是2004年美国FDA的GMP，其关于洁净室以及环境控制的内容更加详细和明确，并在尘埃粒子的控制标准上统一采用ISO TC/14644《洁净室以及相关环境控制》的有关规定，原来的美国联邦标准FS—209E中止使用，在这一点上，2004年美国FDA发布的GMP与欧盟、澳大利亚稍前更新的GMP在此内容上已趋向一致。

以尘埃粒子为例，在FDA的GMP“前言”中就指出：无菌生产过程的严格区域和辅助区域应该通过质量研究中所获得的微生物和粒子的数据来分类。虽然初始的洁净室的质量应该包括一些空态和静态的空气质量的评估，但最终的房间分类应该由动态下所得到的数据确定。无菌生产设施的检测系统必须通过有效的监控手段达到保障选定洁净室能够正常运转的目的。由此可以看出，对洁净室环境控制的要求已经提高和延伸到整个的生产环节和在动态生产状态下的所有影响因素，这一点在欧盟和澳大利亚的GMP内容里稍稍放宽。表4-6比较了欧盟和FDA对GMP标准的区别。

以静压差和换气次数的检测为例，在FDA的GMP中指出：“操作区域的隔离是防止污染的重要一环。为了维持高级别洁净区域的空气质量，达到适当的气流组织和保证相对低级别的区域的正压是非常重要的。有更高级别的区域应该保证相对于临近低级别房间有正压。例如，在洁净区域和非洁净区域之间的正压差至少12.5Pa，在无菌区域和相邻低级别区域的压差也是这个数值（门关上）。门开的时候，向外的气流能减少污染侵入，当门微开时，也应该被严格控制，对房间之间压差的监测应该贯穿整个批次，而且也需要文件化，若监测到偏离所设定的极限值时报警。”

表 4-6 各国 GMP 标准的比较

EU GMP 附录 1			EU GMP 附录 1			FDA GMP		
洁净度级别	最大允许数/(个/m^3)		洁净度级别	最大允许数/(个/m^3)		洁净度级别	最大允许数/(个/m^3)	
	≥0.5μm	≥5μm		≥0.5μm	≥5μm		≥0.5μm	≥5μm
Grade A	3500	0	Grade A	3500	0	100	3520	/
Grade B	3500	0	Grade B	350000	2000	1000	35200	/
Grade C	350000	2000	Grade C	3500000	20000	10000	352000	/
Grade D	3500000	20000	Grade D	/	/	100000	3520000	/
静态检测			动态检测			动态检测		

“每个房间的换气次数需要确定。例如 100000 级（ISO 8）的换气次数应该大于 20 次。对于更高级别的洁净度，更多的换气次数会使空气纯净程度提高。”

“应该设立敏感的监测系统从而能够监测到换气次数的异常状况。例如，压差表能快速探测到压差的异常，以防止非洁净区的空气进入洁净区。”

结合以上内容可以看出，对于洁净室的环境控制，尤其是无菌核心区域的控制已经越来越严格，对相关的操作规范性和系统保障度都提出了“在线”监控的要求。

二、无菌医疗器械生产环境的控制

1. 空气净化的目的

我们知道，日常生活的环境到处分布着各种各样的尘埃，存在着可见和不可见的污染，空气中约有 5.7%的灰尘来自地面行驶的车辆，有 34%来自采石、炼钢、水泥制造和磨粉等产生的工业性粉尘，有 57%来自燃料的燃烧（如汽车尾气），还有 5%左右来自腐败植物、皮屑和微生物等，其中以 0.5～25μm 的飘尘和微粒对无菌医疗器械产生的影响最大。

许多研究已证明空气是污染物的携带者和传播者，空气净化系统即环境控制系统就是为无菌医疗器械等生产的特殊需要设计的，它对无菌医疗器械的生产过程有很大影响，影响程度的大小将决定最终产品的质量水平，若处理不当将对最终产品构成威胁，不管是微生物粒子还是非生物性粒子都可能影响最终产品的质量。对微粒和微生物控制的不严格将直接导致产品使用中产生热源等不良副反应，若是直接进入血液循环的产品，甚至有可能会造成生命危险和不治身亡。已经有大量证据表明：大输液产品中如果不溶性微粒超过限度或存在热源，对患者会造成危害，如浑身发冷、脑血栓、心肌梗塞、肺肉芽肿等。因此，在设计无菌医疗器械生产环境的设施中，必须对可能产生微粒、尘埃的环节，如室内装修、空气、设备、设施、容器、工具等作出规定，只有在生产过程中充分应用空气洁净技术，无菌医疗器械的生产环境质量才是可控的，医疗器械产品最终达到无菌水平才成为可能。

从另一方面看，由于无菌医疗器械终产品的检验是一种抽样检验，通常是根据药典或国家标准来决定采样数量（约 1%～10%之间）。然而，无论采用何种方案，由这种抽样带来的局限性和检测方法本身的高风险性可能会导致误判概率的升高，对产品质量的保证程度下降。因此，通过空气净化系统的有效运转，使产品在生产过程中发生任何污染的危险度降至最低，才能有效控制生物微粒和非生物微粒的污染，同时也使无菌医疗器械生产的过程控制有了实质性的意义。

空气净化主要的过程：一是通过利用过滤器有效地控制从室外引入室内的全部空气的洁净度，由于细菌都会依附在微粒上，微粒过滤同时也滤掉了细菌；二是利用合理的气流组织排除已经发生的污染，由送风口送入的干净空气，室内产生的微粒和细菌被干净空气稀释后强迫其由回风口进入系统的回风管路，在空调设备的混合段和从室外引入的经过过滤的新风混合，在经过进一步过滤后又进入室内，通过反复的循环就可以把污染控制在一个稳定的水平上，这个水平就应该低于相应的洁净度级别；三是通过调整使不同级别洁净室室内的空气静压大于5Pa，与室外大气大于 10Pa，防止外界污染或交叉污染从门或各种缝隙部位侵入室内。

2. 生产环境的污染控制

一次性使用无菌医疗器械的生产与管理的目标就是提供符合标准、满足使用要求、保障安全的产品，所以控制污染具有极其重要的意义。

污染的概念是指产品上附着或混入其他物质后，其性质或使用功能等受到不良影响的现象。引起污染的是污染物，产生污染物质的源头叫污染源。

微生物的污染途径通常有以下 4 种。

（1） 自身污染。由于患者或工作人员自身带菌而污染。

（2） 接触污染。由于与非完全无菌的用具、器械和人的接触而污染。

（3） 空气污染。由于空气中所含细菌的沉降、附着或被吸入而污染。

（4） 其他污染。由于昆虫等其他因素而污染。

细菌还可能产生毒性物质、色素等代谢产物，从而引起热源反应，热源反应主要是细菌的内毒素，其成分为脂多糖，它具有很强的耐热活性，并能通过过滤器，溶解于水，不易挥发。

某些细菌，生长到一定时期或当外环境不利时，菌体失去大部分水分，细胞浆逐渐浓缩，形成圆形或椭圆形的结构，此种状态称为芽孢。芽孢对恶劣的外部环境具有强大的抵抗力，比如低温、高温、干燥、辐射和化学除菌药品等。以上列出了无菌医疗器械的生产环境可能存在的污染源，而无菌的定义是染菌率小于10^{-6}，因此消除污染和控制污染源是无菌医疗器械生产环境管理的重中之重。

第四节　洁净室(区)的控制参数及检测

一、洁净室（区）的名词解释

（1）洁净室（clean room）。对空气悬浮粒子及微生物浓度受控的房间或区域。它的建筑结构、装备和使用应具有减少室内诱入、产生及滞留污染源的功能。室内其他有关参数，如温度、湿度、压力等按要求进行控制。

（2）单向流（unidirectional airflow）。沿单一方向呈平行流线并且横断面上风速一致的气流。与水平面垂直的叫垂直单向流（vertical unidirectional airflow）。与水平面平行的叫水平单向流（horizontal unidirectional airflow）。

（3）非单向流（non-unidirectional airflow）。具有多个通路循环特性或气流方向不平行的气流。

（4）悬浮粒子（airborne particle）。用于空气洁净度分级的空气悬浮粒子尺寸范围在0.1～5μm的固体和液体粒子。

（5）洁净度（cleanliness）。以单位体积空气中某一粒径粒子的数量来区分的洁净程度。

（6）粒径（particle size）。由给定的粒子尺寸测定仪相应当量于被测粒子等效的球体直径。

（7）*t*分布（*t* distribution）。正态总体中的一种抽样分布，其分布函数为

$$t=\frac{\text{总体平均值}-\text{样本平均值}}{\text{标准误差}}$$

（8）置信上限UCL（upper confidence limit）。从正态分布抽样得到的实际均值按给定的置信度（ISO标准为95%）计算得到的估计上限将大于此实际均值，则称计算得到的这一均值估计上限为置信上限。

（9）菌落（colony forming units）。细菌培养后，由一个或几个细菌繁殖而形成的一细菌集落，缩写为cfu，通常用个数表示。

（10）浮游菌（airborne microbe）。通过收集悬游在空气中的生物性粒子于专门的培养基，经若干时间，在适宜的生长条件下让其繁殖到可见的菌落计数。

（11）浮游菌浓度（airborne microbe concentration）。单位体积空气中含浮游菌菌落数的多少，以计数浓度表示，单位是个/m^3。

（12）沉降菌（settling microbe）。通过自然沉降原理收集在空气中的生物性粒子于专门的培养基，经若干时间，在适宜的生长条件下让其繁殖到可见的菌落

计数。

(13) 洁净工作区 (clean working area)。指洁净室 (区) 内离地面高度0.8～1.5m(除工艺特殊要求外) 的区域。

(14) 洁净工作台 (clean bench)。能够保持操作空间所需洁净度的工作台，或与之类似的一个封闭围挡工作区。

(15) 洁净工作服 (clean working garment)。为把工作人员产生的粒子限制在最小程度所使用的发尘量少的洁净服装。

(16) 空态 (as-bulit)。设施已经建成，所有动力接通并运行，但无生产设备、材料及人员。

(17) 静态 (as-rest)。设施已经建成，生产设备已经安装，空调净化系统已运行，但无生产人员。

(18) 动态 (operational)。设施以规定的状态运行，有规定的人员在场，并在规定的状况下进行工作。

(19) 高效空气过滤器 (high efficiency particulate air filter，HEPA)。在额定的风量下，对粒径大于等于 0.3μm 粒子的捕集效率在 99.9%以上以及气流阻力在 250Pa 以下的空气过滤器。

(20) 检漏试验 (leakage test)。检查空气过滤器及其与安装框架连接部位等的密封性试验。

(21) 自净时间 (cleanliness recoverly characteristic)。洁净室被污染后，净化空调系统开始运行至恢复到稳定的规定室内洁净度等级的时间。

(22) 验证 (validation)。证明任何程序、生产过程、设备、物料、活动或系统确实能达到预期结果的有文件证明的一系列活动。

(23) 再验证 (revalidation)。为了重新确定工艺的可靠性而重复进行的一部分或全部的验证试验。

(24) 启动线 (action levels)。对于受控的洁净室 (区)，由使用者自行设定微生物含量等级。当检测结果超过该等级时，应启动监测程序对该区域的微生物污染情况立即进行跟踪。

(25) 报警线 (alert levels)。对于受控的洁净室 (区)，由使用者自行设定一个微生物含量等级，从而给定了一个与正常状态相比最早报警的偏差值。当超过该最早报警的偏差值时，应启动保证工艺或环境不受影响的程序及相关措施。

二、洁净厂房位置选择和总平面布置

洁净厂房位置的选择，应在大气含尘和有害气体浓度较低、自然环境较好的区域，应远离铁路、码头、机场、交通要道以及散发大量粉尘和有害气体的工厂、贮仓、堆场等有严重空气污染、振动或噪声干扰的区域。洁净厂房与市政交通干道之间的距离不宜小于 50m。洁净厂房周围的道路面层，应选用整体性能好、发尘少的材料。洁净厂房周围应进行绿化，可铺植草坪，但不应种植对生产有害的植物，并不妨碍消防作业。

无菌医疗器械生产企业可以根据产品的分类和用途确定相应洁净级别，并据此结合无菌医疗器械的生产工艺进行净化厂房的设计和施工，以保证产品在符合规定的环境里生产。

合理设计建立的洁净厂房和有效的管理在无菌医疗器械生产中会体现出非常优越的性能，它通过对墙体、地板、屋顶、管线、水源、照明、通风和温度、湿度等功能设计达到内部的洁净环境，通过空气的三级过滤使进入洁净室的空气是符合要求的，它能够通过人员和物料的净化程序隔绝或消除外来污染，通过气流组织、压差和换气次数等参数抑制微生物、微粒的污染，它能够排除由于光、味道、相对湿度等导致的任何质量损害，通过严格的工艺纪律达到避免交叉污染的目的。

值得一提的是，在洁净厂房内，操作人员被认为是微粒和细菌的最主要制造者，因此 GMP 规定了人员的数量、净化程序、操作规程以及洁净工作服的基本要求。洁净工作服本身选用不脱落纤维和不散发微粒做成，配合不同的生产工艺和洁净等级使用，可以看作是阻挡微粒的屏障。因此洁净工作服的清洁非常重要。

由此可见，空气洁净技术的应用与无菌医疗器械的生产过程已经密不可分。

三、洁净室（区）的外部环境条件

洁净室（区）的建立应本着系统协调、合理优化、具有可操作性的原则。

洁净室（区）周围环境应保持清洁整齐，没有露土地面。无菌医疗器械生产企业的洁净室（区）应布置在厂区内环境清洁，人流、物流不穿越或少穿越的区域。洁净室（区）应为密闭厂房。

厂区厂房布局宜遵循以下原则：厂房周围要有消防通道；进入车间的人流入口和物流入口应分开，生产区与生活区应分开，洁净区与非洁净区应隔开；车间地面宜适当高于室外地面。

厂房结构最好有适当的灵活性。洁净车间的主体结构不宜采用内墙承重，以便在生产工艺改变时可进行适当调整；能与生产设备、装修水平相协调；耐火等级不小于二级；厂房的伸缩缝应避免穿过洁净区；洁净区与非洁净区相连时应相对独立。

四、洁净室（区）的建立和布局

1. 洁净室（区）的布局

考虑洁净室（区）的格局与装修时，应首先考虑产品的用途、特征，也可在经济许可的情况下考虑适当的先进性；其次应考虑与产品的生产流程相匹配。产品的生产流程是基于产品在生产中有着最短的时间，即最小被污染的原则来制定的。一般来说，生产流程是按照产品的生产流向顺序排列，不迂回交叉、不相互影响；同时也要考虑影响洁净指标的因素，主要是厂房结构、装修材料、门窗、生产设备、布局、工艺、人员等，应在满足使用要求的同时满足洁净要求。

洁净室（区）内部应根据生产工艺的要求布局，洁净室（区）内只布置必要的工艺设备以及有空气洁净度等级要求的工序和工作室。生产区和储存区须与生产规模相适应，便于生产操作、存放物料、中间产品、待验品和成品；应最大限度地减少差错和交叉污染。

例如，在满足生产工艺要求的前提下，空气洁净度高的洁净室（区）宜靠近空调机房，空气洁净度等级相同的工序和工作室宜集中布置。洁净室（区）的设备和物料出入口，应根据设备和物料的性质、形态等特征设置物料净化室或净化设施。物料净化用室的布置，应防止净化后物料在传递过程中被污染；应有与生产和洁净度要求相适应的中间产品、待包装产品的贮存间、清洗和清洁工具存放间；备料室的洁净度级别应与生产要求相一致，对于100000级以上的洁净工作服的洗涤、干燥、整理，也应考虑在洁净室（区）内进行。洁净度级别不同的洁净室（区）之间应有缓冲设施，人员和物料分别通过与其生产洁净度级别要求相适应的缓冲设施进入，除此缓冲设施和安全门外，不应有通往生产操作区外的其他门窗和通道；人、物不共用电梯，电梯不宜设在洁净室（区）内。洁净室（区）的设计应尽可能防止检查人员或控制人员不必要的进入，其中 100 级洁净室环境应设计成从外面就能看见所有的操作；洁净室（区）内应尽量避免安装水槽和排水道，而无菌操作区应绝对避免。如确需安装，则设计时应考虑其位置便于维护，并装有有效的、便于清洁的防倒流装置，防止微生物的污染。

厂房应有防止昆虫和其他动物进入的设施。在设计和建设洁净室（区）时，应考虑在使用时便于清洁和消毒，并且具有耐受性。洁净室（区）的内表面应平整光滑、无裂缝、接口严密、无颗粒物的脱落，墙壁与地面的交界处宜成弧形。

进入洁净室（区）的空气必须净化。空气净化系统必须设至少三级以上的过滤器，即初级可用粗效过滤器、中级可用中效过滤器、末端设过滤器，必须有亚高效以上的过滤器，以保证净化空气的过滤效果。气流组织的设计要尽量限制和减少尘粒的扩散，尽可能使由于各种原因产生的尘粒迅速流向回风口。

2. 洁净室（区）的建立

我们所说的洁净室（区），狭义的理解是一些名称不同的有送风或回风的房间，广义的理解应为三大部分，即处理空气的空调净化设备（送风机组）、输送空气的管路系统、用来生产的洁净环境。

首先，由送风口向室内送入干净空气，室内产生的尘菌被干净空气稀释后强迫其由回风口进入系统的回风管路，在空调设备的混合段和从室外引入的经过过滤处理的新风混合，再经过空调机处理后又进入室内。室内空气如此反复循环，就可以在相当一个时期内把污染控制在一个稳定的水平上。而这个水平就应该符合洁净级别。

整个洁净室（区）系统分为三部分：一是洁净送风机组，即三级过滤、去湿增湿、空气调节等装置等，系统的新风量为总送风量的10%～30%，一般人均新风占有量为40m^3，送风量设计的换气次数应大于验收标准，机组功能是处理新风和回风；二是送回风管路，即管道、调节阀、防火阀，有的装有消声装置等，功能是输送较为洁净的空气；第三就是生产工艺流程及人流、物流和气流走向。在这方面，空气净化系统除了应考虑洁净室（区）有足够的换气次数外，还必须使洁净室（区）根据工艺或防止污染方面的要求保持正向或负向的压查；空气净化系统安装调试完成后，应保证空气洁净级别不同的相邻房间之间的静压差大于5Pa，洁净室（区）与室外大气的静压差大于10Pa，洁净室（区）与非洁净室（区）的静压差大于5Pa，并应有指示静压差的装置。

五、洁净室（区）的控制参数

1. 空气洁净度级别

空气洁净度是指空气中含悬浮粒子量多少的程度、含悬浮粒子数多则洁净度低，含悬浮粒子数少则洁净度高。悬浮粒子包括生命粒子和非生命粒子。

空气洁净度的高低可用空气洁净度级别来表示，空气洁净度级别以每立方米空气中最大允许悬浮粒子数来表示。洁净室不仅仅限于“洁净”，而是一个对换气次数、静压差、温度、湿度、照度等都有要求的综合体。

2. 控制参数

1）悬浮粒子和微生物

主要影响产品质量、交叉污染等。

微粒的大小通常以粒径表示，但是微粒特别是灰尘粒子并不都具有球形、立方形等的规则几何外形，因此，通常所指的微粒的“粒径”，并不是真正的球体的直径。在空气洁净技术中，"粒径"的意义通常是指通过微粒内部的某一个长度因次，并不含有规则几何形状的意义。

由于微粒形状极不相同，按上述方法得到的粒径，对于一个微粒群来说，也是不一样的。这在实际应用中很不方便。因此，我们采用一种特殊的方法来确定一个假设的微粒直径表示全部微粒的某种特征，这种能反映全部微粒某种特征的微粒的平均数值，叫做"平均粒径"。平均粒径有许多表示方法。在与光的折射性质有关的范围内采用算术平均直径；在与光的散射性质有关的范围内采用平均面积直径；此外还有平均体积直径等。我们所采用的常见尘埃粒子计数仪一种是以悬浮粒子的光散射性质为设计基础的。所测"粒径"是指将所测粒子与标准粒子（如聚苯乙烯小球）作散射光强度的等效比较而得到的综合结果；另一种激光尘埃粒子计数仪是以悬浮粒子的体积折算出平均粒径来的。

微粒按密度（在一定空间和面积中多少颗粒数）分布不是均匀的。它的分布规律是很复杂的。经过国内外的大量实验和研究，对于满足下列四个条件的室内微粒，是符合表达离散型数据（计数值或计点值）的最重要的分布规律——泊松分布。

（1）检测空间和检测容量相比大得多。

（2）每一尘粒出现在每一检测容量中的可能性是几万分之一。

（3）尘粒落入检测容量中和不落入检测容量中这两种结果是互不相容的。

（4）整个检测空间的尘粒浓度较低。

由此结果可以通过悬浮粒子的合理检测，再通过统计计算得出相应的洁净度级别符合情况。美国联邦标准 FS—209E 中规定中间任意等级的微粒上限浓度可近似用下列公式求出：

$$N_M = 10^M \left(\frac{0.5}{D} \right)^{2.2}$$

式中，N_M为大于或等于粒径为 D 的微粒的上限浓度（粒/m^3）；M 为国际单位制的洁净度级别序号；D 为粒径（μm）。

从空气洁净技术以净化空气为主要目的来看，空气中的微粒浓度很低（相对于工业除尘而言），微粒尺寸很小，而且要确保末级过滤可靠，所以主要采用带有阻隔性质的过滤分离来清除空气中的微粒。带有阻隔性质的过滤分离是通过过滤器来实现的。空气过滤器是空气洁净技术的主要手段。就空气净化技术在我国目前的发展来看，空气过滤器有以下五类。

（1）粗效过滤器。主要是截留 5μm 以上悬浮性微粒和 10μm 以上沉降性微粒以及各种异物，防止其进入系统。

（2）中效过滤器。由于其前面已有预过滤器截留了大颗粒，它又可作为一般系统的最后过滤器和高效过滤器的预过滤器，所以主要用以截留 1～10μm 的悬浮性微粒，它的效率以过滤 1μm 为准。

（3）高中效过滤器。可以用作一般净化程度的系统末端过滤器；也可以为了提高系统净化效果，更好地保护高效过滤器而用作中间过滤器，主要用以截留 1～5μm的悬浮性微粒，它的效率以过滤 1μm 为准。

（4）亚高效过滤器。既可以作为洁净室末端过滤器使用，也可以作为高效过滤器的预过滤器，主要用以截留 1μm 以下的悬浮性微粒，它的效率以过滤 0.5μm 为准。

（5）高效过滤器。洁净室最主要的末端过滤器。以实现 0.5μm 的各洁净度级别为目的。但计算效率习惯以过滤 0.3μm 为准。

洁净室（区）控制微粒污染的途径主要为以下三个方面。

（1）有效地阻止室外的污染侵入室内（或防止室内污染逸出室外，如有毒物质或细菌），主要途径是空气净化处理的方法，例如室内的压力等。

（2）迅速有效地排除室内已经发生的污染，主要途径是合理的气流组织。

（3）控制污染源，减少污染发生量，主要途径是涉及发生污染的设备和装置的管理和进入洁净室的人与物的净化。

以上三项都与净化系统的风量（风速）或换气次数有关。在较好的气流组织下，足够的净化送风量不仅能保证洁净室的正压，同时对洁净系统的自净时间影响很大，而自净时间将直接影响洁净室的动态性能（即实用性）。

非单向流洁净室的主要特点是来流到出流（从送风口到回风口）之间气流的流通截面是变化的。洁净室截面比送风口截面大得多，它的作用原理是当一股干净气流从送风口送入室内时，迅速向四周扩散、混合，同时把差不多同样数量的气流从回风口排走。这股干净气流稀释着室内污染的空气，把原来含尘浓度很高的室内空气冲淡了，一直达到平衡。所以气流扩散得越快、越均匀，那么稀释的效果就越好。洁净室就是希望获得全室的较低含尘浓度，而不仅是送风口下方有较低浓度，那么就要求干净空气从风口逸出之后能充分发挥稀释作用。在下到工作区之前能使更大的范围得到稀释，因而风口对气流要有足够的扩散作用。

为了迅速有效地排除室内尘粒，回风口应设在室的下部，以使气流方向和尘粒沉降方向一致，尘粒的跟随速度和气流速度相差很小，所以当气流方向和尘粒沉降方向一致时，尘粒可以较顺利地排向回风口。

2）温度和相对湿度

主要影响产品工艺条件和细菌的繁殖条件、由操作舒适度带来的对产品质量的影响。

3）换气次数

影响空气洁净度和人员舒适度。

4）工作面截面风速

影响空气洁净度和人员舒适度。在洁净室内，从送风口到回风口，气流流经途中的断面几乎没有什么变化。加上送风静压箱和高效过滤器的均压均流作用，使得全室断面上的流速比较均匀，在工作区内流线单向平行，这样的洁净室称为单向流洁净室。在单向流洁净室内，干净气流不是一股或几股，而是充满全室断面，所以这种洁净室不是靠掺混稀释作用，而是靠推出作用，将室内脏空气沿整个断面排至室外，达到净化室内空气的目的。干净空气就好比一个空气活塞，沿着房间这个“气缸”，向前（下）推进，把原有的含尘浓度高的空气挤压出房间。单向流洁净室（区）送风量的控制参数为工作面截面风速。

5）静压差

影响空气洁净度。为了维持洁净室的洁净度免受邻室的污染和污染邻室，在洁净室内维持一个高于邻室或低于邻室的空气压力，是洁净室区别于一般空调房间的重要特点，也是洁净室原理的重要组成部分。洁净室对相邻环境维持一个正的静压差是最常见的情况。它的原理是在洁净室与相邻空间之间有门窗和任何形式的孔口存在时，在这些门窗、孔口处于关闭情况下，洁净室与相邻空间维持一个相对压差，这个压差就是以一定风量通过这些关闭的门窗、孔口的缝隙时的阻力。所以静压差反映的是缝隙的阻力特性。

静压差的作用为一是在门窗关闭的情况下，防止洁净室外的污染由缝隙掺入洁净室内；二是在门开启时，保证有足够的气流向外流动，尽量削减由开门动作和人的进入瞬时带进来的气流量，并在以后门开启状态下，保证气流方向是向外的，以便把带入的污染减小到最低程度。

六、洁净室（区）的检测

1. 人员的职责及培训

所有的工作人员，包括与检测、维护有关的人员，应该定期接受与洁净室（区）生产有关的培训，其中包含涉及的卫生知识和基本微生物知识。如果没有接受过这种训练的外来人员（包括建筑或维护的人员）必须进入洁净室（区），那么必须对他们进行指导和监督。

参与动物组织或微生物试验的人员一般情况下不宜进入洁净室（区），除非有相应的严密措施和明确的规程指导。对进入洁净室（区）的人员应有相应的卫生标准，所有工作人员应随时报告非正常的污染（身体灰尘或疾病），并进行每年一次的体检。

洁净室（区）的检测人员应进行本专业的培训并获得相应资格后才能履行对洁净室（区）检测的职责。不得在洁净室（区）内佩戴腕表和饰物、不得化妆。

洁净工作服的选材、式样及穿戴方式应与生产操作的空气洁净度等级要求相适应，为了保护产品不受污染，不得混用。更衣应遵守规定，外面的衣服不能带进100000级以上的区域。推荐以下穿着方式。

(1) 100 级～10000 级。头套应该把头发、鬓角完全遮盖，而且应该塞进衣服内；应戴口罩来防止脱发或落尘，手套必须是不发尘并经过消毒的；鞋套必须是无菌的，裤脚管必须塞进鞋套内，外衣的袖子必须塞进手套里；洁净服必须是不脱落纤维和碎屑，而且可以吸附从人身上掉落的碎屑。

(2) 100000 级。头发应该遮盖，应该穿一套或两套不脱落纤维和碎屑的洁净工作服，覆盖到手腕和颈部，必须有合适的鞋子或鞋套，它们也必须是不脱落纤维和颗粒物；必须有恰当的措施来避免从洁净室（区）以外的区域带来的污染。

(3) 300000 级。头发应该遮盖，应该穿一般的不脱落纤维和碎屑的洁净工作服，有合适的鞋子或鞋套，必须有恰当的措施来避免从洁净室（区）以外的区域带来的污染。

2. 仪器设备

在适当的情况下，对洁净室（区）的检测仪器的需求和功能进行评估，减少潜在的检测隐患；在检测仪器的采购过程中宜增加技术人员的参与度；并对所有采购、运输、安装、使用和维护等人员进行全员的培训，其中对检测人员的培训应增加有针对性的项目。

检测仪器必须满足有效操作及使用精度要求，满足检测的重现性、满足性能与环境条件的关系，满足校验的要求和便于维护保养；若必需，则对检测仪器安装预警系统，有安全防护措施和明确的标志。在用的检测仪器必须校验合格，且在使用有效期内。

3. 检测指导原则

在进行检测之前，应先确定待测区域、检测状态、仪器设备、检测规程、采样点位置、评价标准以及相关注意事项。

(1) 建立环境监测程序，这样才能证实设备以及产品的接触环境是洁净和卫生的，并可以确定潜在的污染物是否能被控制到适当水平，确保消毒剂保持对正常微生物群的效力；书面的监测程序应有科学的取样时间表，包括采样点位置及频次，此外，最高微生物限度和发现样品超过这一限度时采取行动的明确过程均应确定。

(2) 所有仪器设备在未进入被测区域时，应保证其符合性、有效性和已完成清洁，或在相应的洁净室内准备和存放（用保护罩或其他适当的外罩保护仪器）；

检测人员在检测时必须穿戴符合被测环境级别的洁净工作服。

（3）在操作或搬动灵敏度高的仪器或零件时，应戴手套、使用镊子或其他机械隔离设备防止皮肤接触金属零件，以避免肤屑、微生物或人体皮肤上的油污染这些零件，避免用手接触能溶解的物质，因很多能溶解的物质会除掉人体皮肤上的油脂而引起脱皮或掉肤屑过多；在100级洁净室内用纸时，上面应蒙上一张透明不沾尘的覆盖物，在100级洁净室内不能用铅笔和橡皮。

4. 检测方法

1）温度与相对湿度的检测

检测之前空气净化系统应至少已连续运行24h，且系统处于稳定和正常运行的状态。检测人员在采样时也应注意站在检测仪器的下风侧，并应尽量少活动；采用直接读数法，从而评定该洁净室（区）的温度与相对湿度。若使用电子元件支持的数字式温度与相对湿度计，则仪器开机预热至稳定后，方可按仪器说明书的规定对仪器进行校正；并选定相应的检测量程范围；宜将温度和相对湿度计的检测探头尽量与采样点保持水平面一致，在确认读数稳定后方可开始检测；应同时检测室外的温度和相对湿度值。

对于无恒温恒湿要求的洁净室（区），温度与相对湿度的采样数据与标准对比后得出合格与否的结论。若同时检测两个项目以上时，温度和相对湿度的检测宜最先进行，有利于综合评估温度与相对湿度对其他项目的影响；太低的相对湿度会导致静电问题，使灰尘吸附在金属表面，而相对湿度过高时，微生物污染的风险显著增大；对于洁净室（区）的加湿处理，应使用高质量的水以避免污染。

2）换气次数的检测

对于非单向流洁净室（区），对每个送风口检测送风量来换算出换气次数。换气次数的计算公式如下：

$$\text{换气次数(次/h)} = \frac{\text{洁净室(区)送风量}(m^3/h)}{\text{洁净室(区)体积}(m^3)}$$

采用空气平衡热辐射测量仪或套帽式风量罩，直接读出每个送风口的送风量值（m^3/h），洁净室（区）内所有送风口的送风量之和即为洁净室（区）送风量；对于非单向流洁净室（区），也可采用风口法或风管法确定送风量，做法如下。

（1）风口法是在安装有高效过滤器的送风口处，根据送风口形状连接辅助风管进行测量。即用镀锌钢板或其他不产尘材料做成与风口形状及内截面相同，长度等于2倍风口长边长的直管段，连接于风口外部，在辅助风管的出口平面上，按最小采样点数不小于6点均匀布置采样点，用风速仪测定各采样点风速。采样点范围为送风口边界内0.05m以内的面积，以所有采样点风速读数的算术平均值作为平均风速；然后，以求取的送风口截面平均风速乘以送风口净截面积求取风量。

（2）对于风口上风侧有较长的支管段，且已经或可以钻孔时，可以用风管法确定风量。测量断面应位于大于或等于局部阻力部件前 3 倍管径或管径长边长，局部阻力部件后 5 倍管径或管径长边长的部位；对于圆形风管，应根据管径大小将截面划分成若干个面积相同的同心圆环，每个圆环设 4 个采样点，圆环数量不宜少于 3 个；以所有采样点风速读数的算术平均值作为平均风速；对于矩形风管，可将风管截面划分成若干个相等的小截面，每个小截面尽可能接近正方形，边长最好不大于 200mm，以每个正方形的中心点作为采样点检测风速值，但整个截面上的采样点数不少于 3 个，以所有采样点风速读数的算术平均值作为平均风速；然后，以求取的送风口截面平均风速乘以送风口净截面积求取送风量。

（3）截面平均风速换算成送风量的公式。

截面平均风速 $\bar{v}$ 为

$$\bar{v} = \frac{\sum_{i=1}^{n} v_i}{n}$$

式中，$\bar{v}$ 为截面平均风速，m/s；v_i 为某一采样点的风速（$i=1,2,\cdots,n$），m /s；n 为采样次数，次。

某一送风口的送风量 S 为

$$S = \bar{v} \times 3600 \times \text{风口截面积}$$

检测数据经过计算整理后，可以与标准值比较后得出结论。

3）截面平均风速的检测

采用风速计直接检测。对于垂直单向流洁净室，检测时取离高效过滤器 0.3m 垂直于气流处的截面作为采样截面，对于水平单向流洁净室，检测时采样点应取在距送风面 0.5m 的垂直截面上，或以工作面高度为采样截面截面上的采样点间距不宜大于 0.6m，均匀布点；采样点数应不少于 9 个。

检测风速时，宜用测定架固定风速仪，以避免人体干扰；若不得不用手持风速仪检测时，手臂应伸至最长位置，尽量使人体远离采样点。

以所有测点的风速读数的算术平均值作为截面平均风速，并以截面平均风速的数值与标准对比得出合格与否得结论。截面平均风速 $\bar{v}$ 按本节“检测方法”项下第 2 项“换气次数的检测”中的“截面平均风速 $\bar{v}$”进行。

4）静压差的检测

这里定义的压差值为被测洁净室（区）与相邻区域或相邻室外大气的气体压力。

检测时若使用指针型微压差计，则采用直接读数法，并根据检测的压差值评定该洁净室（区）与相邻区域的气体压力；若使用其他微压差计，则必须先进行水平调试，确认符合检测条件后方可进行；若使用电子元件支持的数字式微压差计，则仪器开机预热至稳定后，方可按说明书的规定对仪器进行校正；并选定相应的检测量程范围；若可能，宜将微压差计的连接管尽量与采样点水平面一致，采样点位置离地(0.8±0.05)m 高度的水平面上，选择在无涡流无回风口的位置，在确认读数稳定后可开始检测。

压差的检测应在所有的门都关闭的条件下，由高压向低压、由平面布置上与外界最远的里间房间开始，依次向外检测；有孔洞相通的不同等级相邻的洁净室（区），其洞口处宜有合理的气流流向。气流流向的检测可以采用发烟或悬挂轻质丝线的方法，进行观察检测，或以影像记录，然后标注在采样点位置图上；压差值的采样数据与标准比较得出合格与否的结论；检测压差的同时应结合被测洁净室（区）的换气次数或截面风速的检测，有利于对洁净室（区）进行综合评价，100 级（ISO Class 5）以上洁净级别的洁净室（区）在开门时，若必需，则要监控门内 0.6m 处的悬浮粒子的浓度。

5）悬浮粒子的检测

采用计数浓度法，即通过测定洁净环境内单位体积空气中含大于或等于某粒径的悬浮粒子数，来评定该洁净室（区）的洁净度等级。检测仪器则光散射粒子计数器或激光尘埃粒子计数器都可采用，它们都具有分辨各种粒径的粒子的反应能力。光散射粒子计数器的采样原理是通过空气中的悬浮粒子在光的照射下产生光散射现象，散射光的强度与悬浮粒子的表面积成正比；激光尘埃粒子计数器的采样原理是空气中的各种悬浮粒子在通过激光束的照射后被测量出微粒的体积，然后换算为各种等效粒径以及计数。宜采用采样速率大于 2.83L/min 的仪器进行检测，仪器选用时应考虑粒径鉴别能力、悬浮粒子的浓度适用范围和计数效率。

任何洁净室（区）的采样点不得少于 2 个；除受洁净室（区）内的设备限制之外，采样点应在整个洁净室（区）内均匀布置；每个选定的采样点至少采样一次；在一个区域内至少采样 5 次，不同采样点的采样次数可以不同；工作区的采样点位置宜在离地 0.8m 高度的水平面上，采样点多于 5 点时，也可以在离地面 0.8～1.5m 高度的区域内分层布置，但每层不少于 5 点。

采样管必须干净，连接处不得有渗漏，采样管的长度应根据允许长度确定，如果无规定时，不宜大于 1.5m。对于单向流洁净室（区），粒子计数器的采样管口朝向应正对气流方向，对于非单向流洁净室（区），采样器的采样管口向上；采样时应适当避开尘粒较集中的回风口；检测人员在采样时也应在粒子计数器采样管口的下风侧，并尽量少活动。

采样管口置于采样点采样时，宜在粒子计数器确认计数稳定后方可开始连续读数；粒子计数器的采样管口与仪器工作位置应处在同一气压和温度下，以免产生测量误差；采样完毕后，宜对采样仪器进行自净。

应采取一切措施防止采样过程的污染。对 100 级洁净室（区），检测应在净化空调系统正常运行不少于 10min 后开始；对10000级以上的非单向流洁净室（区），检测应在净化空调系统正常运行不少于 30min 后开始。

最少采样点数目可以按照可按表 4-7 确定。

表 4-7　悬浮粒子最少采样点

面积 /m^2	洁净度级别			
	100	10000	100000	300000
<10	2～3	2	2	2
≥10 或<20	4	2	2	2
≥20 或<40	8	2	2	2
≥40 或<100	16	4	2	2
≥100 或<200	40	10	3	3
≥200 或<400	80	20	6	6
≥400 或<1000	160	40	13	13
≥1000 或<2000	400	100	32	32
≥2000	800	200	63	63

注：对于 100 级的单向流洁净室（区），包括 100 级超净台，面积指的是送风口表面积；对于10000级以上的非单向流洁净室（区），面积指的是房间面积。

悬浮粒子最小采样量可按表 4-8 确定。

表 4-8　悬浮粒子最小采样量

最小采样量 /（L/min）	洁净度级别			
	100	10000	100000	300000
≥0.5μm	5.66	2.83	2.83	2.83
≥5μm	—	8.5	8.5	5.66

最少采样点和最小采样量在每次检测时应同时满足。

以下采样点的布置图（如图 4-7 所示）可作参考。图 4-8 为 100 级单向流的分类。

100 级超净工作台的悬浮粒子的采样点数量如表 4-8 所示，采样点一般均匀布置在工作台面上 0.2m 高度的平面上。

悬浮粒子的采样数据应按下述步骤进行统计计算。

（1）采样点的平均粒子浓度 A 为

$$A = \frac{\sum_{i=1}^{n} C_i}{n}$$

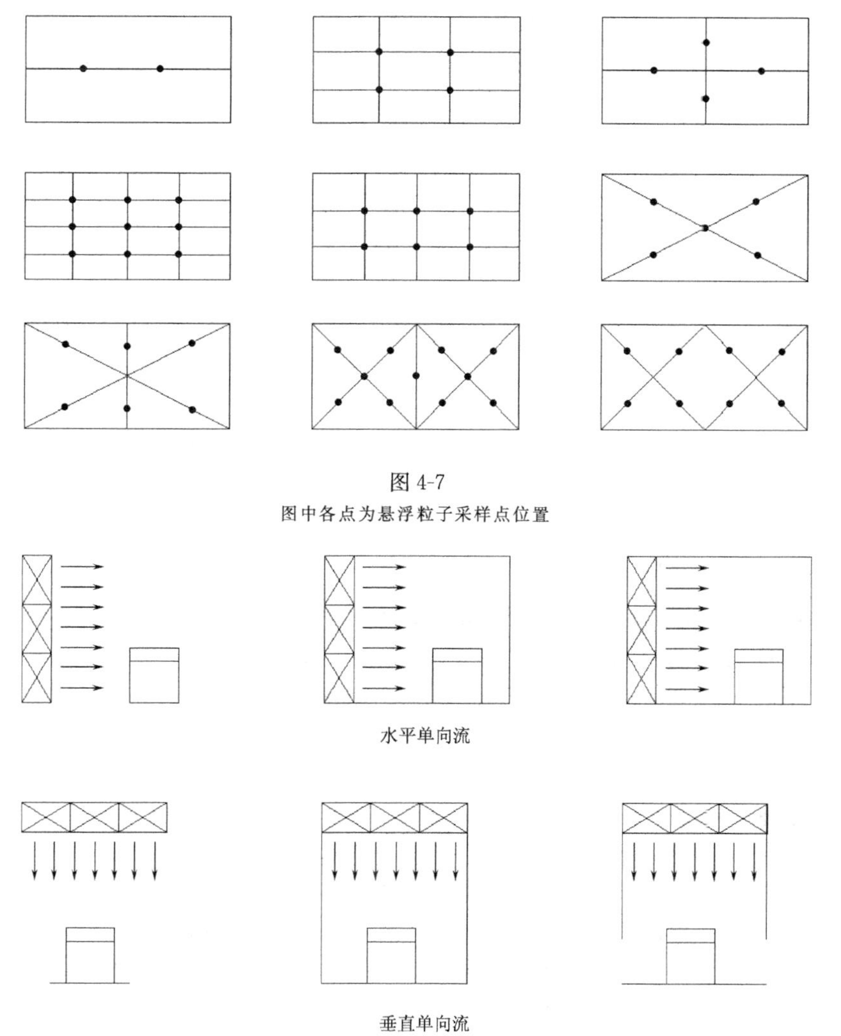

图 4-7

图中各点为悬浮粒子采样点位置

图 4-8

式中，A 为某一采样点的平均粒子浓度，粒/m^3；C_i 为某一采样点的粒子浓度，粒/m^3（$i=1,2,\cdots,n$）；n 为某一采样点上的采样次数，次。

（2）平均值的均值 M 为

$$M=\frac{\sum_{i=1}^{L}A_i}{L}$$

式中，M 为平均值的均值，即洁净室（区）的平均粒子浓度，粒/m^3；A_i为某一采样点的平均粒子浓度（$i=1,2,\cdots,L$），粒/m^3；L 为某一洁净室（区）内的总采样点数，个。

（3）标准误差 SE 为

$$\mathrm{SE}=\sqrt{\frac{(A_1-M)^2+(A_2-M)^2+\cdots+(A_L-M)^2}{L(L-1)}}$$

式中，SE 为平均值均值的标准误差，粒/m^3。

（4）置信上限 UCL 为

$$\mathrm{UCL}=M+t\times\mathrm{SE}$$

式中，UCL 为平均值均值的 95%置信上限，粒/m^3；t 为 95%置信上限的 t 分布系数，如表 4-9 所示。

表 4-9　95%置信上限的 t 分布系数

采样点数 L	2	3	4	5	6	7	8	9	>9
t	6.31	2.92	2.35	2.13	2.02	1.94	1.90	1.86	—

注：当采样点数多于 9 点时，不需要计算 UCL。

判断悬浮粒子的洁净度级别应同时满足以下两个条件：①每个采样点的平均悬浮粒子浓度必须不大于规定的级别界限，即 $A_i\leqslant$级别界限；②全部采样点的悬浮粒子浓度平均值均值的 95%置信上限必须不大于规定的级别界限，即 UCL $\leqslant$级别界限。

6）浮游菌的检测

浮游菌检测的方法是采用计数浓度法。即通过收集悬游在空气中的生物性粒子于专门的培养基（选择能证实其能够支持微生物生长的培养基），经若干时间和适宜的生长条件让其繁殖到可见的菌落计数，以判定该洁净室的微生物浓度。

浮游菌采样器一般采用撞击法机理，可分为狭缝式采样器、离心式采样器或针孔式采样器。①狭缝式采样器由附加的真空抽气泵抽气，通过采样器的狭缝式平板，将采集的空气喷射并撞击到缓慢旋转的平板培养基表面上，附着的活微生物粒子经培养后形成菌落。②离心式采样器由于内部风机的高速旋转，气流从采样器前部吸入从后部流出，在离心力的作用下，空气中的活微生物粒子有足够的时间撞击到专用的固形培养条上，附着的活微生物粒子经培养后形成菌落。③针孔式采样器是气流通过一个金属盖吸入，盖子上是密集的经过机械加工的特制小孔，通过风机将收集到的细小的空气流直接撞击到平板培养基表面上，附着的活微生物粒子经培养后形成菌落。

浮游菌采样器一般采用 ϕ150mm×15mm、ϕ90mm×15mm、ϕ65mm×15mm 等规格的平板培养皿，也可根据所选用的采样器选择合适的培养皿。培养基为肉汤琼脂培养基或其他中国药典认可的培养基。恒温培养箱：满足相应的培养温度及精度要求的电热或培养箱，必须定期检定。

对于培养基的准备及灭菌，一般采用商品脱水培养基，临用时按照使用说明书进行配制，并调节 pH 使灭菌后培养基的 pH 符合规定。若为自制培养基，原料应挑选，琼脂凝固力应测定，以决定配制时的琼脂用量，试剂规格应为化学纯以上。培养基配制后应在 2h 内按中国药典规定的方法灭菌，避免细菌繁殖；在培养皿的制备上按下列方式操作：空白培养皿在注入培养基前应为无菌状态，然后将配制灭菌后的培养基加热熔化，冷却至 45℃左右时，在无菌操作的要求下将培养基注入培养皿，直径为 150mm 的培养皿不少于 60mL 培养基，直径为 90mm 的培养皿不少于 20mL 培养基；待琼脂凝固后，将培养皿倒置于 30～35℃的恒温培养箱中培养 48h 以上，若培养皿上确无菌落生长，即可供采样用。

洁净室（区）浮游菌采样点的布置应遵循均匀全面的原则，避免采样点在某局部区域过于集中，除非是为了特殊的目的。工作区的采样点位置离地 0.8～1.5m 左右，离开送风面 30cm 以上，动态检测时也可在关键设备或关键工序处增加采样点。采样点的位置可以与悬浮粒子的采样点相同，也可以按最少采样点数均匀布置，即按表 4-10 确定。

表 4-10　浮游菌的最少采样点

面积/m^2	洁净度级别			
	100	10000	100000	300000
<10	2～3	2	2	/
≥10 或<20	4	2	2	/
≥20 或<40	8	2	2	/
≥40 或<100	16	4	2	/
≥100 或<200	40	10	3	/
≥200 或<400	80	20	6	/
≥400	160	40	13	/

注：对于 100 级的单向流洁净室（区），包括 100 级超净台，面积指的是送风口表面积；对于10000级以上的非单向流洁净室（区），面积指的是房间面积。

浮游菌最少采样量可按表 4-11 确定。

表 4-11　浮游菌的最小采样量

洁净度级别	最小采样量/(L/次)	洁净度级别	最小采样量/(L/次)
100	1000	100000	100
10000	500	300000	100

每个采样点至少采样一次，最少采样点和最小采样量在每次检测时应同时满足。

对于单向流洁净室（区），采样器的采样管口朝向应正对气流方向，对于非单向流洁净室（区），采样器的采样管口向上；采样时应适当避开尘粒较集中的回风口。检测人员在采样时也应站在采样器采样管口的下风侧；应采取一切措施防止采样过程的污染和其他可能对样本的污染。检测状态有静态和动态两种，必须在检测记录中注明。静态检测时，室内检测人员不得多于2人。对100级洁净室（区），检测应在净化空调系统正常运行不少于10min后开始；对10000级以上的非单向流洁净室（区），检测应在净化空调系统正常运行不少于30min后开始；在进行检测之前，应先对所用的培养皿进行检查，确认没有气泡、无凹陷、无细菌生长并在使用有效期内；培养皿在使用前必须用消毒剂擦净外表面；采样器的采样头及盖子应采用可以灭菌的材料制成，在进入洁净室（区）检测前也应采用适当方式消毒。若必须进入100级洁净室（区）采样，整个设备要用无菌措施保护，然后才能带入相关洁净室（区）。在开始采样准备前，采样器的采样头的内外表面宜用消毒剂擦拭，整个机身用中性介质擦拭。狭缝式和离心式采样器应检查采样器的采样管，严禁渗漏，内壁应光滑；采样管的应根据采样点的高度来确定，尽量减少弯曲；采样管的内外壁都要消毒；检查采样器的流量显示，并选定合适的采样时间；仪器在消毒后，先不放入培养皿，开启采样器一段时间驱赶消毒剂的残留物；检测人员在采样时应避免接触采样头和采样管的内表面，在采样器内放入培养皿后，取下培养皿的盖子，避免被水滴和其他浮游物质污染，然后开启采样器；采样过程结束后，盖上培养皿的盖子，取下培养皿；在采样器上调换培养皿时，检测人员双手宜消毒；也可带无菌手套操作；每一个培养皿上都应做标志。

全部采样结束后，将肉汤琼脂培养皿倒置于30～35℃的恒温培养箱中培养48h以上，用透射光于培养皿背面或正面肉眼仔细观察，直接计数、标记，或在菌落计数器上点计，然后用5～10倍放大镜检查以免遗漏，不要漏计培养皿边缘生长的菌落；若培养皿上有2个或2个以上菌落重叠时，可分辨时仍以2个或2个以上计数；用计数方法得出各个培养皿的菌落数后，用下式计算每个采样点浮游菌的平均浓度：

$$\text{平均浓度(个}/\text{m}^3) = \frac{\text{菌落数(个)}}{\text{采样量(m}^3)}$$

若平均浓度大于级别上限，则必须对该区域重新消毒，再采样2次，2次必须均合格后才能判定合格；对于浮游菌的监控，宜设定启动线和报警线，以保证洁净室（区）的微生物浓度受到控制。应定期检测以检查微生物负荷以及消毒剂的效力，并作倾向分析。静态和动态的监控都可以采用以上方法；培养皿在用于检测时，宜同时进行空白试验校正，避免培养皿运输或搬动过程造成的影响。每次或每个区域取1个对照皿，然后与采样后的培养皿一起放入(35±2)℃的培养箱内培养 48h 以上，结果应无细菌生长。

7）沉降菌的检测

沉降菌检测的原理是采用沉降法，即通过自然沉降原理收集空气中的生物性粒子于培养皿（选择能证实其能够支持微生物生长的培养基），经若干时间和适宜的生长条件让其繁殖到形成一个个独立可见的菌落为计数依据，以判定该洁净室（区）的微生物浓度。

沉降菌检测一般采用 ϕ90mm×15mm、ϕ65mm×15mm 等规格的平板培养基平皿，也可根据工艺要求选择合适的培养皿。培养基为肉汤琼脂培养基或其他中国药典认可的培养基，需要一个满足相应的培养温度及精度要求的电热或培养箱，必须定期检定；培养基的准备及灭菌、培养皿的制备、培养皿使用前的培养、采样点的布置采用与本节（四）“检测方法”项下第 6 项“浮游菌的检测”相同的方法制备。

最少采样皿数目可按表 4-12 确定，每个采样点至少采样一次，最少采样点和最少采样皿数在每次检测时应同时满足。

表 4-12　沉降菌的最少培养皿数

洁净度级别	所需 ϕ90mm 培养皿数/个	洁净度级别	所需 ϕ90mm 培养皿数/个
100	14	100000	2
10000	2	300000	2

对于单向流洁净室（区），采样时应正对气流方向，对于非单向流洁净室（区），采样时培养基平皿打开向上；采样时应适当避开尘粒较集中的回风口；检测人员在采样时也应站在采样器采样管口的下风侧；在进行检测之前，应先对所用的培养皿进行检查，确认没有气泡、无凹陷、无细菌生长并在使用有效期内；培养皿在使用前必须用消毒剂擦净外表面；应采取一切措施防止采样过程的污染和其他可能对样本的污染。静态检测时，室内检测人员不得多于 2 人。沉降菌采样时应按事先确定的采样点位置从里到外放置好培养皿，然后从里到外取下培养皿的盖子，同时避免被水滴和其他浮游物质污染，采样过程结束后，从外到里盖上培养皿的盖子；也可带无菌手套操作；每一个培养皿上都应做标志。

对 100 级洁净室（区），检测应在净化空调系统正常运行不少于 10min 后开始；对10000级以上的非单向流洁净室（区），检测应在净化空调系统正常运行不少于 30min 后开始。

全部采样结束后，将培养皿倒置于 30～35℃的恒温培养箱中培养 48h 以上，或真菌培养皿在 20～25℃的恒温培养箱中培养 168h 以上，用透射光于培养皿背面或正面肉眼仔细观察，直接计数、标记，或在菌落计数器上点计，然后用 5～10倍放大镜检查以免遗漏，不要漏计培养皿边缘生长的菌落；若培养皿上有

2个或2个以上菌落重叠时，可分辨时仍以2个或2个以上计数。

用计数方法得出各个培养基平皿的菌落数后，用下式计算沉降菌的平均浓度：

$$M(\text{cfu}/\text{皿}) = \frac{\sum_{i=1}^{n} M_i}{n}$$

式中，M为平均菌落数，cfu/皿；M_i为某一编号培养皿的菌落数，cfu/皿；n为培养皿总数。

若沉降菌平均浓度大于级别上限，则必须对该区域重新消毒，再采样2次，2次必须均合格后才能判定合格。

对于沉降菌的监控，宜设定启动线和报警线，以保证洁净室（区）的微生物数量受到控制。应定期检测以检查微生物负荷以及消毒剂的效力，并作倾向分析。静态和动态的监控都可以采用以上方法；若同时检测两个项目以上时，沉降菌浓度的检测宜在其他项目结束后进行，以降低干扰；沉降菌检测时，在放置培养皿时应注意尽量防止人员走动引起的气流扰动影响检测结果。培养皿在用于检测时，与浮游菌的检测方法一样，宜同时进行空白试验校正。

8）注意事项

在检测过程中，与洁净室（区）有关的环境参数和观察结果都应做记录。这些参数可能包括（但不仅限于此）：室外空气的温度和相对湿度、采样点的位置（必要的话，再注明采样点高度）、与相邻区域的压差，并记录洁净室（区）的位置，必要时注明相邻的区域，注明采样点的特定编号和示意图等，还有动态检测时设备和人员的活动情况等，以便在结果评价和分析时参考。

对于浮游菌和沉降菌检测的取样频次，如果出现下列情况应考虑修改，在评估以下情况后，也应确定其他项目的检测频次：①连续超过报警线和启动线；②停工时间比预计延长；③关键区域内发现有传染的试剂；④在生产期间，空气净化系统进行任何重大的维修；⑤日常操作记录反映出倾向性的数据；⑥净化和消毒规程的改变；⑦引起生物污染的事故等。

适宜的监测频次可以保证洁净室（区）始终处于受控状态。关键区域在正常使用期间，应规定定期检测的频次，以检查洁净室（区）的以上七个控制参数值背离正常水平的一切变化，若出现了不正常的状况，应进行调查并采取措施。静态和动态的监控都可以采用以上方法。同时还要重视清洁消毒和检查：包括洁净工作服的定期清洗和消毒等，保证洁净室（区）的微生物污染处于受控状态。

若发现以下情况，高效过滤器应马上予以更换。

（1）气流速度降到最低限度，即使更换初、中效过滤器后，气流速度仍不能增大。

（2）高效过滤器的风量为原风量的70%。

（3）高效过滤器出现无法修补的渗漏。

洁净室（区）投入运行之前应对其综合性能进行验证。例如系统运行以后，设计值与安装竣工后输出的数据之间的对照可以通过静态或动态的检测来获得。验证工作贯穿整个过程，包括施工前期设计、工程准备及承包商的选择，以及整个施工周期的监控、项目竣工后静态运行阶段的检测（包括高效过滤器的检漏试验和自净时间等）和实际生产时的动态检测等。常规的验证工作有以下几个步骤；设立验证的组织机构（验证小组等）；制定验证计划，确定所需的设备、系统、过程和时间表；制定验证方案，必须确定为达到预期目的的具有可操作性的验证方法；包括验证目的、适用范围、系统或设备、验证方法、可接受标准、实施步骤等，按照验证方案实施；收集验证数据出具验证报告，包括验证结果、验证评价和建议，再验证周期等。

第五节　一次性使用医疗器械的无菌检查

一、无菌检查的基本原理和要求

对于无菌产品，须进行无菌检查，最大限度地保证产品不带有活菌。通常采用将适量的无菌产品或采取经过确认的预处理手段收集无菌产品表面或腔体内的微生物，接种至需气菌、厌气菌及真菌的液体培养基，经过培养后，观察有无细菌和真菌生长来判断无菌检查的结果。为了保证无菌产品灭菌质量的可靠性，必须通过一个有效的灭菌确认过程，使产品达到无菌。即通过对灭菌设备和灭菌工艺包括过程的灭菌参数等进行验证，并以通过验证的参数控制产品灭菌过程，从而确保产品达到无菌。基于目前对验证工作的不完善性，因此除了对灭菌过程参数控制外，还必须对产品进行无菌检查。检查无菌产品所用的方法，同样也需要经过方法学的验证。

无菌检查法是指检查无菌或灭菌制品、敷料、缝合线、无菌器具等产品是否无菌的一种方法，它是针对这些产品的无菌可靠性而建立的检查法，也就是说，凡直接进入人体血液循环系统、肌肉、皮下组织或接触创伤、溃疡等部位而发生作用的制品或要求无菌的材料、无菌器具等都要进行无菌检查。无菌检查的可信度与抽样量、检查用的培养基质量、材料、操作环境、无菌技术等有关。

二、需要进行无菌检查的医疗器械及其相关标准

1. 需要进行无菌检查的医疗器械

自2000年4月10日起，实施了由国家食品药品监督管理局发布的《医疗器

械分类规则》(局令第 15 号)。医疗器械的分类可以按照其结构特征、使用形式以及使用状态来进行分类，其中按医疗器械结构特征可分为有源医疗器械和无源医疗器械。一般需要进行无菌检查的基本为无源医疗器械。

无源医疗器械又可以根据使用形式和使用状况进一步细分，其中按使用形式可分有：药液输送保存器械，改变血液、体液器械，医用敷料，外科器械，重复使用外科器械，一次性无菌器械，植入器械，避孕和计划生育器械，消毒清洁器械，护理器械，体外诊断试剂以及其他无源接触或无源辅助器械等；而按使用状况可分为接触或进入人体器械以及非接触人体器械。

根据无菌检查的概念和意义，一般直接进入人体血液循环系统、肌肉、皮下组织或接触创伤、溃疡等部位的、或进入人体的各种使用形式的无源医疗器械或器具等在使用时都有无菌的要求，应根据需要进行无菌检查。如：一次性使用医疗器械（一次性使用输液器、一次性使用输血器、一次性使用塑料血袋、一次性使用无菌注射器、一次性使用无菌注射针等)、皮肤绷带、黏膜导管、外科用敷料、外科缝合线、心脏起搏器、人工胃及与血液接触的心脏瓣膜、包埋针、心脏导管等。

2. 无菌检查相关标准

除了中国药典 2005 年版对外科敷料及灭菌医用器具的无菌检查作了明确规定外，涉及的相关国家标准主要还有 GB8368—2005《一次性使用输液器 重力输液式》、GB8369—2005《一次性使用输血器》、GB18458.3—2005《专用输液器 第 3 部分：一次性使用避光输液器》、GB15810—2001《一次性使用无菌注射器》和 GB15811—2001《一次性使用无菌注射针》、GB/T 19973.2—2005《医用器材的灭菌微生物学方法第 2 部分：确认灭菌过程的无菌实验》和 GB/T 14233.2—2005《医用输液、输血、注射器具检验方法第 2 部分：生物学实验方法》等。在选择应用以上这些标准时，应注意其时效性，特别是当一份标准中引用了其他标准时，应采用被引用标准的最新版本。

鉴于大部分标准采用的无菌检查方法都是中国药典 2005 年版的方法，下面将围绕中国药典 2005 年版无菌检查附录的内容展开详细介绍。

三、无菌检查的环境及培养基要求

1. 无菌检查的环境要求

无菌检查应在环境洁净度 10000 级下的局部洁净度 100 级的单向流空气区域内或隔离系统中进行，详细内容还可参考《医药工业洁净室（区）悬浮粒子、浮游菌和沉降菌的测试方法》。无菌检查的全过程必须严格遵守无菌操作，防止微生物污染。

2. 无菌检查的培养基要求

无菌检查用的培养基应符合培养基的无菌性检查及灵敏度检查的要求。

1）无菌性检查

每批培养基随机取不少于5支（瓶），硫乙醇酸盐流体培养基（用于培养好氧菌、厌氧菌）须经30～35℃培养14d，改良马丁培养基（用于培养真菌）须经23～28℃培养14d，证明无菌后方可使用。

2）灵敏度检查

取每管12mL的硫乙醇酸盐培养基9支，分别接种4种浓度小于100cfu/mL的菌悬液（金黄色葡萄球菌、铜绿假单胞菌、枯草芽孢杆菌、生孢梭菌）各1mL，每种各2支，空白1支，30～35℃培养3d；取每管9mL改良马丁培养基5支，分别接种2种浓度小于100cfu/mL的菌悬液（白色念珠菌、黑曲霉菌）各1mL，每种各2支，空白1支，23～28℃培养5d。逐日观察结果。空白对照应无菌生长，加菌培养基管均应生长良好。

3）注意事项

配制好的培养基应采用验证合格的灭菌程序灭菌。制备好的培养基2～25℃、避光保存。培养基若保存于非密闭容器中，一般在三周内使用；若保存于密闭容器中，一般可在一年内使用（注意：在供试品接种前硫乙醇酸盐培养基的氧化层的高度不得超过培养基深度的1/5）。

四、无菌检查的方法学验证

由于生物实验的特殊性，因此在无菌检查中，供试品本身的特性、污染的微生物的抗性、供试品的处理方法、样品的浓度、检查方法、培养基、培养条件等，将直接影响检查结果。只有在各检测条件均适宜时，才能保证样品中污染的微生物的充分生长。因此，同其他分析方法一样，无菌检查也应被证明所采用的方法和检验条件是可靠的，以保证检查方法的完整性和实验结果的准确性。验证实验既确定了该检验方法下供试品的抑菌性，又确定了适宜的检验方法和检验条件。

验证实验中使用的冲洗剂和稀释剂同供试品检查中的一样，一般为EP，USP收载的0.1%蛋白胨无菌水溶液或pH7.0无菌氯化钠-蛋白胨缓冲溶液，因为这两种溶液中含有一定的营养物质，对药品中的微生物具有恢复损伤、减少死亡的作用，有利于提高检出率。

（1）薄膜过滤法。将规定量的供试品按薄膜过滤法过滤，冲洗，在最后一次的冲洗液中加入小于100cfu的实验菌，过滤，取出滤膜接种至硫乙醇酸盐流体培养基或改良马丁培养基中，或将培养基加至滤筒内，另取一装有同体积培养基的容器，加入等量实验菌，作为对照，按规定温度培养 3～5d，各实验菌同法操作。

(2) 直接接种法。用硫乙醇酸盐流体培养基 8 管（金黄色葡萄球菌、铜绿假单胞菌、枯草芽孢杆菌、生孢梭菌各 2 管）及改良马丁培养基 4 管（白色念珠菌、黑曲霉菌各 2 管），分别接入小于 100cfu 的实验菌。其中一管接入规定量供试品，另一管为对照，按规定温度培养 3～5d。

与对照管比较，如含供试品各容器中的实验菌均生长良好，则供试品无抑菌作用或抑菌作用可以忽略。如加供试品的培养基管与未加供试品的培养基管对照比较，微生物生长微弱、缓慢或不生长，均判为供试品有抑菌作用。该供试品需用稀释法（相同量的供试品接种入较大量培养基中）或中和法、薄膜过滤法处理，清除供试品的抑菌性后，方可接种至培养基。

五、无菌实验的方法及结果判断

1. 确定供试品检验数量和检验量

表 4-13 和表 4-14 分别列出了医疗器械批出厂产品和上市抽验样品的最少检验量。通常每种培养基各接种 10 支供试品，如果医用器械体积过大，培养基用量可在 2000mL 以上，以将其完全浸没。

表 4-13　医疗器械批出厂产品最少检验量

批产量 N/个	每种培养基最少检验数量
≤100	10%或 4 件（取较大者）
100＜ N≤500	10 件
＞500	2%或 20 件（取较少者）

表 4-14　医疗器械上市抽验样品的最少检验量

产品类别	每管培养基的样品最少接入量	最少检验数量/瓶或支
外科用敷料棉花及纱布	取 100mg 或 1cm×3cm	10
缝合线、一次性医用材料	整个材料	20
带导管的一次性医疗器具（如输液袋）		10
其他医疗器具	整个器具（切碎或拆散开）	20

2. 各类样品预处理

1）具有导管的医疗器具（输血、输液袋等）供试品

取规定量，每个最小包装用 50～100mL 冲洗液分别冲洗内壁，收集冲洗液

于无菌容器中，然后用薄膜过滤器直接过滤，取出滤膜，将其剪成 3 份，分别置于含 50mL 硫乙醇酸盐流体培养基及改良马丁培养基的容器中，其中一份作阳性对照用。

2）敷料供试品

取规定数量，每个包装以无菌操作拆开，于不同部位剪取约 100mg 或 1cm×3cm的供试品，接种于各管足以浸没供试品的适量培养基中。

3）肠线、缝合线等供试品

肠线、缝合线及其他一次性使用的医用材料按规定量取最小包装，无菌拆开包装，接种于各管足以浸没供试品的适量培养基中。

4）灭菌医用器具供试品

取规定量，必要时应将其拆散或切成小碎段，接种于各管足以浸没供试品的适量培养基中。

3. 培养条件和处理方法

2005 版《中国药典》选用硫乙醇酸盐流体培养基用来培养好氧、厌氧菌；用改良马丁培养基用来培养真菌。培养温度分别为 30～35℃和 23～28℃。好氧、厌氧菌及真菌的培养周期均为 14d。因为供试品中受损伤的微生物需要一定时间的恢复后才能生长繁殖，经实验证明有的产品培养 9～11d、甚至 13d 才能生长，特别是含抑菌作用的产品。培养期间应逐日观察并记录是否有菌生长。

进行供试品无菌检查时，所采用的检查方法和检验条件应与验证的方法相同。操作时，用适宜的消毒液对供试品容器表面进行彻底消毒。如果容器内有一定的真空度，可用适宜的无菌器材，向供试品容器内导入无菌空气，再按无菌操作开启容器取出内容物。只要供试品性状允许，包括能直接过滤或经过处理或能过滤的供试品，应采用薄膜过滤法进行无菌检查，以检验量增加及更大程度的消除供试品的抑菌作用，使污染的微生物得以在良好的环境中生长，提高检出率。

1）薄膜过滤法

优先采用封闭式薄膜过滤器，也可使用一般薄膜过滤器。无菌检查用的滤膜孔径不大于 0.45μm，直径约为 50mm。根据供试品及所用溶剂特性选择滤膜材质。滤器及滤膜使用前应采用适宜方法灭菌。使用时应保证滤膜在过滤前后的完整性。为发挥滤膜的最大过滤效率，应注意保持供试品溶液及冲洗液覆盖整个滤膜表面。供试液经薄膜过滤后，若需用冲洗液冲洗滤膜，每张滤膜每次冲洗量为 100mL，且总冲洗量不宜过大，以免滤膜上的微生物受损伤。

2）直接接种法

每支（或瓶）供试品按规定量分别接种至含有培养基的容器中。除另有规定外，每个容器中培养基的用量应符合接种的供试品体积不得大于培养基体积的10%，同时，硫乙醇酸盐流体培养基每管装量不少于15mL，改良马丁培养基每管装量不少于10mL。培养基的用量和高度同方法验证实验；每种培养基接种的管数同供试品的检验数量。

3）阳性对照和阴性对照

（1）阳性对照。应根据供试品特性选择阳性对照菌。比如无抑菌作用及抗革兰氏阳性菌为主的供试品，以金黄色葡萄球菌为对照菌。阳性对照实验的菌液制备同培养基灵敏度检查，加菌量小于100cfu，供试品用量同供试品无菌检查每份培养基接种的样品量。阳性对照管培养48～72h应生长良好。

（2）阴性对照。供试品无菌检查时，应取相应溶剂和稀释液同法操作，作为阴性对照，阴性对照不得有菌生长。

无菌实验过程中，若需使用表面活性剂、灭活剂、中和剂等试剂，应证明其有效性，且对微生物生长及存活无影响。

4）培养及观察和结果判断

将上述含培养基的容器按规定的温度培养14d。如在加入供试品后、或在培养过程中，培养基出现浑浊，培养14d后，不能从外观上判断有无微生物生长，可取该培养基适量转种至同种新鲜培养基中或划线接种于斜面培养基上，细菌培养2d、真菌培养3d，观察接种的同种新鲜培养基是否再出现浑浊或斜面是否有菌生长；或取培养液涂片、染色、镜检，判断是否有菌。由于无菌检查法在统计学上的局限性，多次抽样检验易造成低污染率无菌产品的无菌检查结果的假阴性。所以，2005版药典规定无菌检查结果以一次检出为准，不得复试。除非有证据充分证明检出的微生物非供试品本身所致，原检验结果无效，应重试。

5）检验原始记录

检验原始记录是检验工作运转的媒介，是检验结果的体现。检验原始记录必须如实填写检验日期及检测环境的温度、湿度和检验依据、使用的仪器设备、检验过程的实测数据、计算公式、检测结果等检验原始记录的填写，必须按照检验流程中的各个实测值如实认真填写，字迹清楚无涂改。如果确有必要更正的，可以用笔划改，但必须有划改人的签字。填写完整后，由检验员、审核人签字，作为出具检验结果报告的依据。

无菌检查的原始记录一般包括培养基配制记录、灭菌记录、仪器使用记录、受控冰箱温度记录、菌种传代及确认实验记录、菌种销毁记录、消毒记录、实验原始记录和检验报告等。其中实验原始记录包括样品名称、批号、检验依据、样品预处理、培养基批号、环境监控记录、实验现象记录、检验结果和人员签字等内容；检验报告包括样品名称、批号、检验依据、检验结果、结论等。

无菌检查的结果为无菌时，在一定意义上讲，它要受抽验样本数量的限制，同时也要受灭菌工艺的限制，比如对最终灭菌品达到 10^{-6} 的微生物存活概率，就认为灭菌的注射制品合格。所以检查结果为无菌并非指绝对无菌，这个结果是相对意义的。

思考题

1. 无菌医疗器械与空气净化系统之间有何联系？
2. 空气净化系统的作用是什么？
3. 洁净室（区）的控制参数是什么？为什么？
4. 洁净室（区）的规划和布局原则是什么？
5. 洁净室（区）的检测指导原则是什么？
6. 洁净室（区）的维护和控制主要应关注哪些方面？
7. 如何控制洁净室（区）的微生物污染？
8. 洁净室（区）的有效监控应制定哪些制度或计划？
9. 哪些医疗器械需要进行无菌检查？
10. 请简述微生物的主要分类，原核微生物和真核微生物之间的区别。
11. 什么是革兰氏染色法？主要步骤是什么？请简述革兰氏染色法的机理和意义。
12. 微生物生长所需要的养料主要有什么？
13. 培养基的分类有哪些？
14. 请简述消毒和灭菌的定义和常用的消毒剂品种及常用的灭菌方法。
15. 进行无菌检查的环境控制要求是什么？
16. 被污染的物品如何处理？
17. 现行 GB/T 14233.2—2005 标准较 GB/T 14233.2—1993 有哪些区别？
18. 2005 版中国药典规定的培养好氧菌、厌氧菌及真菌分别使用什么培养基？并说明培养的条件和时间。
19. 培养基的适用性检查有哪些？简述如何操作。
20. 样品的预处理方法有哪些？

参考文献

国家药典委员会. 2005. 中华人民共和国药典. 北京：化学工业出版社.
马绪荣，苏德模. 2000. 药品微生物学检验手册. 北京：科学出版社.
许钟麟. 1994. 洁净室设计. 北京：地震出版社.
许钟麟. 1998. 空气洁净技术原理. 上海：同济大学出版社.
药品生产质量管理规范（1998 年修订）. 国家食品药品监督管理局令第 9 号.
医疗器械生产监督管理办法. 国家食品药品监督管理局令第 12 号.
俞树荣，等. 1997. 微生物学和微生物学检验. 北京：人民卫生出版社.
张纪中. 1993. 微生物分类学. 上海：复旦大学出版社.
直接接触药品的包装材料和容器管理办法. 国家食品药品监督管理局令第 13 号.

中国科学院微生物研究所《菌种保藏手册》编著组. 1980. 菌种保藏手册. 北京：科学出版社.

周德庆. 1993. 微生物学教程. 北京：高等教育出版社.

Australian Code of GMP for Medicinal Products. 2002.

Code of GMP for Medicinal Products. 2003.

FDA. 2004. Guidance for Industry Sterile Drug Products Produced by Aseptic Processing-Current good manufacturing practice.

GB/T 16292—16294—1996. 医药工业洁净室（区）悬浮粒子、浮游菌和沉降菌的测试方法.

GB/T 14233.2—2005. 医用输液、输血、注射器具检验方法（第2部分：生物学实验方法）.

GB50073—2001. 洁净厂房设计规范.

GB50243—2002. 通风与空调工程施工质量验收规范.

ISO9001—2000. 质量管理体系.

ISO14698.2. Cleanrooms and associated controlled environments-Biocontamination control-Part 2：Evaluation and interpretation data.

ISO14698.1. Cleanrooms and associated controlled environments-Biocontamination control-Part 1：General principles and methods.

ISO14644.8. Cleanrooms and associated controlled environments-Part 8：Classification of airborne molecular contamination.

ISO14644.2. Cleanrooms and associated controlled environments-Part 2：Classification of air cleanliness.

ISO14644.1. Cleanrooms and associated controlled environments-Part 1：Classification of air cleanliness.

ISO14644.4. Cleanrooms and associated controlled environments-Part 4：Design, construction & start-up.

ISO14644.5. Cleanrooms and associated controlled environments-Part 5：Operations.

ISO14644.7. Cleanrooms and associated controlled environments-Part 7：Separative devices (clean air hoods, gloveboxes, isolators & mini-environments).

ISO14644.3. Cleanrooms and associated controlled environments-Part 3：Test methods.

ISO15161—2001. Guidelines on the application of ISO 9001：2000 for the food and drink industry.

ISOGUIDE 51—1999. Safety aspects-Guidelines for their inclusion in standards.

ISO14971—2000. Medical devices-Application of risk management to medical devices.

ISO14971—2003. Medical devices-Application of risk management to medical devices AMENDMENT 1：Rationale for requirements.

JGJ71—1990. 洁净室施工及验收规范.

YY0033—2000. 无菌医疗器具质量管理规范.

第五章　医疗器械的常见理化性能要求及检测

医疗器械包括无源医疗器械和有源医疗器械，无源医疗器械（non active medical devices）是指不依靠电能或其他能源驱动直接由人体或重力产生的能源来发挥其功能的医疗器械，主要包括植入性医疗器械（implantable medical device）和无菌医疗器械（sterile medical device）等。其中，植入性医疗器械是指任何通过外科手段达到下列目的的医疗器械：全部或部分插入人体或自然腔口中，或为替代上表皮或眼表面用的，并使其在体内至少存留 30d，且只能通过内科或外科手段取出（注：该定义不适用于有源植入性医疗器械）。如各种支架、人工关节、人工器官、牙种植体等。无菌医疗器械是指任何满足无菌要求的医疗器械，如一次性使用输注器具、一次性注射穿刺器械、一次性使用手术衣等。有源医疗器械中也有部分器械带有与人体接触或植入人体的部件，例如，一次性使用心脏电极、心脏起搏器、射频消融导管等。本章所涉及的医疗器械理化性能检测主要是指上述无源医疗器械和带有与体接触部件的有源医疗器械。

从广义上讲，医疗器械的安全性评价程序为：理化性能评价→生物学评价（包括动物模拟试验）→临床研究。常见物理及机械性能主要包括强度、硬度、透明度、抗疲劳性、导电性和导热性等，化学性能主要包括抗腐蚀性、溶出物（如还原物质、重金属含量、酸碱度等）限量、有害残留物、降解物等。医疗器械产品理化性能的优劣主要取决于材料的质量、材料的加工性能和产品的加工工艺。例如，人工心脏瓣膜的耐疲劳性是产品标准中的一个重要的安全性指标，该耐疲劳试验是在加速情况下，人工心脏瓣膜样品至少连续完成 3 亿 8 千万次关闭（相当于正常人 15 年的瓣膜关闭次数）。对于接触人体或介入、植入体内的材料类医疗器械，其材料的化学性能将会更加直接影响人体的安全性，因此对材料中的残留单体、有害金属元素、各种添加剂更要严加控制。例如医用聚氯乙烯（PVC）中氯乙烯含量必须小于 $1\mu g/g$。通常控制的指标有 pH、重金属含量、氧化还原物、不挥发物、紫外吸收等。但有些残留物或释放降解产物是无法确定和控制的，只有通过生物学评价来进一步确认这些材料类医疗器械是否安全，即是否可以在临床使用。

为了保证医疗器械的安全性，在产品设计时必须预先考虑可能的各种危害，并使其造成的危害减至最低程度。在医疗器械产品的设计过程中，设计者首先应收集有关材料信息，权衡各种材料的优缺点，在确定所选用的材料之前，要考虑以下诸多因素：①化学性能；②生物学性能；③物理学性能；④电学性能；⑤形态学性能；⑥力学性能；⑦其他性能。一旦选定了材料，还要注意材料的大小对人体的危害程度，应尽可能在生物学评价之前，对最终产品的可浸出化学成分进行定性和定量分析，这将有助于进行生物学评价。

第一节　医疗器械的常见物理性能要求

医疗器械的常见物理性能主要体现在材料的物理及机械性能、产品的成型加工性能和产品的使用性能等方面，对这些性能的技术要求是为了满足临床上的使用要求并保证使用安全。

一、物理机械性能

医疗器械所选材料的强度、疲劳性等物理性能是直接关系到最终产品有效性和安全性的重要指标，特别是对植入体内的器械而言，应考虑在力作用下的相关性能，例如，人工关节应有良好的力学性能，人工心脏材料应有良好的耐疲劳性能，义齿应有良好的耐磨性、热膨胀系数、低导热性、高硬度等性能。下面介绍一些材料的常见物理机械性能项目及检验方法。

1. 拉伸性能

（1）拉伸强度。材料拉伸断裂之前所承受的最大应力。用 MPa 表示。

（2）伸长率。拉伸时试样长度的增加。通常以试样原始长度的增长百分率表示。常用的有断裂伸长率。

（3）永久变形。对橡胶材料而言，常用到压缩永久变形和扯断永久变形。用以测定在规定的压缩率经一定的压缩时间后或拉伸试样断裂后一定时间橡胶的变形量。

对于材料而言，拉伸性能常用的检验方法标准有：①GB/T 1040《塑料拉伸性能试验方法》；②GB/T 13022《塑料薄膜拉伸性能试验方法》；③GB/T 528《硫化橡胶或热塑性橡胶拉伸应力应变性能的测定》；④GB/T 7759《硫化橡胶、热塑性橡胶、常温、高温和低温下压缩永久变形测定》；⑤GB/T 228//2002《金属材料室温拉伸试验方法》；⑥GB/T 4338//1995《金属材料高温拉伸试验》；⑦ISO5838—1《外科植入物用骨针和金属丝——材料和机械性能要求》。

2. 撕裂强度

用两个相反的力拉材料试样使之分离或破裂所需的力。

3. 硬度

硬度是指材料抗压痕或抗划痕的能力。由于测量的材料质量和特征的不同，选用的硬度试验方法也不同，而每种试验方法都有各自规定的硬度标准来定量表示硬度。硬度反映了材料弹塑性变形的特性，是一项重要的力学性能指标。硬度计的种类很多，最常用的是压入硬度试验方法、洛氏硬度测量法、布氏硬度测量法、维氏硬度试验法和显微硬度测量法。

(1) 压入硬度试验方法主要是用于橡胶硬度测定，包括邵尔硬度计和袖珍型橡胶国际硬度计。邵尔硬度计有两种：邵尔 A 型硬度适用于橡胶常规硬度范围，D 型适用于橡胶高硬度范围。它们分别以 Shore A 和 Shore D 单位表示。橡胶袖珍硬度计一般只适用于常规的质量控制，以 IRHD 单位表示。

(2) 洛氏硬度测量法是最常用的硬度试验方法之一。它是用压头（金刚石圆锥或淬火钢球）在载荷（包括预载荷和主载荷）作用下，压入材料的塑性变形深度来表示的。通常压入材料的深度越大，材料越软；压入的深度越小，材料越硬。为了适应人们习惯上数值越大硬度越高的概念，人为规定，用一常数 K 减去压痕深度 h 的数值来表示硬度的高低。并规定 0.002mm 为一个洛氏硬度单位，用符号 HR 表示，则洛氏硬度值为

$$\mathrm{HR} = \frac{K - h}{0.002}$$

(3) 布氏硬度测量法主要是用于测定金属材料的硬度。它通过选择一事实上的载荷 P，把直径为 D 的淬火钢球压入试件表面并保持一定时间，然后卸去载荷，测量钢球在试样表面压出的压痕直径 d，计算出压痕面积，算出载荷 P 与压痕面积的比值，这个比值所表示的硬度就是布氏硬度，用符号 HB 表示。

为了避免钢球压头的永久变形，布氏硬度测量法一般只用来测定硬度值小于 HB450 的材料，洛氏硬度法可以通过运用不同的压头和总载荷测定各种硬度的材料。

(4) 维氏硬度试验法适用于较大工件和较深表面层的硬度测定。为了对软硬不同材料有一个连续一致的硬度标度，制定了维氏硬度试验法。维氏硬度用 HV 表示。

(5) 显微硬度测量法的测量原理与维氏硬度一样，也是用压痕单位面积上所承受的载荷来表示，所不同点只是试样需要抛光腐蚀制成金相显微试样，以便测量显微组织中各相的硬度。它适用于金属箔、极薄表面层的硬度测定。显微硬度一般用符号 HM 表示。

4. 弯曲强度

弯曲试验中试样产生破坏的最大弯曲应力。

5. 粘接强度

使粘接件在黏合剂与被粘物界面或界面附近产生破坏所需的力。

6. 老化性能

热空气老化试验是最常用的一种方法，用于测定试样在高温和大气压力下的空气中老化后的性能。对橡胶材料而言，一般用与使用有关的物理性能来判定老化程度，但在没有这些性能的确切鉴定的情况下，建议测定拉伸强度、定伸应力、扯断伸长率和硬度。对塑料材料而言，其老化程度是根据塑料在暴露试验中性能的变化来评价的。应选择对塑料应用最适宜及变化较敏感的下列一种或几种性能的变化来评定塑料的热老化性能：①目测试样外观发生的变化；②质量（重量）的变化；③拉伸强度、断裂伸长率、弯曲强度等力学性能的变化；④光学性能变化；⑤电性能变化；⑥其他性能的变化。

对于金属材料的老化，主要是由于金属腐蚀所致，金属腐蚀是指金属与其周围介质发生化学或电化学腐蚀而产生的破坏现象。腐蚀的形式主要有均匀腐蚀和局部腐蚀。均匀腐蚀的腐蚀作用以基本相同的速度在整个金属表面同时进行。危害性小，可估计腐蚀速度。局部腐蚀发生在金属的局部地区。局部腐蚀主要有：①应力腐蚀。裂开材料在静拉伸应力与腐蚀介质作用下发生的破坏现象。②点蚀。发生在金属表面局部区域，点蚀形成后迅速向深处发展，最后穿透金属。③晶间腐蚀。在金属材料晶界部位的腐蚀。腐蚀沿晶间进行，使晶粒之间的结合力大大削弱，机械强度急剧降低。④缝隙腐蚀。金属与金属或金属与非金属之间存在细小缝隙中发生的腐蚀现象。⑤电偶腐蚀。电解质溶液中，不同的金属接触时，由于腐蚀电位差引起电位低的金属在接触部位腐蚀的现象。⑥腐蚀疲劳。金属在交变应力和腐蚀介质的作用下发生。

老化试验常用的检验方法标准有：①GB/T 3512《硫化橡胶或热塑性橡胶热空气加速老化和耐热试验》；②GB/T 7141《塑料热空气暴露试验方法》；③YY 0341—2002《骨接合用非有源外科金属植入物通用技术条件》；④YY/T 1074—2002《外科植入物 不锈钢产品点蚀电位》；⑤GB/T 10124—1988《金属材料实验室均匀腐蚀全浸试验方法》。

二、成型加工性能

材料必须通过各种专门的加工技术，制成所要求的形状和尺寸的医疗器械或人工器官，才能付诸于临床应用。有些材料尽管性能不错，但由于加工成型困难而限制了它的使用，更有甚者，因为加工处理不当而造成失败。因此，近年来对于材料的加工技术给予了相当的重视，易于加工是对生物医用材料的一项基本要求。

三、使用性能

各种医疗器械在临床使用时都会有使用要求，例如各部件之间的连接性能、流量（速）要求、配合性、弯曲性能、过滤性能、吸水性、连接牢固度及针尖的刚性、韧性、耐腐蚀性、微粒污染、疲劳试验等，对不同的医疗器械临床使用要求是不一样的，而且检验方法也完全不同，因此应根据产品的特点及临床使用要求制定检验方法，以确保产品的使用安全。

例如：医疗器械不溶性微粒检验目前按微粒粒径范围及洗脱液的制备方法不同通常就有四种：①≥5μm 的不溶性微粒检验；②15～25μm 和≥25μm 的不溶性微粒检验；③≥10μm 和≥25μm 的不溶性微粒检验；④一次性使用血路产品微粒含量检验。不溶性微粒检验方法是通过冲洗所检产品的内腔，收集冲洗后的洗脱液，并对其中的粒子进行计数来评价污染，计数检验方法有显微镜法、电阻式粒子计数器法或光阻式粒子计数器法等。

第二节　医疗器械的常见化学性能要求

作为与人体接触的医疗器械，在生理条件下必须具有长期稳定的化学性质，才能保证应用的安全可靠性。医疗器械中的化学物质多种多样，而建立其允许限量时，重点应关心有害物质，这些有害物质通常来源于加工和灭菌的残留物，如聚合物单体、材料组成成分、原料中杂质、灭菌剂（环氧乙烷）、各类助剂、中间产物，也有在人体中缓慢释放的化学物质，如降解产物、带药的医疗器械中的药物等。这些化学物质一般可以被溶剂浸出，通过分析方法可以确定其在医疗器械中的含量（或释放量）。有害物质只有在一定条件下，具备一定剂量时才能产生毒效应，医疗器械化学物质允许限量的评定，就是在已知其毒性的基础上，结合医疗器械对人体接触时间、接触部位的分类，通过危害鉴定、毒性数据的选择，结合医疗器械协同使用、利弊分析等实际情况确定其在器械中的许可限量，并纳入在产品标准中，以保证产品的安全性。

医疗器械化学物质允许限量的建立，一般经历以下几个步骤。

(1) 利用下列方式评价与可沥滤物有关的生物学风险：①收集数据并确认临界健康终点；收集该有害物质的毒性资料，考核毒性资料的有效性（应尽可能与器械使用状况吻合）。选择决定性毒性数据应考虑最大风险原则。②根据特定接触时间和途径确定可耐受的摄入量（TI）；同时考虑多种器械同时使用的情况。③若刺激作用是一个合适的终点，确定可耐受接触水平（TCL）。

(2) 利用下列方式确定病人对可沥滤物的可耐受接触水平（TE）：①确定病人合适的体质量（mB）；②根据医疗器械应用因子（UTF）修正可耐受摄入量

和体重的乘积。

（3）确定可行性和应用受益。如果可行性评价确定该 TE 在技术和经济上可行，则该 TE 就成为允许限量。若该 TE 在技术和经济上是不可行的，这时要求按照建立允许限量的过程进行受益评价，从而进一步修正该 TE。

所有医疗器械化学毒物都应该依照以上途径科学合理的确定其允许限量，表 5-1 是医疗器械中某些化学毒物允许限量的部分规定。

表 5-1　医疗器械中某些化学毒物的允许限量

有害物名称	用途	典型毒理学数据	接触状况	标准中（法规）的建议
环氧乙烷	灭菌	刺激作用：人——经皮 1%/7s 兔——眼 18mg/6h 中等刺激 微生物突变：鼠伤寒沙门氏菌 40μmol/Plate 妊娠毒性：大鼠——吸入 TCl. o：100ppm/6h 大鼠——经口 LD50；72mg/kg	吸入 口服 表皮接触（短期） 体内植入（一次性） 血路系统（协同作用）	职业环境空气中限值：0.3mg/m³（一次量），0.03 mg/m³（日平均量） 食物中容许残留值：50mg/kg 输液器：0.5mg/套 人工晶体：10μg/g
镉		蛋白尿症：大鼠——静脉 LD50 3mg/kg	体内植入	饮用水：10μg/L 医疗器械：浸提物 0.1μg/mL
砷	试剂、药物	功能失调：豚鼠——腹腔 LDL o：10mg/kg	体内植入	饮用水：10μg/mL 医疗器械：浸提物 0.1μg/mL
铅	金属、合金、电镀、辐射防护等	遗传毒性、生殖毒性	血路系统、体内植入物	空气：0.15mg/m³ 饮用水：0.05mg/L
铬	不锈钢、电镀	致癌性	金属外科植入物	空气：0.5mg/m³（金属铬） 饮用水：0.05mg/L
镍	记忆合金	致癌性、生殖毒性	金属外科植入物	空气：1mg/m³（金属镍） 饮用水：0.05mg/L
钒	钛合金	可疑致癌物	金属外科植入物	空气：1mg/m³（金属钒） 饮用水：0.1mg/mL
邻苯二甲酸二异辛酯	增塑剂等	刺激作用：兔——眼 112mg 呼吸系统影响：大鼠——腹腔 5058mg/kg 妊娠毒性：大鼠——腹腔 TCl. o2 506mg/kg	血路系统 呼吸系统	职业环境空气中限值：10mg/m³（一次量），5mg/m³（日平均量）； 血袋：15mg/100mL

一、溶出物及可渗出物含量的化学分析

材料在合成以及加工过程中很难避免没有低分子物质的渗入。材料植入体内或与人体接触后的许多生理反应大多数都与溶出物或渗出物的存在有关。因此，对于材料的溶出物及可渗出物（如残留单体、有害金属元素和各种添加剂等）的含量要进行限定，必须将其含量控制在人体可接受的范围之内，从而保证产品使用的安全性。通常需要控制的指标有 pH、重金属含量、氧化还原物、蒸发残留量等，但有些残留物或降解产物无法采用化学分析的方法予以确定和控制，只有通过生物学评价来进一步确认这些医疗器械是否安全。

医疗器械浸提液中的易氧化物，可以作为医疗器械浸提液的污染指数来衡量医疗器械的质量，它与浸提液中含有的有机物、微生物的量成比例关系，通过对易氧化物的测定，一定程度上可以控制医疗器械的原料状况和生产环境。此外，易氧化物如果进入血液循环系统，可能中和血液中的氧分压，导致一定程度的心脏负担。

医疗器械浸提液中的易氧化物，可以通过在浸提液中加入定量的高锰酸钾，利用高锰酸钾在酸性环境下的强氧化性，在加热条件下高锰酸钾被还原的量来计量。

医疗器械中的金属，通常采用比色法检查，或用原子吸收分光光度法测定其在器械中（或浸提液中）的含量。医疗器械中的有毒金属包括铅、锌、汞、镍、钴、钒、铬、钼、锆等，这些金属通常都属于致癌物，各国都有严格的法规控制其使用，并采取有效方法测定其在空气、水、垃圾、职业环境中的含量，这些金属在医疗器械中的使用量有时比较大，而它们的毒性和化学价态有关。

下面介绍的是常见医疗器械溶出物及材料的化学分析。

1. 检验液的制备

制备检验液应尽量模拟产品使用过程中所经受的条件（如产品的应用面积、时间、温度等）。当产品的使用时间较长时（超过 24h），应考虑采用高温加速条件制备检验液，但需对其可行性和合理性进行论证。

制备检验液所用的方法应尽量使样品所有被测表面都被萃取到。

推荐在表 5-2 中根据不同的产品特性选择合适的检验液制备方法。

2. 检验项目及方法

1）浊度和色泽的测定

（1）浊度的测定。

①浊度标准贮备液的制备。称取于 105℃干燥恒重的硫酸肼 1.00g，置于

100mL 容量瓶中，加水适量使溶解，必要时可先置于洁净烧杯中在 40℃的水浴中温热溶解，再用水转移至 100mL 容量瓶中，并稀释至刻度，摇匀，放置 4～6h，取此溶液与等容量的 10% 六亚甲基四胺（乌洛托品）溶液混合，摇匀，于 25℃避光静置 24h。标准贮备液应置冷处避光保存，在 2 个月内使用，用前摇匀。

表 5-2　常用检验液制备方法

序号	检验液制备方法	适用产品举例
一	取三套样品和玻璃烧瓶连成一循环系统，加入 250mL 水并保持在 37℃±1℃，通过一蠕动泵作用于一段尽可能短的医用硅橡胶管上，使水以 1L/h 的流量循环 2h，收集全部液体冷至室温作为检验液。 取同体积水置于玻璃烧瓶中，不装样品同法制备空白对照液	使用时间较长（不超过 24h）的体外管路制品，如输液器、输血器等
二	取样品切成 1cm 长的段，加入玻璃容器中，按样品内外总表面积（cm^2）与水（mL）的比为 2∶1 的比例加水，加盖后，在(37±1)℃下放置 24h，将样品与液体分离，冷至室温，作为检验液。 取同体积水置于玻璃容器中，同法制备空白对照液	使用时间较长（不超过 24h）的体内导管
三	取样品的厚度均匀部分，切成 $1cm^2$ 的碎片，用水洗净后晾干，然后加入玻璃容器中，按样品内外总表面积（cm^2）与水（mL）的比为 5∶1(或2∶1)* 的比例加水，加盖后置于压力蒸汽灭菌器中，在(121±1)℃加热 30min，加热结束后将样品与液体分离，冷至室温作为检验液。 取同体积水置于玻璃容器中，同法制备空白对照液	使用时间很长的产品（超过 24h），如血袋膜片等
四	样品中加水至公称容量，在(37±1)℃下恒温 8h(或 1h)* 将样品与液体分离，冷至室温，作为检验液。 取同体积水置于玻璃容器中，同法制备空白对照液	使用时间很短的容器类产品。如注射器等
五	样品中加水至公称容量，在(37±1)℃下恒温 24h，将样品与液体分离，冷至室温，作为检验液。 取同体积水置于玻璃容器中，同法制备空白对照液	使用时间较长（不超过 24h）的容器类产品。如营养输液袋等
六	取样品，按每个样品加 10mL(或按样品适当重量加 1mL)* 的比例加水，在(37±1)℃下恒温 24h(或 8h 或 1h)*，将样品与液体分离，冷至室温，作为检验液。 取同体积水置于玻璃容器中，同法制备空白对照液	使用时间较长（不超过 24h）的小型不规则产品。如药液过滤器等

* 若使用括号中的样品制备条件，应在产品标准中注明。

②浊度标准原液的制备。取浊度标准贮备液 15.0mL，置 1000mL 容量瓶中，加水稀释至刻度，摇匀，取适量，置 1cm 吸收池中，在 550nm 处测定其吸光度值，结果应在 0.12～0.15 范围内。标准原液应在 48h 内使用，用前摇匀。

③浊度标准液的制备。取浊度标准原液与水，按照表 5-3 的比例配制。注意

标准液应在使用前现配，并摇匀后使用。

表 5-3　浊度标准液的配制

级号	0.5	1	2	3	4
浊度标准原液/mL	2.5	5.0	10.0	30.0	50.0
水/mL	97.5	95.0	90.0	70.0	50.0

④供试溶液制备。按产品标准要求的方法制备供试溶液。

⑤试验步骤。在室温下，取供试溶液 25mL(或50mL)，另取等量产品标准规定级号的浊度标准液分别置于配对的 25mL(或50mL)纳氏比色管中，在浊度标准液制备 5min 后，在暗室内垂直同置于伞棚灯下，照度为 1000lx，从水平方向观察、比较。除产品标准另有规定外，供试溶液制备后，应立即用正常视力或矫正视力检测供试溶液的浊度。

(2) 色泽的测定。

依据产品标准的规定测定色泽。

2) 还原物质（易氧化物）

(1) 直接滴定法。高锰酸钾是强氧化剂，在酸性介质中，高锰酸钾与还原物质草酸钠作用，MnO_4^- 被还原为 Mn^{2+}。

$$2MnO_4^- + 5C_2O_4^{2-} + 16H^+ = 2Mn^{2+} + 10CO_2 + 8H_2O$$

①溶液的配制。

稀硫酸（20%）。量取 128mL 硫酸，缓缓注入 500mL 水中，冷却后稀释至 1000mL。

$c(Na_2C_2O_4)=0.05mol/L$ 草酸钠标准溶液。称取 105℃下干燥至恒重的草酸钠 6.700g，加水溶解并稀释至 1000mL。

注：为使草酸钠易于溶解，可置于 40℃左右水浴上加热溶解，冷却后稀释定容。

$c(Na_2C_2O_4)=0.005mol/L$ 草酸钠标准溶液。用前取 0.05mol/L 草酸钠标准溶液适量，加水稀释 10 倍。

$c(KMnO_4)=0.02mol/L$ 高锰酸钾标准溶液。取 3.3g 高锰酸钾，加水 1050mL，煮沸 15min，加水至 1000mL，具塞密闭后置于暗处两周，用微孔玻璃漏斗过滤，摇匀，最后，标定其浓度。

$c(KMnO_4)=0.02mol/L$ 高锰酸钾标准溶液的标定。取 105℃下干燥至恒重的基准草酸钠约 0.2g，精确称重，加入 100mL 硫酸溶液（8+92），搅拌使之溶解。自滴定管中迅速将 25mL 待标定的高锰酸钾标准溶液加入到本液中，待褪色后，加热至 65℃，继续滴定至溶液呈浅粉红色，并保持 30s 不褪。当滴定终了时，溶液温度应不低于 55℃，同时做空白试验。制备的标准溶液浓度与规定浓度的相对误差不得大于5%。

$c(KMnO_4)$=0.002mol/L高锰酸钾标准溶液。临用前取0.02mol/L高锰酸钾标准溶液，加水稀释10倍。必要时，经煮沸，冷却和过滤后，再标定其浓度。

注：每6.7mg草酸钠相当于0.02mol/L高锰酸钾标准溶液1mL。

②供试溶液制备。按产品标准要求的方法制备供试溶液。

③试验步骤。取供试溶液20mL置于锥形瓶中，精确加入产品标准中规定浓度的高锰酸钾标准溶液3.00mL，稀硫酸5mL，加热至沸，并保持微沸10min，稍冷后精确加入对应浓度的草酸钠溶液5.00mL，置于水浴上加热至75～80℃(注意应控制温度不低于60℃，也不高于90℃，既保证定量反应需要的温度条件，又避免草酸分解)，用产品标准中规定浓度的高锰酸钾标准溶液滴定至显浅粉红色，并保持30s不褪色为终点，同时与同批空白对照液相比较。平行测定供试溶液，两次滴定结果体积之差不应超过0.05mL，结果取平均值。

注：$c(KMnO_4)$=0.02mol/L高锰酸钾标准溶液对应$c(Na_2C_2O_4)$=0.05mol/L的草酸钠标准溶液；$c(KMnO_4)$=0.002mol/L高锰酸钾标准溶液对应$c(Na_2C_2O_4)$=0.005mol/L的草酸钠标准溶液。

④结果计算。还原物质含量用消耗高锰酸钾标准溶液的量表示，按下列公式计算：

$$V = \frac{(V_S - V_0)C_S}{C_0}$$

式中，V为消耗高锰酸钾标准溶液的体积，mL；V_S为供试溶液消耗滴定液高锰酸钾标准溶液的体积，mL；V_0为空白液消耗滴定液高锰酸钾标准溶液的体积，mL；C_S为滴定液高锰酸钾标准溶液的实际浓度，mol/L；C_0为标准中规定的高锰酸钾标准溶液的浓度，mol/L。

(2) 间接滴定法。还原物质在酸性条件下加热时，被强氧化物质高锰酸钾氧化，过量的高锰酸钾将碘化钾氧化成碘，而碘被硫代硫酸钠还原，以淀粉溶液为指示剂，滴定至蓝色消失即为终点。反应式如下：

$$2MnO_4^- + 10I^- + 16H^+ = 2Mn^{2+} + 5I_2 + 8H_2O$$

$$I_2 + 2S_2O_3^{2-} = 2I^- + S_4O_6^{2-}$$

①溶液的配制。

稀硫酸(20%)。量取128mL硫酸，缓缓注入500mL水中，冷却后稀释至1000mL。

$c(KMnO_4)$=0.002mol/L高锰酸钾标准溶液。临用前精密移取0.02mol/L高锰酸钾标准溶液，加水稀释10倍。

淀粉指示液。取可溶性淀粉0.5g加水5mL搅匀后，缓缓浸入100mL沸水中，随加随搅拌，继续煮沸2min，冷却后倾取上层清液即得。本液应用前现配。

$c(Na_2S_2O_3)$=0.1 mol/L 硫代硫酸钠标准溶液。称取 26g 硫代硫酸钠（$Na_2S_2O_3 \cdot 5H_2O$）或 16g 无水硫代硫酸钠，溶于 1000mL 水中，缓缓煮沸 10min，冷却，加水至 1000mL。置两周后过滤，标定其浓度。

$c(Na_2S_2O_3)$=0.1 mol/L 硫代硫酸钠标准溶液的标定。称取 0.15g 于 120℃烘干至恒重的基准重铬酸钾，精确称重置于碘量瓶中，溶于 25mL 水，加 2g 碘化钾及 20mL 稀硫酸（20%），摇匀，于暗处放置 10min，加水 150mL，用配制好的硫代硫酸钠标准溶液[$c(Na_2S_2O_3)$=0.1mol/L]滴定，近终点时加 3mL 淀粉指示液（5g/L），继续滴定至溶液由蓝色变为亮绿色。同时做空白试验。制备的标准溶液浓度与规定浓度的相对误差不得大于 5%。

$c(Na_2S_2O_3)$=0.01 mol/L 硫代硫酸钠标准溶液。临用前精密移取 0.1mol/L 硫代硫酸钠标准溶液，用新煮沸并冷却的水准确稀释 10 倍。

注：为保证氧化还原滴定结果平行，建议使用碘化钾溶液（10g/100mL）。用前现配。

②供试溶液制备。按产品标准要求的方法制备供试溶液。

③试验步骤。精密移取产品标准规定量的供试溶液于碘量瓶中，参照表 5-4 加入规定量的 20% 硫酸溶液后，精密移取高锰酸钾标准溶液[$c(KMnO_4)$=0.002mol/L]。将碘量瓶置于电炉或加热板上煮沸 3min，迅速冷却到室温后，加入表 5-4 中对应量的碘化钾溶液或碘化钾固体，密塞摇匀后水封，立即用硫代硫酸钠标准溶液[$c(Na_2S_2O_3)$=0.01mol/L]滴定至淡黄色，加入淀粉指示剂 0.25mL(4～5滴)，继续用硫代硫酸钠标准溶液滴定至无色，平行测定供试溶液，两次滴定结果体积之差不应超过 0.05mL，结果取平均值；如果滴定结果超差，应重新平行取样滴定。同法滴定空白对照液，并计算结果。

表 5-4　不同供试溶液量加入的其他试剂对应量

供试溶液取量/mL	$c(KMnO_4)$为 0.002mol/L 高锰酸钾标准溶液/mL	20%硫酸溶液加入量/mL	碘化钾溶液(10g/100mL)加入量/mL	碘化钾固体加入量/g
10	10.00	1	1	0.1
20	20.00	2	10	1.0

④结果计算。还原物质含量用消耗高锰酸钾标准溶液的量表示，按下列公式计算：

$$V = \frac{(V_0 - V_S)C_S}{C_0}$$

式中，V 为消耗高锰酸钾标准溶液的体积，mL；V_S 为供试溶液消耗滴定液硫代硫酸钠标准溶液的体积，mL；V_0 为空白液消耗滴定液硫代硫酸钠标准溶液的体积，mL；C_S 为滴定液硫代硫酸钠标准溶液的实际浓度，mol/L；C_0 为标准中规

定的 $c(1/5KMnO_4)$标准溶液的浓度，mol/L。

注：$c(KMnO_4)$＝0.002mol/L 相当于 $c(1/5KMnO_4)$＝0.01mol/L。

3）氯化物

氯离子在硝酸介质条件下与硝酸银反应生成难溶的氯化银。当氯离子含量较低时，在一定时间内，氯化银呈悬浮体时溶液浑浊，可根据氯化银产生的浊度半定量测定供试溶液中氯化物的含量。

（1）溶液的配制。

氯化钠标准贮备液（氯的标准浓度为100μg/mL）。称取0.165g经110℃干燥恒重的氯化钠，定容于1000mL容量瓶中。

氯化钠标准溶液。依据产品标准要求，检验前用氯化钠标准贮备液准确稀释而得。

硝酸银试液。取硝酸银1.75g，加水溶解并稀释至100mL，贮存在棕色瓶，避光保存。

稀硝酸。取105mL浓硝酸，用水稀释至1000mL。

（2）供试溶液制备。按产品标准要求的方法制备供试溶液。

（3）试验步骤。取供试溶液10mL，加入50mL纳氏比色管中，加入10mL稀硝酸（溶液若不澄清，过滤，滤液置于50mL纳氏比色管中），加水至约40mL，作为供试溶液管。

另取10mL氯化钠标准溶液于另一50mL纳氏比色管中，加10mL稀硝酸，加水至约40mL，摇匀即得标准对照液管。

在上述两个比色管中分别加入硝酸银试液1.0mL，用水稀释至50mL，摇匀，在暗处放置5min，在黑色背景上从比色管上方观察、比较供试溶液管与标准对照液管的浊度。

供试溶液如带颜色，除另有规定外，可取供试溶液两份，分置50mL纳氏比色管中，一份中加硝酸银试液1.0mL，摇匀，放置10min，如显浑浊，可反复过滤，至滤液完全澄清，再加规定量的标准氯化钠溶液与水适量使成50mL，摇匀，在暗处放置5min，作为对照液；另一份中加硝酸银试液1.0mL与水适量使成50mL，摇匀在暗处放置5min，按上述方法与对照液比较。

注：为防止过滤过程中引入滤纸中的氯产生污染，先用热去离子水洗涤滤纸几次，再过滤供试溶液。

4）酸碱度

（1）方法一：酸度计法。

①溶液的配制。标准缓冲溶液（校正酸度计用）按照使用说明书的方法配制。

②供试溶液制备。按产品标准要求的方法制备供试溶液。

③试验步骤。按酸度计的使用说明书校准酸度计。取供试溶液及空白对照液分别测定其 pH，计算两者之差。

注：对于 pH 难以稳定的供试溶液，通常采取在相同时间内分别测定空白对照液和供试溶液。

(2) 方法二：滴定法。

①溶液的配制。

$c(NaOH)=0.1$ mol/L 氢氧化钠标准溶液。称取 110g 氢氧化钠，溶于 100mL 无二氧化碳的水中，摇匀，注入聚乙烯容器中，密闭放置至溶液清亮。用塑料管量取上层清液 5.4mL，用无二氧化碳的水稀释至 1000mL，摇匀；标定，称取于 105～110℃电烘箱中干燥至恒重的工作基准试剂邻苯二甲酸氢钾 0.75g，精确称重，加无二氧化碳的水 50mL 溶解，加 2 滴酚酞指示液（10g/L），用配制好的氢氧化钠溶液滴定至溶液呈粉红色，并保持 30s。同时做空白试验。

氢氧化钠标准滴定溶液的浓度以 mol/L 表示，按照下式计算：

$$C(NaOH)=\frac{m\times 1000}{(V_1-V_2)M}$$

式中，m 为邻苯二甲酸氢钾的准确称取质量，g；V_1 为氢氧化钠溶液的体积，mL；V_2 为空白试验氢氧化钠溶液的体积，mL；M 为邻苯二甲酸氢钾的摩尔质量，克每摩尔(g/mol)[$M(KHC_8H_4O_4)=204.22$]。

$c(NaOH)=0.01$ mol/L 氢氧化钠标准溶液。临用前精确移取上面的氢氧化钠标准溶液加水准确稀释 10 倍。

$c(HCl)=0.1$ mol/L 盐酸标准溶液。量取 9mL 盐酸，溶于 1000mL 水中，摇匀；标定，称取于 270～300℃高温炉中灼烧至恒重的工作基准试剂无水碳酸钠 0.2g，用水 50mL 溶解，加 10 滴溴甲酚绿-甲基红指示液，用配制好的盐酸溶液滴定至溶液由绿色变为暗红色，煮沸 2min，冷却后继续滴定至溶液再呈暗红色。同时做空白试验。

盐酸标准滴定溶液的浓度以 mol/L 表示，按照下式计算：

$$C(HCl)=\frac{m\times 1000}{(V_1-V_2)M}$$

式中，m 为无水碳酸钠的准确称取质量，g；V_1 为盐酸溶液的体积，mL；V_2 为空白试验盐酸溶液的体积，mL；M 为无水碳酸钠的摩尔质量，克每摩尔(g/mol)$\left[M\left(\frac{1}{2}Na_2CO_3\right)=52.994\right]$。

$c(HCl)=0.01$ mol/L 盐酸标准溶液。临用前精确移取上面的盐酸标准溶液适量，加水准确稀释 10 倍。

Tashiro 指示剂。溶解 0.2g 甲基红和 0.1g 亚甲基蓝于 100mL 95%的（V/

V）乙醇中。

②供试溶液制备。按产品标准要求的方法制备供试溶液。

③检验步骤。将 0.1mL Tashiro 指示剂加入内有 20mL 供试溶液的锥形瓶中，如果溶液颜色呈紫色，则用 0.01 mol/L 的氢氧化钠标准溶液滴定；如果呈绿色，则用 0.01 mol/L 的盐酸标准溶液滴定，直至显灰色。以消耗 0.01 mol/L 氢氧化钠标准溶液或 0.01 mol/L 盐酸标准溶液的体积（以 mL 为单位）作为检验结果。

5）蒸发残渣

(1) 供试溶液制备。按产品标准要求的方法制备供试溶液。

(2) 试验步骤。将洁净的蒸发皿预先在（105±1)℃干燥箱中烘至恒重，然后加入产品标准中规定体积的供试溶液，置于水浴上蒸干。将蒸发皿再次放入（105±1)℃干燥箱中烘至恒重。同法处理空白对照液，空白对照液的蒸发残渣应不超过 0.5mg。

(3) 结果计算。按下列公式计算：

$$W = [(W_{12} - W_{11}) - (W_{02} - W_{01})] \times 1000$$

式中，W 为蒸发残渣的质量，mg；W_{11} 为未加入供试溶液的蒸发皿质量，g；W_{12} 为加入供试溶液的蒸发皿质量，g；W_{01} 为未加入空白液的蒸发皿质量，g；W_{02} 为加入空白液的蒸发皿质量，g。

6）重金属总量（目视比色法）

(1) 方法一（硫代乙酰胺法）。在弱酸性溶液中，铅、铬、铜、锌等重金属能与硫代乙酰胺作用生成不溶性有色硫化物。以铅标准溶液为代表进行比色，测定重金属的总含量。

①溶液的配制。

7mol/L 盐酸液。量取 580mL 盐酸，溶解到约 420mL 水中。

2mol/L 盐酸液。量取 165mL 盐酸，溶解到约 835mL 水中。

5mol/L 氨溶液。量取 355mL 氨水，溶解到约 645mL 水中。

乙酸盐缓冲溶液（pH3.5）。取乙酸铵 25g，加水 25mL 溶解后，加 7mol/L 盐酸 38mL，用 2mol/L 盐酸或 5mol/L 氨溶液准确调节 pH 至 3.5，用水稀释至 100mL。

硫代乙酰胺溶液。取硫代乙酰胺 4g，加水使溶解成 100mL，置冰箱中保存。

硫代乙酰胺试液。临用前取混合液 5.0mL，加上述硫代乙酰胺溶液 1.0mL，置沸水浴上加热 20s，冷却，立即使用。

注：混合液由 1mol/L 氢氧化钠 15mL、水 5mL 及甘油 20mL 组成。

铅标准贮备液（100μg/mL）。称取 110℃干燥恒重的硝酸铅 0.1598g，加入 5mL 硝酸和 50mL 水溶解后，用水定容至 1000mL，摇匀，作为标准贮备液。

铅标准溶液。依据产品标准要求，检验前用上面制备的贮备液准确稀释至所需浓度。

②供试溶液制备。按产品标准要求的方法制备供试溶液。

③试验步骤。取供试溶液50mL于50mL纳氏比色管中，另取50mL纳氏比色管，加入相应量的铅标准溶液，加水稀释至50mL，于上述两只比色管中分别加入乙酸盐缓冲液(pH 3.5)2mL，再分别加入硫代乙酰胺试液2mL，摇匀，放置2min。置白色背景上，从比色管上方观察，比较颜色深浅。

(2) 方法二（硫化钠法）。在碱性溶液中，铅、铬、铜、锌等重金属能与硫化钠作用生成不溶性有色硫化物。以铅为代表制备标准溶液进行比色，测定重金属的总含量。

①溶液的配制。

氢氧化钠试液。取氢氧化钠4.3g，加水使溶解成100mL。

硫化钠试液。取硫化钠1g，加水使溶解成10mL。

铅标准贮备液（100μg/mL）。称取110℃干燥恒重的硝酸铅0.1598g，加入5mL硝酸和50mL水溶解后，用水定容至1000mL，摇匀，作为标准贮备液。

铅标准溶液。依据产品标准要求，检验前用前面制备的贮备液准确稀释至所需浓度。

②供试溶液制备。按产品标准要求的方法制备供试溶液。

③试验步骤。取供试溶液50mL于50mL纳氏比色管中，另取50mL纳氏比色管，加入相应量的铅标准溶液，加水稀释至50mL，于上述两只比色管中分别加入氢氧化钠试液5mL、硫化钠试液5滴，摇匀，置白色背景上，从比色管上方观察，比较颜色深浅。

7) 铵（纳氏试剂比色法）

铵离子在碱性溶液中能与纳氏试剂反应生成黄色物质，通过与标准对照液比色，可半定量测定其含量。

(1) 溶液的配制。

①3mol/L的氢氧化钠溶液。称取12.0g氢氧化钠，用水溶解并稀释至100mL。

②二氯化汞饱和水溶液。取6.5g二氯化汞，加100mL即得。

③纳氏试剂（碱性碘化汞钾试液）。取碘化钾10g，加水10mL溶解后，缓缓加入二氯化汞的饱和水溶液，随加随搅拌，至生成的红色沉淀不再溶解，加氢氧化钾30g溶解后，再加二氯化汞的饱和水溶液1mL或1mL以上，并用适量的水稀释成200mL，静置，使沉淀，用时倾取上清液使用。

④氯化铵标准贮备液。准确称取0.300g氯化铵，用水溶解并定容至100mL含NH_4^+ 1.0g/L的标准贮备液。

⑤氯化铵标准溶液。依据产品标准要求，检验前用前面标准贮备液准确稀释至所需浓度。

(2) 供试溶液制备。按产品标准要求的方法制备供试溶液。

(3) 试验步骤。取供试溶液10mL于一具塞的纳氏比色管中，另取10mL氯化铵标准溶液于另一比色管中，于上述两支管中各加入3mol/L的氢氧化钠溶液1mL和纳氏试剂1mL，混合均匀，5min后，比较上述两支比色管中溶液的颜色。

8) 硫酸盐

硫酸根与钡离子生成难溶性的硫酸钡，通过目视比浊法测定微量硫酸盐。

(1) 溶液的配制。

①标准硫酸盐贮备液（SO_4^{2-} 含量为100mg/L）。称取经105～110℃下干燥至恒重的无水硫酸钠0.148g，溶于水，移入1000mL容量瓶中，稀释至刻度。

②标准硫酸盐溶液的配制。依据产品标准要求，检验前将上述标准硫酸盐贮备液用水准确稀释到所需浓度。

③氯化钡溶液（61g/L）。称取氯化钡6.1g，用水溶解并稀释到100mL。

④乙酸溶液（300g/L）。量取30mL冰乙酸，加水至100mL，摇匀。

(2) 供试溶液制备。按产品标准要求的方法制备供试溶液。

(3) 试验步骤。吸取0.75mL 95%(V/V)乙醇于25mL具塞比色管中，加入0.5mL氯化钡溶液和0.25mL乙酸溶液，在持续振摇条件下，加入1.5mL的标准硫酸盐溶液，混合后振摇30s，制成混合液。取15mL供试溶液，加入0.3mL乙酸溶液酸化，将此酸化后的溶液加入上述混合液中。

同时取15mL标准硫酸盐溶液，同法制备标准对照液。

5min后比较供试溶液与对照液的浑浊度。

9) 材料中重金属总量分析方法（比色法）

在弱酸性溶液中，铅、铬、铜、锌等重金属能与硫代乙酰胺作用生成不溶性有色硫化物。以铅标准溶液为代表进行比色，测定重金属的总含量。

(1) 溶液的配制。

①7mol/L盐酸液。量取580mL盐酸，溶解到约420mL水中。

②2mol/L盐酸液。量取165mL盐酸，溶解到约835mL水中。

③5mol/L氨溶液。量取355mL氨水，溶解到约645mL水中。

④乙酸盐缓冲溶液（pH3.5)。取乙酸铵25g，加水25mL溶解后，加盐酸液(7mol/L)38mL，用盐酸液（2mol/L）或氨溶液（5mol/L）准确调节pH 3.5，用水稀释至100mL。

⑤硫代乙酰胺溶液。取硫代乙酰胺4g，加水使溶解成100mL，置冰箱中保存。

⑥硫代乙酰胺试液。临用前取混合液 5.0mL，加上述硫代乙酰胺溶液 1.0mL，置沸水浴上加热 20s，冷却，立即使用。

注：混合液由 1mol/L 氢氧化钠 15mL、水 5.0mL 及甘油 20mL 组成。

⑦铅标准贮备液（100μg/mL）。称取 110℃干燥恒重的硝酸铅 0.1598g，加入 5mL 硝酸与水 50mL 溶解后，用水定容至 1000mL 容量瓶中，摇匀，作为标准贮备液。

⑧铅标准溶液。依据产品标准要求，检验前用上面贮备液准确稀释至所需浓度。

（2）供试溶液制备。平行取样品 2g，切成碎片，置于瓷坩埚中，在通风橱中缓缓加热使之炭化，冷却后加入 2mL 硝酸及 5 滴硫酸，加热至白烟消失为止。再在 500～600℃灼烧使之灰化，冷却后加入 2mL 盐酸置水浴上蒸干，加 3 滴盐酸湿润残留物，再加 10mL 水，加热 2min，加酚酞试液一滴，再滴入氨溶液（5mol/L）使上述溶液变成微红色为止。加乙酸缓冲液（pH3.5）2mL（如浑浊，过滤，再用 10mL 水洗涤沉淀），将溶液转移至 50mL 容量瓶中，加水定容，作为供试溶液。

将加入 2mL 硝酸、5 滴硫酸及 2mL 盐酸的另一瓷坩埚置于水浴上使之蒸干，再用 3 滴盐酸湿润残留物。同法制备空白对照液。

（3）试验步骤。取供试溶液 50mL 于 50mL 纳氏比色管中，另取一 50mL 纳氏比色管，加入 1mL 铅标准溶液，加空白对照液至 50mL，于上述两只比色管中分别加入硫代乙酰胺试液 2mL，摇匀，放置 2min。置白色背景上，从比色管上方观察，比较颜色深浅。

10）烧灼残渣

（1）试验步骤。平行取样，每份称取样品 2～5g，切成碎片，分别置于已灼烧恒重的坩埚中，称重，准确至 0.1mg。在通风橱中缓缓灼烧至完全炭化，放冷。加 0.5～1mL 硫酸使其湿润，低温加热至硫酸蒸汽除尽，在 500～600℃灼烧使完全灰化至恒重。

（2）结果计算。

按下列公式计算，结果以平均值报出。

$$A=\frac{W_2-W_0}{W_1-W_0}\times 100$$

式中，A 为烧灼残渣，%；W_0 为样品加入前坩埚的质量，g；W_1 为样品加入后坩埚的质量，g；W_2 为样品灼烧后坩埚的质量，g。

二、仪器分析检验方法

1. 紫外分光光度法

分光光度法是通过被测物质在紫外-可见光区的特定波长处或一定波长范围内光的吸收度，对该物质进行定性和定量分析的方法。该法主要用于医疗器械及其浸提液的鉴别、杂质检查和含量测定。

定量分析通常选择物质的最大吸收波长处测定吸收度，然后用对照品或百分吸收系数法求算出被测物质的含量，多用于器材中主成分的含量测定；对已知物质定性可用吸收峰波长或吸收度比值作为鉴别，若化合物本身在紫外光区无吸收，而杂质在紫外光区有相当强度的吸收，则可用本法做样品浸提液的杂质检查。

化合物分子结构中如含有共轭体系、芳香环或发色基团，可在紫外光区（190～400nm）或可见光区（400～900nm）产生吸收。通常使用的紫外分光光度计的工作波长范围为190～900nm。

紫外分光光度法定量分析的依据是朗伯-比尔（Lambert-Beer）定律，其数学表达式为

$$A = \lg \frac{1}{T} = Ecl$$

式中，A为吸收度；T为透光率；E为吸收系数，如溶液的浓度（c）为1%(g/mL)，光路长度（l）为1cm，相应的吸收系数为百分吸收系数，以$E_{1cm}^{1\%}$表示。如溶液的浓度（c）为摩尔浓度（mol/L），光路长度为1cm时，则相应的吸收系数为摩尔吸收系数，以ε表示；c为溶液浓度；l为光路长度。

（1）按产品标准要求的方法制备供试品。

（2）鉴别及检查。测定供试品在规定波长处或规定波长范围（如浸提液紫外吸收度检查）的最大及最小吸收，有的并需测定其各最大吸收峰值或最大吸收与最小吸收的比值、吸收系数等，均应符合规定。

（3）含量测定。

①对照品比较法。按各品种项下规定的方法，分别配制供试品和对照品，对照品中所含被测成分的量应为供试品中被测成分标示量的（100±10)%以内，用同一溶剂，在规定的波长处测定供试品和对照品的吸收度。或配制标准系列浓度，得回归方程，除另有规定外，相关系数应大于0.990，计算样品浓度。

②吸收系数法。按各该品种项下制备供试品，在规定的波长及该波长±2nm处测定其吸收度，按各该品种在规定条件下给出的吸收系数计算含量。如为测定新品种的吸收系数，需按11.4.3的规定进行。

③动力学法。以对照品配制系列浓度，在规定波长下测定并绘制不同浓度随时间变化的吸收度曲线，得规定时间的浓度-斜率（或规定吸收度的浓度-时间）回归方程，计算样品含量。

2. 原子吸收分光光度法

分析样品在高温下经原子化产生原子蒸气时，如有一辐射能量，通常是光波场辐射作用于原子，当辐射频率相应于原子中电子从基态跃迁到所允许的较高能态所需要的能量时，则引起原子对辐射量的吸收，产生吸收光谱。吸收通常发生在紫外及可见光区，原子吸收发生的是单一的电子能级跃迁，因此其光谱带很窄，通过该特征波长光谱线的吸收可以测定该待测元素的含量。原子吸收一般遵守吸收分光光度法的朗伯-比尔（Lambert-Beer）定律，实验条件固定时，元素的吸收度值与样品中原子浓度直接成比例，但实验参数的变化会影响其结果值。

原子吸收分光光度法测量常用于材料或浸提液中元素含量的测定。

1）供试品的制备

按产品标准要求的方法制备供试品。

2）样品测定操作方法

浸提液金属离子定量分析制备标准曲线时，标准曲线法制备含待测元素的标准溶液至少有 3 种不同浓度，每一浓度测定 3 次，求取 3 次读数平均值。而供试品也应测定 3 次，取平均值从标准曲线上求得相应的浓度。

火焰法测定的相对标准偏差（RSD）应不大于 3%。石墨炉法应不大于 10%，样品测定离散性大时应多测定几次，以增加读数的可靠性。

（1）标准曲线法。先配制一个被测元素的标准贮备液，通常可用该元素的基准化合物或纯金属按规定方法配制。通常制备空白的溶液稀释成标准工作液，再按测定方法的操作步骤配制一组（不少于 3 点）合适的系列标准溶液。用火焰原子化器从低浓度到高浓度依次喷入火焰，分别读取其吸收度值，用吸收度作为纵坐标，被测元素的含量或浓度作为横坐标，绘制标准曲线。在相同条件下测定样品的吸收度，求出试样中被测元素含量。

石墨炉原子化器的标准曲线可以用相同体积不同浓度的系列标准溶液或用相同浓度不同体积的标准液制备，一般以前者为佳。

（2）标准加入法。取同体积按各品种项下规定制备的供试溶液 4 份，分别加至 4 个同体积的量瓶中，除（1）号瓶外，（2）、（3）、（4）号量瓶分别准确加入比例量的待测元素标准溶液，均用去离子水稀释至刻度，形成标准液加入量从零开始递增的一系列溶液。按上述标准曲线法自“用火焰原子化器从低浓度到高浓度依次喷入火焰”起依法测定；将读数与相应的待测元素加入量作图，延长此直线至于含量轴的延长线相交，此交点与原点间的距离即相当于供试溶液取用量中待测元素的含量，再依此计算供试品中待测样品的含量。

3. 气相色谱法

气相色谱法是气体作为流动相，固定相由吸附剂、高分子多孔小球或涂渍固定液的载体构成，仪器由气路系统、进样系统、柱分离系统、检测系统、温度控制系统和数据收集系统所组成。气相色谱法分析样品时，是在加温状态下使样品处于气态，在固定相和载气间进行分离后，先后进入检测器，色谱信号用记录仪或数据处理系统记录并计算。

气相色谱法主要用于医疗器械中残留物质的分析，例如：测定环氧乙烷残留量、氯乙烯单体含量等。

1）供试品的制备

精密称取供试品和对照品各 2 份，按各品种项下的规定方法，准确配制供试溶液和对照品溶液。

2）样品测定操作方法

（1）仪器系统适用性试验。除另有规定外，邻近两个色谱峰分离度应大于 1.5，拖尾因子应在 0.95～1.05 之间，相对标准偏差不大于 2.0%，理论塔板数应符合待测样品标准中规定的要求。

（2）预试验。初次测定该品种时，可先经预试验以确定仪器参数，根据预试验情况，可适当调节柱温、载气流速、进样量等，使色谱峰的保留时间、分离度、峰面积或峰高的测量能符合系统适用性要求。

（3）正式测定。正式测定时，每份校正因子测定溶液（或对照品溶液）及供试溶液各进样 2 次，两份共 4 个校正因子及 4 个供试品数据，结果平均值，内标法相对标准差（RSD）不得大于 1.5%；外标法测定同上，相对标准偏差不得大于 2.5%。如超过，应重新测定。多份供试品测定时，每隔 5 批应再进对照品 2 次，核对一下仪器有无改变。

第三节　医疗器械的灭菌及环氧乙烷残留量检测

许多医疗器械必须在无菌状态下使用，这就需要在使用前进行灭菌，灭菌的方式和条件应根据不同的器械和材料而定，常用的灭菌方法主要有：湿热灭菌（高温蒸汽灭菌）、化学灭菌（环氧乙烷灭菌）和辐照灭菌。对于不能用上述方法进行灭菌的液体类无菌医疗器械，也可以采用过滤或无菌灌装技术。对医疗器械灭菌所涉及的工艺和设备等都要进行灭菌确认，关于湿热、环氧乙烷和辐照灭菌的确认和常规控制国家已颁布了三个国家标准，即 GB18278(ISO11134)《医疗保健产品灭菌 确认和常规控制 工业湿热灭菌》、GB18279(ISO11135)《医疗器械 环氧乙烷灭菌确认和常规控制》以及 GB18280(ISO11137)《医疗保健产品灭菌 确认和常规控制辐射灭菌》。

下面主要介绍三种常用的灭菌方法和过滤去菌法。

一、湿热灭菌

该法主要是利用热使微生物的蛋白质变性或凝固，导致微生物死亡。医疗器械灭菌常用的湿热灭菌法是高压蒸汽灭菌法，压力蒸汽灭菌是在专门的压力蒸汽灭菌器中进行的，是热力灭菌中使用最普遍、效果最可靠的一种方法。其优点是穿透力强、灭菌效果可靠、能杀灭所有微生物。在一次性使用医疗器械生产中，主要用于玻璃器皿、敷料包、工作衣、口罩、帽子、金属器械、液体培养基等耐热物品的灭菌。

常用灭菌条件为：115℃ 30min，121℃ 20min，126℃ 15min。如提高灭菌温度或采用预真空或脉动真空，都将缩短灭菌时间。

二、辐射灭菌

辐射灭菌，是利用放射性同位素——钴 60γ 射线、高能电子束进行灭菌的技术。20 世纪 50 年代初，国际上已开始尝试于医疗用品灭菌并获成功，20 世纪 80 年代在一些发达国家中，已成为医疗用品的主要方法。该技术与热力灭菌法、化学灭菌法比较，具有独特的优点：灭菌彻底、包装及常温下消毒、无残留毒性和污染、可连续批量操作、节约能源，尤其适合于热敏和怕湿材料的灭菌等。但辐射灭菌也存在一些缺点，比如可以损坏某些不耐辐照的高分子材料，改变其机械性能（如强度）、变脆开裂、外观变黄等；一次性投资大，安全防护、技术操作要求高等。随着耐辐射高分子材料的研制成功，使电离辐射技术更趋于成熟化、产业化。在医疗用品工业灭菌方面已有逐步取代化学熏蒸法之势。

三、环氧乙烷灭菌

环氧乙烷（EO）具有高效、广谱和对灭菌物品无损害等优点，目前已成为常用的化学灭菌制剂。我国大部分无菌医疗器械均采用这种灭菌方法。环氧乙烷气体的穿透力很强，可穿透玻璃纸、硬纸盒、塑料薄膜、塑料管等。环氧乙烷能把微生物杀死，但对人也有毒害作用，其毒性包括两个方面，一是环氧乙烷本身的毒性，二是灭菌后二次生成物的毒性。环氧乙烷对人的毒害作用是很大的，中毒途径主要是通过呼吸器官吸入体内，吸入它能刺激呼吸道，发生恶心、呕吐、头痛、刺激眼角膜，严重者可引起肺水肿。它不仅具有急性毒性，而且还有致突变和致癌作用。另外，环氧乙烷与氯元素接触可产生毒性更大的氯乙醇。因此，近些年来，医疗器械环氧乙烷灭菌残留物问题越来越引起人们广泛重视，环氧乙烷在不同的物体中都会有残留，残留物传递、扩散、分布的速率与浓度成比例，有些材料对环氧乙烷吸附较强（穿透过程中残留于材料内部），可能会有较高的残留。环氧乙烷残留量一般应在产品规定的出厂时间测定。

1. 影响环氧乙烷残留量的因素

ISO11135《医疗器械-环氧乙烷的确认与常规控制要求》或EN550中规定了灭菌过程参数，它包括灭菌剂用量、灭菌温度、压力、湿度、时间；解析的温度、时间、压力变化；空气变化率等，但要正确分析经环氧乙烷灭菌后器械中环氧乙烷的残留量，就必须确认这些影响残留量的参数。可以通过分析有代表性的"最坏情况"，经环氧乙烷动力学研究来掌握一类相似的器械。所谓一类相似的器械是指：在尺寸及用途、材料组成、包装、环氧乙烷作用、含水量以及暴露于周围环境等情况相似的产品，而不必分析生产线上的每一个项目。以下参数影响残留量的含量。

1）材料的组成

各种材料的吸收、保持和释放环氧乙烷的能力有显著差异。对于由两种不同的材料组成的器械，为使分析精确，须从两种材料上取有代表性的样本进行分析。在考虑模拟产品正常使用状况时，器械的组成和体积尤为重要。

环氧乙烷残留量在一定程度上取决于材料对环氧乙烷的吸附性（如表5-5所示），其中天然橡胶和涤纶树脂很多，聚氨酯和聚氯乙烯次之，聚乙烯和聚丙烯吸收最少。

表5-5　通常环氧乙烷灭菌后的环氧乙烷吸附量

材料名称	吸附量/ppm	材料名称	吸附量/ppm
聚氯乙烯	10000～30000	天然橡胶	20000～35000
聚苯乙烯	15000～25000	合成橡胶	20000
聚乙烯	5000～10000	硅橡胶	15000～20000
聚丙烯	15000		

2）包装

包装材料对环氧乙烷气体和其他残留物的透过或扩散的能力有显著差异，可能会影响环氧乙烷残留量，包装的密度以及运输容器的密度也会对其残留量有影响，因此，选择合适的包装材料十分重要。实践证明，最佳的包装是纸质材料，它既利于蒸气和灭菌气体的穿入，又便于两气的逸出。聚乙烯可被环氧乙烷气体穿透，但最好采用一个抽真空过程，以利于环氧乙烷气体的逸出。

3）环氧乙烷的灭菌循环

用环氧乙烷灭菌时，灭菌气体的浓度、作用时间、温度、循环类型（也就是纯环氧乙烷或环氧乙烷混合物）、湿度（包括水源质量）、抽真空与换气次数以及在灭菌器内产品装载密度或排列等条件将影响残留量的大小。

4）通风

器械中的环氧乙烷残留量还与通风温度、装载密度和排列、气流、堆码、被通风产品的表面积、通风时间等有关，有些材料的通风温度每增加 10℃，相当于通风速度可提高约 1 倍，通风时间减少一半的效果。

当样品贮存在与仓库条件不同的实验室里时，分析人员应注意到通风的温度和速度随季节的变化，在某些情况下，产品在分析前须存放于产品实际通风存放时的最低温度条件下。

5）样品校正

当产品灭菌完成后不久，要从灭菌批中抽样进行日常分析，当产品样品或其浸提液被运到远离灭菌地点的分析地点时，需特别注意的是，要考虑样品残留量与批量产品残留量之间会不会有误差，并通过实验来建立这些条件之间的关系。

2. 环氧乙烷残留量限量的确定

GB/T 16886.7(即 ISO10993—7)标准中详细阐述了环氧乙烷残留量限量的确定依据及方法。

医疗器械的生物学评价可能要求比 ISO10993—7 规定的更为严格的限度，标准中规定的极限是为防止全身反应所设定的。例如，所有的器械需考虑刺激反应，ISO10993—7 没有涉及急性局部反应，对小器械应尤为注意出现这种反应的可能性和环氧乙烷在单位面积内的浓度。

1）一般情况

持久接触和长期作用器械的限量以最大平均日剂量表述，同时还要遵循接触期最初 24h 的附加限定，对持久接触器械要遵循最初 30d 作用类型的附加限定，这些限定规定了早期交付给患者的环氧乙烷限量。

如果一种材料或器械兼属于一种以上的时间分类，应使用较严的试验要求，应考虑器械因多次使用而将其按潜在的累加次数的作用时间的总和将其列入时间分类。

ISO10993—7 中的“多次”使用是指重复使用的同种医疗器械。

（1）持久接触的器械。环氧乙烷对患者的平均日剂量不应超过 0.1mg/d；此外最大剂量，最初 24h 不应超过 20mg（4mg）b；最初 30d 里不应超过 60mg；一生中不应超过 2.5g。

ECH(2-氯乙醇）对患者的平均日剂量不应超过 2mg/d；此外最大剂量，最初 24h 不应超过12mg(9mg)b；最初 30d 里不应超过 60mg；一生中不应超过 50g (10 g) b。

(2) 长期作用的器械。环氧乙烷对患者的平均日剂量不应超过 2mg/d；此外最大剂量，最初 24h 不应超过 20mg (4 mg) b；最初 30d 里不应超过 60mg。

ECH 对患者的平均日剂量不应超过 2mg/d(3.8mg/d)b；此外最大剂量，最初 24h 不应超过 12mg (9 mg) b；最初 30d 里不应超过 60mg。

(3) 短期作用的器械。环氧乙烷对患者的平均日剂量不应超过 20mg (4mg)b。

ECH 对患者的平均日剂量不应超过 12mg(9mg)b。

注：①同时使用多个器械或器械用于新生儿会使作用加剧。

②括号中的数据为 ISO/CD 10993—7：2006 修订后的指标。另增加了以下要求。

(4) 表面接触器械和植入器械的允许接触限量。环氧乙烷的允许接触限量 (TCL) 用 $\mu g/cm^2$ 表示，ECH 的允许接触限量 (TCL) 用 mg/cm^2 表示，cm^2 表示病人与器械的接触面积。

制定下列条款的目的就是为了防止由于环氧乙烷或 ECH 从器械上释放出来而产生局部刺激。

①环氧乙烷的允许接触限量。表面接触器械和植入器械环氧乙烷的 TCL 都不应超过 $10\mu g/cm^2$，或按 ISO10993—10 的每一标准方法试验应几乎无刺激产生。

②ECH 的允许接触限量。表面接触器械和植入器械 ECH 的 TCL 都不应超过 $5mg/cm^2$，或按 ISO10993—10 的每一标准方法试验应几乎无刺激产生。

2) 特殊情况

对复合器械系统，应对每单个器械规定极限。

眼内透镜上环氧乙烷残留量每只每天不超过 0.5μg，每个透镜不超过 1.25μg；对血液氧合器和血液分离器，环氧乙烷对患者的平均日剂量不超过 60mg；对体外血液净化装置，上述长期和短期时间分类的环氧乙烷和 ECH 限度适用，但允许超过环氧乙烷一生剂量的限量。

注：ISO/CD 10993—7：2006 修订后对特殊情况的要求如下。

(1) 对复合器械系统，应对每单个器械规定极限。

(2) 人工晶体上环氧乙烷残留量每只每天不超过 0.5μg，每个人工晶体不超过 1.25μg。对其他眼内器械的残留限量，是建立在器械质量基础上的，把每个人工晶体的质量当作 20mg。由于产生急性毒性的 ECH 的量大约比相应环氧乙烷的量高四位，需评价含氯的黏弹性材料制成的眼内器械的 ECH 可接受量。

(3) 对用于病人的血细胞分离器和献血用的血袋其环氧乙烷的最大允许量不应超过 10mg，ECH 的最大允许量不应超过 22mg。

（4）对血液氧合器和血液分离器，环氧乙烷的最大允许量不应超过 60mg，ECH 的最大允许量不应超过 45mg。

（5）对用于心肺管路循环的器械，环氧乙烷的允许限量不应超过 20mg，ECH 的允许限量不应超过 9mg。

（6）对体外血液净化器械，环氧乙烷和 ECH 的规定限度分别不应超过 4mg/每个和 6mg/每个，但环氧乙烷一生剂量的限量允许超过。

（7）对仅与病人无创伤的皮肤接触的铺单，其环氧乙烷的最大允许量不应超过 $10mg/cm^2$，ECH 的最大允许量不应超过 $5mg/cm^2$，或按 ISO10993—10 的每一标准方法试验应几乎无刺激产生。

但要说明的是，上述某些医疗器械环氧乙烷限量确定的基本原理是根据 ISO/CD 10993—7：2006 附录 F，附录 C 提供了测定医疗器械环氧乙烷残留量的流程指南。

3. 环氧乙烷残留量的测定

环氧乙烷残留量常用的检测方法采用气相色谱法等，近几年发展成为顶空气相色谱方法，基本原理是利用密闭容器内稀溶液中环氧乙烷的含量在一定温度下与液面上气体的环氧乙烷含量成正比的关系，抽取等量此气体，注入气相色谱中进行定量分析，此方法快速简便，易于掌握。

供试品制备步骤如下。

（1）样品未检测前应按批次密封于聚四氟乙烯容器中，或不含水的顶空进样瓶中。

（2）样品取样方法。按标准规定方法取样，剪碎混匀后平行备样 4 份，取其中 2 份测试，另 2 份留做复检用。如标准未作规定，按以下方式取样。

①多组分或组合样品。应考虑对环氧乙烷吸附能力最强的材料部分及人体可能造成危害最大的样品部位取样。

②定量浸提取样。将样品浸于定量浸提溶剂中或注入定量浸提溶剂，除另有规定外，37℃浸提 1h，取浸提液测试。

③微量样品测试。采用少量样品同时加入少量浸提溶剂（如 0.1mL），置于顶空瓶内测试。

4. 顶空气相色谱环氧乙烷残留量测定操作法

1）顶空进样方法

（1）手动顶空进样方法。精密平行量取标准品溶液和供试溶液 1～5mL，分别置于容积为 8～25mL 的顶空取样瓶中，瓶口带聚四氟乙烯膜与橡胶垫隔开，各瓶在 60℃水浴或烘箱中加热 40～80min，用在同一水浴或烘箱中的空试管中加热的注射器抽取顶端空气适量（通常为1mL），重复进样3次。

（2）自动顶空进样方法。设定加热温度60℃，加热时间15min，传输管温度100℃，以上述顶空进样瓶精密量取标准品溶液和供试溶液的顶端气体进样。

2）外标法

配制按残留限量要求的系列标准溶液（$n\geqslant5$），测试并计算回归方程，其相关系数应大于0.99。

3）内标法

以二氯甲烷为内标物，按二氯甲烷与环氧乙烷为1∶1的比例加入，测试。

4）标准加入法

标准溶液基质如果和样品基质差别较大，可采用标准加入法。精确称量等量样品（可为1.000g），各加入一份空白溶液和限量要求的标准系列溶液（$n\geqslant3$），计算回归方程，其相关系数应大于0.99，计算样品含量。

5）测定及结果处理

（1）样品未检出环氧乙烷，应根据需要给出最低检出限。

（2）平行两份取样测定结果不符合规定，应及时取备检样品复检，原则上不予复验。

四、过滤法除菌

与其他灭菌方法相比较，过滤法是依靠物理方法除去微生物而不是破坏它们。过滤方法明显仅限于液体，当液体经过滤器时，微生物被截留了。

过滤除菌的效果与滤膜的性能、孔径的大小、密度、滤膜的厚度等因素有关。滤过除菌法要求最终过滤的滤膜孔径为0.22μm。一个过滤器的使用时间应根据品种验证后确定，一般不应超过8h。

第四节　典型医疗器械的理化性能要求

由于医疗器械所用医用高分子材料及生物材料种类很多，且应用广泛，现列举几类典型的医疗器械，分别介绍其理化性能要求。

一、一次性使用无菌医疗器械

一次性使用无菌医疗器械是指由生产企业灭菌后无菌供应，在有效期内一次性直接使用的医疗器械。随着医疗器械水平的不断发展，一次性使用医疗器械的种类也由早期的几个品种发展到现在上百个品种，由过去的简单产品发展到现在复杂产品。一次性使用无菌医疗器械是一类使用要求高、生产制造工艺控制管理十分严格的医疗器械，其价值的集中表现就在产品的质量上，无菌医疗器械绝大多数的品种均属于关键性医疗用品，它们直接应用于人体，进入血液和无菌部位，参与临床医疗，因此产品必须保证无菌、无毒性、化学性能符合要求，如稍有疏忽将会危及病人的生命安全。为此，国家发布了 YY0033《无菌医疗器械生产管理规范》，对厂房条件、生产过程控制、人员素质、质量管理及灭菌工艺都做出了严格规定，以保证产品质量，防止生产环境对产品的污染。以下重点介绍我国对无菌医疗器械产品的一些理化性能要求。

1. 产品灭菌

产品灭菌主要分为环氧乙烷气体灭菌、辐照灭菌和湿热灭菌。

(1) 环氧乙烷灭菌。目前 90%以上的一次性医疗器械多采用环氧乙烷灭菌，其优点在于灭菌不会对高分子材料产生破坏作用，由于在工厂内进行灭菌，所以其成本相对较低。缺点是器械上的环氧乙烷残留，会对病人和医护人员带来一定的毒害。国家要求环氧乙烷灭菌后其残留量必须控制在规定的限量以内才能出厂。

(2) 辐照灭菌。主要适用于产量少，耐辐照的产品，由企业将产品送往辐照中心进行灭菌。其优点是安全可靠，但缺点是灭菌的成本相对较高。

(3) 湿热灭菌。主要适用于带药物的医疗器械，如装有抗凝剂的血袋等。

2. 理化性能要求

根据产品的用途不同，可将一次性使用无菌医疗器械主要分为：①一次性使用输液、输血、注射器具；②一次性卫生材料及敷料产品；③各种医用导管；④其他。

1) 一次性使用输液、输血、注射器具

此类产品是使用量大面广的医疗器械，大多数采用医用聚氯乙烯（PVC）、聚丙烯（PP）、聚乙烯（PE）等医用高分子材料制成，这类产品的总体理化性能要求包括：

(1) 化学性能。产品溶出物不得超过相关标准中规定的限量，一般控制的溶出物有：金属离子、易氧化物（还原物质）、蒸发残渣、酸碱度、紫外吸收、材料鉴别等，对用于血液及输液包装的产品还应有醇溶出物（DEHP）的要求。

(2) 物理及功能性能。要有满足使用要求的性能要求，如外观、尺寸、各种力学强度、微粒污染、各种组件的配合性能、流量、滤除率等。

下面将介绍此类产品的相关标准及主要理化性能技术指标。

(1) 材料要求及标准。由于此类产品基本由医用聚氯乙烯、聚丙烯、聚乙烯等材料制成，因此在选用时应选择符合 GB15593《输血（液）器具用软聚氯乙烯塑料》、YY0242《医用输液、输血、注射器用聚丙烯专用料》和 YY114《医用输液、输血、注射器用聚乙烯专用料》标准的原料，符合要求的原料是此类产品质量的保证。三种医用材料的主要理化性能要求如表 5-6 所示。

表 5-6　三种医用材料的主要理化性能要求

材料名称	理化性能要求	
	化学性能	物理性能
医用聚氯乙烯 （分为 MF 薄膜料、 MT 导管料、MD 滴管料）	还原物质 ≤0.3mL/20mL 酸碱度（与空白 pH 之差）≤1.0 不挥发物≤2.0mg/100mL 色泽　澄明无色 重金属 ≤0.3μg/mL 锌≤0.4μg/mL 紫外光吸收（230～360nm）≤0.3 灰分≤1mg/g 氯乙烯单体≤1μg/g 对 MF 料：醇溶出物≤10mg/100mL	外观无色透明、无杂质 硬度（邵氏 A）≤80 >80（MD 料） 拉伸强度≥13.0MPa ≥18.0MPa（MD 料） 断裂伸长率≥250% ≥200%（MD 料） 180℃热稳定性≥40min 对 MF 料：吸水率≤0.3%
医用聚丙烯	酸碱度（与空白 pH 之差）≤1.0 重金属含量 ≤5.0mg/L 镉含量 <0.1mg/L	清洁度≤5 个/kg 密度≤0.91g/cm³ 熔体流动速 7～20g/10min 拉伸屈服应力≥30MPa 弯曲模量 1250MPa 悬臂梁冲击强度≥20J/m 透光率≥75%
医用聚乙烯	酸碱度（与空白 pH 之差）≤1.0 重金属含量 ≤2mg/L	外观 密度 ≤0.940g/cm³ 熔融指数 5～15g/10min 拉伸屈服强度 ≥20MPa 弯曲模量 1000MPa 悬臂梁冲击强度≥25J/m

在对上述项目进行检验时，一般采用 GB16886 系列标准、GB14233.1《医用输液、输血、注射器具化学检验方法》、GB14233.2《医用输液、输血、注射器具生物检验方法》及相关的塑料物理机械性能检测方法标准。

（2）产品技术要求及标准。一次性使用输液、输血、注射器具涉及的产品很多，主要的产品及理化性能要求参见表 5-7。

表 5-7　一次性使用输液、输血、注射器具主要理化性能要求

产品名称	产品标准	主要原料	产品的主要理化性能
一次性使用输液器	GB8368	聚氯乙烯	详见下面举例
一次性使用输血器	GB8369	聚氯乙烯	除药液过滤器为血液过滤器外其余性能与输液器相同
一次性使用静脉输液针	GB18675	聚氯乙烯	微粒污染、密封性、连接强度、流量、针管、针尖、润滑剂、针座、针柄、软管、保护套、还原物质、金属离子、酸碱度、蒸发残渣、紫外吸光度、环氧乙烷残留量
一次性使用无菌注射器	GB15810	聚丙烯、聚乙烯	外观、标尺、刻度容量线、计量数字、印刷、外套、按手间距、活塞、锥头、滑动性能、器身密合性、容量允差、残留容量、Pb、Zn、Sn、Fe 总含量、Cd 含量、酸碱度、易氧化物、环氧乙烷残留量
一次性使用无菌注射针	GB15811	不锈钢、聚乙烯	外观、尺寸、针管刚性、韧性、耐腐蚀性、针管表面、针座圆锥接头、连接牢固度、分离力、针管畅通、刺穿力、酸碱度、Cd 含量
一次性使用滴定管式输液器	YY0268.2	聚氯乙烯、PS	设计要求、滴定管容量、刻度、微粒含量、其余同输液器
一次性使用输注泵	YY0451	聚氯乙烯	外观、密封性、连接牢固度、储液装置、保护帽、开关、圆锥接头、滤除率、管路、给液参数、平均流量、瞬间流量、自控给液参数、自控给液剂量、自控给液间隔时间、微粒污染、还原物质、金属离子、酸碱度、蒸发残渣、紫外吸光度、环氧乙烷残留量
植入式给药装置	YY0332	硅橡胶	硅橡胶符合 YY0334、金属件符合 GB12417、其他材料按 GB16886 进行生物学评价、外观、耐穿刺性、穿刺落屑、穿刺限位、缝针孔强度、导管尺寸及耐弯曲性、连接牢固性、密合性、环氧乙烷残留量
一次性使用微量采血吸管	YY/T 0289	玻璃或聚乙烯	容量允差、外观、标线、端部辨别
一次性使用去白细胞滤器	YY0329	聚氯乙烯、滤器	过滤性能、其余性能同血袋
一次性使用塑料血袋（现标准名称为：人体血液及液成分袋式塑料容器 第 1 部分：传统型血袋）	GB14232.1	聚氯乙烯	微粒污染、密封性、连接强度、还原物质、金属离子、酸碱度、蒸发残渣、紫外吸光度、醇溶出物、热稳定性

(3) 产品举例。一次性使用输液器为“向人体静脉内输送药液的管状器械”，输液器可按以下分类。

①通用输液器。即重力式输液器。

②专用输液器（某些特定场合使用的输液器）。包括精密过滤输液器、滴定管式输液器、避光式输液器、袋式输液器（小容量和大容量）、输液泵用输液器、通氧式输液器以及一次性使用输注泵（镇痛泵）等。

③专长输液器。主要有灵敏回血输液器、易排气泡输液器及侧孔针输液器。

一次性使用输液器除生物学评价要求外，应控制的主要理化性能有以下方面。

(1) 微粒污染。输液器应避免微粒污染，15～25μm 的微粒数不得超过 1 个/mL；大于 25μm 的微粒数不得超过 0.5 个/mL，如果此项目超标，说明企业的生产环境有问题，这样将会污染药液，输入人体后危害患者。

(2) 密封性。输液器应在浸入 20～30℃的水中，通入高于大气压强 20kPa 的气压 10s，其器身及各接头应无漏气，如果输液器因密封性不好而发生泄漏，会影响输液，另外，气泡进入人体会危及患难与患者的安全。

(3) 药液过滤器。药液过滤器滤除(20±1)μm 粒子的滤除率不应小于 80%，过滤器的好坏直接影响输入人体的药液质量，如果滤除率不好，药液输入人体后会危害患者。

(4) 静脉输液针。包括针管的刚性、韧性、耐腐蚀性、连接牢固度等。

(5) 化学性能。化学指标是材料一致性的综合体现，如果化学性能不稳定，说明材料不稳定，材料的生物安全性就得不到保证。化学性能通过溶出物分析体现出来。输液器溶出物化学性能包括以下方面。

①酸碱度。用于测定输液器与生理状态的适应性。

②还原物质。评价浸提液中能被作为强氧化剂的高锰酸钾氧化的物质。还原物质越高，说明材料越不稳定。浸提出对人体有害的物质的可能性就越大。

③重金属。控制输液器溶出液中重金属总量和部分金属离子的含量。

④不挥发物（蒸发残渣）。控制从输液器中溶出的不挥发性物质的重量。

⑤紫外吸光度。主要控制游离出的小分子的物质，如增塑剂（DEHP）和稳定剂等。

输液器溶出物的化学限量如表 5-8 所示。

2）一次性卫生材料及敷料产品

一次性卫生敷料是临床使用量很大的一类产品，目前临床和市场上敷料产品仍以传统的敷料——脱脂棉、脱脂棉纱布、脱脂棉纱绷带、医用非织造布及其制品为主要品种，其优点是原料容易获得、质地柔软、成本低、吸收能力较强，但是常因渗出物的污染引起伤口感染，并且揭除时常因粘连而使损伤刚生成的创伤

表 5-8　输液器溶出物的化学限量

性　能	最大允许限量
还原物质	2.0mL
金属：Ba，Cr，Cu，Pb，Sn Cd	每种 1mg/L 0.1mg/L
重金属	1mg/L
酸碱度	1mL 氢氧化钠溶液，c(NaOH)=0.01mol/L 1mL 盐酸溶液，c(HCl)=0.01mol/L
蒸发残渣	5mg 或 50mg/L
紫外（UV）吸收	在 250～320nm 范围内吸光度不大于 0.1

肉芽组织形成大的疤痕等缺陷。为此，克服传统敷料缺陷的各种新型敷料应运而生。主要有薄膜类、水凝胶类、藻酸盐类、水胶体类等。属生物敷料类的有膜型胶原生物敷料、海绵型胶原生物敷料、复合型胶原生物敷料等。开发治疗临床上难愈合的伤口（例如糖尿病性溃疡、下肢动静脉疾病性溃疡、褥疮、烧伤创面等）的新型敷料也是市场的发展方向。

（1）材料要求及相关标准。一次性卫生敷料的主要理化性能要求如表 5-9 所示。

表 5-9　一次性卫生敷料的主要理化性能要求

材料名称	技术要求	
	化学性能	物理性能
医用脱脂棉	环氧乙烷残留量≤10mg/kg 水中可溶物、酸碱度、易氧化物、醚中可溶物、荧光物、干燥失重、烧灼残渣、表面活性物质	性状、白度、吸水时间、吸水量
脱脂棉纱布、脱脂棉黏胶混纺纱布	水中可溶物、酸碱度、淀粉和糊精、醚中可溶物、荧光物、干燥失重、烧灼残渣、表面活性物质	纤维鉴别、外来纤维、线数（密度）、每平方米的质量、最小断裂力、下沉时间、可浸提有色物质
医用非织造布	水中溶出物、酸碱度、荧光物、非极性溶剂中可溶性物质、表面活性物质	液体吸收时间、液体吸收量、断裂强力、断裂伸长率、吸收速率、结构强度、胀破强度、柔软性、干态落絮、吸水性试验、水蒸气透过量、阻水性、疏水性、气味透过性

在医用脱脂棉、脱脂纱布产品性能中，“荧光物”这项性能指标往往容易产生不合格，荧光物的产生主要是由以下几方面引起的：①产品在脱脂处理时使用了某些表面活性剂；②在漂白处理时加入了增白剂；③产品的包装材料对产品产生了污染。

脱脂棉和脱脂纱布在脱脂处理时要用大量呈碱性的活性剂，为了中和其碱性，后处理时就会用酸中和，如果酸过量就造成了酸碱度不合格，呈酸性，如果中和不完全就呈碱性。

产品在脱脂处理时要用大量的活性剂，若洗脱不干净，就会有表面活性物质的残留。

吸水时间和吸水量与棉花纤维长短有关。

白度由产品的颜色均匀性决定，产品的脱脂和漂洗工艺问题直接影响颜色均匀性。

（2）产品要求及相关标准。一次性卫生敷料产品种类繁多，主要产品有医用脱脂棉、外科纱布敷料、一次性使用产包、一次性使用手术衣、一次性使用手术帽、一次性使用手术口罩、一次性使用防护服、一次性使用防护口罩、各种生物敷料等，这类产品目前只有医用脱脂棉、医用脱脂纱布、一次性使用防护服、一次性使用防护口罩有行业或国家标准，医用非织造布产品有一部分基础标准和检验方法标准，具体如表 5-10 所示。

表 5-10　部分卫生材料产品标准理化性能要求

产品名称	执行标准	主要理化性能要求
医用脱脂棉	YY0330	见表 5-9
外科纱布敷料	YY0594	纤维鉴别、外来纤维、线数（密度）、每平方米的质量、最小断裂力、下沉时间、可浸提有色物质、水中可溶物、酸碱度、淀粉和糊精、醚中可溶物、荧光物、干燥失重、炽灼残渣、表面活性物质、环氧乙烷残留量、染色、缝制、专用要求
一次性使用防护服	GB19082	外观尺寸、抗渗水性、透湿量、合成血液穿透、表面抗湿性、断裂强力、断裂伸长率、过滤效率、阻燃性能、抗静电性、环氧乙烷残留量
一次性使用防护口罩	GB19083	外观尺寸、过滤效率、气流阻力、合成血液穿透、表面抗湿性、环氧乙烷残留量、阻燃性能、密合性

3. 各种医用导管

1) 血管内导管

血管内导管包括很多产品，如冠状动脉成形导管、周围血管戍形导管、血管造影导管等。主要产品及相关标准和理化性能要求参见表 5-11。

表 5-11 血管内导管主要产品及相关标准理化性能要求

产品名称	执行标准	理化性能要求
造影导管	YY0285.1 YY0285.2	外表面、耐腐蚀性、断裂力、无泄漏、座、公称尺寸和标志、射线可探测性、尖端构形、高静压下无泄漏和损坏、侧孔
中心静脉导管	YY0285.1 YY0285.3	外表面、耐腐蚀性、断裂力、无泄漏、座、公称尺寸、射线可探测性、尖端构形、流速、长度及管腔标志
球囊扩张导管	YY0285.1 YY0285.4	外表面、耐腐蚀性、断裂力、无泄漏、座、公称尺寸和标志、射线可探测性、尖端构形、充气时无泄漏和损坏、侧孔
套针外周导管 (静脉留置针)	YY0285.1 YY0285.5	外表面、耐腐蚀性、断裂力、无泄漏、座、公称尺寸和标志、射线可探测性、色标、导管组件、针管材料、针尖、针座、连接强度、排气接头、流速
血管内导管辅件——导引器械(穿刺针、导引套管、导管鞘、导丝、扩张器)	YY0450.1	通用要求：表面、耐腐蚀性、射线可探测性、制造商应提供的信息 穿刺针：尺寸标志、针尖、圆锥接头、连接强度 导引套管：尖端、断裂力、座、标志 导管鞘：标志、无泄漏、断裂力、座 导丝：标志、安全丝、破裂试验、弯曲试验、安全丝与绕丝连接强度、芯丝与绕丝连接强度 扩张器：标志、圆锥接头、扩张器与座连接强度

2) 体外循环管路及透析装置

体外循环血路是指在心血管手术中供体外循环作为血液通道及其他液体或气体通道的器件，主要是由无毒聚氯乙烯导管和（或）硅橡胶管制成。基本结构包括动脉灌注管、静脉引流管、泵管、排气管、给氧管、连接管等部件。目前这类产品的标准有 GB19335《一次性使用血路产品通用技术条件》、YY91048《人工心肺机 硅橡胶泵管》、YY0267《血液净化装置的体外循环血路》、YY0053《空心纤维透析器》、GB12264《人工心肺机 体外循环管道》、YY0464《一次性使用空心纤维血液灌流器》以及 YY0465《一次性使用空心纤维血浆分离器》。

3）穿刺用导管及各种插管、引流管

麻醉穿刺导管、各种气管插管、呼吸管路及引流管的种类很多，例如，一次性使用无菌导尿管、脑积水分流器、腹膜透析用导管、胆管治疗用导管、经皮肤穿刺胆管引流导管、瘘道用导管、气管切开用导管、连续灌注或引流用导管（经皮留置）都属于此类产品。目前已发布国家标准或行业标准的产品理化性能要求参见表 5-12。

表 5-12　主要导管类产品相关标准理化性能要求

产品名称	执行标准	理化性能要求
麻醉穿刺导管	YY0321.1 中有关条款	微粒污染、断裂力、圆锥接头、流量、连接牢固度、密封性、分度线、外观、尺寸、皮内刺激、致敏、还原物质、金属离子、酸碱度、环氧乙烷残留量
气管插管	YY0337.1 YY0337.2	外观、尺寸、接头要求、斜面、套囊要求、充气管要求、插管弧度
气管切开插管	YY0338.1 YY0338.2	外观、尺寸、病人端、机器端、固定翼、内插管、套囊、套囊充气管、插管芯
呼吸道用吸引导路	YY0339	外观、尺寸、管腔、病人端、机器端、连接牢固度、管身、残留真空
一次性使用无菌导尿管	YY0325	外观、尺寸、强度、连接器分离力、球囊可靠性、抗弯曲线、流量
一次性无菌脑积水分流器 及其组件	YY0479	外观、不透射线性、预装配连接抗断裂密封性、开启和闭合压力、回流、压力流量特性、连接器和固定夹、其他组件要求、长期功能稳定性、符合 YY0334 的硅橡胶性能要求
腹膜透析管	YY0030	外观、尺寸、流量、抗弯曲性、连接牢固度、无泄漏、射线可探测性、符合 YY0334 的硅橡胶性能要求

4. 其他

除上述几类产品外，一次性使用无菌医疗器械还有很多，例如，一次性使用穿刺包、一次性无菌阴道扩张器、一次性使用引流袋和无菌医用手套等。

二、生物高分子类人造器官

由于生物高分子材料的快速发展，使其在人造器官、整形等方面的应用越来越广泛。下面将从两方面介绍人造器官的产品。

1. 人工脏器

目前，正在应用或研制的人工脏器，总的来说可分为四种类型。

(1) 半永久性地进入人体，完全代替原有脏器的功能，几乎变为体内组织一部分，属于这类的有人工血管、人工心脏瓣膜、人工食道、人工气管、人工尿道、人工胆道等。

(2) 目前只有大型装置在体外使用，经过长期努力研究，有可能实现小型化、内脏化，如人工肾、人工心脏。

(3) 现在只能代替人体脏器的一部分功能，或只能暂时代替，经过努力将来有可能较长时间或完全代替的，如人工肝脏。

(4) 对功能特别复杂的脏器，如人工子宫等，目前尚处于研发阶段。

要制成一个完整的人工脏器，少不了能源、传动装置及自控等辅助设备，但材料是基础和关键，占主导地位的是生物材料。

对于目前主要应用的人工脏器，尚没有统一的国家标准和行业标准，但从其技术要求来讲，由于人体是一个相当复杂的环境，材料不仅受到各种器官的不停运动的动态作用，也处于代谢、呼吸、酶催化反应之中，所以主要应考虑以下方面。

(1) 良好的生物安全性和生物相容性，具体详见第六章。

(2) 化学性能稳定。化学试验涉及对材料本身的试验及其浸提物的试验。材料本身的试验包括材料的鉴别以及对内含铅、锡、铜等有害重金属、能产生高热量残留物、剩余单体、齐聚物和分解物等的测定。

材料浸提物的试验：通过溶出物试验，保证所用材料不能溶出有害物质；pH 变化在规定范围内（一般不能超过 1.5）；金属离子在允许的低值范围内；紫外吸收度一般在 0.3 以下；易氧化物（即还原物质）应在控制范围内；溶液的蒸发残留物在规定的范围内等等。

(3) 良好的物理及机械性能。包括外观结构、强度、硬度、弹性、透明性、屈挠性、耐灭菌性、耐物理磨损、耐老化，并具有良好的力学性能。不因血液或体液的存在而膨胀，在人体内部不降低物理性能，不因气体、蒸汽、沸水、洗涤剂、辐射线等灭菌操作而变质、变形或降低物理性能，加工成型性优良。要根据不同脏器的特点，控制其功能性。例如，对人工血管，就要求其耐疲劳、不老化、富有弹性、伸展性、适当的孔隙、易于缝合、不会绽开、具备对血液流动的有利状态、易于消毒、优异的抗血栓性等。

2. 整形材料及人工器官

用于整形的材料主要有硅橡胶、聚甲基丙烯酸酯类等。

作为人体修补材料，必须具备以下条件。

（1）良好的生物相容性，具体详见第六章。

（2）一定的柔软性并保持一定强度。

（3）容易加工成所要求的复杂形状；耐水、耐汗、耐唾液、耐溶剂，并有一定的耐热和耐寒性。

（4）易染色。

（5）质轻并易于清洗。

目前，此类产品的国家标准或行业标准有YY0333《软组织扩张器》、YY0334《硅橡胶外科植入物通用要求》。软组织扩张器的主要技术要求有耐扩张性、扩张器壳体物理机械性能、接缝处的连接强度、导管/壳体连接强度、注射座穿刺密封性和针刺限位件、环氧乙烷残留量、无菌、符合YY0334《硅橡胶外科植入物通用要求》；硅橡胶外科植入物的主要技术要求有：生物学评价、材料要求（包括干燥失重、微量元素）、溶出物要求（包括蒸发残渣、酸碱度、过氧化物、还原物质、紫外吸收、重金属）、无菌。

三、降解材料制品

目前生物降解材料发展很快，可降解高分子材料，如天然的蛋白质（或聚肽）、交联明胶等；还有人工合成的聚乳酸、聚乙醇酸、聚交酯类以及它们的共聚物等。利用这些材料的降解特性可制造可吸收的手术缝合线、骨折内固定体、防粘连膜、骨缺损填料和药物缓释的载体等。

对可吸收外科缝线，国家发布了YY1116标准，可吸收性外科缝线适用于低张力的表面或黏膜部位的手术缝合，同时适用于不易拆线或拆线痛苦较大部位的手术缝合。由于该产品吸收时间稳定，与组织愈合时间相适应，解决了同一例手术采用多种线材之不便。是外科手术常用的医疗器械。

目前医院里所用的可吸收性外科缝线分为两类，一类是天然的缝线（例如羊肠线），另一类是合成的缝线（例如：胶原缝合线、PGA缝合线）。一般在30～90d完全吸收。

可吸收性外科缝线性能要求（YY1116—2002）有以下方面。

（1）良好的生物相容性，具体详见第六章。

（2）良好的物理机械性能。抗张强度、针线连接强度是缝线最基本的重要指标。既要确保缝线穿越人体组织时不发生断裂，又要缝合组织后不应断裂，避免患者创口缝合后潜伏崩裂的隐患。线径是在原材料符合要求的前提下，影响缝线抗张强度高低的指标，同时也是明示用户选用满足抗张强度与此对应的规格代号缝线，以满足手术的实际需求。

（3）化学性能稳定，符合相关标准要求。材料的化学性能包括酸碱度、重金属、脱铬试验、含水量试验、褪色试验、环氧乙烷残留量等。

四、橡胶制品

橡胶制品一般以橡胶基料为主要原料，配以一定助剂，组成特定配方加工而成。

1. 橡胶基料

（1）天然橡胶。天然橡胶由橡胶树流出的乳胶，经过凝固、干燥等工艺加工而成的弹性固形物。它是一种以异戊二烯为主要成分的不饱和状态的天然高分子化合物，其含烃量达 90%以上，还含有少量的蛋白质、脂肪酸、糖等。由于加工工艺的不同，天然橡胶基料有乳胶、烟胶片、风干胶片、白皱片、褐皱片等。天然橡胶因不受消化酶和细菌分解，也不被人体吸收 ，一般本身无毒，尤其是乳胶和白皱片质地纯净，褐皱片杂质较多，质量较差；烟胶片经过烟熏，可能含有多环芳烃，一般不同用于制作食品、医疗器械用的橡胶制品。

（2）合成橡胶。合成橡胶主要有硅橡胶、丁橡胶、乙丙橡胶、丁苯胶、丁腈胶、氯丁胶等。硅橡胶的化学成分为聚二甲基硅烷，毒性甚小，化学性质稳定，可作为人造人体内脏器官使用；丁橡胶由异戊二烯和异丁二烯聚合而成。乙丙橡胶由乙烯和丙烯聚合而成。异二烯和异丁二烯、乙烯和丙烯单体都具有麻醉作用，但丁基橡胶经大鼠、狗两年喂养试验尚未证明有慢性毒性作月；丁苯胶由丁二烯和苯乙烯共聚而成，苯乙烯单体有一定毒性，但聚合物本身经大鼠、狗的两年喂养试验尚未证明有慢性毒性作用；丁腈胶由于二烯和丙烯腈共聚而成。虽然耐油性较强，但丙烯腈单体的毒性较大，大鼠口服 LD50 为 78～93mg/kg 体重，能引起溶血，并有致畸作用报告。美国 FDA 于 1977 年将丁腈橡胶成型品种中丙烯腈溶出量由 0.3mg/kg 下降到 0.05mg/kg；氯丁胶由二氯-1,3-丁二烯聚合而成。有报道，二氯-1,3-丁二烯单体局部接触有致癌作用。一般不得用于制作食品用橡胶制品。

2. 橡胶助剂

橡胶加工成型时，往往需要加入大量加工助剂，食品用橡胶制品所含的加工助剂约占成型品重量的 50%以上，而添加的助剂一般都不是高分子化合物，有些并没有结合到橡胶的高分子化合物结构中，有些则有较大的毒性。与人体体液接触时，这些加工助剂会向其大量迁移。因此，对接触人体的医疗器械橡胶制品应当严格审查其配方，所使用的加工助剂必须符合有关规定，或者使用低毒或无毒的助剂。

3. 橡胶制品

橡胶制品的配方和加工：橡胶制品一般要经过配料、塑炼、混炼、压片、硫化、成型、修整等加工过程。橡胶制品的配方成分较为复杂，应认真做好对配方的卫生审核，不得使用毒性较大的橡胶基料和禁止使用的助剂。除了原料配方可直接影响产品的卫生质量外，生产过程的硫化温度、硫化时间也可直接影响橡胶制品的卫生质量。应当按照不同的品种要求，选择最佳的硫化温度和硫化时间。

以天然胶为代表的二烯烃橡胶在制作各种医用产品前必须进行交联，硫磺硫化是常用的方法，但大多数硫化体系在硫化时会形成多种亚硝胺。后者是一种致癌和诱发过敏性皮炎的物质，此外硫化胶又能与人体组织相反应，会引起凝血和溶血等问题，因而最好以有机过氧化物、γ线和电子束辐射等交联法加以代替。上述材料宜用作与人体组织不接触或短时间内相接触的医用材料。

用于医疗器械的橡胶产品主要有：橡胶避孕套、橡胶医用手套、导尿管、各种活塞、连接件等。现有的相关产品标准和理化性能要求如表 5-13 所示。

表 5-13　部分橡胶类医疗器械产品标准及理化性能要求

产品名称	产品标准	理化性能要求
橡胶避孕套	GB9544.1	外观、尺寸、老化前后的爆破容量和爆破压力、针孔、密封性
橡胶医用手套	GB7543	外观、尺寸、拉伸强度、扯断伸长率、老化性能、不透水性、导电性
注射器用橡胶活塞	YY0243	外观、硬度、拉伸强度、扯断伸长率、重金属含量、酸碱度、易氧化物

随着生产水平的提高，目前避孕套行业的生产能力已达 30 亿～32 亿只，这里以橡胶避孕套为例，简单介绍其主要技术要求。

(1) 基本要求。ISO4074：2002(E)《天然胶乳避孕套——技术要求和试验方法》中指出："避孕套要适合于阴茎、无针孔、并有足够的物理强度保证使用中不破裂，采用正确的包装以在贮存期内得到保护，并采用正确的标签以指导使用"；"避孕套及任何润滑剂、助剂、敷料、单包装材料或涂粉，宜既不含有也不释放足以产生危害的物质，以在正常贮存或使用条件下不会引起毒性、过敏、局部刺激或其他危害。避孕套的安全性，尤其是局部刺激与致敏风险的评价试验方法参见 ISO10993/GB16886"；"避孕套是医疗器械，因此宜在良好的质量管理体系下生产”；“避孕套是非无菌医疗器械，制造商宜采取相应的措施使生产和包装过程中产品的微生物污染至最小”。

（2）爆破容量和爆破压力。爆破容量和爆破压力是避孕套的重要性能，它是考核生产工艺和产品配方、生产环境的重要指标，其质量的好坏直接影响到使用。

爆破容量与爆破压力有一定关系，爆破容量达不到规定容量的避孕套，其爆破压力也偏低。爆破容量不合格的主要原因有多方面：①与硫化工艺有关，硫化若不完全也即“欠硫”就会导致避孕套（老化前）强度不够，爆破容量普遍偏低。而老化后会使爆破容量数据有所提高。②与材料中或生产过程中混入的杂质有关，杂质会使部分避孕套爆破容量达不到要求。另外，避孕套挂胶不均匀、气泡、针孔等质量缺陷以及过期产品也会影响爆破容量。

（3）老化性能。避孕套的热空气老化性能是用于评价产品贮存期的，以保证产品在有效期内正常使用。

如果避孕套老化前的爆破容量合格，而老化后的爆破容量数据下降至规定值以下，其主要原因与硫化工艺有关。避孕套热硫化过度，工艺上称之为“过硫”，过硫实际上是使避孕套在生产过程中事先经历了一个老化过程，会导致避孕套不耐老化、贮存期短。过硫的避孕套由于不耐老化，老化试验后，爆破容量数据普遍偏低，甚至达不到要求。这样的避孕套在贮存期内会降低预期的使用可靠性。

（4）针孔。针孔也是避孕套的重要性能，用以测定产品是否泄漏，它是最直接影响产品预期效果的一项性能，是确保避孕套的使用安全性和可靠性的性能。

对本项目不但实施严格的出厂抽验，还要用其他适用的方法（如用电阻法逐一检验）进行过程控制，剔除有针孔的避孕套。如果企业在生产过程中未进行有效的过程控制，就很难确保产品质量。

思考题

1. 医疗器械化学物质的允许限量是如何建立的？
2. 影响环氧乙烷残留量的因素有哪些？
3. 选择医疗器械材料时应考虑哪些因素？
4. 什么是“精确称重”和“恒重”？
5. 请举出五种硬度的测试方法，它们的单位分别怎样表示？
6. 紫外分光光度法、原子吸收分光光度法和气相色谱法在医疗器械检验中主要用途是什么？

参考文献

任德权，桑国卫．2005．医疗器械检验操作规范．北京：中国科学技术出版社．
塑料国家标准汇编．2005．北京：中国标准出版社．

汪锡安，胡宁先，王庆生．1980．医用高分子．上海：上海科学技术文献出版社．
橡胶国家标准汇编．2005．北京：中国标准出版社．
医疗器械生物学评价标准实施指南．2000．北京：中国标准出版社．
GB/T 16886.1—2002．医疗器械生物学评价 第1部分．
GB/T 16886.18—2005．医疗器械生物学评价 第18部分：材料化学表征．
GB/T 14233.1—1998．医用输液、输血、注射器具检验方法 第1部分：化学分析方法．
ISO10993—7：2006．医疗器械生物学评价 第7部分：环氧乙烷灭菌残留量．

第六章　医疗器械的生物学评价

随着现代材料科学、生命科学、医学以及生物工程技术的迅猛发展，医疗器械已逐渐在临床医疗实践和日常生活中发挥着重要的作用，根据医疗器械的结构与特征，通常可以将医疗器械产品分为有源医疗器械和无源医疗器械两大类，但无论属于哪一类医疗器械，与人体直接或间接接触的器械或部件在人体应用之前都必须经过生物安全性的评价，特别是对无源医疗器械产品而言，比如药液输送保存器械、用于改变血液或体液器械、医用敷料、外科器械（侵入）、重复使用外科手术器械、一次性使用无菌外科器械、植入器械、避孕计划生育用器械、消毒清洁器械、口腔生物材料以及其他接触器械等，它们在行使其各自功能的同时，首先应该确保器械本身的生物学性能稳定，对生物体不产生有毒、有害或不良的刺激和损伤，即生物稳定性和生物相容性良好。

由于接触人体的医疗器械产品基本上是由一种或多种生物材料所组成，材料的化学成分、分子结构、表面性状、加工工艺和理化特性等都直接会影响到最终产品的生物安全性，换言之，无源医疗器械产品的生物学评价，在很大程度上是与组成器械的生物材料的生物学性能密切相关，因此，在生物学评价前充分了解材料的有关知识显然对评价医疗器械的生物安全性极其重要。比如，作为覆盖创面的医用敷料产品，所涉及的生物材料可能就有 2～3 种或更多，它既有起覆盖作用的表层材料（无纺布类），又有起黏结作用的胶体材料（压敏胶），有时为了发挥其抗菌、止血或促进组织再生和防粘连等功效，可以选用甲壳质及壳聚糖类天然高分子材料或纳米金属银离子等材料，这些材料成分、表面性状、加工工艺和理化特性对最终产品的生物安全性影响较大。由此可见：正确地掌握生物材料的相关知识和信息，将有助于分析和解释在医疗器械生物学评价中出现的一些问题，从而使生物学评价工作更科学和更客观。然而，必须指出的是：材料的生物学性能有时还不能完全代表医疗器械产品的生物学性能，即两者不能画等号，因为最终产品只是代表材料的一种应用和状态，终产品的生物相容性评价除了上述材料的一些因素外，可能还取决于其他各种因素，如耐热性、物理特性及微生物特性等，这一点在学习本章前应该予以明确，以避免将生物材料的生物相容性与医疗器械产品的生物相容性在概念上相混淆，虽然这两者间存在很密切的关系，但还是不能视为一体。

本章将围绕医疗器械的生物学评价主题，重点介绍生物学评价的意义和生物学评价的基本概念、器械与生物体之间相互作用的关系、国内外相关标准状况、生物学评价的程序、生物学评价的基本原则、生物学评价的分类、生物学评价的特点和内容、基本评价试验和补充评价试验、口腔医疗器械生物学评价试验的特点与内容、生物学评价中应注意的问题以及生物学评价与风险分析等，希望能通过本章的学习，对医疗器械生物学评价的知识有个初步的认识。

第一节 医疗器械生物学评价的意义及基本概念

一、医疗器械生物学评价的意义

据初步统计，我国近年来与人体直接或间接接触的医疗器械约占整个医疗器械市场的40％～50％，这类器械应用于临床所可能带来的有关生物学危害问题已日益引起医疗器械的制造商、临床医生、政府管理部门以及广大使用者的高度重视。尤其是随着当前国民经济的高速发展、人口的老龄化、人民生活水准和质量的提高，以及医疗技术的不断普及等，整个社会对医疗器械的需求正在大幅度增加，与此同时，国民对健康的追求、对安全标准的认识以及对自我保健和保护意识的加强，使医疗器械在人体应用的安全性问题已成为社会各界人士的关注。面临这样的形势，建立和完善科学规范的医疗器械的临床前生物学评价体系具有重要意义。我们知道，医疗器械不管它的最终目的是用于诊断，还是用于治疗，或是用于整形美容，也不管医疗器械具有品种繁多、与人体的作用方式千差万别，而且器械所采用的材料又是丰富多彩，有天然的和人工合成的，有非降解型的和生物降解型的，有无机金属或陶瓷类的和有机高分子类的等特点，确保安全无害、健康有效地应用于人体是所有医疗器械在使用前首先必须考虑的问题。

那么，如何才能在材料或器械临床应用前提供“相对安全”或“可接受”的科学信息呢？显然进行系统的生物学评价是实现这一目的的基本途径。何为医疗器械的生物学评价？医疗器械生物学评价的概念可以理解为：将预期应用于人体的器械在进入临床前首先对器械所采用的材料进行定性分析以及对已有资料或相关信息进行分析，然后有必要开展模拟体内的体外生物学试验，根据需要再进行动物体内试验，通过综合信息和数据的分析和/或安全性试验的评估，最终对该医疗器械应用人体的风险性作出相对科学的评价。由此可见，在生物学评价的整个过程中，既离不开对以往和现有信息或资料的分析判断，也离不开合理正确的生物学试验项目和方法的选择，更离不开综合评价能力的应用。在这里，特别需要强调的是：切勿将生物学评价与生物学评价试验混为一体，前者是一种综合性的分析与评价，获得的是对终产品在未来人体应用时是否相对安全或目前是否可接受的结论；而后者则仅仅是对产品进行一项或多项生物学性能的检测，获得的只是产品在所受检的生物性能范围内是否符合相关标准的试验报告。

生物学评价的意义在于预测医疗器械在与人体接触使用过程中的潜在危害

性，试图去提供医疗器械在人体应用时的安全性信息，更确切地说，生物学评价是根据现有的科学技术能力和认知水平，将不安全的风险性减少到最低程度，这也就是目前国外一些发达国家所提出的达到一种“可接受”的水平。总而言之，医疗器械的生物学评价是促进医疗器械市场繁荣以及医疗健康事业发展的重要前提。

二、医疗器械生物学评价的基本概念

为了更好地理解本章的学习内容，有必要将医疗器械生物学评价中所涉及的一些基本概念作些说明或解释。有关医疗器械的定义在第一章中已作过解释，在此不再重复，下面将重点介绍与生物学评价相关的名词及其概念。

（1）材料。是指任何用于医疗器械及其部件的合成或天然的聚合物、金属、合金、陶瓷或其他无生命活性的物质，包括经处理的无生命活性的组织。

（2）最终产品。是指处于“使用”状态的医疗器械或材料。

（3）生物相容性。是指器械在宿主的特定环境和部位，与宿主直接或间接接触时所产生相互反应的能力。也可以被理解为是器械在生物体内处于静态或动态变化过程中，能耐受宿主各系统作用而保持相对稳定，不被排斥和破坏的生物学性能，有时人们称之为“生物适应性”或“生物可接受性”。生物相容性包括组织相容性、血液相容性以及免疫相容性。

（4）血液/器械相互作用。是指血液或血液成分与器械或材料间的相互作用所导致的对血液、器官、组织或器械的影响。这种影响可能是无临床意义的，也可能是具有临床意义，即对机体产生不良作用。

（5）降解。器械或材料的解体。

（6）生物降解性。是指在特定的生物环境下引起器械或材料逐渐被破坏（或解体）的特性。

（7）生物可吸收性。是指器械或材料在人体的生物环境中能被降解和吸收的特性。

（8）可沥滤物或可溶出物。是指从器械或材料中可浸出的成分，但不是化学降解产物，如添加剂、聚合物材料中的单体或低聚物。

（9）腐蚀。因化学或电化学反应引起的对金属类器械或材料的侵蚀和破坏。

（10）降解产物。是指由原始器械或材料分离出来的任何物质，或由化学性裂解或材料的分解而产生的产物。

（11）浸提介质。用于浸提试验样品的液体。

（12）浸提液。浸提试验样品后获得的液体。

（13）残留单体。构成聚合物链、仍存在于最终聚合物材料中的、未发生反应的化学成分。

(14) 水解降解。在水溶液的作用下，聚合物中化学键的断裂。

(15) 氧化降解。在氧化剂的作用下，聚合物中化学键的断裂。

(16) 碎片。因聚合物材料降解而生成的颗粒物质。

(17) 电解质。能传导电流的含有离子的溶液。

(18) 致癌性。能引起组织恶性肿瘤形成的特性。

(19) 诱变性。能引起细胞中遗传编码发生改变的特性。

(20) 致肿瘤性。能引起恶性肿瘤或良性肿瘤形成的特性。

(21) 风险。在特定时间或特定情况下发生某种特定不良事件的可能性。

(22) 细胞毒性。能引起细胞生长抑制、功能改变、变异、溶解及死亡等损伤现象的能力。

(23) 致敏性。能引起生物体出现过敏症状的能力。

(24) 热原性。由材料、内毒素或其他物质介导的能引起生物体发热反应的能力。

(25) 溶血。因红细胞破裂或部分受损导致血红蛋白从红细胞中释放。

(26) 血栓形成。由血栓引起的血管、器械部分或完全闭塞的体内现象。

(27) 凝血。凝血因子级联活化作用所致的现象。

(28) 血小板。存在于循环中的无核细胞体，黏附于表面并聚集成止血栓子以减少出血。

(29) 全身毒性。涉及整个生物体的毒性。

(30) 遗传毒性。能引起基因突变、染色体结构畸变以及其他 DNA 或基因变化的能力。

(31) 免疫毒性。外来物质直接或间接引起生物体免疫系统的不利反应。

(32) 免疫原性。能够刺激生物体免疫系统的细胞产生特异性的免疫反应。

第二节　医疗器械与生物体之间相互作用的关系

生物体作为医疗器械最终应用的直接对象，它与器械之间相互作用的关系可能对医疗器械正常功能的发挥以及对生物安全性的影响都是至关重要的。简言之，当一种医疗器械被用于人体时，有可能会出现两大类反应：一是生物反应，二是器械所采用的材料反应。生物反应主要包括局部组织反应、全身性反应、血液系统反应和免疫系统反应等四个方面；而材料反应主要是指因生物体的环境所造成材料发生物理变化、化学变化和力学性能的变化等。

就生物体而言，在正常情况下，机体的自我调节功能可以使各组织器官之间始终维持在一个动态和静态的平衡之中，一旦外来的器械和物质接触或进入机体，生物体会产生一系列的反应，这种反应可以是短暂的、一过性的、局部的，也可以是持久的、全身性的或累及某些脏器和系统，最终可能对生物体造成严重的后果，甚至是致命的。同样，就医疗器械而言，无论其应用是通过何种途径(体表、体内外相通或植入体内)，它们都需要与机体的某部位、某些组织、某些系统接触而行使其功能，这些组织和细胞也会对器械本身产生各种影响，这种影响作用有时又会反过来激发生物体产生新的生物反应，这样的医疗器械与生物体之间相互作用的结果，可能会导致各自原有的性质和功能都发生变化，该现象必须引起高度的重视。下面就生物反应和材料反应两方面作一概述。

一、生物反应

生物反应，即宿主反应，通常是指医疗器械或生物材料在与生物体相接触期间所引起的生物体对外来物质的一种反应，该反应有接触局部的组织和器官的组织反应，也有远离接触局部的组织和器官乃至整个活体系统的全身反应，其中包括血液系统的反应和免疫系统的反应。

(1) 局部组织反应。医疗器械或生物材料引起的局部组织反应主要表现为：细胞黏附与增殖、细胞损伤或突变、炎症反应、纤维被膜形成、组织坏死以及肿瘤形成等，如图 6-1 所示。

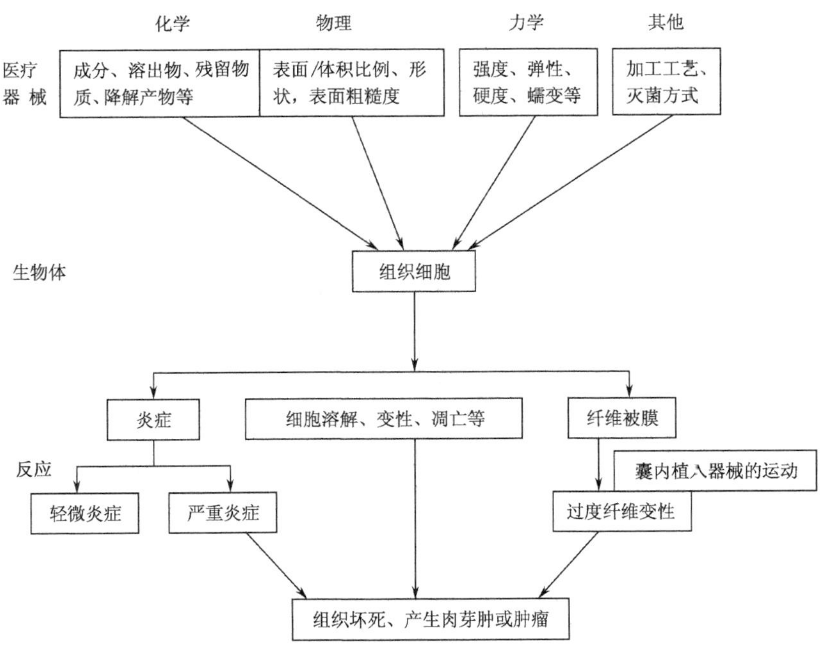

图 6-1　医疗器械引起的局部组织反应

（2）全身性反应。医疗器械或生物材料引起的全身反应主要表现为：人体主要脏器的组织学变化或病变、组织器官功能的改变、全身性毒性症状（急性、亚急性或亚慢性、慢性）、远离接触部位的肿瘤形成等，如图 6-2 所示。

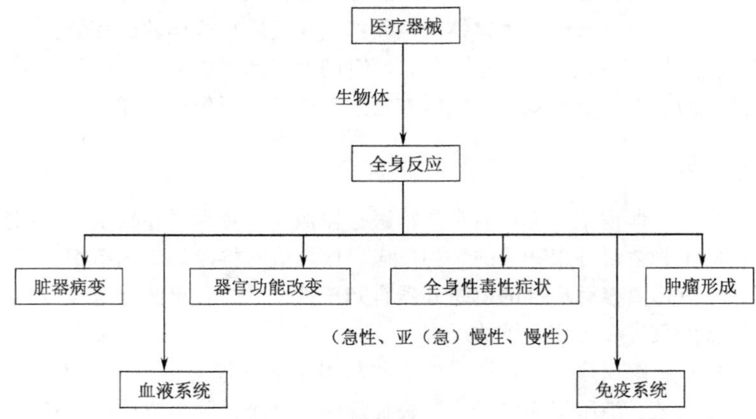

图 6-2 医疗器械引起的全身性反应

（3）血液系统反应。医疗器械或生物材料引起的血液系统反应主要表现为：溶血反应、血小板形态与功能改变、血栓形成、凝血反应、血液成分或数量的改变、补体系统成分的数量改变等，如图 6-3 所示。

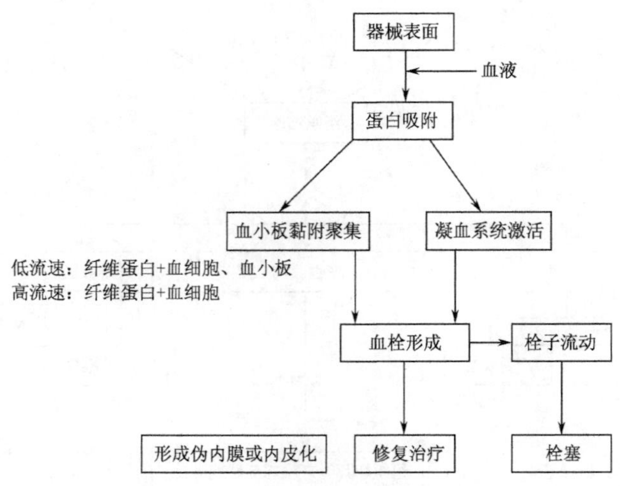

图 6-3 医疗器械引起的血液反应

（4）免疫系统反应。医疗器械或生物材料引起的免疫系统反应主要表现为：免疫功能抑制或机体正常防御功能的损害、超敏和变态反应、自身免疫反应等。免疫系统对外来物质的反应有两种形式：由抗体-抗原反应的体液免疫应答以及由 T 或 B 细胞、巨噬细胞和单核细胞介导的细胞免疫应答，如图 6-4 所示。

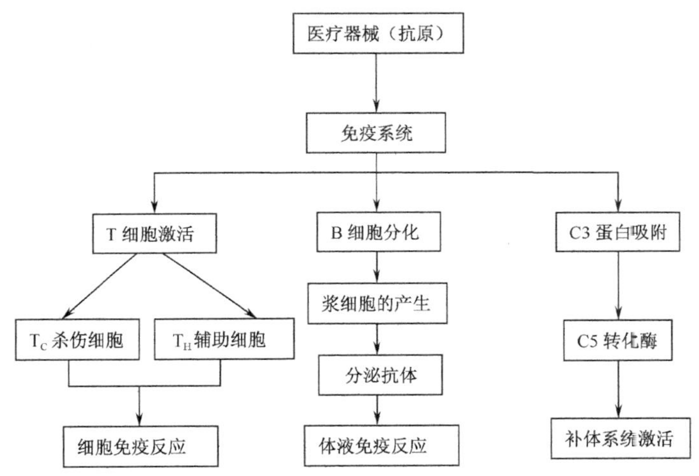

图 6-4　医疗器械引起的免疫反应

二、材料反应

材料反应通常是指医疗器械所采用的材料在生物环境中出现被腐蚀、吸收、降解、磨损和失效等反应。其原因主要是材料在体内始终处于细胞组织周而复始的代谢、呼吸、酶催化反应之中，而且还受到各种组织器官不停运动的动态作用，这种复杂的生理环境，使某些材料会发生物理、化学和力学性能方面的改变，这些变化有时会直接影响器械的生物安全性。

（1）材料的物理变化。材料的物理变化主要是指器械植入体内后，其大小、几何形状、相对密度、热学性能、电学性能、光学性能和表面性能等发生的变化。比如，陶瓷类器械在体内长期使用，会发生磨损现象，结果造成表面粗糙度、表面积/体积、形状等均发生变化。

（2）材料的化学变化。材料的化学变化主要是指器械植入体内后，其化学组成、微观结构、晶粒尺寸、耐腐蚀性、亲-疏水性、酸碱性、吸附性、溶胀性、水溶性和稳定性等发生变化。比如，金属类器械长期植入体内，由于生物环境的化学侵蚀，致使材料出现离解、氧化、腐蚀等化学性质改变。

（3）材料的力学性能变化。材料的力学性能变化主要是指器械植入体内后，其强度、韧性、弹性、模量、蠕变、硬度等发生变化，从而引起器械的失效。比如，生物降解类器械在生理环境下材料的力学性能会随降解过程的进行而逐渐减弱。

综上所述，医疗器械在与生物体相接触过程中，有可能产生一系列与应用目的所不相符的生物反应和器械（或材料）反应，这些反应的结果既可能对使用者的健康带来危害，又可能影响器械正常功能的发挥，因此，医疗器械在临床应用前，有必要进行系统的生物学评价。

第三节　医疗器械生物学评价的国内外标准状况

一、医疗器械生物学评价的国内外标准情况

自 1965 年美国药典（USP）首次提出对第六类塑料器械需进行生物学试验的要求以来，有关医疗器械生物学评价方面的标准正在不断地完善。1989 年，国际标准化组织（ISO）专门成立了 TC 194 技术委员会负责制定医疗器械的生物学评价系列标准，1992 年颁布了 ISO10993—1《医疗器械生物学评价 第 1 部分：试验选择指南》，1997 年修订了 ISO10993—1《医疗器械生物学评价 第 1 部分：评价与试验》，目前该委员会已发布或将要发布的 ISO10993 系列标准有 21 个（详见表 6-1），该系列标准已成为各国政府在对本国医疗器械注册管理和监督管理中主要遵循的依据之一。近年来，我国“全国医疗器械生物学评价标准化技术委员会”已先后将 ISO10993 系列标准等同转化为推荐性国家标准——GB/T 16886系列（如表 6-1 所示），这些标准已成为我国国家食品药品监督管理局（SFDA）在对医疗器械产品注册审批中的有效文件，它标志着我国医疗器械的生物学评价工作基本达到了与国际同步的水平。

在上述系列标准中，ISO10993—1 或 GB/T 16886.1《评价与试验》是一份具有纲领性作用的标准文件，该标准规定了医疗器械生物学评价的基本原则，解释了生物学评价与生物学试验之间的区别，提出了生物学评价试验的指南等，它对正确掌握生物学评价原则、正确选择医疗器械生物学评价试验以及客观评价医疗器械产品都具有指导性的作用。

除了 GB/T 16886 系列标准以外，现行的用于医疗器械生物学评价的其他相关标准还包括 GB/T 14233.2—2005《医用输液、输血、注射器具检验方法》和 GB/T 16175—1996《医用有机硅材料的生物学评价试验方法》，这两份标准在某种程度上提供了医疗器械生物学评价的一些具体试验方法，相比上述的 GB/T 16886 系列标准，更具有可操作性。

表 6-1 医疗器械生物学评价的现行标准

国际标准号	国家标准号	标准内容
ISO10993—1：2003	GB/T 16886.1—2001	评价与试验
ISO10993—2：2006	GB/T 16886.2—2000	动物保护要求
ISO10993—3：2003	GB/T 16886.3—1997	遗传毒性、致癌性和生殖毒性试验
ISO10993—4：2002	GB/T 16886.4—2003	与血液相互作用试验选择
ISO10993—5：1999	GB/T 16886.5— 2003	细胞毒性试验：体外法
ISO10993—6：2007	GB/T 16886.6—1997	植入后局部反应试验
ISO10993—7：1995	GB/T 16886.7—2001	环氧乙烷灭菌残留量
ISO10993—9：1999	GB/T 16886.9—2001	潜在降解产物定性与定量框架
ISO10993—10：2002	GB/T 16886.10—2005	刺激与迟发型超敏反应试验
ISO10993—11：2006	GB/T 16886.11—1997	全身毒性试验
ISO10993—12：2002	GB/T 16886.12—2005	样品制备与参照样品
ISO10993—13：1998	GB/T 16886.13—2001	聚合物医疗器械的降解产物定性与定量
ISO10993—14：2001	GB/T 16886.14—2003	陶瓷降解产物的定性与定量
ISO10993—15：2000	GB/T 16886.15—2003	金属与合金降解产物的定性与定量
ISO10993—16：1997	GB/T 16886.16—2003	降解产物与可沥滤物毒性动力学研究设计
ISO10993—17：2002	GB/T 16886.17—2005	可沥滤物允许限量的建立
ISO10993—18：2005	GB/T 16886.18—XXXX	材料的化学表征
ISO10993—19：2006		物理化学、形态学和表面特性表征
ISO/TS 10993—20：2006		医疗器械免疫毒性试验原理和方法

由于 ISO TC 194 技术委员会每年都会组织各成员国对已有 ISO10993 系列标准内容进行讨论、修订或起草新标准，所以，对于 ISO 标准更新后是否能及时转化为我国相应的国家标准的问题，这是关系到医疗器械生物学评价工作是否真正体现与国际接轨的一个重要方面。同时，也提醒所有使用这些标准的人员，必须注重所应用标准的时效性，任何一份标准都可能随着科学技术的发展和知识的更新而被补充或替代，而所有标准中推荐的方法都是建立在大量科学研究的基础上，因此，标准化研究是不断健全和完善医疗器械生物学评价标准的前提。

二、牙科材料和器械生物学评价的国内外标准情况

牙科材料和器械是医疗器械中的一个重要分支，由于它们在应用时的接触方式具有一定的特殊性，而且，其应用量又相对比较大，因此，在生物学评价的某些方面形成了有别于其他类型医疗器械的、相对独立的标准。有关口腔材料临床前的生物学评价标准早在二十多年前美国已开始重视，1979 年，美国国家标准局和牙科协会首先发布了《牙科材料生物学评价标准》，国际标准化组织 ISO/TC 106 牙科技术委员会于 1984 年第一次发布了有关牙科材料生物性能评价的技

术报告，即ISO/TR 7405：1984《牙科材料生物性能评价》，上述两份文件在一定程度上对世界各国建立口腔材料的生物学性能评价标准起着至关重要的作用。13年后，1997年国际标准化组织ISO/TC 106牙科技术委员会与国际牙医联盟(FDI)共同起草了ISO7405：1997(E)《牙科学-用于牙科的医疗器械生物相容性临床前评价-牙科材料试验方法》，这是ISO/TC 106牙科技术委员会发布的第一份牙科材料生物性能评价的国际标准，该标准既强调了牙科材料生物学评价的特殊性，又提出在具体实施过程中应该与ISO10993系列标准结合使用。

我国自20世纪80年代末起，相继开始制定一系列口腔材料的生物学性能评价的行业标准，现行的行业标准详细参见表6-2，其中，YY/T 0268—2001《用于口腔的医疗器械生物相容性临床前评价第1单元：评价与试验项目选择》标准

表6-2　口腔器械及口腔材料的生物学评价现行标准

行业标准号	标准名称	标准内容
YY/T 0127.1—1993	口腔材料生物试验方法	溶血试验
YY/T 0127.2—1993	口腔材料生物试验方法	静脉注射急性全身毒性试验
YY/T 0127.3—1998	口腔材料生物学评价 第2单元：口腔材料生物试验方法	根管内应用试验
YY/T 0127.4—1998	口腔材料生物学评价 第2单元：口腔材料生物试验方法	骨埋植试验
YY/T 0127.5—1999	口腔材料生物学评价 第2单元：口腔材料生物试验方法	吸入毒性试验
YY/T 0127.6—1999	口腔材料生物学评价 第2单元：口腔材料生物试验方法	显性致死试验
YY/T 0127.7—2001	口腔材料生物学评价 第2单元：口腔材料生物试验方法	牙髓牙本质应用试验
YY/T 0127.8—2001	口腔材料生物学评价 第2单元：口腔材料生物试验方法	皮下植入试验
YY/T 0127.9—2001	口腔材料生物学评价 第2单元：口腔材料生物试验方法	细胞毒性试验：琼脂覆盖法及分子滤过法
YY/T 0127.10—2001	口腔材料生物学评价 第2单元：口腔材料生物试验方法	鼠伤寒沙门氏杆菌回复突变试验（Ames）
YY/T 0127.11—2001	牙科学　用于口腔的医疗器械生物相容性临床前评价 第2单元：口腔材料生物试验方法	盖髓试验
YY/T 0244—1996	口腔材料生物试验方法	短期全身毒性试验：经口途径
YY/T 0268—2001	牙科学　用于口腔的医疗器械生物相容性临床前评价 第1单元：评价与试验项目选择	

是等同采用 ISO7405：1997(E)《牙科学-用于牙科的医疗器械生物相容性临床前评价-牙科材料试验方法》的国际标准，该标准在牙科材料的生物学评价中起着指导性的作用。但必须强调：现行的有关口腔材料和器械的行业标准在执行过程中都应结合上述的 GB/T 16886 系列标准，这样才能使口腔材料和器械的生物学评价原则与其他医疗器械生物学评价的原则保持一致。

第四节　医疗器械生物学评价的程序

医疗器械的生物学评价一般应遵循以下的程序：①器械所选用材料的评价；②器械的生物学评价，其中包括与已上市产品的对比、确定器械的接触类型和时间、生物学试验项目的选择和生物学试验等四个方面；③器械上市后的重新评价。由上述的评价程序可知，医疗器械产品从一开始的材料选择和设计，到最终产品的上市及上市后的评估，整个过程中的任何一个环节都有可能会直接影响医疗器械的生物安全性，特别是对于组成器械的材料选择以及整个器械的加工工艺和灭菌方式，它们在很大程度上对终产品的生物学性能起着关键性的作用。下面将重点介绍这方面的知识。

一、医疗器械生物学评价的流程

对医疗器械进行生物学评价与对医疗器械进行生物学试验是两个不同的概念，生物学试验是生物学评价过程中的一个重要内容，生物学评价除了试验以外还包括相关文献和资料的回顾与分析，比如，需要评价该器械是否有同类的上市产品？与上市产品所用材料是否相同？性能上有无差异？产品的生产过程、加工工艺、灭菌方式、与人体的接触方式等与上市产品是否具有相同的特性等。如果上述的分析结果得出该器械与已上市的产品都相同，同时从风险分析的角度也能预期判断该器械基本上对生物体不存在危害，那么，只需要对该产品作出一份生物学评价的书面分析报告即可。但如果文献或资料分析结果无法提供上述结论时，必须进行相关的生物学试验，通过生物学试验方式来评价医疗器械的生物安全性，当然，如果对于一种新产品来讲，毫无疑问，上市前必须进行生物学试验。有时即使是完成了生物学试验，也仍然需要根据现有的信息和试验的结果，对器械的生物学性能做出综合的分析与评价。有关医疗器械生物学评价的流程参见图 6-5，有关与血液相互作用的器械其生物学评价及试验选择判定流程参见图 6-6。

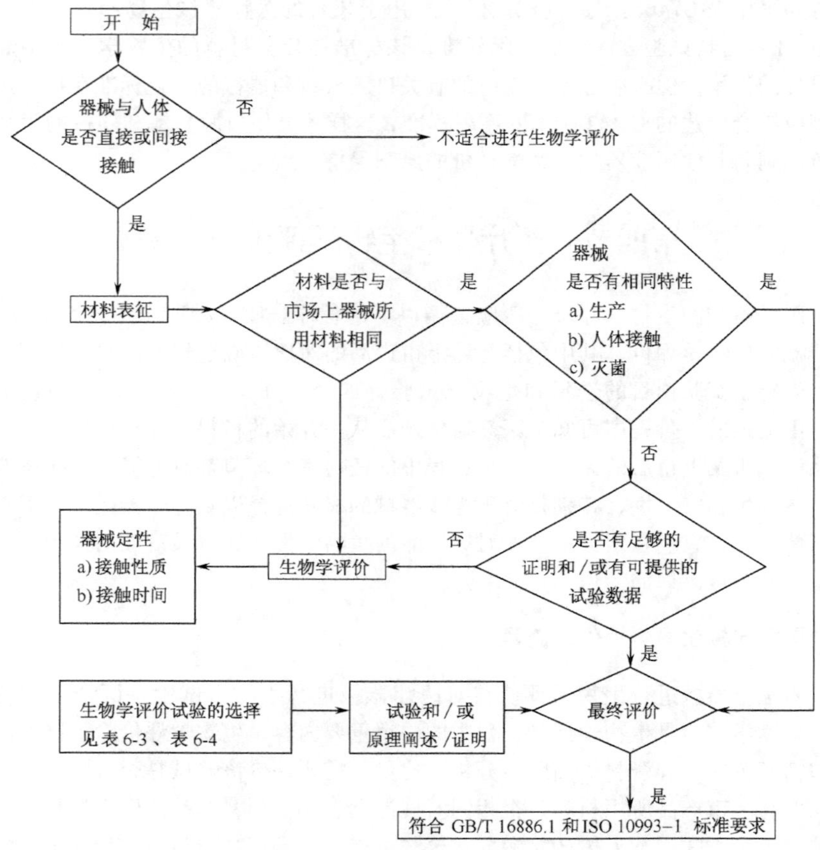

图 6-5　医疗器械生物学评价流程图

二、医疗器械生物学评价中应考虑的因素

1. 原材料选择时需考虑的因素

医疗器械产品在设计前首先应考虑材料的选择，根据产品的特性，选择材料的种类，是金属材料、高分子材料、陶瓷类材料还是复合材料？是生物可降解材料还是非降解生物材料？是天然来源的还是人工合成的等；根据产品的要求，选择能满足各种性能要求的材料，这种性能包括物理学性能、化学性能、形态学性能、力学性能、电学性能、生物学性能以及加工性能等；根据产品与组织相互作用的情况，选择综合性能合适的材料，这里必须强调：一种最好性能的材料未必一定是与组织相互作用最好的材料，因此，在选择材料时绝对不能脱离医疗器械

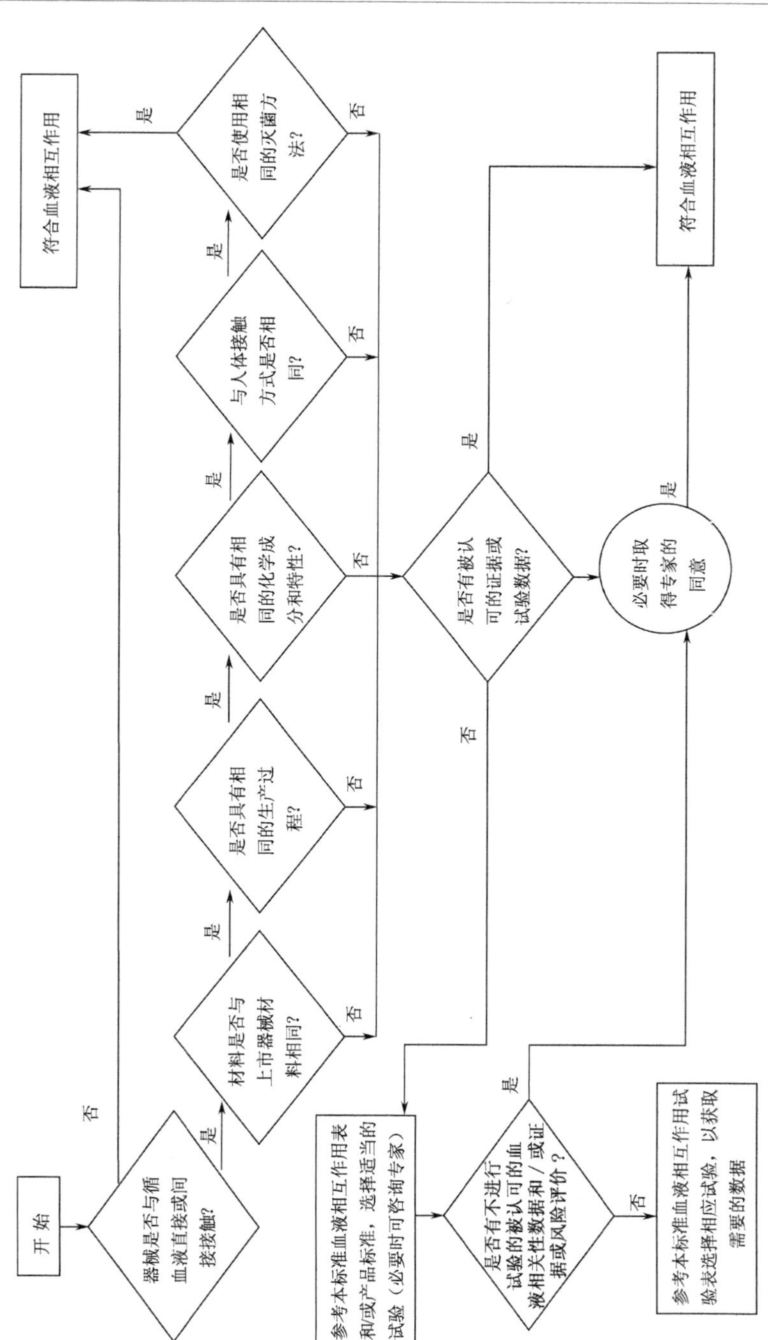

图6-6　与血液相互作用的器械其生物学评价及试验选择判定流程

产品的总体设计。

2. 终产品生物学评价时需考虑的因素

医疗器械终产品的生物安全性，除了以上原材料因素外还有以下几方面需要考虑的：①一些助剂、工艺污染和残留；②可沥滤物质；③降解产物；④其他成分以及它们在终产品上的相互作用；⑤终产品的性能与特点等。医疗器械在进行生物学评价之前，应尽可能对终产品的可浸出化学成分作定性和定量分析，其结果显然将有助于生物学评价工作。

三、材料的化学表征在医疗器械生物学评价中的作用

医疗器械生物学评价流程中非常关键的一个程序就是需要进行材料的化学表征，这是任何器械在进入生物学评价前必须进行的一个过程，通过材料的化学表征，可以得到以下对预测材料的生物学反应极其有价值的信息，这些信息包括以下几方面。

（1）在加工过程中所用材料的化学成分，包括加工时加入的添加剂和残留物，比如微量化学物质、清洁剂、消毒剂、酸及腐蚀性物质等。

（2）预期用于医疗器械产品的材料特性，以及由这些材料制成的器械特性。

（3）医疗器械所使用材料的定性。

（4）由于加工过程引起的从医疗器械中潜在释放的物质或分解产物。

（5）由于加工过程的改变或加工过程质量控制不严而导致的材料结构的改变。

材料的化学表征在医疗器械生物学评价中的重要作用主要体现在：①它是医疗器械整个生物安全性评价以及风险管理中不可缺少的一部分；②通过可沥滤物水平的测定，可以从风险评估的角度提出基于健康的可沥滤物水平的允许限量；③有助于判断预期使用材料是否与目前已在临床上应用的材料相同；④有助于筛选预期用于医疗器械的新材料的稳定性。因此，必须正确理解，并高度重视这一内容。

四、医疗器械生物学评价的基本原则

医疗器械的生物学评价应该遵循下面一些基本原则。

（1）所有被评价的对象都应该是处于“使用”状态的医疗器械产品，也就是必须是最终产品，所谓“最终产品”通常是指与临床使用状态相一致的产品。这一点非常重要，因为我们知道：最终产品与组成该产品的材料或半成品在生物学性能上可能会存在差异，有的甚至是非常显著的差异，因此，只有对终产品进行评价，才能真正反应临床实际应用中该器械是否安全，由此来体现生物学评价的实际意义。

（2）应该明确生物学评价与生物学试验是两个不同的概念，生物学试验比较简单，它是指对医疗器械产品进行各项生物学方面的试验，通过试验可以获得一系列相关数据以评价受检产品是否存在潜在的生物学危害；而生物学评价则相对含义更广，它包括前期对受检产品相关文献或资料的分析判断、对生物学试验结果的综合分析判断以及对产品上市后的重新评价等。生物学评价与生物学试验之间的关系可以被认为：生物学试验只是医疗器械生物学评价过程中的一个重要环节，生物学试验所获得的结果是生物学评价的主要依据，生物学评价是建立在对各种资料、信息、试验结果以及分析和综合基础上的、对所选对象的一种评价，评价的意义远远高于单纯的试验。

（3）生物学评价需要考虑除原材料本身特性以外的其他影响产品生物安全性的因素，比如，生产或加工过程中所用的其他材料，一些助剂、工艺污染和残留、可沥滤物质、降解产物、其他成分以及它们在最终产品上的相互作用、最终产品的性能和特点等。在作生物学评价前，对材料进行定性和定量分析的目的可以避免去进行一些不必要的的生物学试验，如有些已知的化学添加剂或残余单体在使用过程中，即使很微量地存在于终产品中，也可能会造成对周围组织的损害，所以在确定进行生物学试验前，需认真分析和尽可能掌握上述的影响生物安全性评价的因素，这样将有助于对最终结果的评判与解释。

（4）绝大多数的医疗器械产品在使用前都需要经过消毒灭菌的过程，考虑到灭菌可能对产品的潜在作用以及伴随灭菌而产生的毒性物质有可能会存留在终产品上，因此，应选用与临床应用时相同灭菌方式的产品，即最后灭菌过的产品或最后灭菌过的产品中有代表性的样品作为生物学试验的样品，这样才能有效评价产品的生物安全性。

（5）生物学评价前，需要确定医疗器械最终在人体应用时的作用类型以及与人体的接触性质、程度、时间和频次等，其作用类型包括短期或一次性的作用、长期或特异性作用，在实际应用中有时会出现这样的现象：即当一种材料同时用于几种类型的器械时，表现出与一种组织接触时显示是安全的，而与另一种组织接触时则出现很高的毒性反应，这是因为医用产品的潜在危害性取决于它们最终在人体使用的部位和时间，被接触的不同组织、不同的接触频率和作用强度等因素都会影响医疗器械的生物安全性。

（6）生物学评价中的试验选择，原则上应参照 GB/T 16886.1—2001 所推荐的评价试验指南的要求，但由于医疗器械本身的多样性和复杂性，对任何一种医疗器械产品而言，所推荐的各种试验并非都是必须的和/或可行的，应该视产品的具体情况选择合适的试验项目。对有些产品来说，即使指南中未推荐的试验也可能是必须要做的，比如，有些来自于动物或异体骨组织的材料，经处理后准备用于骨组织修复，虽然指南中未列出需要做致敏和热原试验，但由于该产品可能在处理过程中未能很好地去除致热原物质或免疫原性物质，从而可能会导致患者的发热和过敏反应，因此有必要进行热原和致敏试验，甚至有条件应该进行其他免疫学方面的试验。另外，随着生物降解材料在临床医学中的应用日趋广泛，可降解性的医用产品可以从表皮应用到组织和器官内，时间可以从几天到几年，可是在标准指南中有的尚未明确规定作为必选项目，但是为了确保人体应用的安全性，完全有必要增加生物降解性试验项目。

(7) 一旦确定需要进行生物学试验时，为减少不必要的重复和节省动物资源，符合 ISO/T 10993—2 所提出的动物保护要求，应尽可能先进行体外筛选试验，在没有进行合乎要求的体外试验之前不应进行动物实验，因为体外试验相对体内动物试验而言，更快速、简便、灵敏和经济，同时可同期进行批量样品的筛选。如果体外试验不合格，就不必再做体内动物试验。

(8) 生物学试验必须在符合 GLP 要求的专业实验室中进行，而生物学评价必须由具有专业理论知识和丰富实践经验的专业技术人员进行，因为生物学试验结果应具有可重复性，生物学评价需要理论与实践的交融、科学与经验的交融、能力与知识的交融。生物学评价人员应具备两方面的能力，一是能根据科学文献对各种材料的主要优缺点和试验过程的适宜性作出判定，二是能对材料或器械特别是新材料的生物学评价进行设计、实施并出具评价报告。

(9) 在对最终产品作出生物学评价结论时，绝不能离开器械的总体设计，不能忽视现有信息的综合分析以及对该产品具体应用实况的了解。因为生物学试验所获得的材料与机体组织之间的作用仅仅是材料的一个特性，在组织作用方面最好的材料未必能使器械出现最好的性能，反之，个别生物学性能不合格的产品，却能在特定的应用场合发挥一定的作用。因此，强调综合分析是生物学评价过程中一个十分重要的环节。

(10) 由于医疗器械产品的复杂性和使用的多样性，致使大多数生物学试验方法中很难规定一套硬性的合格或不合格的指标，否则容易出现两种可能：一种可能是产品受到不必要的限制，另一种可能是产生虚假的安全感，因此，一般应针对不同的产品，在终产品的标准中确定合格与不合格的指标。

(11) 医疗器械产品投放市场后，一旦制造产品的材料来源、技术条件、配方、工艺、初级包装、灭菌条件、用途等发生改变，或者有迹象表明产品用于人体时会产生副作用时，需要对产品重新进行生物学评价。重新评价应根据具体情况、有的放矢、具有针对性地选择评价的内容。

五、医疗器械生物学评价试验指南

医疗器械生物学评价应按照一定的评价程序或流程（如图 6-5 所示），而生物学评价试验应尽可能参照评价试验指南的要求，具体可参照现行 GB/T

16886.1—2001《评价与试验》标准中推荐的内容（如表 6-3 和表 6-4 所示）进行。然而，最新的ISO10993—1:2003标准已在试验项目的选择上作了一些调

表 6-3 医疗器械生物学基本评价试验指南

器械分类			生物学试验							
人体接触		接触时间 A：短期（≤24h） B：长期（>24h～30d） C：持久（>30d）	细胞毒性	致敏	刺激或皮内反应	全身毒性（急性）	亚慢性（亚急性）毒性	遗传毒性	植入	血液相容性
表面器械	皮肤	A	×	×	×					
		B	×	×	×					
		C	×	×	×					
	黏膜	A	×	×	×					
		B	×	×	×					
		C	×	×	×		×	×		
	损伤表面	A	×	×	×					
		B	×	×	×					
		C	×	×	×		×	×		
外部接入器械	血路、间接	A	×	×	×	×				×
		B	×	×	×	×				×
		C	×	×		×	×	×		×
	组织/骨/牙接入	A	×	×	×					
		B	×	×				×	×	
		C	×	×				×	×	
	循环血液	A	×	×	×	×				×
		B	×	×	×	×		×		×
		C	×	×	×	×	×	×		×
植入器械	组织/骨	A	×	×	×					
		B	×	×				×	×	
		C	×	×				×	×	
	血液	A	×	×	×	×			×	×
		B	×	×	×	×		×	×	×
		C	×	×	×	×	×	×	×	×

注：本表摘自 GB/T 16886.1—2001 idt. ISO10993.1—1997，是制定评价程序的框架，不是核对清单。

表 6-4　生物学补充评价试验指南

器械分类			生物学试验			
人体接触		接触时间 A：短期（≤24h） B：长期（>24h～30d） C：持久（>30d）	慢性毒性	致癌性	生殖与发育毒性	生物降解
表面器械	皮肤	A				
		B				
		C				
	黏膜	A				
		B				
		C				
	损伤表面	A				
		B				
		C				
外部接入器械	血路、间接	A				
		B				
		C	×	×		
	组织/骨/牙接入	A				
		B				
		C		×		
	循环血液	A				
		B				
		C	×	×		
植入器械	组织/骨	A				
		B				
		C	×	×		
	血液	A				
		B				
		C	×	×		

注：本表摘自 GB/T 16886.1—2001 idt. ISO10993.1—1997，是制定评价程序的框架，不是核对清单。

整，针对某些产品的应用情况，相应增加了试验项目，这一调整在一定程度上反映了对某些医疗器械产品的生物学评价要求比原标准更高，现推荐如下（详见

表 6-5和表 6-6)。

表 6-5　医疗器械生物学基本评价试验指南

器械分类			生物学试验							
人体接触		接触时间 A：短期（≤24h） B：长期（>24h～30d） C：持久（>30d）	细胞毒性	致敏	刺激或皮内反应	全身毒性（急性）	亚慢性（亚急性）毒性	遗传毒性	植入	血液相容性
表面器械	皮肤	A	×	×	×					
		B	×	×	×					
		C	×	×	×					
	黏膜	A	×	×	×					
		B	×	×	×					
		C	×	×	×		×	×		
	损伤表面	A	×	×	×					
		B	×	×	×					
		C	×	×	×		×	×		
外部接入器械	血路、间接	A	×	×	×	×				×
		B	×	×	×	×				×
		C	×	×		×	×	×		×
	组织/骨/牙接入	A	×	×	×					
		B	×	×	×	×	×	×	×	
		C	×	×	×	×	×	×	×	
	循环血液	A	×	×	×	×				×
		B	×	×	×	×	×	×	×	
		C	×	×	×	×	×	×	×	
植入器械	组织/骨	A	×	×	×					
		B	×	×	×	×	×	×	×	
		C	×	×	×	×	×	×	×	
	血液	A	×	×	×	×	×		×	×
		B	×	×	×	×	×	×	×	×
		C	×	×	×	×	×	×	×	×

注：本表摘自 ISO10993.1—2003，是制定评价程序的框架，不是核对清单。

表 6-6　医疗器械生物学补充评价试验指南

器械分类			生物学试验			
人体接触		接触时间 A：短期（≤24h） B：长期（>24h～30d） C：持久（>30d）	慢性毒性	致癌性	生殖与发育毒性	生物降解
表面器械	皮肤	A				
		B				
		C				
	黏膜	A				
		B				
		C				
	损伤表面	A				
		B				
		C				
外部接入器械	血路、间接	A				
		B				
		C	×	×		
	组织/骨/牙接入	A				
		B				
		C	×	×		
	循环血液	A				
		B				
		C	×	×		
植入器械	组织/骨	A				
		B				
		C	×	×		
	血液	A				
		B				
		C	×	×		

注：本表摘自 ISO10993.1—2003，是制定评价程序的框架，不是核对清单。

第五节　医疗器械生物学评价分类及试验选择

我们已经知道，医疗器械的生物学评价需要遵循上述的评价程序及评价试验指南，然而，当确定必须进行生物学评价试验时，怎样才能正确选择试验项目呢？首先需要对被评价的医疗器械进行分类，分类通常应从两个层面上去考虑，第一要考虑医疗器械与人体的接触性质（体表、体内外联结、体内植入），第二要考虑在同一个体上实际累积接触的时间。一般认为，即使是同类材料，应用在体表要比植入体内、短期接触要比持久接触、植入到组织内要比植入到血液循环系统对人体的危害性相对要小。因此，正确掌握生物学评价中的分类，对合理选择生物学评价试验、提高生物学评价结果的可信度都是至关重要的，下面将具体介绍分类情况：

一、与人体接触性质分类

1. 表面接触器械

表面接触器械包括与以下部位接触的器械（不经穿刺术或手术进入人体内的器械）。

（1）皮肤。仅接触未受损皮肤表面的器械。

（2）黏膜。与黏膜组织接触的器械。

（3）损伤表面。与伤口或其他损伤体表接触的器械。

2. 介入器械

介入器械指经穿刺术或手术部分进入人体的器械。

（1）血路。间接与血路上某一点接触，作为管路向血管系统输入的器械。

（2）介入组织/骨/牙质。介入组织、骨和牙髓/牙质系统的器械。

（3）循环血液。接触循环血液的器械，其特点是直接与患者血路或循环血液接触的器械。

3. 植入器械

植入器械指经穿刺术或手术完全植入体内的器械。

（1）组织/骨。主要与骨和/或组织和组织液接触的器械。

（2）血液。主要与血液接触的器械，其特点是植入到血路或心脏内的器械。

值得注意的是，如果某些器械兼属几种接触类型，应该考虑进行所属各类相应的试验。例如，尼龙缝线用于外科缝合时，即与损伤表面接触，有时也与组织接触，甚至用于心脏手术缝合，作为植入器械中与血液接触的器械，此时，所属各类相应的评价试验都需要进行。

二、与人体接触时间分类

1. 短期接触（A）

一次或多次使用接触时间在 24h 以内的器械。

2. 长期接触（B）

一次、多次（累积）或长期使用接触时间在 24h 以上、30d 以内的器械。

3. 持久接触（C）

一次、多次（累积）或长期使用接触时间超过 30d 的器械。

对器械进行分类时要注意以下两个方面：①如果一种器械兼属两个以上时间分类时，应满足较严格的试验要求；②对于多次使用的器械，应考虑潜在的累积作用，按这些接触的总时间对器械进行归类，比如：透析器应列入持久接触类。

三、医疗器械的生物学评价分类表

按照上述的分类原则，表 6-7～表 6-9 列举了部分典型的医疗器械产品生物学评价分类的实例，对于表中未列出的产品也应该参照分类原则进行分类，根据产品的使用说明书及具体应用情况分类，分类不是绝对的，切忌不加分析“对号入座”。

表 6-7　表面接触器械

皮肤	A	黏附电极
	B	急救绷带
	C	外科矫形固定用制品
黏膜	A	人工排泄口（用于人工肛门）、尿引流袋、泌尿系统冲洗用导管、泌尿系统诊断导管、尿道造影导管
	B	胃肠道用导管：进食用导管、胃肠道引流、清洗和取样用导管 呼吸道用导管：吸痰用导管、气管内导管（包括麻醉用气管插管）、供气管道、给氧管道、泌尿系统用导管：尿道用导管（内拉通氏导管）、膀胱留置导管（费雷氏导尿管）
	C	人工食道、接触眼镜
损伤皮肤	A	外科用敷料
	B	急救用绷带（大号）
	C	创伤、愈合和保护用敷料（烫伤用敷料、硅橡胶纱布等）

表 6-8 介入器械

组织和骨	A	外科用乳胶手套、吸引管
	B	治疗腹水用留置针、透析血液循环用的吸附器、腹膜透析用导管、胆管治疗用导管、经皮肤穿刺胆管引流导管、食管静脉曲张止血带气囊导管、瘘道用导管、气管切开用导管、脑积液引流导管、连续灌注或引流用导管（经皮留置）、组织扩张器
	C	长期腹膜透析用导管和套管、连续非卧床腹膜透析用导管
间接与血液接触	A	注射器、注射针、带翼输液针、静脉输液袋、输液器、血液采血器、输血器、输液过滤器、白细胞过滤器
	B	静脉输液过滤器
	C	
循环血液	A	心室放射学检查用血管导管、心脏外科手术用导管、心脏诊断和治疗用导管、导管套、引导器、扩张器和导丝、主动脉内气囊反搏用导管、膜式血浆分离器（用于收集血浆）、采集血浆用导管、膜式血浆分离器（用于血浆交换）、膜式血浆成分分离器、血浆灌流柱（用于选择性血浆吸附、免疫调理等）、血浆灌注导管、血液灌流及附柱（用于重症肝炎等）、血液灌流导管、一次性使用的自动血液回输器、氧合器（体外循环用）、体外循环用储血器、体外循环血液过滤器、体外循环吸引器体外循环交换器、体外循环用血液导管、血液浓缩器、血液灌流柱（用于免疫调理等）
	B	静脉内留置导管、带套管穿刺针、血液透析用血液进出导管、血流监测导管、治疗腹水用过滤器和浓缩器、治疗腹水用导管、血液透析器、血液透析留置针、血液灌流吸附柱（用于肾辅助治疗）、血液过滤器、体外膜式氧合器、体外膜式氧合器储血器、体外膜式氧合器血液过滤器、体外膜式氧合器吸引管、体外膜式氧合器热交换器、体外膜式氧合器用导管、连续血液过滤器、连续血液过滤器用导管、血袋
	C	肠道外营养中心静脉输注导管（人工肠道等）、心室辅助装置（半体内装置）、人工胰脏（半体内装置）

表 6-9 体内植入器械

骨组织	A	
	B	吸收性外科缝合线和夹、非吸收性外科缝合线、人工肌腱、视网膜剥离手术用的材料、暂时性使用的心脏起搏器
	C	颌面部修复材料、外科矫形内固定制品、人工骨、人工关节、骨水泥、人工硬脑膜、人工乳房、人工耳、植入式心脏起搏器、人工喉、人工晶状体、皮下植入药物缓释导管和装置、植入牙、计划生育用体内植入物、降解材料和制品
血液	A	
	B	暂时使用的心脏起搏器电极、永久性起搏器电极
	C	机械或生物心脏瓣膜、人工心脏瓣环、人工或生物血管、心脏和血管修补片、动静脉短路管道

对于与血路和循环血液接触的医疗器械产品来说，血液相容性评价的分类和试验选择有其一定的特殊性，表 6-10 和表 6-11 列举了部分典型的与循环血液接触的医疗器械产品血液相容性评价的试验分类及选择。

表 6-10　与循环血液接触器械或器械部件和适用试验分类——外部接入器械

器械举例	试验分类				
	血栓形成	凝血	血小板	血液学	补体系统
动脉粥样硬化切除术器械				×1)	
血液临测器	×	×		×1)	
血液贮存和输注设备、血液采集器械、延长器		×	×	×1)	
体外膜式氧合器系统、血液透析器/血液过滤器、经皮循环辅助系统	×	×	×	×	×
导管、导丝、血管内窥镜、血管内超声器械、激光系统、冠状逆行灌注导管	×	×		×1)	
细胞贮存器		×	×	×1)	
血液特异性物质吸附器械		×	×	×	×
血液成分采输器		×	×	×	×

注：1）只作溶血试验。

摘自 GB/T 16886.4—2003。

表 6-11　与循环血液接触器械或器械部件和适用试验分类——植入器械

器械举例	试验分类				
	血栓形成	凝血	血小板	血液学	补体系统
瓣膜成形环、机械心脏瓣膜	×			×1)	
主动脉内球囊泵	×	×	×	×	×
人工心脏、心室辅助器械	×			×	
栓塞器械				×1)	
血管内植入物	×			×1)	
植入式除颤器和复律器	×			×1)	
起搏器导线	×			×1)	
去白细胞滤器		×	×	×1)	
人工（合成）血管移植物（片）、动静脉分流器	×			×1)	
支架	×				
组织以脏瓣膜	×			×1)	
组织血管移植入物（片）、动静脉分流器	×			×1)	
静脉腔滤器	×			×1)	

注：1）只作溶血试验。

摘自 GB/T 16886.4—2003。

第六节　医疗器械生物学评价的特点和内容

医疗器械的生物学评价不同于物理、机械或化学性能的评价，虽然评价过程同样是建立在科学、客观、标准化的基础上，但是由于医疗器械最终产品的种类多、用途广、作用各异，同时它所选用的试验手段有时都是定性的，在评价的全过程中往往容易受到一些主观因素的影响，因此，很难采用“公式化”或“数字化”模式给出一个数值，以量化的方式完成评价工作，而相反，扎实的专业理论知识和丰富的相关工作经验是获得客观而科学判断的重要基础。

一、医疗器械生物学评价的特点

(1) 对于选用同类材料制成的医疗器械，如果最终用途不同，那么，产品的生物学评价内容也可能不相同。比如，采用同一种生物材料，用于制作与血液系统接触的器械和与非血液系统接触的器械，两者应选择的生物学试验项目会存在显著的差异，前者必须进行一系列的血液相容性评价试验，或者需要评价该器械与血液接触时的相互作用，后者只需要根据使用情况，选择相应的试验即可。又如，如果一种材料预期用于生殖系统，显然有必要进行生殖与发育毒性方面的试验。

(2) 根据医疗器械与人体接触的性质、程度、频次和周期等的不同，生物学评价的要求可以不同。比如，一种医疗器械产品与人体接触的时间可能是一次性的，也可能是多次反复性的；可以是短期的（24h 之内）、长期的（24h～30d 之间）、或者是持久的（超过 30d），甚至是终生存在于人体，因此，生物学评价试验应针对上述的这些变异情况，评价的要求各不相同。

(3) 医疗器械所选用材料的性质不同，生物学评价的标准也可以不同。比如，选用生物降解类材料（可吸收性）与非降解类材料（不可吸收性），由于前者明显存在材料的降解产物在体内的蓄积、分布和代谢的问题，它的生物安全性评价除了要考虑器械本身的生物学危害以外，还必须重视器械降解产物对生物体的作用问题，因此，需要按照有关标准进行降解产物及其体内代谢方面的安全性评价。

(4) 生物学评价无论是对信息资料的回顾分析，还是开展系列的生物学评价试验，它们都是一项预测性的工作，就目前的科学技术水平而言，对被评价的器械若想获得百分之百的、与实际应用无偏差的结果可能还难以达到，因为生物学评价对来自文献的信息本身存在一个时效性问题，而且生物学试验采用的手段是体外模拟试验和体内动物试验，体外试验也是 ISO10993—2 动物保护要求中所积极提倡的一项试验，由于体外实验与体内实验之间在试验环境和模拟程度上始终都存在着一定的差异，即使动物实验也与人体之间存在着差异，因此，用体外试验的结果来推测体内应用状况、用动物试验获得的结果来推测人体应用的安全性，实际上有可能会出现一些不相符的可能，或者假阴性和假阳性的可能，也就是说存在着一定的风险性。

(5) 由于医疗器械的形状、种类、用途以及与人体的作用方式复杂多样化，这就要求作生物学评价时既要考虑上述这些因素，又必须考虑整个器械的总体设计，比如，一个由多种材料组成的器械，在进行生物学评价试验时，合理地取样是非常关键的环节，它对试验结果影响较大。一位有经验的知识型实验人员与一位无经验的实验人员相比，可能因选取试样的部位和数量等的差异，而出现截然不同的试验结论。这正是医疗器械生物学评价的一个显著特点，应该引起足够的重视。

(6) 由于医疗器械的种类繁多，临床应用变化多端，所以在生物学评价时不能孤立地只根据某一项或二项生物学试验的结果给予判断，生物学评价自始至终都是建立在综合分析基础上的整体评价。

(7) 对于一种医疗器械来讲，通常可以参照医疗器械生物学评价的分类来选择应该进行的生物学评价试验项目。然而，在实际应用中还必须注意一点，当一种材料或器械兼属于两种以上的应用部位或时间分类时，应考虑满足较严格的试验要求，对于多次反复使用的医疗器械，不能忽视潜在的累积效应，这是生物学评价的一个重要特点。

(8) 医疗器械最基本的组成部分是材料，主材料的生物学性能在很大程度上决定了最终器械的生物安全性，但是，材料具有良好的生物学性能并不等同于最终产品也具备良好的生物学性能，因为，从原材料到制成产品的整个过程中，还有很多因素会直接或间接地对产品的生物学性能产生影响，比如，一些添加成分、加工工艺、灭菌的方式等，这一点应该具有充分的认识。

二、与血液接触的医疗器械生物学评价的特点

与血液接触的医疗器械生物学评价除了具备上述的一些特点以外，还具有以下三个特点。

(1) 评价试验应尽可能使用一种合适的模型或体系，以模拟临床使用中器械与血液接触的方式和条件，这种模拟应包括接触时间、温度、无菌状态和血流状况等。没有模拟使用过程条件的试验通常不能准确反应长期的、重复暴露或持久接触情况下血液/器械之间的相互作用，比如，一些体外试验只能初步评价器械的血液相容性，难以预示体内使用时的实际状况。原则上半体内使用的器械应在半体内条件下试验，而体内使用的器械应该在模拟临床使用条件下的动物体内

进行。

（2）对于一些用于收集血液或在体外试验中用于血液的一次性试验器械，应确保其不会对试验结果产生明显的干扰。也就是说，试验所用的器械首先必须被证明其血液相容性优良，对试验用血无任何不良作用。

（3）由于血液反应中存在物种间的差异，故应尽可能地使用人血来做试验。若试验需要进行动物实验，也可选用兔、猪、牛、羊或狗等动物的血，但在对结果的评价时，应当谨慎解释动物试验的结果。

三、医疗器械生物学评价的内容

医疗器械生物学评价的内容主要包括对现有信息的分析、系列生物学试验、对结果的综合判断以及上市后的重新评价，其中，生物学试验是生物学评价的主体，通过生物学试验，可以推测医疗器械产品应用于人体后是否可能会引起机体的生物反应，如局部组织反应、血液反应、免疫反应和全身反应，为医疗器械产品的生物安全性提供科学依据。

根据 ISO10993 和 GB/T 16886 有关“医疗器械生物学评价”的系列标准，生物学试验主要包括 8 大项基本评价试验和 4 项补充评价试验。

1. 基本评价试验

（1）细胞毒性试验。包括浸提液试验、直接接触试验和间接接触试验。

（2）致敏试验。

（3）刺激或皮内反应试验。包括皮肤刺激、眼刺激、口腔刺激、阴道刺激、直肠刺激、阴茎刺激和皮内反应等试验。

（4）全身急性毒性试验（含热原试验）。包括经口途径、吸入途径、经皮途径、静脉途径以及腹膜内途径等。

（5）亚慢性（亚急性）毒性试验。包括经口途径、吸入途径、经皮途径、静脉途径、腹膜内途径以及植入途径等。

（6）遗传毒性试验。包括采取一系列的体外试验，如细菌基因突变试验、哺乳动物细胞基因突变试验及哺乳动物细胞诱变性试验等。

（7）植入试验。包括皮下植入、肌肉内植入和骨植入。

（8）血液相容性试验。包括血栓形成、凝血、血小板、血液学（含溶血）、补体系统等试验。

2. 补充评价试验

（1）慢性毒性试验。通常是指试验期大于动物寿命的 10%，包括经口途径、吸入途径、经皮途径、静脉途径、腹膜内途径以及植入途径等。

（2）致癌性试验。

（3）生殖和发育毒性试验。

（4）生物降解试验。包括聚合物降解试验、金属与合金降解试验和陶瓷降解试验。

上述所有试验都是根据具体医疗器械产品本身的特性、最终与人体接触的性质和时间而被选择应用。对一种医疗器械来讲，只有正确、合理地选择和设计评价试验的项目，才有可能作出相对科学的评价结论。然而，这些现有的评价内容将会随着科学技术的发展而不断地得以调整和完善。

第七节　医疗器械生物学评价试验

一、基本评价试验

基本评价试验是指在一般情况下应考虑选择的试验项目。

1．细胞毒性试验

细胞毒性试验是运用细胞培养技术，检测医疗器械和/或其浸提液可能造成的细胞生长抑制、细胞变异、细胞溶解、细胞死亡等影响细胞正常功能和生物学行为的作用。该试验条件是在离体状态下进行，因此属于一项体外试验。细胞毒性试验是医疗器械生物学评价体系中最重要的检测指标之一，也是几乎各种用途的医疗器械临床前安全性评价的首选和必选项目。细胞毒性试验的特点是能在短期内检出供试品对细胞新陈代谢功能的影响，能对毒性物质具有较大的敏感性，能低价快速筛选批量样品，能定量分析实验结果，试验重复性好，操作相对简便，试验方法比较容易标准化，从而有利于各实验室之间的试验结果进行比对，同时该方法可减少不必要的体内动物实验。

通常在以下三种情况下需要进行细胞毒性的评价：①新材料筛选的研究和开发过程中；②作为医疗器械的最初评价试验；③对产品（原材料或成品）进行质量控制。由于引起细胞毒性的物质多数来自于材料或器械中存在的一些可滤出物质、添加剂、残余单体或物质、加工过程中的污染物、生物降解产物等，另外材料表面的化学性质也会改变细胞膜的功能特性，因此，评价细胞毒性的重点主要应放在对材料或器械本身的特性、加工工艺和灭菌方法上。

细胞毒性有以下两种评价形式。

1）生物学终点评价

（1）细胞形态学评价，主要是观察细胞的形态变化。

（2）膜效应评价，主要是从细胞膜的通透性改变方面来鉴别存活细胞与死亡细胞。

（3）细胞代谢活性评价，通过检测细胞生物代谢活性或生物合成功能的改变来了解细胞损伤作用。

（4）细胞增殖率评价，主要是观察细胞生长速度和增殖率的变化。

2）接触方式评价形式

（1）浸提液接触方式。该方法的优点是浸提液容易获得、可以经离心或过滤后去除一些杂质颗粒、能与培养的细胞广泛地接触、可以用于分析材料中各组成成分及其浓度对细胞毒性的影响等。然而，浸提液接触也有其不足之处，主要是它与医疗器械的临床实际使用情况存在一定的距离。

（2）直接接触方式。该方法基本上是模拟了医疗器械的实际应用状况，但是这种方式有时会因重力、形状和接触方式等的原因对细胞产生机械损伤，从而影响了评价的准确性。

（3）间接接触评价。该方法采用琼脂或醋酸纤维素膜，将细胞与供试品隔开，模拟了某些医疗器械产品的应用状况，但该方法需要制成标准试件，对有的产品可能不适合。

2. 致敏试验

致敏试验是在小动物体上进行的、用于检测医疗器械和/或其浸提液潜在产生的异常或病理性免疫反应的试验。该反应属于Ⅳ型免疫变态反应，即为迟发型超敏反应，其反应过程一般分为两个阶段：第一阶段是 T 细胞致敏阶段（诱导阶段），由外来的（非己体）抗原物质接触生物体后刺激机体免疫系统的 T 细胞增殖分化，形成具有针对某一特定抗原的致敏淋巴细胞，这一阶段大约需要 1～2 周；第二阶段是致敏 T 细胞的效应阶段（激发阶段），当致敏的淋巴细胞再次接触相同抗原时，一方面试图杀伤这些抗原靶细胞，另一方面释放一系列淋巴因子，产生免疫效应和导致以单核细胞为主的局部浸润、组织变性坏死为特征的超敏反应性炎症，具体表现为皮肤局部红斑、水肿等反应。

致敏试验是目前医疗器械生物学评价项目中唯一检测机体免疫系统反应的一项试验，也是各类与人体接触的医用产品必须评价的主要项目之一。尽管致敏试验是属于体内试验，试验条件要求相对较高、时间也较长，但是该试验到目前为止还没有其他有效的体外方法可以替代，因为体外环境还不能模拟生物体复杂的免疫系统。根据现行国家标准所推荐的方法，致敏试验有最大剂量法和封闭斑贴法两种，一般认为前者比后者的灵敏度要高，故最大剂量法常作为生物学评价试验的首选方法。

3. 刺激试验或皮内反应

刺激试验是根据医疗器械最终临床使用状况，将器械和/或其浸提液直接接触规定的动物试验部位，在一定的时间内观察动物局部反应，以评价医疗器械产品潜在的组织刺激作用。试验涉及适宜动物模型的选择、试验组织和部位的选择以及接触方式、接触次数、接触持续时间等的确定，而这些都需要与产品实际使用的途径（皮肤、眼和黏膜）和持续时间相适应，只有明确这些要素，才能设计出比较科学和合理的试验方案。该类试验总体来讲具有所耗用的动物较少，方法简单，实验周期相对较短的特点。

常用的刺激试验有皮肤刺激、眼刺激、口腔黏膜刺激、阴道刺激、阴茎刺激以及直肠刺激等六种，其试验结果可以受以下一些因素的影响：①供试品与组织持续或反复接触的时间；②供试品的作用方式、接触部位及使用剂量；③包扎封闭的程度；④斑贴试验的技术等。

如何来评价刺激试验的最终结果？一般应掌握三个基本原则：①对一些广泛应用于人体皮肤的产品，应不允许存在实质性的危害，但有些产品由于其自身不可替代的适用性（如医用橡皮胶），尽管动物试验和人体试验均表明存在刺激作用，但在没有很大危害性的前提下有时也是可以在一定范围、一定时期内被接受使用；②对一些预期应用于人体敏感部位（如眼睛）的产品应慎重评价，若出现阳性结果则应避免应用于临床；③对使用比预期临床应用剂量增大的供试品或其浸提液剂量所出现的阳性结果，应由有关专家进行综合分析评价。

皮内反应试验是通过动物皮内注射医疗器械的浸提液，在规定的时间内观察注射局部皮肤组织的红斑和水肿反应，以评价材料或器械中可沥滤物是否具有潜在的非特异性的急性毒性刺激作用，该试验具有灵敏度高、耗用的动物少、方法简单、试验周期短（5d 内）等特点，已广泛用于评价与人体各部位接触的医疗器械非特异性的急性局部刺激作用。

4. 全身急性毒性试验

全身急性毒性试验是将医疗器械的浸提液在 24h 内一次或多次作用于动物体内，以评价短期内因毒性物质被机体吸收后可能产生的全身性损害作用。根据产品实际与人体接触途径的各异，试验浸提液可以通过经口、吸入、经皮、静脉注射以及腹膜内注射等不同途径作用于动物体内，而选择的原则应该是以与医疗器械预期临床应用最相符为原则。全身急性毒性试验方法简便、实验周期短（5d 内）、动物数量和成本相对较低（如表 6-12 所示），主要适用于预期直接或间接与血路、循环血液和血液系统接触的医疗器械产品。通常影响急性全身毒性试验评价的因素可能有：①不同的接触途径和试验方法；②供试品可滤出成分的特性；③体内实际被接受的注射或接触浓度和剂量。

表 6-12　推荐使用的最少动物数

检测类型	啮齿类	非啮齿类
急性[1]	5只	3只
亚急性	10（每种性别5只）[1]	6（每种性别3只）[1]
亚慢性	20（每种性别10只）[1]	8（每种性别4只）[1,3]
慢性	40（每种性别20只）[2,3]	

注：1）可以只选用单一性别的动物。如果一种器械预期仅用于一种性别，那么应该选用与预期应用相类似的动物性别进行实验。

2）这是针对于一种剂量组的动物数，如果需要几种剂量组，动物数可减少到每种性别10个。

3）对于慢性毒性试验，应咨询统计学专家，实验动物的数量应该以能提供有效数据的最低要求为依据，保证在检测末期仍保留足够的动物数以对结果进行的统计学分析与评价。

ISO10993.1 和 ISO10993.11 以及 GB/T 16886.1 和 GB/T 16886.11 标准中，除了上述的全身毒性试验以外，还将热原试验纳入了全身急性毒性试验的检测内容中。热原性是一种由化学制剂或其他物质引起的致生物体出现发热反应的能力，发热反应可能是由材料介导的、内毒素介导的，或其他物质如革兰氏阳性细菌和真菌中某些成分介导的。热原试验包括两种方法，第一种是采用兔法，通过将医疗器械的浸提液注入兔耳缘静脉，在规定的时间里测量动物的体温，观察体温变化以评价供试品是否存在诱发机体发热反应的潜在可能性；第二种是采用细菌内毒素检测法（即鲎试剂法），该方法是用于判断浸提液中革兰氏阴性菌的生物活性内毒素的限量是否符合规定。ISO10993 标准所涉及的主要是材料介导的热原性。目前，已知的由材料介导（非内毒素）的热原性物质主要包括内源性热原物质（如 IL-1，IL-6，TNF-α，INF-r）、前列腺素、诱导剂（如多聚腺苷酸、多聚尿苷酸、多聚生物原、多核糖胞啶酸）、干扰温度调节中心的物质（如 LSD，可卡因，吗啡）、氧化磷酸化的非耦合剂（如4,6-硝基邻甲酚、二硝基酚、苦味酸）、N-苯基-beta-萘基胺类和醛-alpha-萘基胺类（发热机制未知）、细菌毒素（如 TSST-1，SEA，Spe F，Spe C）、神经递质（如肾上腺素类、血清素）以及某些金属盐如镍盐等。

兔法与鲎试剂法的主要不同点在于：兔法可以检测出由各种原因（细菌内毒素、病毒及其他微生物、类固醇、材料或器械中存在的致热原物质等）引起的体温升高反应，它无法区分发热反应是因材料本身引起的还是由内毒素污染所致；而鲎试剂法只能单纯检测由细菌内毒素所致的发热反应，这一点在生物学评价的试验设计中应特别引起重视，两者切勿混淆，鲎试剂法不能取代兔法，而兔法可以作为热原试验的终评方法。

新版 ISO10993.1—2003 在全身毒性（急性毒性）试验内容中还特别提出：

“当有其他来源的数据表明医疗器械存在免疫毒性作用时，需要考虑进行免疫毒性试验”，不久，ISO/TS 10993.20—2006 年颁布了“医疗器械免疫毒性试验原理和方法”，该标准为各类医疗器械潜在的免疫毒性检测提供了指南。对于医疗器械的免疫危害，我们可以事先通过其他方面的数据或资料获得相关的信息，比如材料表征、残留量特性、材料溶出物的特性、添加到医疗器械中药物和其他物质的特性、器械与人体接触时间和接触途径的特性、与化学物质、药物或材料接触前的检查情况以及其他毒性检测的结果等，特别值得关注的是绝大部分免疫毒性是由于材料的添加成分造成的，因此，在检测免疫危害时对这些化学物质接触性质的评价显得非常重要，表 6-13 列出了不同类型医疗器械引起的潜在免疫反应现象，而免疫毒性危害评价及检测的流程参见图 6-7。

表 6-13　不同类型医疗器械的潜在免疫反应

医疗器械的分类			免疫反应					
接触类型		接触时间						
器械类型	接触部位	A：短期（≤24h） B：长期（>24h～30d） C：持久（>30d）	急性炎症	慢性炎症	免疫抑制	免疫刺激	超敏反应	自身免疫反应
表面器械	皮肤	A	×	—	—	×	×	—
		B	×	×	—	×	×	—
		C	×	×	×	×	×	×
	黏膜	A	×	—	×	×	×	×
		B	×	×	×	×	×	×
		C	×	×	×	×	×	×
	损伤表面	A	×	—	×	×	×	×
		B	×	×	×	×	×	×
		C	×	×	×	×	×	×
外部接入器械	血路，间接	A	×	—	—	×	×	×
		B	×	×	×	×	×	×
		C	×	×	×	×	×	×
	组织、骨、牙接入/循环血液/植入器械	A	×	—	×	×	×	×
		B	×	×	×	×	×	×
		C	×	×	×	×	×	×
植入器械	组织、骨或其他体液	A	×	—	×	×	×	×
		B	×	×	×	×	×	×
		C	×	×	×	×	×	×

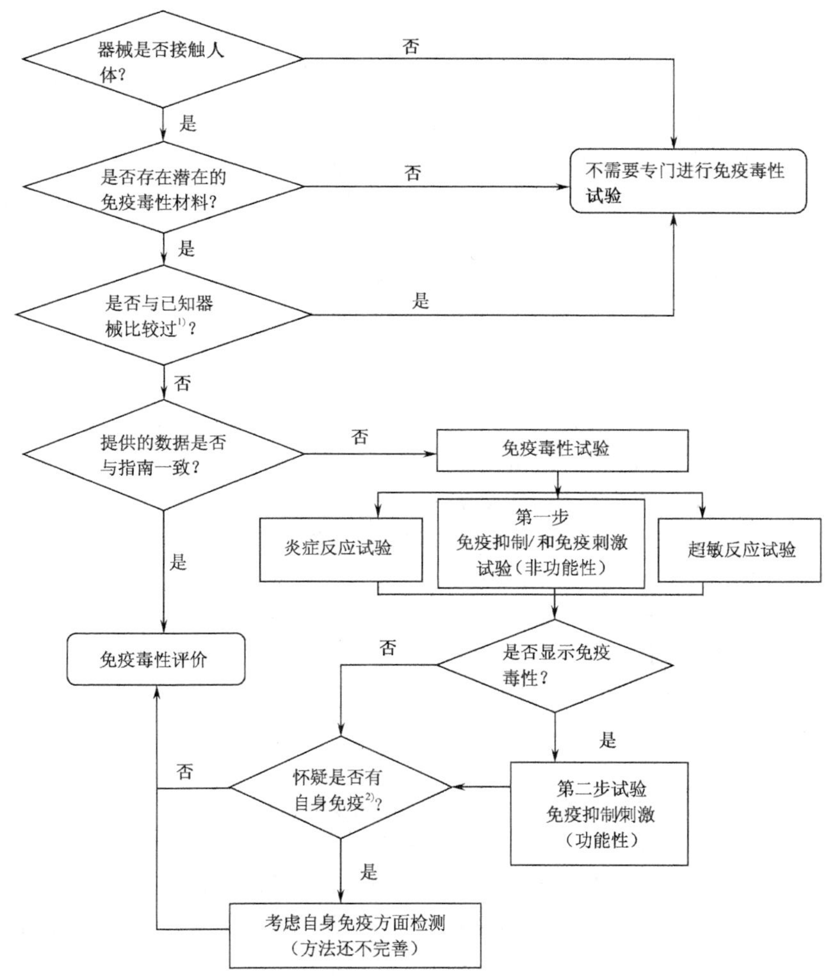

图 6-7 免疫毒性试验的流程图

1). 该器械完全与已被证明无免疫毒性的上市器械相同; 并且该器械与机体的接触部位和接触时间与上市器械相同; 2). 通过临床前或临床资料或许能推断可能存在自身免疫的作用

5. 亚急性(亚慢性)毒性试验

亚急性(亚慢性)毒性试验是评价医疗器械和/或其浸体液在超过 24h、短于试验动物寿命 10%的时间内一次或多次作用试验动物而产生的全身毒性反应,其中亚急性毒性试验是评价在多次或持续接触后的 24h～28d 内发生的副反应,而如果采用静脉注射途径，一般规定处理期在24h～14d之间。啮齿类动物的亚慢性毒性试验通常是90d，如果采用静脉途径通常规定处理期在14～28d之间。

急性毒性往往是以单剂量（有限的接触）的有害反应来显示，而医疗器械与生物体接触更普遍的是以反复或持续的接触形式，这就可能发生某些化学物质在组织中的蓄积或通过其他机制对生物体产生潜在的危害，而只有通过长期试验（亚急性、亚慢性、慢性），才能评价这些潜在的反应。亚急性（亚慢性）毒性试验与急性全身毒性试验的主要区别在于试验周期长、动物数量多（如表6-12所示）、试验要求比较高、耗费大、观察指标多且相对较客观、工作量大等，接触途径可以有表皮、植入、吸入、皮内、肌肉、腹膜内、静脉、口腔以及皮下等九种不同途径，选择的原则应该是选择与医疗器械预期临床应用最接近的接触途径。

亚急性（亚慢性）毒性试验的评价指标一般是采用血液学检查、临床生化检查以及对全身各主要脏器进行组织病理学检查，通过这三部分结果的综合分析，我们可以了解毒性物质在体内的吸收、分布、代谢、蓄积和排泄的状况，同时也就医疗器械对生物体全身系统的毒性作用做出评价。目前，亚急性（亚慢性）毒性试验主要是依据ISO10993.11—2006的标准，有些涉及各产品特性的具体问题，可能还需要进行科学的设计来完成生物学评价试验。亚急性（亚慢性）毒性试验适用于长期或持久接触的医疗器械，应用中同样应注意供试品或其浸提液的作用时间问题，试验应尽可能与实际应用相适应。

6. 遗传毒性试验

遗传毒性试验是采用哺乳动物或非哺乳动物细胞、细菌、酵母菌或真菌测定供试品是否引起基因突变、染色体结构畸变以及其他DNA或基因变化的试验，通过直接检测原发性遗传终点或检测导致某一终点的DNA损伤过程伴随的现象，来确定医疗器械和/或其浸提液产生遗传物质损伤并导致遗传性改变的能力。医疗器械发生遗传毒性反应的原因可能是：①器械中某一关键成分的溶出，如离子、化学物质、聚合物、添加剂和增塑剂等；②器械植入时因外科手术、热或机械的作用而造成的损伤；③降解产物与正常细胞代谢之间的相互作用；④器械的内表面、形态、孔径尺寸和粗糙度的性质。

遗传毒性试验的目的是：①判断医疗器械和/或其浸提液可能因诱发机体某基因的突变而造成的遗传损伤；②预测医疗器械和/或其浸提液对生物体的潜在致癌性；③评价医疗器械和/或其浸提液的遗传毒性。

根据现行的GB/T 16886.3—1997标准中所规定的遗传毒性试验的评价程序和原则，在进行遗传毒性试验评价时，一般应遵循以下一些基本原则：一是尽量从对DNA的影响、基因突变和染色体畸变三种水平上来考虑生物材料或医疗器械对生物体的遗传毒性作用；二是试验应首先选择体外试验；三是试验应至少包括三项，其中两项试验应采用哺乳动物细胞为靶细胞；四是如果体外三项试验中出现一项或两项阳性结果，还应进行体内动物试验。有关遗传毒性试验的具体试验方法，标准中只是建议参考 OECD——化学药品试验指南中推荐的 14 种方法，由于任何一项单一的试验都可能存在一定的不确定性，因此，遗传毒性试验评价要求以一组试验来进行筛选和预测，以减少可能出现的假阳（阴）性结果。

最新的 ISO10993.3—2003 标准中特别强调了在确定进行遗传毒性试验之前，首先应考虑对材料进行化学表征（ISO10993—18），如果在被分析的器械或材料中存在有些已经明确具有致突变或致癌性的化学物质，那么就不需要再进行遗传毒性试验。若一旦确定必须进行遗传毒性试验时，应采用体外系列的试验，该系列试验推荐了两套方案：第一套方案是选择细菌基因突变试验（OECD 471）以及哺乳动物细胞基因突变试验（OECD 476），后者应覆盖两个终点（诱裂性和基因突变）；第二套方案是在第一套方案的基础上，再增加哺乳动物细胞诱裂性试验（OECD 473）。

如果按照上述方案所获得的体外试验结果均呈阴性，那么就不再需要进行体内（动物）遗传毒性试验。若体外试验中任意一项出现阳性结果，则应进行体内致突变试验，或者直接推定该化合物具有致突变性。通常采用的体内遗传毒性试验有：①啮齿动物微核试验（OECD 474），或②啮齿动物骨髓中期分析（OECD 475），或③哺乳动物肝细胞程序外 DNA 合成试验（OECD 486）。

在选择或评价遗传毒性试验时，应注重试验本身的灵敏度和预测的价值，通常体内试验高于体外试验，真核微生物系统高于原核微生物系统，哺乳动物高于非哺乳动物。影响遗传毒性试验评价的因素可能有：①试验溶剂的选择；②试验接触剂量或浓度的设计；③试验方法的正确运用。

7. 植入试验

植入试验是将医疗器械终产品的样品植入到动物的活体组织内，经一定时间后，运用组织病理学技术，对植入物引起的局部组织反应作出评价。植入试验是生物学评价试验项目中最接近或模拟临床应用状况的一项试验，因而其结果的科学性和可靠性相对较高。但是，由于该试验需要使用一定数量的动物，耗费大、实验周期相对长，而且到目前为止，还没有其他评价程序可以代替，所以选择此项试验时一定要慎重，同时必须事先通过体外试验评价，以减少不必要的资源浪费。

植入试验中对动物选择、被植入的组织、观察与处死动物的时间等都因医疗器械产品实际接触人体的部位以及在体内持续时间的长短而异，一般应根据植入试验的样品大小、试验周期、动物寿命、种属间硬组织和软组织生物反应的差异等因素来选择试验动物，最常用的动物是大鼠、兔和狗；被植入的组织有皮下组织、肌肉组织和骨组织；试验观察期可以从1周到104周根据不同的产品使用期限而变化，原则上对应用期短于3个月的供试品可选择12周为末期观察期；对应用期短于半年的供试品可选择26周为末期观察期，对应用期短于一年的供试品可选择52周为末期观察期，对应用期大于一年或更长期的供试品应选择104周为末期观察期。

影响植入试验结果评价的因素主要有：①植入试样的形状，一般圆片或圆柱状试样明显比其他形状的试样对组织的刺激性小；②试样表面的光洁程度；③手术造成的机械创伤；④植入试样在组织内的固定情况等。

8. 血液相容性试验

血液相容性试验是评价与血液或血液成分接触医疗器械和/或其浸提液对机体血液、器官、组织的影响作用，这种作用包括血小斑、白细胞或其他细胞的激活；凝血、纤维蛋白溶解、补体通路的激活；器械表面形成血栓；血栓形成产生的栓塞或材料本身在血液循环中脱落物向其他部位移动而形成栓塞；对循环血细胞的破坏引起贫血、溶血、白细胞减少或血细胞功能的改变；对邻近细胞和组织的损伤；血管壁内膜增生导致血液流速降低或影响材料或器械的其他功能等。因此，医疗器械血液相容性的基本要求是应无黏附血小板作用，不发生血栓，不激活补体和凝血系统，不延长凝血时间，无溶血作用，不对血液其他成分产生不利影响。

血液相容性评价试验主要应从五个方面去考虑：①血栓形成；②凝血；③血小板和血小板机能；④血液学；⑤免疫系统。有关影响血液相容性试验评价的因素，从医疗器械的角度，可能有产品的设计与几何形状、材料表面的性状、材料的化学成分、产品的多孔性、预期的添加剂、加工污染物和残留物、可溶出物和降解产物、终产品的性能与特性等；从血液相容性试验角度，影响因素可能有所选用的实验动物种系、试验体系（体外、半体内和体内）、血液的流速等。

根据医疗器械的类型，推荐选用的评价方法如表6-14和表6-15所示。

二、补充评价试验

补充评价试验是指根据产品的具体情况补充进行的生物学评价试验，一般认为：在完成基本评价试验后再考虑补充评价试验；这些试验一般都明显地具有针对性（如生殖与发育毒性试验、生物降解试验），选择时相对比较容易，比如，在遗传毒性试验出现阳性或被测器械所用材料与已知致癌物的结构相似时，应考虑做致癌试验；如果器械是用于计划生育或与生殖部位接触时应补充做生殖与发育毒性试验；器械在体内会发生降解，应补充做体内降解试验。但是至今为止有的试验方法目前还不够成熟。

表 6-14　外部接入器械的试验方法

试验分类	评价方法	注释
血栓形成	闭塞百分率 流速降低 重量分析（血栓重量） 光学显微镜（黏附的血小板、白细胞、聚集物、红细胞、纤维蛋白等） 器械产生的压降 血栓成分的标记抗体 扫描电镜（血小板黏附和聚集；血小板和白细胞形态；纤维蛋白等）	
凝血	PTT（非活化） 凝血酶生成；特异性凝血因子评价；FPA、D-二聚体、F_{1+2}、TAT	
血小板	血小板计数/黏附 血小板聚集 模板出血时间 血小板功能分析 PF-4、β-TG；血栓烷 B_2 血小板活化标记 血小板微粒 放射性同位素 ^{111}In 标记的残存血小板伽玛成像	^{111}In 标记推荐用于长期或重复应用（>24h～30d）和永久接触（>30d）
血液学	白细胞计数（有或无分类计数） 白细胞活化 溶血 网织红细胞计数；外周血细胞活化特异性释放产物（例如粒细胞）	
补体系统	C3a、C5a、TCC、Bb、iC3b、C4d2、SC5b-9、CH50、C3 转化酶、C5 转化酶	

摘自 GB/T 16886.4—2003。

表 6-15　植入器械的试验方法

试验分类	评价方法	注释
血栓形成	扫描电镜（血小板黏附和聚集；血小板和白细胞形态；纤维蛋白等） 闭塞百分率 流速降低 血栓成分的标记抗体 器械剖检（肉眼和显微镜下）；组织病理学 末端器官剖检（肉眼和显微镜下）；组织病理学	
凝血	特异性凝血因子测定；FPA、D-二聚体、F_{1+2}、PAC-1、S-12、TAT PTT（非活化）、PTT、TT；血浆纤维蛋白原；FDP	
血小板	PF-4、β-TG；血栓烷 B_2 血小板活化标记 血小板微粒 放射性同位素^{111}In 标记的残存血小板伽玛成像 血小板功能分析 血小板计数/黏附 血小板聚集	
血液学	白细胞计数（有或无分类计数） 白细胞活化 溶血 网织红细胞计数；外周血细胞活化特异性释放产物（例如粒细胞）	
补体系统	C3a、C5a、TCC、Bb、iC3b、C4d2、SC5b-9、CH50、C3 转化酶、C5 转化酶	

摘自 GB/T 16886.4—2003。

1. 慢性毒性试验

慢性毒性试验是将医疗器械和/或其浸体液一次或多次作用试验动物后，在动物平均寿命期的主要时间内评价其对机体产生的慢性全身毒性作用。该试验方法、接触途径以及观察评判指标基本都类似于亚慢性毒性试验，使用的动物数量如表 6-12 所示，试验时间通常为 6～12 个月。

2. 致癌性试验

致癌性试验是在试验动物的寿命期内（一般为 2/3 生命期），经一次或多次接触医疗器械或其浸提液，通过观察肿瘤的发生率、出现的数量、类型、部位和发生时间，以评价其潜在的致肿瘤特性。这种试验往往需要仔细的策划、严格的实验设计、准确的病理学观察以及正确的统计学分析。该试验大致可分为三大类，即短期试验、动物诱癌试验和人类流行病学调查。短期试验分为致突变试验和细胞转化试验两类，前者等同于遗传毒性试验的评价方法；动物诱癌试验分短期和长期两种，选择应根据产品的实际使用时间而定；人类流行病学调查包括病例对照调查和队列调查。

在没有确切的证据来排除致癌性风险情况下，需要考虑进行致癌性试验的医疗器械主要包括：①吸收时间超过 30d 的可吸收性材料和医疗器械（具有人体应用或接触的有效和充分数据者除外）；②进入人体和（或）体腔持续或累计接触时间在 30d 以上的材料和医疗器械（具有长期有效和充分的人体应用史者除外）。

对致癌物的评价一般应按五个阶段循序渐进：第一阶段是结构分析，分析终产品的理化性能，或浸提液中可沥滤物的结构，可以参照材料的化学表征 ISO10993.18—2005 并与其他已知的致癌物比较，判定是否具有相似的化学结构，判断有无致癌的可能性。如果判断结果认为有可能存在致癌性时，应进行第二阶段的试验，反之则可暂不考虑下阶段的试验。第二阶段是短期诱变试验，主要检测遗传毒性致癌物，该阶段应选择一组体外/体内试验。第三阶段是短期动物诱癌试验，该试验是对已知的遗传毒性致癌物作进一步诱发癌变的实验。第四阶段是长期动物诱癌试验，该试验基本上是对供试品致癌性作出实验阶段的最终判断。第五阶段是肿瘤流行病学调查，对生物材料和医疗器械投产使用后一段时间后，都应进行肿瘤流行学方面的调查，以进一步确定对人类有无致癌性。

3. 生殖与发育毒性试验

生殖与发育毒性试验是评价医疗器械和/或其浸提液对生殖功能、胚胎发育（致畸性），以及对胎儿和婴儿早期发育的潜在影响。该项试验的应用具有很明确的针对性，只有在终产品缺乏足够的证据来排除生殖、发育毒性风险的情况下才选择进行生殖与发育毒性试验，这些器械或材料包括一些与生殖组织或胚胎（胎儿）直接长期或永久接触的器械、缓释装置、可吸收生物材料等，生殖与发育毒性试验方法可以酌情参照 OECD 414、OECD 415 或 OECD 416 的标准进行。而下面两种情况可以考虑不需要进行生殖和发育毒性的试验：①可吸收医疗器械或含可溶出物质的医疗器械，如果在吸收、代谢和分布等研究方面有充分可靠的数据，或者从材料或医疗器械浸提液中鉴别出的所有成分均显示无生殖和发育毒性时；②当医疗器械经过生物学风险评估后认为生殖和发育毒性的风险已被排除时。

4. 生物降解试验

生物降解试验是评价具有潜在可吸收和/或降解特性的生物材料或医疗器械及其降解产物对生物体局部或全身可能产生的危害。该试验涉及两方面的内容，首先是需在体外环境下对潜在的降解产物进行定性和定量分析，以初步掌握材料的生物降解性，并为体内试验的选择和设计提供依据。然后将材料或器械植入体内，以了解降解产物在体内的吸收、分布和代谢的过程以及对机体组织器官所产生的各种影响，比如材料本体及其降解产物的局部生物学反应、不同降解时段的全身生物学反应、降解产物与生物体相互作用对生物体生理功能的影响等，这一过程也称为降解产物的毒代动力学研究。

医疗器械的生物降解性与其所组成的材料性质有很大的关系，金属和合金材料的降解性主要表现为金属离子向周围组织溶解扩散而出现腐蚀现象，包括化学腐蚀与电化学腐蚀；高分子材料的降解性是因材料结构破坏和性能蜕变而发生化学降解和生物降解；生物陶瓷材料的降解性可因磨损、折断和裂解（物理因素），溶解和化学离子的形成（化学因素），细胞吞噬和生物分子参与的溶解（生物因素）而发生物理降解、化学降解和生物降解。因此针对不同的材质，生物降解试验的原理、方法、评价指标以及影响因素等都截然不同。

生物降解试验主要适用于生物可吸收的医疗器械或生物材料，在对生物可吸收或降解的生物材料进行生物学评价时，应注意这类材料所具有的一些特点，比如：①主体材料与其降解产物的生物可接受性可以不一致；②降解产物的生物可接受性与其性质、浓度和颗粒尺寸大小有关；③降解的评价方法因被评价对象的特性、局部环境及具体器械的作用位置的不同而不同。因此，生物降解材料的生物学评价程序一般首先应明确对降解产物的化学、物化、生化性能及表面形态的分析方法，接着选用相应的降解产物定性和定量检测标准；然后对降解产物进行体外生物学评价，最后开展降解产物和可溶出物的局部生物学效应以及毒代动力学研究（吸收、分布、代谢和排泄）。

三、生物学评价试验的参照材料

生物学评价试验与其他试验一样，在评价与试验的过程中，应使用一些参照材料来证实试验结果的可信性、可重复性和科学性。根据多年来在生物材料研究与测试领域的文献报道和标准文件，试验推荐采用的阴性参照材料和阳性参照材料分别如下。

（1）阴性参照材料。高密度聚乙烯、低密度聚乙烯、无二氧化硅的聚二甲基硅氧烷、聚醚、聚氨酯等。

（2）阳性参照材料。含有二甲基或二丁基-二硫代氨基甲酸锌链段的聚氨酯膜、含有有机锡添加剂的聚氯乙烯、专用增塑聚氯乙烯、含有乳胶成分或锌的盐溶液及酚醛和水的稀溶液等。

对于某些具体的生物学评价试验，其参照材料也可以有特定的详细要求，比如：①植入试验。其阴性参照材料可以选用高密度聚乙烯、低密度聚乙烯、医用不锈钢；阳性参照材料可以选用含有有机锡添加剂的聚氯乙烯、增塑聚氯乙烯。②细胞毒性试验。其阴性参照材料可以选用高密度聚乙烯，阳性参照材料可以选用含有有机锡添加剂的聚氯乙烯等。

第八节　口腔医疗器械生物学评价试验的特点

口腔医疗器械是属于医疗器械总的范畴之内，应该遵循医疗器械生物学评价的基本原则，然而，由于口腔医疗器械具有其应用领域的特殊性，国际上已将牙科器械与其他医疗器械分成两大标准系列。就口腔材料的生物学评价而言，它与医疗器械生物学评价相比较，主要的不同点是在部分评价试验类型和试验方法的选择方面。本节将专门针对与 GB/T 16886 系列标准不完全一致的内容，重点介绍口腔医疗器械生物学评价试验的特点。

一、评价试验类型

口腔材料和器械的生物学评价通常应该遵循 YY/T 0268—2001《牙科学 用于口腔的医疗器械生物相容性临床前评价 第 1 单元：评价与试验项目选择》标准，该标准等同转化 ISO7405：1997，在评价总则和分类上，基本与 GB/T 16886.1 类同，但试验项目分为三组（如表 6-16 所示）。从第一组到第三组可以视作从初级、次级到使用试验三个层面上的试验。初级试验（第一组）主要是指离体试验，它是所有口腔器材都必须要进行的试验；次级试验（第二组）是相对比较高级的生物学试验，试组试验部分可能与材料的使用相关；使用试验（第三组）是指选用更高等的动物，在接近于材料使用状况的动物模型上进行的试验。整个评价程序是渐进性的，首先进行第一组的试验，如果符合要求，再进行第二组的试验，只有通过前面二组的试验后最后才进入第三组的试验。

表 6-16　口腔材料生物相容性临床前评价试验项目

		第一组	第二组								第三组		
接触部位	接触时间	细胞毒性	急性全身毒性—经口途径	急性全身毒性—吸入途径	亚慢性全身毒性—经口途径	皮肤刺激及皮内反应	致敏	亚慢性全身毒性—吸入途径	遗传毒性	植入后局部反应	牙髓及牙本质应用	盖髓	根管内应用
与表面接触的器械	≤24h	×		×		×	×						
	＞24h～30d	×		×	×	×	×	×					
	＞30d	×		×	×	×	×	×	×				
外部接入器械	≤24h	×	×	×		×	×				×		
	＞24h～30d	×		×	×	×	×	×	×	×	×		
	＞30d	×		×	×	×	×	×	×	×	×		
植入器械	≤24h	×				×	×					×	×
	＞24h～30d	×			×	×	×		×	×		×	×
	＞30d	×			×	×	×		×	×		×	×

注：×表示应考虑选用的试验。

摘自 YY/T 0268—2001。

二、口腔材料和器械的特殊评价试验

口腔材料和器械特殊的生物学评价试验主要包括以下方面。

1. 牙髓牙本质应用试验

牙髓牙本质应用试验是评价与牙齿硬组织接触的材料对牙髓牙本质组织可能存在的不良刺激或毒性作用。该试验选用的动物通常是非齿类哺乳动物，如猴、狗、雪豹或小型猪等，因此其成本相对较高，一般适用于由外部接入到牙内的口腔材料，如牙科充填材料、水门汀、金属直接修复材料、预处理剂、窝洞清洗剂等。

2. 盖髓试验

盖髓试验是评价直接盖髓材料与暴露的牙髓接触后引起的牙髓组织反应，该试验使用的动物同牙髓牙本质应用试验，主要适用于植入类材料或器械，如盖髓及切髓材料。

3. 根管应用试验

根管应用试验是评价根管充填材料对剩余牙髓组织及根尖周组织的反应，该试验使用的动物同牙髓牙本质应用试验，但动物数量多于上述二项试验，因此花费更大，主要适用于植入类材料或器械，如根管充填材料、根管内冲洗剂及清洗剂。

三、口腔材料和器械生物学评价试验的特点

1. 屏障试验（间接试验）

细胞毒性试验是所有口腔材料和器械都必须做的试验项目，在实验方法的选择上，经常需要根据材料的应用情况考虑选用间接试验，即材料不是直接与培养的细胞接触，而是模拟在体情况，在材料与细胞之间隔一层琼脂或微孔滤膜，使材料可滤出物质通过中间的隔层对细胞产生作用，这样所获得的结果更贴近临床使用状况。这类试验也称为是“屏障试验”。

2. 试验材料的状态

口腔高分子材料中很多是由粉体和液体两部分经调拌后应用于牙体组织，其材料的固化反应通常都在口腔内完成，因此，对于材料的生物安全性评价不得不需要考虑这一因素，特别是在选取试验样品时，应该取处于使用状态的材料进行生物学评价试验。

3. 试验方法的选择

在口腔材料和器械的生物学评价试验中，急性、亚急（慢）性、慢性全身毒性试验通常选择经口途径，因为该途径最能模拟材料的临床应用，另外，在刺激试验中应根据实际应用情况选择口腔黏膜刺激或皮内反应试验，这些在方法选择上不容忽视。

第九节　医疗器械生物学评价与风险分析

随着医疗器械在对疾病预防、诊断和治疗过程中的地位越来越显著，人们对

其应用后的安全性也日趋关注。虽然对于与人体直接或间接接触的医疗器械或生物材料在用于人体之前都必须进行生物学评价，以减少可能引起的不安全因素，然而，这种评价是否带给我们的是绝对安全的概念呢？为何通过生物学评价的医疗器械产品目前还只能视为“可接受”产品，而不能作为绝对“安全”的产品呢？本节将就医疗器械的生物学评价与应用风险的问题作一初步的分析。

一、生物学评价与风险的关系

我们知道，在没有绝对把握的情况下对一件事物的结果作出判定会带来一定的风险，这种风险意味着出现与预期的结果不完全相符的后果。

什么是风险？风险可定义为“在特定时间或特定情况下发生不良事件的可能性”，是指危害出现的概率。对于医疗器械来讲，即使通过了生物学评价的过程，认为产品符合相应检测标准的要求，即所谓“合格”的产品，也未必在今后临床应用中一定是安全的。有些经过生物学评价的医疗器械产品上市后，仍会出现非预期的不良反应，有的甚至造成较严重的对人体的伤害。事实上，医疗器械的生物学评价在一定意义上可以理解为是对一种医疗器械产品的风险评价，而风险评价应该同时考虑的是发生不良事件的概率是多少，其危害的严重程度如何。这一点对正确理解生物学评价的含义和客观分析预期的结果是非常重要的。

二、生物学评价与应用风险的关系

医疗器械生物学评价与应用风险之间存在一定的关系，通过生物学评价过程的医疗器械产品仍存在应用风险，主要原因有以下四个方面。

1. 对许多被评价的材料或器械与机体相互作用的机制还存在未知性

由于医疗器械产品的种类繁多，组成器械的材料特性各异，与机体接触的形式多样，对于某些医疗器械来讲，特别是植入器械，究竟在体内对生物体、或者生物体对器械会互相产生何种影响，它们之间的相互作用的机制目前还不能完全了解。因此，对于这类器械，即使是经过了生物学评价，也无法真正规避应用风险。

2. 生物学评价试验本身因现有技术水平有限而无法达到准确无误的预测效果

从理论上讲，医疗器械的生物学评价试验应根据器械的实际应用情况设计相对应的试验方法，这样可使所获得的结果更接近使用状况。但实际上，目前的试验方法在技术上还不能完全达到这一要求，科学技术水平和人们认知能力的有限，影响了对相应产品安全性的可预测和准确性，这在一定程度上也增加了器械的应用风险。

3. 生物学评价试验体系本身存在“不确定性”

生物学评价试验通常包括体外和体内两大试验体系，无论是由体外试验结果来推断体内应用情况，还是由体内动物实验的结果来外推到人，这当中存在着许多非等同性因素，所以其推断的结果必定带有一定风险。这种风险的更进一步的理解就是一种“不确定度”，当“不确定度”增高时，对结果作出准确预言的可能性即降低，从而风险就增大。所以，减小生物学评价风险的有效途径是尽量降低一些不确定的因素。

4. 生物学评价试验的现行标准不完善

生物学评价试验的方法和评判依据主要参照现行的相关标准文件，而标准推荐的方法并非一定代表当今生物学和医学领域中最先进、最有效和最适合的检测手段。从目前所采用的 GB/T 16886 系列标准来看，总体技术水平基本只涉及生物学和医学领域的一些最基础理论和技术，它们的共性是方法都比较简单、主观定性判断比较多，研究手段和检测途径都只限于在一般生理和病理学的水平上，因此，对有些潜在的危害在现标准体系下还无法检出。另外，还有些危害的检测是在现标准范围内尚未涉及的，比如，器械的免疫学评价问题。这些因标准的不完善同样会使器械的应用风险增加。

三、生物学评价与风险分析

由上可知，医疗器械即使经过生物学评价的过程以后仍然存在一定的应用风险。那么，我们如何来认识和分析这类生物学风险呢？迄今为止，医疗器械的生物学评价一般是基于毒理学原理，而不确定度在毒理学分析中是一个特别重要的问题，因为毒理学风险分析在很大程度上依赖于由试验数据得出的推论，对于医疗器械而言，用于生物学风险评价的试验方法一般都没有预测价值，只有当获得大量的、可重复性的数据时，才有可能降低其不确定度，减小风险发生的概率，并由此作出预期应用中生物安全性方面的预测。

一般认为，一种医疗器械发生不良生物学反应的原因，主要是由该器械或材料固有的毒性（危害）和与机体接触的总量所决定，同时也受其接触途径的影响，因此，所谓毒理学（生物学）风险就是器械毒性和接触剂量两者的产物，它们可以是单独的作用，也可以是相互协同的作用。这种风险的可接受性可以随器械的预期应用部位和使用时间的变化而变化。

对毒理学风险作出分析一般需要以下三方面的基本信息。

1. 材料表征

毒理学风险分析的第一步是详细了解材料的化学成分（包括添加剂、辅剂和污染物）、残留物水平、降解或裂解产物、潜在的各种反应、加工工艺以及灭菌方式等。这些因素对未来器械的生物安全性影响比较大，只有获取有关器械内化学物质的属性及其作用的充分数据，才有利于进行风险评价。第二步应对列出的化学成分进行评审，对那些被认为有潜在毒性危害的成分进行判定，这种判定需要同时考虑化合物的毒性和预期剂量两方面的信息，该步骤相当于对风险的评价。第三步是对风险进行估计，也就是要回答“由接触产生的健康伤害可能会出现什么情况”。事实上，不可能期望一种完全无风险的状态，而只能追求一种既保证某种成分的有效性，又不至于导致健康危害的风险，即“允许”风险。另外，如果对材料的化学成分未经分析就进行生物学评价，其作出的风险分析的准确性和可靠性都会较低，风险自然也会增大。

2. 以往临床应用数据的分析

一般情况下，使用某一具体材料或化学成分的理由主要是根据以往的类似应用，或者文献报道。如果已有可靠数据证明材料在相似应用情况下具有良好的生物学性能，则可表明材料适用于某种特定用途。在理想状态下通过临床调研和市场监督的数据能反映类似材料的生物相容性和安全性情况。对于生物材料或医疗器械的某一成分先前应用方面的数据，包括浓度或剂量的数据，应结合该成分的毒性和使用该成分材料的生物学试验结果方面的信息同时考虑。

3. 生物学评价试验数据的分析

生物学评价试验的目的是在材料或器械应用于人体之前提供最基本的安全性方面的数据。很显然，它的作用应该是提供有效证据，证实如果发生某种不良反应的风险对人体是极其微小的。因此在生物学评价程序中，确定是否有必要进行生物学试验，这本身就是一种风险评价，这种评价不仅对决定不必进行生物学试验要说明理由，同时对确定要做生物学试验以及做什么试验也要有科学的依据。对于生物学评价试验数据的分析，应结合器械预期的应用部位、使用时间、接触途径以及器械本身的特性，综合分析判断。

总之，医疗器械生物学评价的目的是判定由器械引起的任何生物学危害，评价其使用所可能产生的风险，并尽量将这种风险控制在一个可接受的范围内。然而，在毒理学风险控制中，绝对安全是达不到的，也很难有一种器械能保证具有完美的生物相容性。因此，生物学评价应该是建立在一种科学、合理、有效的风险分析基础上的评价，应该以最简单、最直接、最有效的数据来减少评价过程中的不确定度，达到相对安全的水平，即将医疗器械经过生物学评价程序后，使器械的生物学风险控制在可接受的限度之内。

思考题

1. 简述医疗器械可能引起的生物反应主要包括哪些内容？

2. 医疗器械生物学评价的意义何在？目前在牙科和医疗器械的生物学评价中起主导性作用的标准分别是什么？

3. 试述医疗器械生物学评价的基本原则。

4. 简述医疗器械生物学评价的流程。

5. 医疗器械生物学评价是如何分类的？分类的原则是什么？试举例说明。

6. 试述医疗器械生物学评价的特点。

7. 医疗器械生物学评价的主要内容有哪些？

8. 简述医疗器械生物学评价试验中八大项基本试验的主要目的，所得结果说明了什么？

9. 简述口腔医疗器械生物学评价试验的特点。

10. 为什么在医疗器械的生物学评价过程中会产生风险？

参考文献

顾其胜，侯春林，徐政. 2005. 实用生物医用材料学. 上海：上海科学技术出版社.

郝和平. 2000. 医疗器械生物学评价标准实施指南. 北京：中国标准出版社.

孙皎. 2003. 生物材料和医疗器械的生物学评价. 中国医疗器械杂志，27 (1)：1—3.

孙皎. 2005. 生物材料和医疗器械的免疫学评价. 中国医疗器械杂志，29 (5)：313—315.

孙皎. 2006. 医疗器械的生物学评价与风险探讨. 中国医疗器械杂志，30 (5)：386—387.

周长忍. 2004. 生物材料学. 北京：中国科技出版社.

GB/T 16886.3—1997. 医疗器械生物学评价 第3部分：遗传毒性、致癌性和生殖毒性试验.

GB/T 16886.4—2003. 医疗器械生物学评价 第4部分：与血液相互作用试验选择.

GB/T 16886.5—2003. 医疗器械生物学评价 第5部分：细胞毒性试验：体外法.

GB/T 16886.6—1997. 医疗器械生物学评价 第6部分：植入后局部反应试验.

GB/T 16886.9—2001. 医疗器械生物学评价 第9部分：潜在降解产物的定性和定量框架.

GB/T 16886.10—2005. 医疗器械生物学评价 第10部分：刺激与迟发型超敏反应试验.

GB/T 16886.11—1997. 医疗器械生物学评价 第11部分：全身毒性试验.

GB/T 16886.13—2001. 医疗器械生物学评价 第13部分：聚合物医疗器械的降解产物的定性与定量.

GB/T 16886.14—2003. 医疗器械生物学评价 第14部分：陶瓷降解产物的定性与定量.

GB/T 16886.15—2003. 医疗器械生物学评价 第15部分：金属与合金降解产物的定性与定量.

GB/T 16886.16—2003. 医疗器械生物学评价 第16部分：降解产物与可沥滤物毒性动力学研究设计.

ISO10993.1—2003. Biological evaluation of medical devices- Part 1：Evaluation and testing.

ISO10993.18—2005. Biological evaluation of medical devices- Part 18：Chemical characterization of materials.

OECD 414. Prenatal Development Toxicity Study.

OECD 415. One-generation Reproduction Toxicity Study.

OECD 416. Two-generation Reproduction Toxicity.

OECD 471. Bacterial Reverse Mutation Test.

OECD 473. In Vitro Mammalian Chromosome Aberration Test.

OECD 474. Mammalian Erythrocyte Micronucleus Test.

OECD 475. Mammalian Bone Marrow Chromosome Aberration Test.

OECD 476. In Vitro Mammalian Cell Gene Mutation Test.

OECD 486. Unscheduled DNA Synthesis (UDS) Test with Mammalian Liver Cells in Vivo.

YY/T 0268—2001. 牙科学 用于口腔的医疗器械生物相容性临床前评价 第1单元：评价与试验项目选择.

第七章　医疗器械质量管理体系

医疗器械是救死扶伤、防病治病的特殊产品，对其质量的基本要求是安全有效，医疗器械的质量不仅要有产品的技术规范做保障，而且要有有效的质量管理体系来实现。为此我国政府将医疗器械产品的技术要求和质量管理体系要求以立法的形式强制执行，以达到保障人体健康和生命安全的目的。

我国在 2000 年 1 月 4 日发布了《医疗器械监督管理条例》（国务院令第 276 号），该法规的颁布和实施标志着我国医疗器械进入了法制化管理的轨道。

配合该条例的实施，国家食品药品监督管理局分别出台了《医疗器械注册管理办法》、《医疗器械生产监督管理办法》等规章制度，明确医疗器械上市必须取得生产许可证和产品注册，建立和实施符合要求的质量管理体系是其中一个必不可少的环节。为此，国家食品药品监督管理局组织有关专家制定了《医疗器械生产企业质量管理体系规范》。该规范以 ISO13485：2003《医疗器械　质量管理体系　用于法规的要求》为基础，结合了我国医疗器械监管法规和生产企业现状，体现了与国际质量管理体系要求的接轨。整个文本共分三个层次，第一层次是“规范”，第二层次是“实施细则”，第三层次是“检查指南”。

本章主要参照 ISO13485：2003《医疗器械　质量管理体系　用于法规的要求》和《医疗器械生产企业质量管理体系规范》的要求对质量管理体系基础、质量管理体系基本要求、质量管理体系文件的编写、质量管理体系内部审核四个方面分别作叙述。

第一节　质量管理体系基础

质量管理体系是企业管理体系的一部分，它致力于达到企业的质量目标。企业为实现自身的目标，必须实施管理。企业的管理包括方方面面：在质量方面，指挥和控制企业的协调活动就是质量管理，质量管理要通过质量管理体系来进行操作，包括制定质量方针和目标、进行质量策划、质量控制、质量保证和质量改进活动。

建立质量管理体系的目的是帮助企业增强持续提供满足法规要求、顾客要求的能力。质量管理体系要求是通用的，ISO13485 标准适用于所有医疗器械和相关服务的企业需要证实其有能力提供持续满足顾客要求和适用法规要求，标准本身并不规定产品要求，产品要求是特定的，质量管理体系的通用要求是对产品特定要求的补充，一个有效的质量管理体系才能保证组织持续而稳定地生产出满足顾客和法规所要求的产品。

质量管理体系的基础包括质量管理体系的理论说明、质量管理体系要求与产品要求、质量管理体系方法、过程方法、质量方针和质量目标、最高管理者在质量管理体系中的作用、文件、质量管理体系审核、持续改进、统计技术的作用。

质量管理体系基础是以八项质量管理原则为基本理论而给出的，本节主要描述八项管理原则和质量管理体系基础。

一、八项管理原则

质量管理体系的建立和实施应以八项管理原则为基础，该原则已得到确认，最高管理者可运用这些原则，领导、运作和管理企业。

1. 以顾客为关注焦点

组织依存于顾客，因此，组织应当理解顾客当前和未来的需求，满足顾客要求并争取超越顾客期望。

2. 领导作用

领导在质量管理体系的建立、实施和改进中起主导地位和关键作用。

3. 全员参与

领导是关键，员工是基础，领导和员工的紧密结合是组织做好质量管理工作的重要一环。

4. 过程方法

过程方法是将一系统分解为若干子过程，任何复杂的系统都是由若干个相对简单的过程组成的，而每个子过程都是通过一组相关和活动和资源来完成的。配置必要的资源，明确管理活动的职责和权限，分析和测量关键活动的能力，将活动和相关资源作为过程进行管理，可以更高效地得到期望的结果。

5. 管理的系统方法

将相互关联的过程作为系统加以识别、理解和管理，有助于组织提高实现目标的有效性和效率。系统是由相互关联的过程组成的，在过程方法的基础上，不仅要管理局部，还要从系统出发，管好整体，达到总体优化的目的。过程方法和系统方法是相互配套使用的，它们都以过程为基础，对过程进行识别和管理，但它们之间又有着明显的区别：过程方法是关注过程中的活动，将系统分解；而系统方法是关注系统中的过程，将过程综合。

6. 持续改进

持续改进是指增强满足要求的能力的循环活动。持续改进是组织的一个永恒的目标。

值得注意的是在 ISO13485 标准中删去了“持续改进”，以保持质量管理体系有效性替代了“持续改进”。因医疗器械的特殊性，当前法规的目标是保持质量管理体系的有效性，以持续生产安全有效的产品。医疗器械的安全有效是由包括质量管理体系的一系列活动和过程来实现的，其中有些活动和过程是受法规制约的。如果强调日常的频繁的持续改进，而又不能及时向医疗器械监督管理部门完成备案、注册等手续，将可能背离法规，造成医疗器械无效或甚至不安全的后果。因此，质量管理体系的持续改进不是当前法规的目标。保持体系的有效性旨在反映当前法规和促进全世界新医疗器械法规协调的目标相一致。

7. 基于事实的决策方法

有效决策是建立在数据和信息分析的基础上。

8. 与供方互利的关系

组织与供方是相互依存的，互利的关系可增强双方创造价值的能力。

二、质量管理体系基础

1. 质量管理体系的理论说明

质量管理体系理论是对质量管理体系的总体性和目的性的说明，质量管理体系能帮助企业增强顾客满意，顾客的要求和期望是通过在产品规范中加以表述，其方法是分析顾客要求，规定相关过程，并使其持续受控，目的是向顾客或相关方提供信任。

2. 质量管理体系要求与产品要求

质量管理体系要求是通用的，适用于所有行业，不论其提供何种类别的产品，管理标准本身不规定产品要求。产品要求是由企业根据顾客要求或法规要求而加以规定。产品要求包括原材料、元器件、组件、半成品、成品要求，可包含在技术规范、产品图纸、合同协议中。质量管理体系要求是对产品技术要求的补充，不能取代产品技术要求。

3. 质量管理体系的方法

质量管理体系的方法是“管理的系统方法”原则在质量管理体系中的具体应用，建立和实施质量管理体系的方法包括以下步骤。

（1）确定顾客及其他相关方的需求和期望。

（2）建立组织的质量方针和质量目标。

（3）确定实现质量目标必需的过程和职责。

（4）确定和提供实现质量目标必需的资源。

（5）规定测量每个过程的有效性和效率的方法。

（6）应用这些测量方法确定每个过程的有效性和效率。

（7）确定防止不合格并消除产生原因的措施。

（8）建立和应用持续改进质量管理体系的过程。

4. 过程方法

过程就是一组将输入转化为输出的相互关联或相互作用的活动。过程方法是指系统识别和管理组织所应用的过程，特别是这些过程之间的相互作用关系。

质量管理体系标准鼓励采用过程的方法管理企业。企业在建立、实施质量管理体系以及改进其有效性时都可采用过程方法，“PDCA”的方法可适用于所有过程（P——策划、D——实施、C——检查、A——处置），PDCA 是一个螺旋上升的过程。

5. 质量方针和质量目标

制定质量方针和质量目标为企业提供了关注的焦点，为质量活动确定预期的结果，显示出企业在质量领域的追求。质量方针和质量目标是关联的，质量方针是企业长期遵循的质量宗旨和质量方向，质量方针为制定质量目标提供了框架。质量目标应是可测量的，并应和质量方针相一致。

6. 最高管理者在质量管理体系中的作用

最高管理者应创造一个让员工充分参与的环境，使质量管理体系能在这种环境中有效运行。最高管理者在质量管理体系中应当起到九个方面的作用。

（1）制定并保持企业的质量方针和质量目标。

（2）通过增强员工的意识、积极性和参与程度，在整个企业内促进质量方针和质量目标的实现。

（3）确保企业关注顾客和法规的要求。

（4）确保建立、实施和保持一个有效的质量管理体系以实现这些质量目标。

(5) 确保实施适宜的过程以满足顾客和其他相关方要求并实现质量目标。

(6) 确保获得必要资源。

(7) 定期评审质量管理体系。

(8) 决定有关质量方针和质量目标的措施。

(9) 决定改进质量管理体系的措施。

7. 文件

质量管理体系文件的类型包括质量手册、程序文件、质量计划、规范、作业指导书、记录。每个企业确定其所需文件的多少和详略程度取决于企业的类型和规模、过程的复杂性和相互作用、产品的复杂性、顾客和法规的要求、人员的能力和受培训的程度。

通过建立质量体系文件，能够沟通意图、统一行动，并有助于质量改进、实现可追溯性和评价质理管理体系的有效性和持续适宜性等。

8. 质量管理体系评价

评价质量管理体系时，应对每一个被评价的过程提出如下四个基本问题。

(1) 过程是否已被识别并适当规定?

(2) 职责是否已被分配?

(3) 程序是否得到实施和保持?

(4) 在实现所要求的结果方面，过程是否有效?

综合上述问题的答案可以确定评价结果。质量管理体系评价的活动方式可以有多种，典型的质量管理体系评价包括质量管理体系审核、质量管理体系评审、自我评价。

9. 统计技术的作用

应用统计技术可帮助企业了解异常情况，实现预防功能和利用相关数据进行分析作出决策。在许多质量活动状态和结果中（包括产品的整个寿命周期和各个阶段），甚至是在明显的稳定条件下，通过数据统计和分析均可观察到异常的性质、程度和原因，并寻找出最终的解决方法。

三、相关的术语

(1) 过程。一组将输入转化为输出的相互关联或相互作用的活动。

(2) 不合格。未满足要求。

(3) 缺陷。未满足与预期或规定用途有关的要求。

(4) 纠正。为消除已发现的不合格所采取的措施，如返工或降级。

（5）纠正措施。为消除已发现的不合格或其他不期望情况的原因所采取的措施。

（6）顾客抱怨。任何以书面、口头、电讯的形式宣称，已经投放市场的医疗器械在其特性、质量、耐用性、可靠性、安全性及性能等方面存在不足的行为（ISO13485：2003《医疗器械　质量管理体系　用于法规的要求》3.4）。

（7）医疗器械不良事件。获准上市的、合格的医疗器械在正常使用情况下，发生的或可能发生的任何与医疗器械预期使用效果无关的有害事件（《关于征求〈医疗器械不良事件监测管理办法（征求意见稿）〉意见的通知》食药监办［2004］1号 第三条）。

第二节　质量管理体系基本要求

医疗器械是直接关系到人的健康和生命的特殊产品，对其基本要求是安全有效。随着科技的进步和生产的发展，医疗器械新品种愈来愈多，高科技含量愈来愈高，新技术、新材料也在医疗器械上的广泛应用，使得医疗器械仅靠产品的技术规范和成品检验已不能完全保证产品的安全有效，必须强化医疗器械生产企业质量管理体系要求，重视过程控制，以预防为主，满足医疗器械法律法规要求。

要求企业建立质量管理体系，并对过程进行控制的目的在于质量不是检验出来的，而是通过体系生产出来的。产品的质量是通过设计—采购—生产这些过程形成的，质量检验只是事后把关，起监督作用。

根据《医疗器械注册管理办法》规定，第二类和第三类医疗器械在进行产品注册之前，必须通过质量体系考核。在申请质量体系考核前，生产企业应对主要过程按质量体系文件要求进行运行，并提供相应的证实。

在对质量管理体系能满足顾客和法规要求，能提供安全有效医疗器械的初始验证后，企业应通过一系列活动保持其所建立的体系的有效性，如：内部审核、管理评审。

保持质量管理体系有效性包括企业对内部和外部要求变更的反应。如：法规期望的要求、顾客反馈、医疗器械不良反应报告、关键人员变化、产品标准变化、生产场地变更、制造过程变更等。

本节主要对管理职责、资源管理、文件和记录、设计和开发、采购、生产管理、监视和测量、不合格品控制、顾客抱怨和不良事件监测及分析和改进方面活动作描述。

一、管理职责

管理职责是向组织的最高管理者提出的要求，最高管理者应规定各部门职责、权限，制定质量方针和质量目标，在企业内部传达满足顾客和医疗器械法规的重要性，指定管理者代表，负责定期管理评审，确保资源的获得。

1. 职责、权限和相互关系

（1）企业负责人（最高管理者）应确保企业内各部门的职责权限和相互关系得到规定并形成文件。

组织机构的设置应确保质量部门能独立行使职责和权限，质量部门负责人不能同时兼任生产部负责人，按组织机构图的要求建立相应部门和相应人员的职责和权限文件。

企业负责人应制定质量方针和质量目标并形成书面文件。质量方针应考虑法规要求、产品要求、顾客期望和企业发展的方向，应为企业长期遵循；质量目标可分为总目标和分目标，质量目标应在质量方针的框架下制定，并可测量和定期进行更新。

应明确收集法律、法规的人员职责、途径，建立和产品有关的法律、法规、国家标准、行业标准、推荐性标准清单，在清单上应注明版本号，确保最新版本。

以书面形式确定管理者代表，此人员可以同时兼任企业内部其他职责，应提供经 ISO13485 标准的培训记录。

（2）技术负责人的职责应包括对技术文件的准确性、适用性、完整性负责。

（3）质量负责人的职责应包括负责或授权对最终产品作出是否放行的决定，确保只有经检验合格的产品才能出厂。

2. 管理评审

管理评审是最高管理者职责之一，这项活动应由最高管理者亲自主持，定期评审，其目的是确保质量管理体系持续的适宜性、充分性、有效性，持续满足法律、法规要求。

（1）应提供管理评审程序文件。

（2）管理评审可以采取多种方式进行，如会议形式、谈话形式、文件评审形式等。

（3）应确定管理评审的输入，由各相关职能部门提供。管理评审输入应包括以下方面信息：① 审核结果（包括内审、第二方审核、第三方认证或政府部门的体系考核）；② 顾客反馈；③ 纠正和预防措施的状况；④ 新的或修订的法规要求；⑤ 过程业绩和产品符合性；⑥ 产品市场监督抽查情况；⑦ 资源是否满足法规要求；⑧ 上次管理评审的跟踪；⑨ 改进的建议。

（4）管理评审输出最终应形成管理评审的报告，报告的内容应包括：① 管理评审的时间、方式、主持人、参加者、管理评审的输入；② 保持质量管理体系及其过程有效性所需的改进和决定和措施；③ 与顾客要求有关或法律法规要求有关的产品的改进决定的措施；④ 有关资源需求的决定和措施等。

（5）管理评审报告经签发后，应发放到相关职能部门。

二、资源管理

1. 人员要求

医疗器械生产企业应建立在职人员名册，明确岗位、学历、进厂日期，根据产品要求配备符合以下要求的相关人员，确保相关人员变化后仍达到法规要求。

（1）企业负责人要求。企业负责人应熟悉医疗器械相关法规，并了解相关标准。企业负责人应对企业的生产和质量管理负责，明确产品技术负责人、质量负责人和生产负责人，并规定相应的职责和权限，生产负责人和质量负责人不得互相兼任。

（2）技术、质量和生产负责人要求。企业的技术、质量和生产负责人应具有和产品相适应的专业知识，具有相关产品生产和质量管理的实践经验，熟悉医疗器械相关法规和相关技术标准。

（3）专业技术人员要求。技术人员比例应和企业的规模、生产的产品相适应，一般不小于10％。开办第三类医疗器械生产企业必须有二名以上和产品相关的专业中级职称以上或者大专以上学历的专职技术人员。

无菌医疗器械的环境检测人员和产品无菌检验人员应具有相关的知识背景或经第三方检测机构培训，经考核合格后方能上岗。

负责医用电气设备设计的人员和检验人员应经GB9706.1等专业安全标准的培训，或具有相应的专业知识背景，符合所从事的岗位的基本要求。

（4）医疗器械质量体系内审员要求。医疗器械生产企业应配备质量管理体系内审员，开办第三类医疗器械的生产企业至少必须有二名符合质量管理体系要求的内审员，以使企业能有效开展内审工作。

2. 生产场地、设施和设备

（1）生产场地应清洁、物品堆放整洁有序，生产现场不应堆放与生产无关的物品，按生产工艺流程设置生产区域。生产现场中堆放的零部件检验状态标志清楚，以防止未经检验和检验不合格的产品误用。需追溯的零部件应有产品标志，产品标志包括产品名称、规格型号、批号等信息。

（2）仓库应建立账、卡，做到账、卡、物一致，堆放原材料、半成品、成品区域应能明显分开，并设有待检区、合格区、不合格区或采取其他方式使检验状态清晰。

（3）厂区环境清洁，和产品要求相适应，环境不应对拟生产的产品产生污染。

（4）生产设备的添置应和产品工艺要求相适应，企业应建立生产设备台账，并保存生产设备的使用说明书，建立生产设备保养规程，明确保养内容，制定生产设备保养、维修计划，该计划经相关人员批准，按生产设备保养、维修计划和生产设备保养规程提供相关设备保养和维修记录。

（5）对环境和设备有特殊要求，应符合国家标准、行业标准和国家有关规定：① X 射线机的生产企业或涉及 X 射线的生产企业应取得“放射工作许可证”；② 无菌医疗器械生产企业，生产场地应符合《无菌医疗器械生产管理规范》的要求，净化车间应经相关有资质的检测机构检测，并提供一年内的检测合格报告。

（6）监测和测量设备。医疗器械生产企业应设有独立的检验室或检验区域，其环境应符合产品检验的要求，如温度、湿度、电源条件等。按注册标准和工艺文件规定的要求配置过程检验、产品性能检测和安全检测项目所要求的监视和测量设备，生产无菌医疗器械的生产企业应配备无菌检验装置，包括在万级保护下百级菌检室、培养箱、蒸汽灭菌器、风速仪、压差计、尘埃粒子计数仪等。

三、文件和记录

（1）企业应至少提供《医疗器械生产企业质量管理体系规范》中规定所要求的质量体系文件。

（2）质量体系文件在发布前应经审批。与质量体系有关的所有文件均应有编制人、审批人方能成为正式文件；文件更新或修改后，应进行再评审和批准。

（3）文件的发放。应能提供质量体系受控文件清单，受控文件清单至少包含文件编号、文件名称、版本号、修订状态；应提供文件发放范围，发放范围须经批准，文件管理人员应提供按文件的发放范围发放文件的记录，确保文件使用部门能得到文件的有效版本；发放的文件应有文件编号、审批人、受控章和分发号。

（4）文件的更改。文件经更改后，应及时更新受控文件清单的修订状态；应按原发放范围重新发放并收回作废文件；作废的文件按规定进行销毁，如需保留的应有适当的标志。

（5）外来文件的控制。外来文件包括法规、国家标准、行业标准、推荐性标准、技术规范等；应提供外来文件清单，清单至少包括文件名称、文件实施日期；应有适当的控制方法，确保相关人员可得到上述文件的最新版本。

（6）质量记录的要求。质量记录表式应随文件一起审批，质量记录表式上应有标志号，应提供质量记录表式清单，在清单上明确记录的使用部门、保存部门、保存期限。

质量记录的保存期限应根据产品的寿命期和质量记录的类型加以确定，质量记录应进行编目，定期归档。

四、设计和开发

设计是产品质量形成的关键环节，决定产品的固有质量；安全性是医疗器械的首要质量特性。识别与产品有关的安全标准、法律法规要求，并对设计的主要环节实施控制和验证，在设计和开发时应尽早开始风险管理，其最终目的是设计出满足用户需求和期望用途的产品，并使企业能获得满意的投资效益。

企业应建立完整的产品设计控制程序，对设计策划、设计输入、设计输出、设计评审、设计验证、设计确认、设计转换、设计更改应有明确规定。

1. 设计和开发的策划

设计和开发的策划可确保设计过程得到适当控制和器械的质量目标得以满足。

策划的内容包括：产品的预期用途和使用要求、参与开发的各部门职责和权限、开发日程计划、各设计阶段的工作计划（包括设计评审、设计验证和设计确认的计划）、组织和技术的接口、必要的资源配备等。

设计和开发策划的输出文件可以是设计和开发方案，也可以是具体的设计和开发计划、进度表。方案、计划、进度表应随设计和开发过程中出现的变化而进行调整或更新。

2. 设计和开发的输入

设计和开发的输入应规定到必要的程度以使设计活动能有效地开展，并为设计评审、设计验证和设计确认提供统一的基础。

设计和开发的输入应最大限度地描述所有要求。它们可以为设计打下基础并提供统一的方法。

设计和开发输入可包括以下方面。

（1）与产品有关的适用法律法规要求。

（2）器械的预期使用用途。

（3）器械的使用说明。

（4）性能和功效的声明。

（5）性能要求（包括正常的使用、贮存、搬运和维护）。

(6) 使用者和患者的要求。

(7) 采用的行业标准、国家标准。

(8) 物理特性。

(9) 人为因素。

(10) 适用时，可将以前类似设计的成果直接作为输入。

(11) 医疗器械的记录/以前产品的抱怨/故障。

(12) 其他历史资料。

(13) 与附属或辅助器械的兼容性。

(14) 与预期使用环境的相容性。

(15) 包装和标签（包括防止可预见的错误使用的考虑事项）。

(16) 顾客/使用者的培训。

(17) 潜在的市场。

(18) 产品的货架寿命。

(19) 需要的服务等。

设计和开发的输入文件应作评审，以确保输入的充分性和适宜性，必要时可进行更新和再发布。

3. 设计和开发输出

设计输出应满足设计输入要求，设计输出文件应在发放前得到授权人的批准。

设计和开发输出应能包括：原材料、组件和部件规范；机械图纸、电气原理图、包装图纸；外购、外协件清单；过程规范；产品技术标准；器械所需的制造环境要求；标签要求；标志和可追溯性要求（必要时），以及安装和服务规范等。

4. 设计和开发各阶段的评审

设计和开发各阶段的评审应考虑：设计是否满足所规定的产品要求、输入是否足以完成设计和开发的任务、产品性能的寿命周期数据是否符合预期的要求、产品设计与过程能力是否适宜、是否考虑了国家和行业标准的规定、是否满足产品风险分析中要求的风险管理、采购和外加工等要素是否充分适宜等，评审的方法可以采用会议评审、专家评审、逐级审查、同行评审，必要时可请顾客参加。

设计评审应根据评审对象制定评审方案（评审方案包括：评审内容、评审方法、评审依据、可接受准则、评审人员），并组织实施。评审工作完成后应写出评审报告，记录评审人员，由评审工作负责人审核、批准。评审过程中的记录应以文件形式归档保存。评审文件应包括评审方案、评审报告、评价和建议、批准人等。

5. 设计和开发的验证

设计和开发的验证是确保设计和开发输出满足设计和开发输入要求。

设计和开发验证的时机应在设计和开发策划时安排，验证的方式因产品的不同而不同，各阶段的验证也可能采用不同的方式。验证的基础是采用三个步骤方法，包括试验、检验和分析。任何证明符合设计和开发输入要求的方法都是验证设计要求的可接受的方法，在很多情况下，各种方法都是可行的。

应围绕产品的安全、有效性进行验证，需验证的对象包括产品标准的验证、对特殊过程的验证、对涉及安全的关键部件性能的验证、对接触血液的三类高风险产品所涉及的原料生物安全性的验证，并提供相应的验证资料。设计和开发的验证方法包括：变化方法进行计算、将设计结果与类似设计进行比较、对试样进行实物检测（新产品应通过第三方型式检测）等。

应根据验证对象制定验证方案（验证方案包括验证项目、验证方法、验证依据、可接受准则、验证人员、统计要求），并组织实施。验证工作完成后应写出验证报告，由验证工作负责人审核、批准。验证过程中的数据和分析内容应以文件形式归档保存。验证文件应包括验证方案、验证报告、评价和建议、批准人等。

6. 设计和开发的确认

设计和开发的确认超越了验证设计和开发输出满足设计和开发输入要求的技术问题，目的是确保医疗器械满足使用者的要求和预期用途。这涉及预期使用者的能力和知识，操作指导，与其他体系的兼容性，产品使用的环境和产品使用的任何禁忌事项。

设计确认可以是同类产品的实质性比较，如产品的预期用途、产品的机理和结构、产品的主要材料、产品的性能指标等比较。

设计确认可以是国家规定的临床试验基地的确认资料。设计确认资料一般包括临床试验方案、临床试验记录、临床试验统计分析报告。

7. 设计转换活动

是将样机转换成生产的过程，设计转换活动的输出是设计输出的一部分，可以包括：工艺流程、工艺图、工艺文件、操作规范、检验规程等。设计转换的输出应进行评审、验证、确认。

8. 设计和开发更改的控制

由于种种原因产品的设计可被更改或修改，更改可以在设计和开发阶段后期发生。

（1）事后识别出的在设计阶段产生的错误或繁杂的内容（如计算、材料选择）。

（2）在设计和开发后期发现的制造、安装和/或服务中的困难。

（3）顾客或供方要求的更改。

（4）对产品功能或性能的改进。

（5）安全性，法规要求或其他要求所需的改进。

（6）在随后的设计和开发评审、验证或确认阶段所要求的更改。

（7）纠正和预防措施所要求的更改。

（8）风险管理所要求的更改。

改进一个特性会对另一个产生不可预见的不利影响，为避免这种情况的发生应考虑如下内容。

（1）产品是否仍符合经评审的产品要求？

（2）产品是否仍符合产品规范？

（3）预期的使用用途是否会受影响？

（4）更改是否会影响产品或体系的不同部件？

（5）是否需要进行进一步的接口设计？

（6）更改是否会产生制造、安装或使用的问题？

（7）设计是否可验证？

（8）更改是否会影响产品的符合法规的状况？

9. 风险管理活动

为了保证医疗器械的安全性，国家和医疗器械监督管理部门制定了一系列安全标准，这些标准对医疗器械的安全使用起到了十分重要的保证作用。但是，它并不包括各种故障的发生概率和故障可能造成损害的严重程度，医疗器械产品的故障除了因为设计或生产时的错误造成的系统性失效以外，主要是一种随机失效事件，即这种故障可能发生，也可能不发生，而故障的发生是以一定的概率出现的，单纯靠安全标准已不能完全控制医疗器械的风险。因此，除了要求医疗器械必须满足一系列有关的安全标准要求外，还应对医疗器械有关的风险：在正常和故障条件下，危害的发生概率及损害的严重程度进行定性、半定量乃至定量分析，并判定其是否可接受，以确定医疗器械对其预期用途的适宜性，并保证医疗器械的安全性。

企业在完成设计和开发过程后，应按 YY/T 0316 标准的要求提供风险管理报告。风险管理报告应考虑设计开发、采购、生产、产品监视等过程，并在产品进入市场后，根据相关信息，如顾客投诉、反馈信息、纠正预防措施等信息作定期更改。

五、采购控制

企业应建立采购控制程序文件，明确供方的选择、评价、再评定的准则，及采购计划、采购信息的要求、采购产品的验证要求等，确保采购的产品满足规定的要求。

1. 合格供方的选择和评定

选择供方是一个过程，它由选择、评价确定、跟踪评定的准则构成的。

对供方及采购产品的控制可分类分级实施差异性控制，用什么方法控制、控制到什么程度由三方面决定。

（1）采购产品对产品实现过程的影响。

（2）采购产品对最终产品质量的影响程度。

（3）产品的风险程度和组织的风险管理准则。

一般情况下，将供方和采购产品分为 A、B、C 三大类，A 类为重要采购产品，B 类为一般采购产品，C 类为为辅助采购产品。对涉及产品安全、主要性能指标的原材料、元器件应划为 A 类管理。

供方的评定方式有以下几种。

（1）评价供方产品实物质量，可通过对样品进行检验，检验其是否达到规定的技术要求。

（2）评价供方质量管理体系，可通过第二方审核或认定第三方认证证书、现场调查等。

（3）是否满足法规要求，如零部件、配件为医疗器械，供方应提供医疗器械注册证。

（4）参考历史数据，如以往进货合格率情况，生产过程中或顾客使用过程中失效情况，供方其他顾客的使用情况。

经过选择和评价，供方能力如满足采购要求，可成为合格供方；合格供方清单应经授权人审批，合格供方清单应同时注明供应商和制造商。

对已选定的合格供方应保存其评估档案，记录其供货业绩，定期评定，跟踪评定的内容包括进货合格情况、生产过程中使用情况、顾客投诉是否涉及供方产品、服务、交货及时性、价格等。

对提供重要的采购产品的供方应建立评价和再评价的准则。

2. 采购信息

根据采购产品的性质可分为原材料、标准件、外购件、外协件。应分别制定原材料、标准件、外购件、外协件清单（适用时）。

（1）原材料清单上适用时应明确产品名称、牌号、规格、采用标准、技术要求（或技术要求文件的编号）、产品重要度等级等信息。

（2）标准件清单上适用时应明确产品名称、规格、采用标准、产品重要度等级等信息。

（3）外购件清单上适用时应明确产品名称、规格型号、采用标准、技术要求（或技术要求文件的编号）、产品重要度等级等信息。

（4）外协件清单上适用时应明确产品名称、图纸号、产品重要度等级等信息。

企业必须与外协加工的供方签订技术质量协议，明确加工的技术、质量验收要求及包装、标签、运输要求和记录的要求等。必要时，企业应与外购物料的供方签订采购合同或技术质量协议，明确技术、质量要求和包装、标签、运输要求等。

企业应提供采购计划，在计划中应明确采购物资的名称、型号、规格、数量、供应商（包括制造商）、采购计划应记录编制人员和批准人。

企业应根据可追溯性的范围和程度，保存采购合同或采购记录便于追溯。

3. 采购产品的验证

本条款并不意味着采购的项目都必须接受企业的检验和试验。如果通过其他规定的过程或程序能取得对产品必要的信任，特别是如果供方提供的信息是充分的，则可不要求对采购的项目进行检验和试验。

本条款着重是确定采购产品的验证方法，具体如何按规定实施这些检验或其他必要的验证活动，应在进货检验应中作出规定。

六、生产管理

1. 生产和服务的提供

生产部门应获得生产过程控制和产品特性的信息，这方面的信息绝大部分来自于设计和开发过程的输出，包括控制程序文件、生产所需的图纸、工艺作业指导书、工艺流程（确定关键过程、特殊过程、过程检验点的设置）等，如产品过程较复杂，可分为主工艺流程图和分工艺流程图；文件的数量和详细程度应与满足质量要求的过程的重要程度、操作人员的培训程度相适应。

操作人员应按作业指导书的要求进行操作，并记录生产过程，生产记录和作业指导的规定相一致。生产记录的信息适当时应包括下列方面。

（1）原材料、组件和半成品的质量及其批号。

（2）各不同生产阶段的开始和完成时间。

（3）生产数量、操作人员。

（4）所使用的经指定的生产线或生产设备。

（5）偏离生产规范的情况。

必要时，应编制生产设备的操作作业指导书，操作工人应按作业指导书要求操作设备。如产品的清洁影响是至关重要的，应建立产品清洁的作业指导书。

安装活动：如医疗器械必须是在使用者的现场进行装配和安装，企业应提供安装指导书以指导其正确装配、安装、调试/或校准，安装、调试或试运行测试的结果应予以记录。

2. 生产过程的确认

（1）当生产过程的输出不能由后续的监视和测量加以验证的过程，还包括问题在使用后才出现的，这种过程称为特殊过程。企业应对这样的过程实施确认，有效的过程验证和确认是确保符合质量管理体系要求的重要方面。

如一次性无菌医疗器械中“零配件的精洗过程、注塑过程、小包装的封口、灭菌过程”，设备类产品中“贴片过程、波峰焊、氩弧焊等”，体外诊断试剂中的冻干过程、手术器械的热处理过程等。

（2）确认是对过程实现预期结果能力的确认，是对物料、操作人员、生产设备、工艺参数、环境要求的确认。确认的步骤包括制定确认方案、实施方案、现场执行、总结报告、批准。

当引进一个新的或生产过程有重大变更时，包括新的制造和试验方法，应评价过程以确定是否有必要进行再确认。

无菌医疗器械的灭菌过程需确认：

① 采用环氧乙烷灭菌，按标准 GB18279《医疗器械　环氧乙烷灭菌确认和常规控制》进行确认。

② 采用辐照灭菌，按标准 GB18280《医疗保健产品灭菌确认和常规控制要求　辐射灭菌》要求进行确认。

③ 采用蒸汽灭菌，按标准 GB18278《医疗保健产品灭菌确认和常规控制要求　工业湿热灭菌》要求进行确认。

3. 标志和可追溯性

1）标志

（1）标志的范围。原材料、组件和最终产品。

（2）标志的类别。产品标志、监视和测量状态标志（如表 7-1 所示）。

（3）产品标志的目的和方式。区分产品不同特征，如材质、尺寸、形态、生产厂家及产品的技术状态，可通过产品名称、规格、型号、批号等加以区分。

（4）监视和测量状态标志的目的、方式。防止未经检验或不符合要求的产品被错误地放行或使用，监视和测量状态有待检、已检待定、合格和不合格四种，可通过颜色、区域、印章等（如表 7-1 所示）。

表 7-1　产品标志和状态标志的区别

	产品标志	状态标志
作用	为了防止不同特征的产品混淆或实现可追溯性	为了防止不同监视和测量状态的产品混淆
必要性	不是必须的，是在容易混淆和有可追溯要求的情况下采用	是必须的
可变性	是不变的，并具有唯一性	随产品监视和测量状态的改变而改变

用作产品标志的标记材料，不应对医疗器械产品性能产生不利的影响。

建立程序文件确保返回组织的医疗器械均能被识别，且能与正常生产的产品或合格的产品区分开来。

2）可追溯性

建立程序文件规定产品可追溯性的范围、程度、追溯的途径和可追溯性的唯一标志和所要求的记录。

通过批号、系列号对产品的唯一性标志可以在两个方向进行追溯：向前可追溯到顾客；向后可追溯到制造过程中使用的原材料、组件和过程。如果有必要追踪产品到使用者，如患者或医院，则向前追溯很重要，向后追溯能够进行质量问题的调查和反馈，如产品一旦出现质量事故或不良事件，有利于产品的召回。

对于有源医疗器械应追溯到关键元器件，特别是涉及安全零部件，如变压器的供方、进货日期等。

一次性无菌医疗器械应追溯到原材料的供方、进货日期、生产环境等信息。

对有源植入性医疗器械和植入性医疗器械的专用要求：向后应追溯到包括可能导致医疗器械不满足其规定要求的所有组件、材料批号，以及生产过程和工作环境条件及相应的检验记录。向前应追溯到代理商或经销商、使用者。

为了达到上述的追溯，应明确追溯的途径，并保存可追溯的每批生产记录，可查阅每批的生产数量和销售数量。

4. 产品储存

应提供适宜的储存条件，对储存的产品进行标志、出入库记录、保管、放置、维护管理，保证在适当的设施和环境条件下储存产品，防止产品在储存过程中变质或损坏。

重要的，要识别储存产品的货架寿命或在储存和运转过程中要求特殊保护的产品，以确保这类产品在货架寿命到期后，不被使用。因此，企业应在规定的储存条件下确定产品适用的货架寿命，对产品有特殊储存条件的应加以控制和记录。如对一次性使用无菌医疗器械的原材料、零配件如不经清洗直接使用，在储存时应双层包装，袋口不应敞开，以防止产品被污染。

七、产品的监视和测量及其装置的控制

1. 产品的监视和测量

对产品的监视和测量是通过对其特性的检验和试验，来验证产品要求是否已经得到满足，判定产品是否合格，是符合性的检查，包括对采购产品的进货检验、中间产品检验和最终产品的检验，生产过程中不要求每道工序后都要检验，在关键工序点应设立检验点，过程检验点的设置应在工艺流程图中确定。

检验员应按进货检验规范、过程检验要求和产品注册标准中条款及相应的检验试验方法对采购产品、中间产品和最终产品实施检验，并做好相应的检验记录，记录应符合规范要求；成品检验记录中应明确检验依据、产品名称（应和注册证相一致）、产品编号或批号等相关信息。只有在策划安排所有活动都已圆满完成，才能放行产品。如产品为有源植入性和植入性医疗器械，检验记录应记录执行检验和试验的人员的身份以提供可追溯性。

2. 产品监视和测量装置的控制

应根据检验规范和注册产品标准的要求配置合适的监视和测量装置，以证实产品和过程符合确定的要求。

不论是外购监视和测量装置，还是自制的专用检测设备以及测量软件都应列入控制范围。

做好周期校准和检定计划，并按规定的时间间隔进行校准和检定，一旦发现设备不符合要求时要及时采取适当措施，以消除装置的不合格，同时需对该装置以往测量结果的有效性进行评定。

在监视和测量装置上应加贴校准和检定标志，标志上应注明合格或准用（包括有效期）、不合格、停用、封存等状态，并保存检定证书，校准记录。

对于操作较复杂或精密度较高的监视和测量装置应建立操作作业指导书，并对操作人员进行培训，防止误操作或不会操作此类装置。

八、不合格品控制

（1）应建立程序文件对不合格品控制以及不合格品处置的有关职责和权限作

出规定。

（2）不合格产品包括在企业自己的生产场地出现的不合格产品和企业收到的不合格产品。对不合格品进行标志和隔离，确保能和合格产品分开。

（3）对不合格品处置的途径有以下方面。

① 返工。要考虑返工的途径和方法，确定返工是否会对产品产生不利影响，必要时应建立返工作业指导书，并经原作业指导书的审批人批准。

② 让步接受。对不影响使用要求和不违反法规要求的前提下，可对不合格品进行让步使用或放行，但需经有关授权人员批准，让步接受不适用出厂成品。

③ 报废。

不合格品纠正后，应该对其重新检验或验证，以确定是否符合要求。

如产品需要返工，要考虑返工的途径和方法，确定返工是否会对产品产生不利影响，必要时应建立返工作业指导书，并经原作业指导书的审批人批准。

（4）不合格品记录要求。

① 记录不合格品发生的时间段、生产所用设备。

② 记录不合格情况及其产品原因。

③ 评价不合格的性质。

④ 作出处置的结果。

九、分析和改进

企业应建立数据分析程序文件、纠正措施和预防措施程序文件。

“改进”活动是指那些识别和实施任何必要的更改以确保和保持质量管理体系的持续适宜性和有效性以满足顾客的要求和法规要求。

1. 主要数据来源

（1）进货、过程、成品检验中发生批量性不合格或不合格性质较严重。

（2）顾客抱怨。

（3）内部质量体系审核、第二方审核、第三方认证审核。

（4）维修统计数据。

（5）不合格统计数据等。

2. 纠正/预防措施实施步骤

纠正和纠正措施有着不同的含义，纠正是指为消除已发现的不合格所采取的措施，如返工、返修等，纠正措施是为了防止已经发生的不合格再次发生而采取的措施。两种措施最本质的区别在于原因，未涉及原因的措施是纠正，消除原因的措施是纠正措施，两者的共同点都是由已发现的不合格引发的，而且能一起实施。

预防措施是指消除潜在的不合格的原因所采取的措施。与纠正措施不同，潜在不合格指现在尚未发生的但可能会发生的不合格。

（1）收集、评审不合格信息（包括顾客抱怨）。

（2）确定不合格的原因。

（3）制订纠正/预防措施计划，经相关人员批准。

（4）实施确定的纠正措施。

（5）跟踪、评价、验证纠正措施的有效性。

十、医疗器械不良事件报告

1. 报告范围

医疗器械不良事件是指获准上市、质量合格的医疗器械导致或可能导致的任何不希望出现的有害事件。需要报告的医疗器械不良事件是由医疗器械导致或可能导致的死亡或严重伤害事件。这里的“严重伤害”包括以下情形：①威胁生命的疾病或伤害；②对机体功能的永久性损伤；③对机体结构的永久性破坏；④需要药物或手术介入才能避免机体功能的永久性损伤或机体结构的永久性破坏。

对于一部分医疗器械未达到预期使用效果的也是安全性问题。这些事件可以是与使用医疗器械有关的，也可以是不能排除与医疗器械有关的事件。

2. 报告原则

（1）基本原则。造成患者、使用者或其他人员死亡、严重伤害的事件已经发生，并且可能与所使用医疗器械有关，需要按可疑医疗器械不良事件报告。

（2）濒临事件原则。有些事件当时并未造成人员伤害，但临床医务人员根据自己的临床经验认为再次发生同类事件时会造成患者或医务人员死亡或严重伤害，则也需要报告。

（3）不清楚即报告原则。在不清楚是否属于医疗器械不良事件时，按可疑医疗器械不良事件报告。

3. 相关事件在以下情况必须报告

（1）引起或造成死亡或严重伤害的概率较大。

（2）对医疗器械性能的影响性质严重，很可能引起或造成死亡或严重伤害。

（3）使器械不能发挥其必要的正常作用，并且影响医疗器械的治疗、检查或诊断作用，可能引起或造成死亡或严重伤害。

（4）医疗器械属于长期植入物或生命支持器械，因此对维持人类生命十分必要。

（5）医疗器械生产企业需要采取或被要求采取行动来减少产品对公众健康造成损害的风险。

（6）类似事件在过去实际已经引起或造成死亡或严重伤害。

第三节　质量管理体系文件的编写

一、质量体系文件的构成和作用

1.“文件”的分类

1）法规性文件和见证性文件（按作用分）

（1）质量体系的“法规性文件”是用来规定质量管理工作的原则，属于这类文件的有质量手册、程序文件、作业指导书等，它们是组织内部实施质量管理的法规，是组织内各级人员必须遵循的行为规范，是开展各项质量活动的依据。

（2）质量体系的见证性文件，是用来表明质量体系运行情况和证实其有效性的文件，质量记录属于这类文件。质量记录记载了各项质量活动的实施情况和产品实物质量的状况，是质量体系运行有效性的见证。

2）通用性文件和专用性文件（按适用范围）

（1）质量体系通用性文件，是指适合于组织生产的各种产品，为组织长期遵循使用的文件，属于这类文件的有质量手册、程序文件和质量记录。

（2）质量体系专用性文件是指针对某一新产品或某一特殊合同要求所编制的专项文件，它是对通用性文件中一般规定的补充，属于这类文件有质量计划。

2.“文件”的构成

ISO/TR 10013：2001《质量管理体系文件指南》附录 A 给出了典型的质量体系文件层次。

最上层是宗旨方向的总描述，最下层是执行过程的证实材料，是客观运行的基础，数量最多。上下位置表示内在联系及区别，金字塔形的构架映射了文件多少的形象比较。

质量管理体系文件通常包括以下方面。

（1）质量方针和质量目标。

（2）质量手册。

（3）程序文件。

（4）作业指导书。

（5）表格。

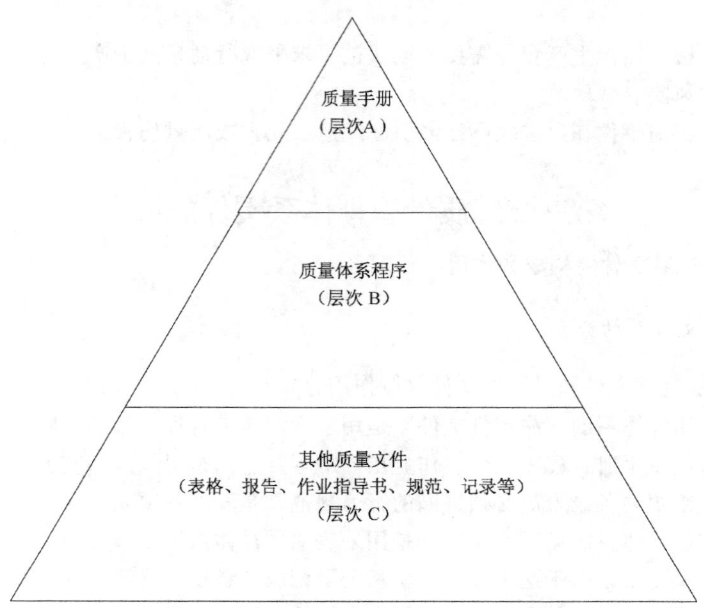

(6) 规范。

(7) 外来文件。

(8) 质量记录。

ISO/TR 10013：2001 鼓励组织采用过程方法建立和实施质量管理体系并改进其有效性。

过程方法——系统地识别和管理组织所应用的过程，特别是这些过程之间的相互作用。

3. 文件的价值

文件能够沟通意图、统一行动，其使用有助于以下几方面。

(1) 满足顾客要求和质量改进。

(2) 提供适宜的培训。

(3) 重复性和可追溯性。

(4) 提供客观证据。

(5) 评价质量管理体系的有效性和持续适宜性。

4. 质量管理手册的作用

(1) 贯彻阐明组织的质量方针、质量目标、管理承诺、程序和要求；通过体系有效应用，并持续改进，增强顾客满意。

（2）描述和实施有效的质量管理体系，提供总体性控制要求。

（3）对外介绍其质量管理体系，证明体系符合标准要求，证实组织有能力稳定提供满足顾客和符合法律法规要求的产品。

（4）作为质量体系审核的依据。

（5）质量管理体系情况改变时，保持质量管理体系的完整性。

（6）按手册要求和相应方法培训人员。

5. 程序文件的作用

（1）能恰当而连续地控制各项质量活动。

（2）使质量体系具有预防控制和及时纠偏的能力。

（3）变“人治”为“法治”，实现依法治厂。

（4）成为质量手册的支持性文件。

6. 作业指导书的作用

（1）只有在程序文件不能满足某些具体活动的特定要求时，才有必要编制作业指导书。

（2）达到作业的一致性。

7. 质量记录作用

记录的实质就是证据，为已完成的活动或所取得的结果、已产生的现象或所达到的程度加以记载和描述。“以事实为依据”，为质量管理体系的有效运行提供客观的证据。

质量管理体系文件化的实质之一是“做到的一定要查到”，而是否做到了，则主要就得靠记录用事实说话。

记录在质量管理体系中的作用具体表现在下列方面。

（1）为可追溯性提供依据。设计、采购、生产和服务的全过程使用适宜的识别方法和记录，是具有可追溯性的必备条件。记录的追溯作用就在于为追溯提供了文件依据。通过过程记录，根据标志和产品编号，通过对订单、工艺流转卡、检验记录单和出货记录等一系列相关记录文件，可以追溯到关键元器件的供方、供货批号、产品的生产者、生产时间及其初始状态。

（2）为过程控制的符合性提供证据。采购记录、生产过程控制记录、监视和测量记录，检验报告、验证报告、鉴定报告和评审报告，以及顾客满意程度测量报告等，都可以对过程是否满足顾客及其法规要求提供证据。

（3）是管理体系职能活动的反映和载体。记录是各种管理职能，包括管理职责、资源管理、产品实现、测量分析和改进活动的反映和载体，是管理体系文件不可缺少的部分。

(4) 为管理体系有效运行提供证据。管理手册和程序文件等其他体系文件可以证实管理体系的存在，而记录则可以为管理体系有效运行提供证据。

(5) 为采取纠正措施和预防措施提供依据。提供作出判断和确定措施的依据；证实所采取的措施，都需要记录的支持。

(6) 为数据分析提供数据源。为了对过程进行有效控制、确保过程的符合性以及管理体系的持续改进，必须对所取得的数据进行归纳、统计和分析，这些数据的最重要来源就是各种记录。

(7) 持续改进的数据信息资源。各种检验、验证、监测和鉴定资料、原始记录和报告，各种过程的监视和测量的原始记录和统计分析报告，以及管理体系的其他记录和资料，都是极其宝贵的资源，并且是可以反复利用的资源。

二、编写质量手册

质量手册的定义："规定组织质量管理体系的文件。"

1. 质量手册的内容

(1) 对小型组织而言，程序文件可包含在质量手册中，对大型、跨国的组织，可能需要在不同层次上形成相应的质量手册。

(2) 包括质量管理体系的范围、任何删减的细节与合理性、程序文件或其引用。

(3) 组织的有关信息（名称、联络方法、背景、历史和规模）。

(4) 引用建立质量管理体系所依据的质量管理体系标准。

(5) 目录。

(6) 评审、批准和修订。

(7) 质量方针和质量目标。

(8) 组织、职责、权限。职责权限及其相互关系可以用组织结构图、流程图和（或）岗位说明书等方式表示。

(9) 引用文件。

(10) 质量管理体系过程的描述。包括质量管理体系、管理职责、资源管理、产品实现、测量分析和改进。

(11) 附录。支持性的信息。

2. 质量手册的编写步骤与方法

(1) 领导授权组成一个编制组。

（2）确定并列出现行适用的质量管理体系方针、目标和程序或编制相应的计划。

（3）依据标准确定过程。

（4）从业务部门收集原始文件或参考资料。

（5）确定格式和结构。

（6）使用适合于本组织的方法，完成质量手册的草案的编制。

三、编写质量体系程序文件

程序的定义：程序为进行某项活动或过程所规定的途径（ISO9000：2000《质量管理体系　基础和术语》）。

程序文件是质量手册的支持性文件，是质量管理体系的基础文件。程序可以形成文件，也可以不形成文件，当程序形成文件时，此程序可称为“书面程序”或“形成文件的程序”。

ISO13485：2003 标准中有 26 处提到形成程序文件的要求。对于其他各阶段的控制所需要的程序文件，标准采取了灵活的原则，仅规定为“组织为确保其过程有效策划、运作和控制所需的文件”，可以由组织结合其实际的质量和经营活动、产品的复杂程度等因素去灵活掌握，编制实用的程序文件和作业指导书等控制文件。

1. 程序文件的基本要求

（1）满足质量体系考核要求。程序文件的建立必须满足《医疗器械生产企业质量管理体系规范》的要求，部分重点类产品按“实施细则”要求。其中所有要求都必须予以充分的满足。

（2）符合法律法规和其他要求。遵循国家、地方有关法规要求，如应建立不良事件报告制度、质量事故紧急处理制度等。

（3）系统性。层次清楚、接口明确、结构合理、协调有序。程序文件存在着层次性和顺序性，当两个以上过程合并成一个程序文件时，过程之间也存在着层次和顺序问题；不同层次的活动过程要协调，不同层次的程序文件之间也要协调；应该从全面的需要来统筹安排程序文件的设置、控制范围和接口关系，以及详略程度和衔接方法。

（4）适宜性。充分考虑组织规模、产品的特点、原有的管理经验、人员的素质和技能以及培训的程度，以使体系文件保持一个合理的水平。

（5）高增值性。程序文件是活动过程的行动指南和准则，它与质量管理体系的实施密不可分。所以编写程序文件应围绕着实施这个中心，与实施的需要相统一。文件的内容不可与上一级文件发生矛盾，在实施中具备可行性、可操作性、可检查性、预防性、独立性和自我改进等特性，在运行一段时间后应不断优化达到过程控制的途径。

2. 程序文件的内容

（1）文件编号和标题。

（2）目的和适用范围。描述该程序控制控制的目的及该程序涉及的产品、活动和过程的范围。

（3）职责和权限。规定实施该程序的主要责任部门及岗位人员、协作部门及岗位人员的职责和权限，以及相互关系。

（4）定义。需要时，对程序文件中出现的某些术语作出定义或解释。

（5）活动的描述。对活动的描述的详略程度取决于活动的复杂程度、使用的方法以及人员的技能和培训水平。适用时，应考虑以下方面。

① 用文字和（或）流程图的方式描述过程。

② 明确做什么、由谁做、为什么和何时、何地以及如何做（5W1H）。

③ 描述过程控制以及对已识别的活动的控制。

④ 明确完成活动所需的资源（人员、培训、设备和材料）。

⑤ 明确与要求的活动有关的文件。

⑥ 明确过程的输入和输出。

⑦ 明确要进行的测量。

组织可以决定将上述部分内容在作业指导书中加以描述是否更为合适。

（6）相关文件。将与该程序相关的支持性的文件，如管理制度、作业指导书一一列出，包括这些文件的编号。

（7）报告和记录表式。该程序文件在实施过程中形成和使用的相关记录、报告、表格的名称，并一一列出。

（8）附录。需要时，将流程图表、空白记录表格等作为附录。

3. 程序文件编写步骤

（1）调查研究。主要是调查、收集以往的管理资料、管理经验，并进行分析总结，其次是审查现行管理方法的有效性及发现存在问题，其三是实施标准需要加强控制和改善的活动。这些调查研究的结果将成为重点控制的方向，要体现在编制程序文件的计划中，以继承和发扬原有管理模式。

（2）培训。主持编写程序文件的人员应参加质量管理体系标准的培训、熟悉相应的产品标准和法律法规要求；了解生产过程和产品的要求和重点控制过程。

（3）确定过程。在分析过程，确定程序的基础上，结合对现有文件的清理工作，拟定所需程序文件清单。

(4) 按过程的方法建立（流程图）PDCA，其中，P 为策划、D 为实施、C 为检查、A 为措施。

(5) 制订程序文件的“编写指南”。程序文件的编写指南是对程序文件标准化和规范化的要求。

(6) 提出编写计划。程序文件的编写计划的内容包括程序清单、主要责任部门、编写负责人、编写进度。

4. 程序文件编写要点

(1) 紧扣主题。每一份程序文件都对应于一个逻辑上独立的活动过程，编写程序文件必须紧紧扣住这个主题，自始至终，不可偏离。

(2) 过程为序，步步为营。程序文件的展开，应以过程的先后顺序逐渐展开。拟制写作提纲时，各个部分要有序地列出来，仔细斟酌其先后和彼此的关系。每一个部分也都应该依次写好，理清关系。切忌罗列条款，东拉西扯，以虚代实。

(3) 上下协调，不自相矛盾。要求程序文件能够做到上对标准和质量手册，下对作业指导书和记录，上下协调，不可以自相矛盾或无法互相印证。

(4) 规范要求的一定要写到，写到的应能做到。程序文件的编写是对《医疗器械生产企业质量管理体系规范》的要求和企业的实际情况进行策划和构想的结果，应该考虑周详、力求周密，语言准确、简练明快。这是程序文件以及所有体系文件必须达到的基本要求。

四、编写作业指导书

1. 作业指导书的定义

作业指导书是有关任务如何实施和记录的详细描述。

作业指导书是一种质量文件，它是指导企业的员工如何做好规定的质量活动，指导操作人员如何做好本职工作，使产品质量形成的各阶段都能受到有效控制，确保产品质量满足顾客要求。

作业指导书不仅仅是机械加工中指导工序控制的作业指导书，而且还包括质量环各阶段的质量活动实施时的作业指导文件。如工作指导书、设备操作指导书、检验指导书等。

作业指导文件要对某项活动如何进行作出具体规定，一般可包括作业内容、实施步骤和方法、操作要领、控制要求等。各职能部门的工作人员在实施该项活动时的经验和技巧（包括纯技术性的细节）应总结进去。

作业指导文件一般也分通用和专用两类，不同产品或项目在此岗位的各种质量活动有其共性的方法指导，可编制通用的作业指导文件，如操作守则，不同产品或项目对此项质量活动的特殊要求，可编制专用的作业指导文件，如工艺卡。

作业指导书是程序文件的支持性文件，并非每份程序文件都要细化为若干指导书，一般来说质量体系程序重点描述各个部门如何进行活动和如何控制活动，作业指导书侧重为岗位操作人员提供如何作业的详细信息，其结构、格式以及详略程度取决于活动复杂程度、使用的方法、人员技能、培训。

2. 基本要求

应能指导具体的作业活动，详细规定某项活动如何进行、怎么展开、需要什么设备条件、达到什么要求。

从实际出发，当没有作业指导书就会产生不利影响时，应制定并保持作业指导书，对所有活动的实施进行描述。

（1）服从体系文件特别是程序文件的需要。

（2）要以技术规范、技术标准以及相关法律、法规和其他要求为依据。

（3）必须由相关作业的操作人员、技术人员参与编制，并由部门负责人审批。

（4）力求简练、准确。

3. 作业指导书的内容

（1）名称和编号。

（2）适用的场所、岗位、工位、设备的名称。

（3）应提出作业依据、验收标准和工作要求，必要时辅以图表。

（4）作业所需的人、机、料、法、环等要求。

（5）重点控制的事项。

（6）检验指导书（项目、要求、方式、频次、接收准则、检测设备）。

（7）规定各项工作完成后的记录。

五、编写表格和报告

1. 质量记录

质量记录指阐明所取得的结果或提供完成活动的证据的文件。通常包括统计报表、原始记录、会议记录、调查报告、信息传递、活动或过程记录、监视与测量记录、分析报告和评审、审核计划和记录。

与质量体系运行有关的记录，如质量体系审核报告、合同评审记录、管理评审报告等。

与产品有关的记录，如产品鉴定报告、质量检验记录、工艺参数记录等。

2. 表格报告和质量记录的区别

（1）表格报告格式是文件，按文件的要求进行控制。
（2）质量记录是证据，按记录控制。

3. 表格和报告的编制

（1）应按文件控制要求，质量记录格式总清单应作为有效文件清单的一部分。
（2）依据所支持的质量管理体系文件的要求。
（3）表格应由名称、标志、生效日期、产品名称、批号、质量活动的主要控制内容、质量活动的时间、部门、责任人。
（4）应有可追溯性。
（5）具有可操作性，可有可无的栏目应予以取消。

4. 编制质量记录需注意的几个方面

（1）记录的设计应与文件同步进行，以使记录与程序文件协调一致，接口清楚。
（2）内容完整，考虑系统性、可操作性。
（3）必要时对某些较复杂的记录表式要规定填写说明。
（4）质量管理体系所需要的文件的多少取决于对过程的分析，而不应当是文件决定过程。

六、质量体系文件的批准、发布和控制过程

1. 评审和批准

（1）由授权人员评审确保清楚、准确、充分、结构恰当。
（2）使用者有机会对文件的适用性进行评价和发表意见。
（3）放行前应得到负责文件实施的管理者的批准。
（4）每份文件应当有授权放行的证据。

2. 分发

确保所有需要文件有人员能够得到适用文件的有效版本。

3. 更改

更改过程应当执行与制定原文件相同的评审和批准过程。

4. 发布和更改控制

（1）可使用表明文件修订状态的文件主清单，确保使用者所使用的是经过批准的有效版本的文件。

（2）应记录文件的更改历史，以满足法律法规要求和（或）知识积累的需要。

附录二　作业指导书格式示例

器具消毒的作业指导书

一、器具的处置

将要处置的器具（例如注射器、针头、手术刀和缝合器具等）放在特殊的容器中。应按废弃物处理程序销毁容器。

二、高温消毒类器具

（1）用一次性纸巾清除表面污渍。

（2）将器具放入10%的氯气溶液中，溶液应一星期更换两次。

（3）将器具浸泡至少2h。

（4）将器具取出、刷洗干净，刷洗时带防护手套。

（5）漂尽和擦干器具。

（6）检查器具是否完好。损坏的器具送维修部门。

（7）将器具放入袋中消毒。

①将器具放入耐热袋中；

②将器具的尖锐部分用纱布保护起来；

③将口袋边缘折叠几次，以获得密封；

④使用耐热胶带封口；

⑤标记日期并加贴高温消毒标签；

⑥将口袋放入蒸汽罐内，在180℃下放置30min。

经消毒的器具放在封口的袋中妥善保存，可在一个月内使用。

（8）将器具放入金属容器中消毒。

①将耐热纱布放在容器底部以保护器具；

②将器具放在耐热纱布上；

③在金属容器上加贴高温消毒标签；

④将金属容器加热到180℃，持续30min。

两个金属容器一天一换，轮流使用。

三、其他器具（如耳镜）

在氯气溶液中放置2h后取出漂净。

第四节　质量管理体系内部审核

一、审核和质量管理体系审核

1. 什么是审核

CB/T 19011—2003/ISO19001：2002 3.1《质量和环境管理体系审核指南》对审核的定义是："为获得审核证据并对其进行客观的评价，以确定满足审核准则的程度所进行的系统的、独立的并形成文件的过程。"

其他定义。

(1) 审核证据（GB/T 19011—2003/ISO19011：2002 3.3)。与审核准则有关的并且能够证实的记录、事实陈述或其他信息。

(2) 审核准则（GB/T 19011—2003/ISO19011：2002 3.2)。一组方针、程序或要求。

(3) 审核发现（GB/T 19011—2003/ISO19011：2002 3.4)。将收集到的审核证据对照审核准则进行评价的结果。

(4) 审核结论（GB/T 19011—2003/ISO19011：2002 3.5)。审核组考虑了审核目的和所有审核发现后得出的审核结果。

审核是一个过程，即"一组将输入转化为输出的相互关联或相互作用的活动"。审核过程有输入，如审核方案、审核准则等；审核有输出，如审核发现、审核结论等；审核有活动，如审核准备、审核实施等。这些活动包括收集审核证据，将收集到的这些审核证据对照审核准则的相应规定或要求进行比较、分析和评价，确定满足审核准则的程度。

审核应是系统的、独立的并形成文件的活动。

"系统"是指对与审核有关的所有过程及其相互之间的关系和作用，要识别、分析，要经过策划并使之处于受控状态。审核活动必须是一项正式、有序的活动。"正式"指有"授权"，"有序"指有组织、有计划、按程序、在受控的情况下进行。

"独立"是指对审核证据的收集、分析和评价是客观的、公正的。审核应尊重事实、尊重证据，不偏不倚、不屈服于任何压力、不迁就任何需要，应避免任何外来因素的影响以及审核员自身因素的影响。

"形成文件"是指审核过程要有适当的文件支持，形成必要的文件，如审核计划、审核记录、审核报告等均应形成文件。

2. 质量管理体系审核

质量管理体系审核是审核的一种类型，其含义为：为获得质量管理体系审核证据并对其进行客观的评价，以确定满足质量管理体系审核准则的程度所进行的系统的、独立的并形成文件的过程。

质量管理体系审核是对质量管理体系进行评价的一种方式。GB/T 19006—2000 idt ISO9000：2000 2.8 质量管理体系评价中指出，评价质量管理体系时，应对每一个被评价的过程提出如下四个基本问题。

（1）过程是否已被识别并适当规定？

（2）职责是否已被分配？

（3）程序是否得到实施和保持？

（4）实施是否有效？

综合以上四个方面的问题，即过程应予识别、要求时应形成文件、职责分配并规定、实施和保持、实施的结果有效，才能得出完整的质量管理体系有效性评价的结论。缺少任何一方面的内容，就不能得出完整的评价。因此，以上四个方面的问题也就构成了质量管理体系审核的内容。

二、质量管理体系的审核原则和特点

1. 审核原则

（1）与审核员有关的原则：①职业道德的行为基础；②真实准确地报告的公正表达义务；③勤奋并具有判断力的职业素养。

（2）与审核有关的原则：①独立性——审核的公正性和审核结论的客观性的基础；②基于证据的方法——在一个系统的审核过程中，得出可信的和可重现的审核结论的合理方法。

2. 质量管理体系审核的特点

（1）被审核的质量管理体系必须是正规的。

（2）审核是一种正式有序的活动（系统性）。

（3）审核是一种独立的活动（独立性）。

（4）审核是形成文件的过程。

（5）审核是一种抽样过程（随机抽样）。

三、质量管理体系审核的类型和审核范围

1. 第一方审核

第一方审核又叫内部审核，由组织的成员或其他人员以组织的名义进行，这种审核为有效的管理评审和纠正、预防、改进提供信息。内部审核目的有以下几个方面。

（1）依据质量管理体系标准来评价组织自身的质量管理体系是否满足规定的要求（符合性）。

（2）验证组织自身的质量管理体系是否持续满足规定的要求并且正在有效运行（有效性）。

（3）作为一种重要的管理手段和自我改进的机制，可及时发现问题和采取纠正或预防，使体系不断改进、不断完善。

（4）在第二、三方审核前做好准备。

第一方审核（内部审核）的准则应包括：①质量管理体系文件；②质量管理体系标准；③相关法律、法规。

2. 第二方审核

在合同要求的情况，由组织的相关方，以相关方或顾客的名义对组织进行的审核为第二方审核。第二方审核的目的有以下几方面。

（1）当有建立合同关系的意向时，对供方进行初步评价，判断其是否能满足要求（符合性）。

（2）在有合同关系的情况下，验证供方的质量管理体系是否持续满足规定的要求并且正在有效运行（有效性）。

（3）作为制定或调整合格供方名单的依据之一。

（4）沟通和加强供需双方对质量要求的共识。

第二方审核的准则应包括：①合同；②质量管理体系标准；③相关法律、法规。

3. 第三方审核

由认证机构委托的审核机构进行的审核通常称为第三方审核。这种审核按照规定的程序进行，如果是对受审核方的质量管理体系是否符合规定要求给予书面保证（证书）一般就称为认证或注册。第三方审核的目的有以下几方面。

（1）确定质量管理体系或某一部分是否符合审核准则的要求。

（2）查证是否满足法律法规和合同要求的能力。

(3) 确定质量管理体系实现规定质量目标的有效性。

(4) 识别管理体系潜在的改进方面。

(5) 决定受审核方质量管理体系是否可以注册 / 认证。

(6) 减少许多重复的第二方审核。

(7) 提高受审组织声誉，增强竞争力。

第三方审核的准则应包括：①质量管理体系标准；②组织根据质量管理体系要求制定的文件；③相关法律、法规。

4. 质量管理体系审核的范围

审核范围的定义："审核的内容和界限"（GB/T 19011—2003/ISO19011：2002 3.13）。

定义中，"审核的内容和界限"是指审核所覆盖的对象，通常包括实际位置、组织单元、活动和过程以及所覆盖的时期。

(1)"实际位置"是指质量管理体系所有相关过程和活动的具体坐落位置。

(2)"组织单元"是指承担质量管理体系过程和活动的相应职能的部门及承担特定工作任务或项目的临时性组织形式。

(3)"活动和过程"是指产品设计开发、生产、安装、服务等活动和过程，以及工程施工、服务等活动和过程。

(4)"所覆盖的时期"是指审核需追溯到的质量管理体系运行的时间段。审核所覆盖的时期通常是质量管理体系文件发布实施以来的这段时间。或指上一次审核至本次审核之间的时间段。

四、审核方案与审核计划

1. 审核方案的定义

针对特定时间段所策划，并具有特定目的的一组（一次或多次）审核（GB/T 19011—2003/ISO19011：2002 3.11）。

注：审核方案包括策划、组织和实施审核所必需的所有活动。

审核方案具有以下两个特点。

(1) 根据受审核组织的规模、性质和复杂程度，一个审核方案可以包括在某一时间段内进行的一次或多次审核。这个审核方案所覆盖的是这一时间段的一组审核，不是若干次审核的简单累加，而是一组有关联的审核。

(2) 一个审核方案是针对这一时间段的一组审核所具有的总体目的。审核方案是策划的结果，包括为实施审核进行适当的策划、提供资源和制定程序。所以不能将审核方案理解为一份文件。

2. 审核计划的定义

对一次审核活动和安排的描述（GB/T 19011—2003/ISO19011：2002 3.12）。

审核计划针对的是一次具体的审核，审核计划的内容是一次具体的审核的活动安排的描述。

审核计划与审核方案是两个不同的概念。审核计划是对一次具体审核的描述，而审核方案是对一组审核的策划、组织和实施的所有活动的集合，即使审核方案仅包括一次审核，也不能用审核计划代替审核方案，或用审核方案代替审核计划。它们的不同点在于以下几方面。

（1）审核计划由审核组长编制，审核方案由负责审核方案管理的人员来建立。

（2）审核方案包括对审核计划的制订和实施的管理所必要的活动，包括为实施这次审核进行策划、提供资源、制订程序所必要的所有活动，而审核计划仅仅对一次审核活动和安排的描述。

（3）审核计划应形成文件，而对一个审核方案，有的内容未必要形成文件。

五、典型质量管理体系审核的过程

1. 审核的启动阶段

（1）指定审核组长。
（2）确定审核目的、范围和准则。
（3）确定审核的可行性。
（4）选择审核组。

2. 文件评审的实施阶段

评审相关管理体系文件（包括记录），并确定其针对审核准则的适宜性和充分性。

3. 现场审核活动的准备阶段

（1）编制审核计划。
（2）审核组工作分配。
（3）准备工作文件。

4. 现场审核活动的实施阶段

（1）举行首次会议。

(2) 审核中的沟通、信息收集和验证。
(3) 形成审核发现。
(4) 末次会议的准备工作。
(5) 举行末次会议。

5. 审核报告的编制、批准和分发阶段

(1) 审核报告的编制。
(2) 审核报告的批准和分发。
(3) 审核的完成。
审核后续活动的实施通常不视为审核的一部分。

六、典型质量管理体系审核各过程的实施

1. 指定审核组长

审核组长应具备一定的资格，通常应具备审核员资格。审核组长应当具有领导审核方面的知识和技能，以便审核能有效地进行。审核组长应当能够胜任如下职责。

(1) 负责文件评审。
(2) 对审核进行策划，并在审核中有效地利用资源，包括合理规定审核要求及所需人员的资格、制定审核计划、对审核组进行任务分配、指导编制检查表。
(3) 代表审核组与受审核方进行沟通，包括主持首、末次会议。
(4) 组织和指导审核组成员（包括组织审核组内部会议）。
(5) 领导审核组对审核发现作最后评价，得出审核结论 。
(6) 对审核过程进行控制。
(7) 编制和完成审核报告。
(8) 在审核后续活动中，组织验证纠正措施的完成情况及有效性。

2. 确定审核目的、范围和准则

一次具体的审核应当基于形成文件的目的、范围和准则。审核范围和准则应当由最高管理者、管理者代表和审核组长根据审核方案确定。

审核的目的通常是考量企业的现状，提供企业改进的机会和为管理评审提供依据。审核的目的也可以是为第二方或第三方审核做准备。

审核范围指“审核的内容和界限”（GB/T 19011—2003/ISO19011：2002 3.13）通常包括对实际位置、组织单元、受审核的活动和过程以及审核所覆盖的时期的描述。质量管理体系审核是一种质量保证活动，确定审核范围实质上是界

定受审核方质量保证承诺和实施的责任范围，也就是确定所审核的质量管理体系的实际位置、覆盖的产品、过程和场所及其相应的时期。

确定审核范围的目的是界定质量管理体系实施的责任范围，为审核准备和审核实施界定范围。确定审核范围的依据是受审核的质量管理体系的实际位置及其覆盖的产品过程和场所。

审核的准则通常是体系标准、体系文件、技术文件、相关的法规及标准。如果审核是为第二方审核做准备，还应包括合同的规定。

3. 确定审核的可行性

审核组长应当确定审核的可行性，当审核不可行时，应当向最高管理者报告。确定审核可行性时应当考虑下列因素。

（1）审核所需的信息。

（2）受审核部门的充分合作。

（3）充分的时间和资源。

4. 选择审核组

审核组是实施审核的一名或多名审核员，审核组长应当选择审核员组成审核组。审核组长除了承担审核任务外还需领导审核工作，通常由经验丰富的审核员担当。审核员应在审核组长领导下实施审核，是有能力实施审核的人员，一般应具有审核员的资格和相应的工作经验。

需要时由技术人员提供支持，向审核组提供特定知识或技术。特定知识或技术是指与受审核有关的知识或技术，在审核组中技术专家不作为审核员。

选择审核组时应当考虑以下因素。

（1）审核组所需的整体能力。

（2）确保审核组应独立于受审核的活动。

（3）审核组应避免有利益冲突。

（4）审核组成员协作能力。

审核员的职责有以下几方面。

（1）准备审核工作文件，编制检查表。

（2）参加审核过程中的沟通及首、末次会议。

（3）完成分配的审核工作，收集信息、获取审核证据与形成审核发现，做好记录。

（4）参加审核发现的评审。

（5）需要时参加审核后续活动，如验证纠正措施的实施和有效性。

5. 文件评审

文件评审是质量管理体系审核的重要组成部分，是现场审核的基础和先行步骤。在现场审核前应当评审体系文件，以确定文件所述的体系与审核准则的符合性。文件可包括质量管理体系的相关文件和记录及以前的审核报告。

文件评审通常由审核组长完成，也可以由审核员完成，通过文件评审能初步评价符合体系标准的程度，只有在完成现场审核之后，才能对质量管理体系文件的符合性、充分性和适宜性做出评价。

文件评审主要是评价质量管理体系的所有过程是否被识别和确定，过程程序是否被恰当地形成文件。如果发现文件不充分、不适宜，必要时审核组长应当要求组织对文件作适当补充或修改，决定审核是否继续进行或暂停，直至有关文件的问题得到解决。

1）文件评审的目的

（1）评价质量管理体系文件是否符合审核准则，如质量管理体系标准和相关的法律法规的要求。

（2）评价质量管理体系的所有过程是否被识别和确定，过程程序是否恰当地形成文件。

2）文件评审的要求

（1）内容是否充分、适宜，是否符合“标准”的要求。

（2）是否符合相关法律法规的要求。

（3）文件本身是否现行有效、处于受控状态。

（4）名词术语是否符合标准的要求。

3）文件评审的内容

（1）形成文件的质量方针和质量目标。

（2）质量手册。质量管理体系的范围，包括过程识别、有无外包过程、任何删减的细节与合理性；质量管理体系形成文件的程序或对其引用；质量管理体系过程之间相互作用的表述（可用文字或流程图）；基本信息；质量手册的控制。

（3）质量体系标准要求编制的形成文件的程序。

（4）组织为确保其过程的有效性所需的文件以及记录（通常要求列出清单）。

6. 编制审核计划

审核组长应当编制一份审核计划，为实施审核达成一致提供依据，审核计划应当便于审核活动的日程安排和协调，审核计划应得到最高管理者的批准。

审核计划的内容应当包括审核目的、审核准则、审核范围、确定审核的单元和过程、现场审核活动的日程和地点、审核组成员和随行人员的作用和职责。

审核计划应当有充分的灵活性，在现场审核活动开始前，审核计划应当经确认。

7. 审核组工作分配

审核组长应当把具体的过程、职能、场所、区域或活动的审核工作分配给审核组每位成员和技术人员。

审核组工作的分配应当考虑审核员的能力和资源的有效利用，以及审核员和技术人员的不同作用和职责。如分配审核任务应当与审核员的知识技能和资格能力相适应，审核组成员之间的工作量均衡和审核时间的合理利用，技术人员可灵活安排在专业性强的过程或现场为审核员提供技术支持等。

为确保实现审核目的，可随着审核的进展调整所分配的工作，工作分配方式可在审核计划中、在审核准备会议上、在审核组内部沟通会上、在现场审核过程中如有紧急需要可随时调整分工。

8. 准备工作文件

审核组成员应当针对自己承担的审核任务，了解和熟悉有关的信息，包括本次审核计划、质量管理体系文件以及文件评审的结果、产品及产品的标准、法律法规、过程和活动及职能分配等方面的信息。通过对这些信息的评审，将为审核员策划自己的审核工作，使审核工作能针对受审核的实际情况和特点高效进行。

审核组成员应当准备必要的工作文件，确定具体审核任务实施路线、内容与方法，用于对审核员实施审核的提示和参照，工作文件可包括检查表、记录信息的表格、不合格报告表、审核报告表、会议签到表等。

检查表是审核员最基本的工作文件，它是审核提纲和工具，能起到指导和备忘的作用，它的作用有以下几方面优点。

(1) 明确审核目的。审核员根据检查表进行审核不致偏离审核目标和审核主题，检查表可起提醒和警示作用。

(2) 审核内容的周密和完整。单纯凭经验或记忆在审核内容较为繁复时难免有遗漏之处，事先经过策划所制订的检查表把审核内容一一列出，可确保审核内容的周密完整。

(3) 审核路线的清晰与逻辑性。事先把审核内容排列成检查表，可起备忘录作用，用于掌握审核路线与逻辑性。

(4) 审核方法的合理性。根据审核内容的重要程度确定相应的审核方法，可使审核方更合理。

(5) 审核时间分配及审核节奏的合理性。审核过程是一项高节奏而紧张的活动，不容许某一问题、某一过程逗留过长时间、事前策划好审核内容和时间分配可使审核节奏更合理。

检查表的内容可以包括审核的场所及部门、审核的对象、审核的项目或问题、审核的方法。

使用检查表时应注意检查表不应披露给受审核部门，更不应事前通报受审核部门，检查表最好由审核员默记脑中，以自然而巧妙的方式提问，不可逐条照本宣科，变成生硬的我问你答的检查过程。

检查表的使用不应当限制审核活动，审核活动的内容可随着审核中收集信息的结果而发生变化。如发现新的情况或有价值的内容，可以修改和调整检查表的内容。如发现重大线索，应适当偏离检查表，跟踪查证，但也要防止抛开检查表的随意审核。

9. 现场审核的首次会议

现场审核的整个过程将召开一系列会议：审核组准备会议、首次会议、审核组内部会议、审核组与受审核方沟通会议、末次会议。在审核活动中必要时还可召开有关人员座谈会。会议是审核过程中受审核方与审核组成员之间交流的手段，除了首次会议和末次会议必须按一定的程序和要求进行外，其他工作会议可不拘形式。

首次会议的目的是向受审核方介绍本次审核的目的和一些具体的做法，表明现场审核工作的正式开始。首次会议内容包括以下几方面。

（1）与会者签到。

（2）人员介绍。

（3）确认审核目的、范围、准则。

（4）确认审核计划中日程和其他安排。

（5）介绍审核过程中采用的主要方法。

（6）介绍不合格项划分的原则。

（7）要求受审核部门共同确认不合格事实。

（8）有关审核可能被终止的条件。

首次会议的时间一般控制在 30min 以内，主要领导应参加会议，有特殊情况应指定代表参加，会议由审核组长准备并主持，审核计划如有需要可作适当调整，会议应该守时、有效和在坦诚、务实、融洽的气氛中进行。

10. 审核方式、信息收集和验证、审核的沟通

1）审核方式

审核方式是指如何进行审核所采取的方法，概括起来有四种。

（1）顺向追踪。按照质量管理体系运行的顺序进行审核，如从文件内容查到实施情况，从生产制造过程的第一道工序查到最后一道工序，从影响质量的因素

查到结果，从接收订单开始跟踪到交付。这种从根到枝到叶的审核方式的优点是：可以系统了解体系运行的整个过程，查证其接口和协调情况。但耗时较长。

（2）逆向追溯。按照质量管理体系运行的反向进行审核，如从实施情况查到文件，从后面工序查到前工序，从交付查到订单，从形成的结果查到影响质量的因素。这种从叶到枝到根的审核方式的优点是，从质量管理体系运行所形成的结果查起，有强烈的针对性、切实具体，但在问题复杂且审核时间有限时，不易达到预期的目的。

（3）按部门审核。这种方式是以部门为中心进行审核，一个部门往往承担若干过程的职能，因此审核时以其主要质量职能为主线进行审核，不可能也没有必要对这个部门有关的所有过程都查到，但不能遗漏主要质量职能。这种方式的优点是：审核效率高，但审核内容比较分散，因此思路要清晰，并注意审核内容综合，有经验的审核员常采用此法。

（4）按过程审核。这种方式是以过程为中心进行审核。一个过程往往涉及两个以上的部门，往往要到不同的部门去审核才能达到审核此过程的要求。这种方式的优点是：目标集中，更易体现与体系标准或体系文件的符合性，其缺点是审核效率较低，因此路线安排要合理。缺乏经验的审核员常采用此法。

这四种方式中，最常用的是部门审核，但这也是最难实施的一种方式，因为一个部门往往有多种质量职能，涉及多个过程，在审核中需要抽取一个部门多种质量活动的样本比较分散，因此审核员必须事先准备好审核检查表，不要忽略任一主要质量职能，并注重多方面收集事实，做好记录。

2）收集和验证信息的方法

审核证据（GB/T 19000—2000 idt ISO9000：2000 3.9.4）定义为“与审核准则有关的并且能够证实的记录、事实陈述或其他信息”。

审核证据来自于通过抽样收集并经验证所得的可追溯的信息样本，信息样本可包括以下几方面。

（1）与员工及其他人员的面谈，其中主管领导和运作人员的陈述可作为审核证据。

（2）对过程活动、周围工作环境和条件的观察。

（3）文件（质量方针、质量目标、质量计划、程序、标准、作业指导书、许可证、规范、图样、合同和订单）。

（4）记录（检验记录、作业记录、会议纪要、审核报告、监视记录和测量结果）。

（5）数据的汇总、统计、分析。

现场审核可通过对现场活动的观察、实际测定、文件评审、提问、交谈等方法收集信息。

（1）提问。面谈是收集信息的一个重要手段，面谈人员应当来自审核范围内实施过程活动的适当的层次和职能的人员，在面谈前和面谈过程中应当努力使面谈人放松，应当避免一些有倾向性答案的问题，应当与对方总结和评审面谈的结果。

（2）观察。审核员要仔细观察现场环境、设备、产品和标志，查看有关记录，当发现问题时要进行深入检查以确定客观证据。

（3）实测。当口述或观察难于证实时，可通过实测证明。

（4）文件评审。在现场审核过程中，结合质量管理体系的运行，查阅质量管理体规定的有关质量活动的文件，评价体系运行的符合性、充分性、适宜性。

（5）记录。审核员必须勤记录，对调查获取的信息和证据应认真、详尽地做好记录。所作记录应包括时间、地点、人、事实描述、凭证名称和编号等。记录应字迹清楚、准确具体，记录应有可重查性。只有完整、准确的信息才能作出正确的判断，为审核报告中相应的评价提供依据。

（6）善于验证。审核员必须善于比较、追踪不同来源所获取对同一问题的信息，从差别中判断体系运行状况，必须善于追踪记录与文件、记录和现状的符合情况，并作出结论。道听途说、假设、主观猜测等无法证实的信息不能作为审核证据。

3）审核的沟通

根据审核的范围和复杂程序，有必要对审核中的沟通作出安排，以确保审核有顺利地进行。审核中的沟通包括审核组内部的沟通、审核组与受审核方之间的沟通。

（1）审核组内部沟通。审核组应当定期交换意见，交换意见可采用审核组内部会议以及其他适宜的方式。审核组内部沟通的目的在于审核组成员之间交换信息，评定审核进展情况，以及需要时重新分配审核组成员的工作任务，确保审核有序和顺利进行。

审核组内部沟通的内容包括以下几方面。

① 审核组成员从不同渠道所获得信息的汇总以及相互补充印证，以获得审核证据和形成审核发现。

② 评审审核发现，包括不符合。

③ 提出需要审核组其他成员进一步追踪的问题。

④ 审核是否按照审核计划、是否完成了预期的进展。

⑤ 审核计划是否需要调整，以适应实际情况。

⑥ 审核组成员工作任务分工是否适宜，是否需要重新分配。

⑦ 讨论审核过程中出现的异常情况。

（2）审核组与受审核方的沟通。在审核过程中适当时，审核组长应当向受审核方通报审核的进展情况及相关情况。

沟通内容包括审核进展的通报、可能要影响审核过程的重要发现、审核的调整、审核中遇到的障碍和困难、需要受审核方提供进一步的配合与支持、可能的不符合。

11. 形成审核发现

审核发现是将收集到的审核证据对照审核准则进行评价的结果。

在审核过程中，审核组对受审核方的质量管理体系作了全面调查，将收集到的审核证据对照审核准则进行评价形成审核发现，包括符合和不符合审核准则的证据，经审核组内部共同评审加以确定。

1）不合格项判定

未满足审核准则要求的事物，即可判为不合格。不合格有两种：一种是产品不合格，通常称之为不合格品；另一种是质量管理体系过程不合格，通常称之为不合格项。本节所要讨论的是质量管理体系中的不合格项。对不合格事实的判定应：

（1）不偏离审核准则的要求，结论的判断不能超出标准的要求。

（2）慎重对待没有形成文件或文件表述不够详细，没有书面质量记录或记录内容不够具体的问题。

（3）在完成全部审核后作出不合格的判定。

（4）可以与受审核方一起评审不符合，以确认审核证据的准确性，并使受审核方理解符合所反映的问题以及有关审核准则的要求。如果受审核方与审核组有分歧，应当努力予以解决，包括重新确认审核证据的准确性，其结果可包括取消、汇总合并、维持、修改不符合，对于未得到解决的分歧，应当予以记录。

2）不合格项是由以下任一种情况所形成的

（1）质量管理体系文件未遵照 GB/T 19001—2000 标准的要求，即文件规定不符合标准。

（2）质量管理体系现状未按质量管理体系文件执行，即实施不符合文件规定。

（3）质量管理体系运行结果未达到预定的目标，即效果不符合目标。

3）不合格项性质的判定

不合格项就性质来说可分为两类：严重不合格项和一般不合格项。

（1）严重不合格项：①体系运行出现系统性失效。如某一过程出现失效现象，而又未能采取有效的纠正措施加以消除，形成系统性失效。②体系运行出现区域性失效。如某一部门、场所的全面失效现象。③影响产品或体系运行的后果严重的不合格现象。

（2）一般不合格项：①对满足质量管理体系过程或体系文件的要求而言，是个别的、偶然的、孤立的性质轻微的问题。②对审核区域的体系有效性而言，是个次要的问题。

4）不合格报告

编写不合格报告是审核员必须掌握的基本功。

（1）不合格报告包括以下内容。不合格事实描述、不合格性质的判定、审核依据及条款号、审核员签名、受审核方代表签字。

（2）对不合格事实描述的要求。准确地描述观察到的事实，有可重查性和可追溯性（时间、地点、人物、等），与审核准则有对应的关系，尽可能使用行业或标准的术语。

12. 末次会议的准备工作

1）审核记录的汇总整理

为了对质量管理体系的有效性进行总体评价，并作出审核结论，审核组必须汇总整理全部审核情况。

（1）汇总整理审核记录（审核证据）。

（2）审核组评审审核发现，最终确定不合格项。

（3）统计分析不合格项。

2）质量管理体系评价

（1）过程是否已被识别并适当规定（形成文件与“标准”的符合程度）。

（2）职责是否已被分配（所有过程的职责、权限得到规定并沟通）。

（3）程序是否得到实施和保持（质量管理体系文件的实施程度）。

（4）在实现所要求的结果方面，过程是否有效（结果的有效性）。

3）质量管理体系审核结论

（1）质量管理体系与审核准则的符合程度，包括体系文件审查结论。

（2）质量管理体系的有效实施、保持和改进的客观证据。

（3）管理评审过程在确保质量管理体系持续的适宜性、有效性和改进方面的能力。

（4）对质量管理体系要求删减的合理性。

（5）全员质量意识和对满足顾客与法律法规要求重要性的认识程度。

（6）法律法规的执行情况。

（7）顾客满意的信息。

（8）不合格项对质量管理体系运行有效性的影响程度。

（9）国家、行业、地方监督抽查结果。

13. 末次会议

末次会议是现场审核以后，审核组报告审核发现和审核结论的会议，由审核组长主持，末次会议的目的是说明审核情况，宣布审核发现和审核结论，提出纠正措施要求，宣布现场审核结束末次会议，管理者代表必须参加末次会议。

典型末次会议内容包括以下方面。

(1) 与会者签到。

(2) 感谢受审核部门的配合。

(3) 重申审核目的与范围。

(4) 报告审核发现（含不合格报告、综述和体系有效性评价）。

(5) 宣布审核结论。

(6) 说明抽样的公正、客观以及局限性。

(7) 澄清异议，尽可能解决不同意见，如未能解决，应当记录所有意见。

(8) 提出纠正措施及验证要求。

(9) 受审核领导简短表态。

(10) 宣布现场审核结束。

14. 审核报告的编写

审核组进行了审核记录的汇总整理和质量管理体系有效性评价以后，审核组长负责编审核报告，并对审核报告内容负责，审核报告包括以下内容。

1) 审核的基本情况

(1) 审核目的。

(2) 审核范围（明确受审核部门、过程以及审核所覆盖的时期）。

(3) 审核准则。

(4) 明确审核组长和成员的姓名与资格。

(5) 现场审核活动实施的日期和地点。

2) 审核情况

(1) 审核综述。

(2) 审核发现，包括不合格项统计。

3) 审核结论

(1) 质量管理体系在审核范围内符合审核准则的程度。

(2) 质量管理体系在审核范围内是否得到有效实施。

(3) 管理评审对确保质量管理体系的持续适宜性和有效性的能力。

(4) 质量方针和质量目标实施的有效程度。

(5) 质量体系文件的适应性、有效性、充分性。

(6) 产品满足顾客要求与法律法规要求的能力和顾客满意程度。

(7) 持续改进机制是否建立。

(8) 内部审核报告中的纠正、预防和改进措施及要求。

(9) 附审核计划、审核记录、审核报告的分发清单。

15. 审核报告的批准和分发

审核报告应当在规定的时间内提交，并经最高管理者的批准，分发受审核部门。

16. 审核的完成

审核完成后，当审核计划中所有活动已完成，并分发了经过批准的审核报告时，审核即告结束。

思 考 题

1. 开办医疗器械生产企业应具备哪些资源条件?
2. 质量管理体系建立的一般步骤及如何评价所建立的体系是否有效?
3. 质量体系文件通常包括哪些内容?
4. 申请质量体系考核前，应做哪些准备工作?
5. 什么是内审，内审的目的和意义。
6. 一般内审的流程是什么，其中哪些需要由审核组长控制?
7. 审核计划和审核表的区别。

参 考 文 献

国家食品药品监督管理局第 12 号令《医疗器械生产监督管理办法》.

国家食品药品监督管理局第 16 号令《医疗器械注册管理办法》.

《医疗器械生产质量管理体系规范》(草案).

GBT19001—2000. 质量管理体系要求.

ISO/TR 10013：2001. 质量管理体系文件指南.

ISO/TR 14969：2003. 质量管理体系-医疗器械-ISO13485：2003 应用指南.

ISO13485：2003. 医疗器械　质量管理体系　用于法规的要求.

ISO9000：2000. 质量管理体系　基础和术语.

第八章　医疗器械临床试验

医疗器械是从事临床医疗诊断与治疗的必备手段，是发展现代临床医学的重要基础，直接关系到生命与健康，比较特殊，也很重要。获得医疗器械临床试验资格的医疗机构（以下称医疗机构）对申请注册的医疗器械在正常使用条件下按照规定在人体进行的试用或验证过程，其目的是评价受试产品是否具有预期的安全性和有效性。

医疗器械临床试验是指临床试验机构按一定的期限和病例数量要求，对医疗器械的安全性和有效性进行试验的活动。该试验特征是根据有限的病人样本得出结果，对未来有相似情况的病人总体作出统计推断，以确认产品的预期用途是否可以实现、诊断或治疗等方法是否具有安全性和/或有效性。由于临床试验直接涉及病人，还应更多地考虑受试者的权益。医疗器械的临床试验既有法规性要求，又有科学性要求和伦理原则的要求。

我国在2000年颁布的《医疗器械监督管理条例》，继而公布的《医疗器械注册管理办法》、《医疗器械临床试验规定》等法律法规明确规定第二类、第三类医疗器械准入市场前应当通过临床试验，提出医疗器械临床试验的基本要求、具体办法及实施细则，从而规范了医疗器械的临床试验。本章主要叙述国内外医疗器械临床试验管理和关于医疗器械注册时对临床试验资料的要求及临床试验等规定，并重点就医疗器械临床试验设计中的统计学问题进行讨论，使医疗器械工作者能基本领悟医疗器械注册在临床试验管理方面的要求。

第一节　医疗器械临床试验的管理

一、美国医疗器械临床试验管理

美国是国际上最早对医疗器械临床试验进行规范化的国家。美国食品、药品和化妆品法520（g）条和医疗器械安全法有“研究器械豁免”（investigational device exemption，IDE）法规，对医疗器械临床研究提出了要求。IDE是美国FDA对医疗器械进行上市前审批（PMA）和510（k）审查过程中一个重要环节，它涵盖了医疗器械临床研究（clinical investigation或clinical trial）的规定。IDE要求通过实施临床研究获得产品的安全性和有效性资料。

1. 临床研究法规（IDE）

在 IDE 法规中对临床研究进行了规范，明确了哪些医疗器械需要进行临床研究，以及如何进行临床研究。在 IDE 法规要求下，制定了良好临床实践规范（good clinical practice，GCP），解决了如何进行临床研究。美国、欧共体和日本制定的 GCP 基本相同，IDE 法规作了以下规定。

（1）对有重大风险的医疗器械和无重大风险的医疗器械的临床研究分别提出了要求。

（2）如何完成 IDE 申请。

（3）保护受试者的权益，要建立伦理委员会（ethics committees，EC）或学术审查委员会（institutional review boards，IRBs）。

（4）规定了申请人、监督人员和研究人员的职责。在执行 IDE 法规时，特别要注意：在临床研究中需要有科学的证据支持器械的有效性；需要有很好的病历档案；需要有准备上市器械的使用说明，如手术方法及其经验。

2. 临床研究分类和要求

按 IDE 要求，任何一个医疗器械在进入临床研究前都要向 FDA 进行申请。这就是说，在美国不经过适当的 IDE 要求的程序及审批，就不能进行医疗器械的临床研究。图 8-1 是按 IDE 要求，医疗器械进行临床研究的分类。表 8-1 列出了 IDE 对医疗器械临床研究的要求。

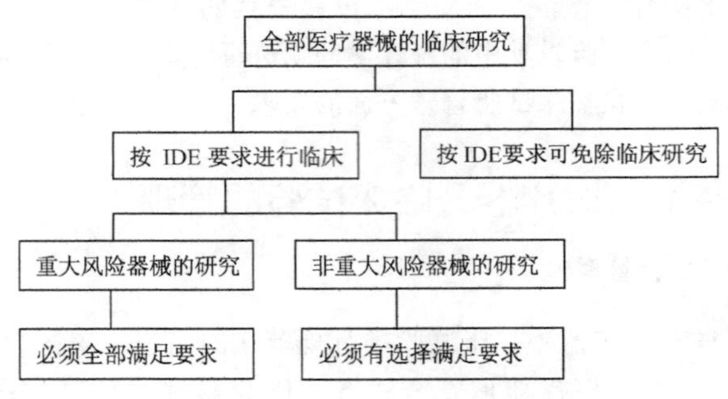

图 8-1　进行临床研究的医疗器械分类

3. 具有重大风险的医疗器械临床研究

具有重大风险的医疗器械除得到 IRBs 批准外，还必须向 FDA 提出申请，并得到 FDA 批准后才能进行临床研究。向 FDA 申请的资料应包括以下内容。

表 8-1

非重大风险医疗器械	重大风险的医疗器械
在器械的标签上必须标明名称、生产厂家地址、数量、适应证（相对适应证）、危险性、副作用、其他器械或设备的干扰和声明："警告：研究用器械，按美国法律只能用于研究"	在器械的标签上必须标明名称、生产厂家地址、数量、适应证（相对适应证）、危险性、副作用、其他器械或设备的干扰和声明："警告：研究用器械，按美国法律只能用于研究"
IRBs 审批	IRBs 审批
	FDA 审批
接到的同意文件	接到的同意文件
监控研究的单位	监控研究的单位
研究记录的保持和保留	研究记录的保持和保留
	临床研究报告
审计单位	审计单位
不能以任何方式促使器械进入市场或商业化	不能以任何方式促使器械进入市场或商业化
要严格按计划进行，不能非法延长研究时间	要严格按计划进行，不能非法延长研究时间

（1）申请者的名称和地址。

（2）申请前已完成的研究报告。

（3）已完成的研究计划或总结。

（4）对方法、设备、所用对照、操作过程、储存、安装的详细描述。

（5）研究人员的同意书。

（6）列出研究人员的名字和地址。

（7）以一种声明或基本的综述表并带有签字的同意书作为证明。

（8）列出 IRBs 成员名单和他们的地址。

（9）已确认的临床研究单位。

（10）如果有的话，注明付费价格。

（11）说明产品不能出售或商业化。

（12）遵守美国环境保护法律方面的说明。

（13）器械标志。

（14）临床研究受试者的资料。

以上仅是基本要求，根据器械的复杂程度和具体情况，可能还有增加。

在临床研究中，若临床研究计划发生重大变化，要向 FDA 申报，并要取得 FDA 同意。

在所有 510（k）审查中约有 20％的医疗器械需要有临床研究数据。510（k）中的医疗器械临床研究数据只是为了证明其与另一已上市的器械具有相同的性能。FDA 不认为 510（k）中的临床研究数据可证明该器械的绝对安全和有效；但临床试验数据要说明该器械在安全和有效性方面应等同或优于另一同样用途的已上市器械。例如，要制定外科用腹腔镜的等同性就不需或仅需少量的临床研究数据；相反，要求证明植入式心脏起搏器的等同性就需要大量的临床研究数据。对于PMA（上市前审批）的医疗器械，就必须要有临床研究数据，以证明该器械的安全性和有效性。

4. 临床试验设计要求和周期

在评价医疗器械临床试验申请时，需要提交临床试验计划，因此需要对临床试验进行设计。医疗器械临床试验的设计要点有以下几方面。

（1）试验目的。规定研究的目的和实际要达到预期结果。

（2）试验的合理性。通过一些假设和理论来设计试验。

（3）设计的特色。试验应该有对照组、对照器械，并且是随机的等。

（4）患者要求。对于试验对象（患者）要有明确的适应证和详细的要求。

（5）试样大小。根据试验要求提出进行研究的试验的大小和规格。

（6）试验时间。设计每个患者所需时间和试验的整体持续时间。

（7）试验单位。根据器械的类型，提出参加试验的医疗单位数目（一般至少二个医疗单位）。

（8）随机程序。详细规定患者分配的方法，使其达到随机要求。

（9）统计处理。描述数据分析的方法。

（10）参数选择。规定收集每个患者的最少的数据参数。

（11）有效和安全性评价。对涉及器械有效和安全性的关键参数要作出详细规定和描述。

（12）监控。要对数据收集和审查过程作出规定，以保证试验的科学性和公证性。

（13）病历报告表。详细规定报告要求和形式，以便进行数据收集和统计分析。

（14）医疗器械临床试验要求进行多中心试验，至少在两个医疗单位进行试验。医疗器械试验分三个周期，详见表8-2。

表8-2　医疗器械试验周期

试验周期	试验评价	试验性质
I期	可行性研究 试验性研究	少量患者（10～20人）
II期	上市前审批研究（PMA） 临床评价	大量患者（100～200人或更多）
III期	上市后监察 警戒体系	大量人群

二、我国医疗器械临床试验管理

（1）医疗器械临床试验分为医疗器械临床试用和临床验证。

① 医疗器械临床试用是指通过临床试验来验证该医疗器械理论原理、基本结构、性能要素能否保证安全性、有效性。其适用范围：市场上尚未出现过，其安全性、有效性有待确认的医疗器械。

② 医疗器械临床验证是指通过临床试验来验证该医疗器械与已上市产品的主要结构、性能等要素是否实质性等同，是否具有同样的安全性、有效性。其适用范围：同类产品已上市，其安全性、有效性需要进一步确认的医疗器械。

（2）第二类、第三类医疗器械产品机理已得到证实，可以通过临床试验证实其结构性能与已上市的医疗器械具有同样的安全性和有效性。

对于已上市的同类医疗器械出现不良事件或者疗效不明确的医疗器械，国家食品药品监督管理局可制定统一的临床试验方案，因此属于该两种情况的医疗器械临床验证的方案须按规定在国家食品药品监督管理局进行备案。

（3）由国家食品药品监督管理局发布《国家药品临床研究基地目录》，作为承担医疗器械临床试验的医疗机构。

（4）对于高风险的植入器械、介入器械，机理、疗效不确切的治疗类器械和境内首次上市的器械均应进行临床试验，临床方案必须符合国家食品药品监督管理部门的相关要求。

对于市场上尚未出现过的第三类植入体内的医疗器械，该类医疗器械临床风险较高，且风险还具有较大的不确定性，除了应进行严格、充分的动物试验，且结论为合格外，还应进行临床试验。

（5）对于借用中医理论制成的中医医疗器械由于临床作用机理不够明晰，且临床的评判标准较难以定量的方式来评价，容易给临床使用者带来不确切的临床效果的引导。故在《医疗器械临床试验规定》中认为此类借用中医理论制成的医疗器械的临床试验方案必须符合国家食品药品监督管理部门的相关要求。

根据《医疗器械监督管理条例》中的“国家对医疗器械实施再评价制度”的原则，对于已上市的同类医疗器械出现不良事件或者疗效不明确的医疗器械，国家食品药品监督管理局可制定统一的临床试验方案，且开展此类医疗器械的临床试验的实施者、医疗机构及临床试验人员应当执行统一的临床试验方案。

第二节 医疗器械临床试验资料

我国的医疗器械法规规定第二类、第三类医疗器械的临床试验资料提供的方式及在中国境内进行临床试验的资料内容。

一、医疗器械临床试验资料提供方式

医疗器械法规规定在医疗器械注册时应提交的临床试验资料包括以下内容。

（1）申请第二类、第三类医疗器械注册，应当提交临床试验资料。

（2）临床试验提供方式执行《医疗器械注册临床试验资料分项规定》。

《医疗器械注册临床试验资料分项规定》（以下简称《分项规定》）是根据境内外生产的产品、医疗器械类别、产品具体属性、企业具体条件及产品上市质量情况等多方面详细具体明确了医疗器械临床试验资料提供的不同要求。

（1）境内生产产品的临床试验资料有下列几种：①医疗器械临床试验资料；②本企业同类产品上市后的临床试验资料；③已批准上市同类产品的临床试验资料。

（2）境外生产产品的临床试验资料有以下几种：①在中国境内进行的临床试验资料；②境外政府医疗器械主管部门批准该产品在本国（地区）上市时的临床试验资料，经中国政府组织的专家组认可；③境外政府医疗器械主管部门批准该产品在本国（地区）上市的临床试验资料。

二、提供不同医疗器械临床试验资料的条件

提供不同医疗器械临床试验资料的条件可从下面几个方面考虑。

1. 医疗器械生产地点

（1）中国境内生产的医疗器械。

（2）中国境外生产的医疗器械。

2. 产品属性

（1）第三类医疗器械。

（2）植入型产品。

3. 产品特性

（1）属于采用超声、微波、激光、X射线、伽玛射线以及其他放射性粒子作治疗源的治疗设备。

（2）不属于采用超声、微波、激光、X射线、伽玛射线以及其他放射性粒子作治疗源的治疗设备。

（3）诊断型产品。

4. 产品基本情况

(1) 产品未进入市场。
(2) 本企业无产品进入市场。
(3) 本企业已有产品进入市场。
(4) 本企业已有同型号产品进入市场。
(5) 本企业已有同规格产品进入市场。

5. 企业质量体系

(1) 质量体系已经中国政府认可，但不涵盖申请产品。
(2) 质量体系已经中国政府认可，并涵盖申请产品。

6. 本企业其他产品上市情况

(1) 本企业其他产品在中国销售有四年以上无抱怨记录。
(2) 本企业其他产品在中国销售有抱怨记录。

7. 植入性产品

(1) 境内生产，下列情况可以提供本企业同类产品上市时的临床试验资料。
① 企业已有产品进入中国市场的；
② 申请产品与已注册产品属同类产品，但不属于同一型号；
③ 申请产品与已注册产品属同型号产品，但不属于同一规格；
④ 经中国政府认可的质量体系涵盖所申请的产品（或型号），并在有效期内；
⑤ 本企业同类产品在中国销售有四年无抱怨的记录。
(2) 境外生产，下列情况可以提供境外政府医疗器主管部门批准同类产品注册上市时的临床试验资料。
① 企业已有产品进入中国市场的。
② 申请产品与已注册产品属同类产品，但不属于同一型号；
③ 申请产品与已注册产品属同型号 产品，但不属于同一规格；
④ 境外政府医疗器械主管部门已批准申请产品在本国（地区）上市；
⑤ 经中国政府认可的质量体系涵盖所申请的产品（或型号），并在有效期内；
⑥ 本企业同类产品在中国销售有 4 年无抱怨的记录。

8. 其他第三类产品

下列情况可以提供本企业同类产品上市时的试验资料。

（1）企业已有产品进入中国市场的。

（2）申请产品与已注册产品属同类产品。

（3）本企业同类产品在中国销售有四年无抱怨的记录。

9. 二类产品

（1）境内产品下列情况可以提交同类产品上市时的临床试验资料：中国政府已批准同类产品在中国上市。

（2）境外产品下列情况可以提交境外政府医疗器械主管部门批准同类产品注册上市时的临床试验资料：境外政府医疗器械主管部门已批准申请产品在本国（地区）上市。

（3）执行国家、行业标准的检验、诊断类医疗器械不需要提供临床试验资料。

如果不符合上述情况的，一般都必须在中国境内进行临床试验。

现将提供临床试验资料的九种方式列表如表 8-3～表 8-5 所示。

表 8-3　境内产品（三类）

<table>
<tr><th colspan="3" rowspan="2">产品属性 / 企业条件</th><th colspan="3">植入型产品</th><th colspan="5">其他第三类产品</th></tr>
<tr><th>未批准上市</th><th>同类产品不同型号</th><th>同型号不同规格</th><th>未批准上市</th><th>属采用超声等作治疗源的治疗设备</th><th>不是用超声等作治疗源的治疗设备</th><th>诊断型产品</th><th>属采用超声等作治疗源的治疗设备的同类产品</th></tr>
<tr><td colspan="3">企业无产品进入市场</td><td>A</td><td></td><td></td><td>A</td><td></td><td></td><td></td><td></td></tr>
<tr><td rowspan="3">企业已有产品进入市场</td><td colspan="2">体系不涵盖</td><td rowspan="3">A</td><td>A</td><td>A</td><td></td><td rowspan="3">A</td><td rowspan="3">A</td><td rowspan="3">A</td><td></td></tr>
<tr><td rowspan="2">体系涵盖</td><td>无抱怨</td><td>B</td><td>B</td><td></td><td>B</td></tr>
<tr><td>有抱怨</td><td>A</td><td>A</td><td></td><td>A</td></tr>
</table>

注：A 为医疗器械临床试验资料；B 为本企业同类产品上市时的临床试验资料；C 为已批准上市同类产品的临床试验资料；D 为在中国境内进行的临床试验资料；E 为境外政府医疗器械主管部门批准该产品在本国（地区）上市本时的临床试验资料，经中国政府组织的专家组认可；F 为境外政府医疗器械主管部门批准该产品在本国（地区）上市时的临床试验资料。

表 8-4 境外产品（三类）

<table>
<tr><td colspan="3" rowspan="2">产品属性
企业条件</td><td rowspan="2">无论何种情况</td><td colspan="3">植入型产品</td><td colspan="5">其他第三类产品</td></tr>
<tr><td>未批准上市</td><td>同类产品不同型号</td><td>同型号不同规格</td><td>未批准上市</td><td>属采用超声等作治疗源的治疗设备</td><td>非采用超声等作治疗源的设备</td><td>诊断型产品</td><td>属采用超声等作治疗源的治疗设备的同类产品</td></tr>
<tr><td rowspan="4">境外已批准在本国地区上市</td><td colspan="2">企业无产品进入中国市场</td><td></td><td></td><td></td><td></td><td></td><td></td><td></td><td></td><td></td></tr>
<tr><td rowspan="3">企业已有产品进入中国市场</td><td colspan="2">体系不涵盖</td><td></td><td>E</td><td>E</td><td>E</td><td></td><td rowspan="3">E</td><td rowspan="3">F</td><td rowspan="3">F</td><td></td></tr>
<tr><td rowspan="2">体系涵盖</td><td>无抱怨</td><td></td><td>F</td><td>F</td><td>F</td><td></td><td>F</td></tr>
<tr><td>有抱怨</td><td></td><td>E</td><td>E</td><td>E</td><td></td><td>E</td></tr>
</table>

注：A 为医疗器械临床试验资料；B 为本企业同类产品上市时的临床试验资料；C 为已批准上市同类产品的临床试验资料；D 为在中国境内进行的临床试验资料；E 为境外政府医疗器械主管部门批准该产品在本国（地区）上市本时的临床试验资料，经中国政府组织的专家组认可；F 为境外政府医疗器械主管部门批准该产品在本国（地区）上市时的临床试验资料。

表 8-5 二类产品

<table>
<tr><td rowspan="2">生产地点</td><td rowspan="2">产品类别
产品情况</td><td rowspan="2">无论何种情况</td><td colspan="3">申报产品第一次进入中国市场</td></tr>
<tr><td colspan="2">检验、诊断类医疗企业</td><td rowspan="2">其他</td></tr>
<tr><td rowspan="2">境内产品</td><td>同类产品尚未批准上市</td><td>A</td><td>执行国家、行业标准</td><td>未执行国家、行业标准</td></tr>
<tr><td>已批准同类产品上市</td><td></td><td>不需要提供临床资料</td><td>C 及（实质性等同）对比说明</td><td>C 及（实质性等同）对比说明</td></tr>
<tr><td rowspan="2">境内产品</td><td>境外尚未批准在本国（地区）上市</td><td>A</td><td></td><td></td><td></td></tr>
<tr><td>境外尚已批准在本国（地区）上市</td><td></td><td colspan="3">F</td></tr>
</table>

注：A 为医疗器械临床试验资料；B 为本企业同类产品上市时的临床试验资料；C 为已批准上市同类产品的临床试验资料；D 为在中国境内进行的临床试验资料；E 为境外政府医疗器械主管部门批准该产品在本国（地区）上市本时的临床试验资料，经中国政府组织的专家组认可；F 为境外政府医疗器械主管部门批准该产品在本国（地区）上市时的临床试验资料。

三、实质性等同对比说明

在《分项规定》中提交同类产品的临床试验资料时需提交对比说明，对此说明其基本内容应是实质性等同，进行实质性等同对比时可以从下列两种情况考虑。

1. 与上市产品相比属于实质性等同的产品

（1）与已批准上市产品属于同类产品，其基本原理、主要功能、结构、材料、预期用途相同。

（2）已经批准上市的同类产品其临床适用范围正确有效，在使用过程中没有不良记录；没有与该类医疗器械固有特性（如医疗器械的设计或组织材料等）有关的不良事故记录。

2. 与上市产品相比有一定变化的产品

产品与已经上市的同类产品不完全相同，其设计、组成、结构上有一定的变化，但是产品的安全性和有效性的特征已很好地建立，这些变化已经过充分的技术试验，并获得了可靠的试验数据；按照医疗器械风险管理标准要求进行评价，认为这些变化在本质上不会形成潜在的、新的对人体的伤害，不会产生新的安全性及有效性问题，足以证明产品是安全有效的。另外，医疗器械产品的任何变化不会导致其分类变化。满足以上的要求，可视作为实质性等同。

第三节　医疗器械临床试验

一、临床试验的前提条件

（1）该产品注册产品标准应执行相应的国家、行业标准，符合医疗器械基本安全有效要求。

（2）该产品应经检测符合注册产品标准。

（3）受试产品为首次用于植入人体的医疗器械，应当具有该产品的动物试验报告。

其他需要动物试验确认产品对人体临床试验安全性的产品也应当提交动物试验报告。

二、临床试验受试者的权益保障

1. 临床试验受试原则

（1）受试者自愿参加临床试验。

(2) 有权在临床试验的任何阶段退出。

(3) 医疗器械临床试验负责人或其代委托人向受试者或其代理人详细说明受试者的知情权利、受试者的利益保护等内容。

2. 受试者的知情权利

(1) 受试者充分了解医疗器械临床试验的内容。

(2) 医疗器械临床试验负责人或其委托人应当向受试者详细说明医疗器械临床试验方案，特别是医疗器械临床试验目的、过程和期限，预期受试者可能的受益和可能产生的风险。

(3) 医疗器械临床试验期间医疗机构有义务向受试者提供与该临床试验有关的信息资料。

3. 受试者的利益保护

(1) 医疗器械临床试验不得向受试者收取费用。

(2) 受试者个人资料保密。

(3) 因受试产品原因造成受试者损害，实施者应当给予受试者相应的补偿。有关补偿事宜应当在医疗器械临床试验合同中载明。

(4) 临床试验对受试者必须是利益大于风险。

(5) 如果发现风险有可能超过利益或已经得出阳性结论和有利的结果时应当停止研究。

4. 病人知情同意书

(1) 受试者获得病人知情同意书的基础。

(2) 受试者在充分了解医疗器械临床试验内容基础上，获得病人知情同意书。

(3) 病人知情同意书的内容：①必须向受试者或其代理人详细说明受试者自愿参加临床试验，有权在临床试验的任何阶段退出的受试原则，受试者获得知情的权利，受试者受到利益的保护。②还应当包括医疗器械临床试验负责人签名及签名日期和受试者或其法定代理人的签名及签名日期。

(4) 病人知情同意书的修改：医疗机构在医疗器械临床试验中发现受试产品预期以外的临床影响，必须对《知情同意书》相关内容进行修改，并经受试者或其法定代理人重新签名确认。

三、临床试验方案

1. 临床试验方案制定的目的和意义

临床试验方案是指导参与临床试验所有研究者如何启动和实施临床试验的研

究计划书，也是试验结束后进行资料统计分析的重要依据。医疗器械临床试验方案主要阐明临床试验目的、风险分析、总体设计、试验方法和步骤等内容。医疗器械临床试验在开始前应当制定试验方案，医疗器械临床试验必须按照该试验方案进行。

2. 临床试验方案制定的首要原则

医疗器械临床试验方案应当以最大限度地保障受试者权益、安全健康为首要原则。

3. 临床试验方案制定的格式

医疗器械临床试验方案按规定的格式设计制定。

4. 临床试验方案的制定者

医疗器械临床试验方案由负责临床试验的医疗机构和实施者制定。

5. 临床试验方案的认可

医疗器械临床试验方案报伦理委员会认可后实施。

6. 临床试验方案的修改

认可后的医疗器械临床试验方案若有修改必须经伦理委员会同意。

7. 临床试验方案的备案

下列医疗器械的临床试验方案应当向医疗器械审评机构备案。
(1) 市场上尚未出现的第三类植入体内的医疗器械。
(2) 借用中医理论制成的医疗器械。

8. 临床试验方案制定的要求

医疗器械临床试验方案应当针对具体受试产品的特性，确定临床试验例数、持续时间和临床评价标准，使试验结果既具有临床意义，又具有统计学意义。医疗器械临床验证方案应当证明受试产品与已上市产品的主要结构、性能等要素是否实质性等同，是否具有同样的安全性、有效性。

9. 临床试验方案的内容

(1) 临床试验的题目。
(2) 临床试验的目的、背景和内容。

(3) 床评价主要终点/次要终点，临床评价标准。
(4) 临床试验的风险与受益分析。
(5) 临床试验人员姓名、职务、职称和任职部门。
(6) 总体设计，包括成功或失败的可能分析。
(7) 临床试验持续时间及其确定理由。
(8) 每病种临床试验例数及其确定依据。
(9) 必要时对照组的设计。
(10) 治疗性产品应当有明确的适应证或适用范围。
(11) 临床性能的评价方法和统计分析方法。
(12) 副作用预测及应当采取的措施。
(13) 受试者《知情同意书》。
(14) 各方职责。

10. 临床试验方案的签署

医疗机构与实施者签署双方同意的临床试验方案，并签订临床试验合同。

11. 特殊情况医疗器械临床试验方案的制定

对于特殊情况：①已上市的同类医疗器械出现不良事件；②疗效不明确的医疗器械，国家食品药品监督管理局可制定统一的临床试验方案的规定。开展此类医疗器械的临床试验方案，实施者、医疗机构、临床试验人员应当执行统一的临床试验方案的规定。

12. 临床试验与临床试验方案的关系

医疗器械临床试验必须按照医疗器械临床试验方案进行；医疗器械临床试验应当在两家以上（含两家）医疗机构进行。

四、临床试验的实施

1. 临床试验实施者

医疗器械临床试验的实施者为申请注册该医疗器械产品的单位。

2. 临床试验实施者职责

(1) 依法选择医疗机构。
(2) 向医疗机构提供《医疗器械临床试验须知》。
(3) 与医疗机构共同设计、制定医疗器械临床试验方案，签署双方同意的医疗器械临床试验方案及合同。

(4) 向医疗机构免费提供受试产品。

(5) 对医疗器械临床试验人员进行培训。

(6) 向医疗机构提供真实、可靠的试验数据并担保。

(7) 发生严重副作用应当如实、及时分别向受理该医疗器械注册申请的省、自治区、直辖市（食品）药品监督管理部门和国家食品药品监督管理局报告，同时向伦理委员会及进行该医疗器械临床试验的其他机构通报。

(8) 实施者中止医疗器械临床试验前，应当通知医疗机构、伦理委员会和受理该医疗器械注册申请的省、自治区、直辖市（食品）药品监督管理部门和国家食品药品监督管理局，并说明理由。

(9) 受试产品对受试者造成损害的，实施者应当按医疗器械临床试验合同给予受试者补偿。

3.《医疗器械临床试验须知》

(1) 受试产品原理说明、适应证、功能、预期达到的使用目的、使用要求说明、安装要求说明。

(2) 受试产品的技术指标。

(3) 国务院食品药品监督管理部门会同国务院技术监督部门认可的检测机构出具的受试产品型式试验报告。

(4) 可能产生的风险、推荐的防范及紧急处理方法。

(5) 可能涉及的保密问题。

五、临床试验医疗机构及临床试验人员

1. 临床试验医疗机构及药品临床试验基地

国家食品药品监督管理局发布《国家药品临床研究基地目录》，规定了承担医疗器械临床试验的医疗机构。

2. 临床试验人员的资格和条件

(1) 医疗器械临床试验人员应当具备的资格。负责医疗器械临床试验的医疗机构应当确定主持临床试验的专业技术人员作为临床试验负责人，临床试验负责人应当具备主治医师以上的职称。

(2) 临床试验人员应当具备条件：①具备承担该项临床试验的专业特长、资格和能力；②熟悉实施者所提供的与临床试验有关的资料与文献。

3. 临床试验机构和临床试验人员的职责

（1）应当熟悉实施者所提供的与临床试验有关的资料，并熟悉产品的使用。

（2）与实施者共同设计、制定临床试验方案，双方签署临床试验方案及合同。

（3）如实向受试者说明受试产品的详细情况，临床试验实施前必须给受试者充分的时间考虑是否参加临床试验。

（4）如实记录受试者的副作用及不良事件，并分析原因；发生不良事件及严重副作用时，应当如实、及时分别向伦理委员会和受理该医疗器械注册申请的省、自治区、直辖市（食品）药品监督管理部门和国家食品药品监督管理局报告，发生严重副作用应当在24h内报告。

（5）在发生副作用时，临床试验人员应当及时做出临床判断，采取措施，保护受试者的利益；必要时，伦理委员会有权中止临床试验。

（6）临床试验中止的，应当通知受试者、实施者、伦理委员会和受理该医疗器械注册申请的省、自治区、直辖市（食品）药品监督管理部门和国家食品药品监督管理局，并说明理由。

（7）提出临床试验报告，并对报告的正确性及可靠性负责。

（8）对实施者提供的资料负有保密义务。

六、临床试验报告

1. 临床试验报告的出具

医疗器械临床试验完成后，由承担临床试验的医疗机构负责出具临床试验报告。

2. 临床试验报告的要求

（1）试验的病种、病例总数和病例的性别、年龄、分组分析、对照组的设置（必要时）。

（2）临床试验方法。

（3）所采用的数据管理及统计分析方法。

（4）临床评价方法及标准。

（5）临床试验结果。

（6）临床试验结论。

（7）临床试验中发现的不良事件和副作用及其处理情况。

（8）临床试验效果分析。

(9) 适应证、适用范围、禁忌证和注意事项。

(10) 存在问题及改进意见。

临床试验报告的格式应符合按规定的格式；应由临床试验人员签名并注明日期；由承担临床试验的医疗机构中的临床试验管理部门签署意见、注明日期、签章。

3. 临床试验资料的保存和管理

(1) 医疗器械临床试验资料应当妥善保存和管理。

(2) 医疗机构应当保存临床试验资料至试验终止后五年。

(3) 实施者应当保存临床试验资料至最后生产的产品投入使用后十年。

第四节　医疗器械临床试验中的统计学问题

一、引言

由于医疗器械临床试验是根据研究目的、通过样本来研究医疗器械对疾病及其预后等方面的作用，因此，必须应用统计学原理对医疗器械临床试验的相关因素做出合理的、有效的安排，以便最大限度地控制试验误差，提高试验质量，并对试验结果进行科学合理的分析，在保证试验结果科学、准确、可信的同时，尽可能做到高效、快速和经济。因此，统计学在医疗器械临床试验的全过程中有着不可缺少的重要作用，只有当研究结果既具有临床意义，又具有统计学意义时，该器械才有可能获得批准。

在医疗器械临床试验的全过程（包括试验方案设计、试验实施、数据管理及数据统计分析）中均应贯彻统计学原则。应由具有统计学专业资质的临床试验统计学家（trial statistician）采用国内外公认的、标准的统计学方法和统计分析软件［常规使用的是由美国 SAS 软件有限公司研制并发行的 SAS（Statistics Analysis System）软件］对医疗器械临床试验中数据进行统计分析。

本节将我国医疗器械临床试验现状与 ICH E9 文件、国家食品药品监督管理局《医疗器械试验规定》5 号令以及美国 FDA 有关医疗器械临床试验的现行统计学指导原则相结合，以医疗器械临床试验的基本要求和统计学原理为重点，从统计学角度为医疗器械临床试验过程提供了一个较全面的实施办法，包括对医疗器械临床试验的总体考虑以及试验设计时、试验实施过程中及试验结果分析和报告时的统计学问题，旨在为医疗器械注册申请人和临床试验的研究者在整个医疗器械临床试验中如何进行设计、实施、分析和评价提供指导，以期保证医疗器械临床试验的科学性、严谨性和规范性，并力求符合中国国情，使之具有充分的可操作性。

二、临床试验全过程中需考虑的统计学问题

1. 临床试验全过程

医疗器械临床试验的主要目的是寻找风险/效益比可接受的、使用安全有效的器械，同时还要确定该器械可能受益的特定人群及适应证（美国食品药品监督管理局定义）。为达到以上总体目标，需要设计具有特定目标的临床试验。首先，在试验开始前应由研究者/申办者及临床试验统计学家共同撰写临床试验方案（protocol），该方案包括临床部分和统计学部分。统计学部分应详尽、明确地说明该研究有关的所有统计方面的研究设计（包括研究比较类型、主要疗效评价指标、对照组选择、样本量及其确定依据、研究把握度等）及拟采用的统计分析方法等细节。

为了保证临床试验的质量，申办者应指派有经验的监查员（monitor）对临床试验的全过程进行监控。监查员在研究者和数据管理员之间起着桥梁的作用。

在该临床试验方案得到伦理委员会批准后，即进入具体实施阶段。为了保证数据的可溯源性，对每一临床试验的所有受试者，均应建立原始观察记录（如病历）和一式三联、无碳复写的病例报告表（case report form，CRF）。在试验实施过程中的每次随访后，研究者（investigator）要及时、准确、完整、无误、清晰地填写病例报告表。病例报告表应由监查员送交数据管理员。数据管理员根据病例报告表建立数据库，并保证数据库运行的正确性。

所有统计分析应建立在正确、完整的数据基础上，因此，所有研究数据应采取两遍录入、两遍核对的原则。同时，临床试验统计学家应根据临床试验方案和病例报告表，采用国内外公认的标准统计方法和统计分析软件对数据进行分析，并写出统计分析报告，以便提供给研究者作为撰写临床试验总结报告的依据。

临床试验过程中的所有文件均应妥善保存以备核查。

2. 有效的科学证据

对于某些高风险的医疗器械，有时需要首先进行小样本的探索性试验，或称为预试验。这些试验也应有清晰和明确的研究目标。虽然探索性试验可以为以后的有效性验证试验提供有价值的信息，但不能作为有效的证明器械安全性和有效性的科学依据。医疗器械的有效性和安全性只有通过其后的验证性试验才能得到充分证实。验证性试验是一种事先提出研究假设、并对其进行统计检验的、具有良好对照的（随机）试验。

3. 观察指标

观察指标是指能反映临床试验中器械疗效和安全性的观察项目。统计学中常

将观察指标称为变量（variable）。观察指标必须在研究方案中有明确的定义，不允许随意修改。

（1）主要指标。主要指标又称为主要终点（primary endpoint），是与试验目的有本质联系的、能确切反映器械有效性或安全性的观察指标。通常主要指标只有一个，如果选择多个指标同时作为主要指标时，应在方案设计时考虑控制Ⅰ类错误的方法。主要指标应根据试验目的选择易于量化、客观性强、重复性高，并在相关临床或科研领域得到公认的准则或标准。主要指标必须在临床试验前确定，并将用于临床试验样本量的估计。

（2）次要指标。次要指标也叫次要终点（secondary endpoint），是指与试验目的相关的、用于支持研究假设的辅助指标，也需在试验方案中对其明确定义，并对这些指标在解释试验结果时的作用以及相对重要性加以说明。次要指标数目也应当是有限的，并且能回答与试验目的相关的问题。

（3）联合指标。联合指标也叫联合终点（combined endpoint），当难以确定单一的主要指标时，可将多个指标组合构成一个联合指标。如冠脉支架临床试验中经常采用的"主要心血管事件（MACE）"就是一个联合指标，该指标可以是血管再狭窄、死亡、靶血管再造等指标的联合。联合指标被用作主要指标时，组成这个联合指标的某单个指标如果有临床意义，也可以在分析联合指标的同时对其单独进行分析。

4. 偏倚的控制

偏倚又称偏性（bias），指在临床试验方案设计、实施及统计分析评价结果时，有关影响因素所致的系统误差，使得器械疗效或安全性的评价偏离真值。偏倚干扰临床试验得出正确的结论，在临床试验的全过程中均须防范其发生。随机化和盲法是控制偏倚的重要措施。

（1）随机化（randomization）。在临床试验过程中，将某一器械分配给病人时，应将选择偏倚降到最小，否则将不能公正的评价疗效。例如，将轻病人分到试验器械组，而将重病人分到对照器械组，那么试验结束后就会出现由于试验组病人基线病情轻而导致的试验组疗效优于对照组疗效的假象。

因此，在试验设计时必须采取适当的措施，使得各组对主要指标有影响的因素间的不平衡达到最小。随机过程能保证将病人分到治疗或对照组的机会均等。如果试验样本足够大，且具有有限的比较组，则随机将可以防止由于研究者有意或无意识的行为导致的组间不可比。

多中心随机临床试验中，应采用中心随机的方法，即保证各研究中心内的治疗组与对照组是均衡可比的。随机分配表应由统计学专业人员使用国内外公认的统计分析软件产生，且应具有可重现性。随机分配表是用文件形式写出的对受试者的处理安排，即处理的顺序表。首先，对试验器械进行编码（如 01、02、A、B 等），‘01’既可以表示‘治疗器械’也可以表示‘对照器械’，然后，根据受试者入组的先后顺序，严格按照随机分配表上所标志的试验用器械进行入组，不得随意变动入组顺序，否则会破坏随机效果。

医疗器械临床试验由于伦理和/或可行性等原因，经常无法进行随机分组，此时可考虑进行非随机的临床试验。当统计分析发现基线变量组间不均衡时，可采用调整中心和基线效应的协方差分析法，或采用目前国际流行的趋势性评分法(propensity score)。

（2）盲法（blind）。临床试验中可能出现的三个更严重的偏倚为研究者偏倚、评价偏倚及安慰剂效应。当一个研究者有意识地或潜意识地喜欢某一组时，就会出现研究者偏倚。例如，如果研究者知道那一组是治疗组，他/她就有可能会更频繁地关照治疗组，从而有选择性地入选治疗组的病人，以至于两组基线变量间显著的不均衡，这种差异将严重地影响临床试验的结果/终点。

可评价偏倚可以是研究者偏性中的一种，在这种偏性中，疗效评价人员可以有意或无意地掩盖某一组的弱点，而照顾另一组。在主观性研究或生活质量研究中，其研究终点就非常容易受这种偏性的影响。

当病人处于一个非活性治疗模式、但他/她相信自己正在进行有效的治疗、并随后显示或报告疾病/症状有所改善时，安慰剂效应就出现了，这种偏倚为安慰剂效应。

为了在临床试验的过程中防范上述潜在的偏性，必须使用盲法。临床试验的盲法根据设盲的程度不同分为双盲、单盲和非盲（开放）。所需要的设盲程度取决于潜在偏性的强度和严重性。单盲设计使病人不知道自己进入的是治疗组还是对照组；双盲设计使病人和研究者都不知道哪一组是治疗组。如条件许可，应尽可能采用双盲试验，尤其在试验的主要变量易受主观因素干扰时。如果双盲不可行，则应优先考虑单盲试验。

医疗器械临床试验由于伦理、可操作性或器械的特殊性，经常无法进行盲法试验，此时可考虑进行非盲的临床试验。但是，无论是单盲或非盲的临床试验，均应制定相应的控制试验偏倚的措施，使可能的偏倚达到最小。例如，主要疗效指标应尽可能客观、尽可能设置对照组、尽量采用中心随机法入选受试者，参与疗效与安全性评价的人员在试验过程中尽量处于盲态，或采用第三方评价的方法等。

三、临床试验设计过程中所考虑的统计学问题

临床试验是在人体进行的伦理学试验，因此需要患者签署知情同意书（informed consent form）和独立的伦理委员会（Independent Ethical Committee,

IEC）的批准。上述情况要求在临床试验设计和实施时仔细考虑。

1. 试验目的

试验目的即所要研究的问题，如该器械是否和其他器械一样有效还是更有效？

可以看出，要回答上述问题不仅需要明确的研究目的，而且还要求申办者考虑一系列的其他问题，如恰当的终点或结局变量、对照人群的选择、统计假设类型以及其他一些问题等。

以上这些问题必须写入研究方案中，因为我们必须事先决定是否能通过一个设计很好的临床试验来解决我们所要解决的问题。即能否通过收集、分析和解释从临床试验中得到的数据来获得对所研究问题的准确的、客观的答案。

2. 预试验或可行性研究

如果申办者因为对器械在人群中的应用缺乏足够的经验而不能回答临床试验的关键问题，那么申办者应设计一个小样本的人体试验来收集基本信息。这个小样本试验（通常称为预试验或可行性研究）的目的是确定器械可能的用途、探查潜在的研究变量、检测试验流程以及决定潜在的结果变量的精确度，还可对可能导致偏倚的因素进行有限的评价。

然而，需要长期终点的临床试验，通常不进行预试验。

3. 标志和选择变量

临床研究的观察中包含两种类型的变量，即结局变量和影响变量。

（1）结局变量定义并回答研究问题，并且应对器械的应用有直接影响。这些变量应该能被直接观察、客观测量的，以便把偏倚和误差降到最低。

（2）影响变量（如基线变量、诊断因素、混杂因素或自变量）是可以影响结局变量（使之增高或降低），或者对治疗和结局之间的关系产生影响的变量。影响变量基线水平在治疗和对照组间的不均衡可能导致错误的结论，这是由于将结局变量观察的效果不恰当的归功于治疗所造成的。

例如，血压通常随着年龄增长而升高。如治疗组中的个体显著地年轻，与对照组相比有较低的平均血压水平，则当用血压作为结局变量来对两组进行比较时，研究者可能得出“治疗是使血压水平下降的原因”的错误结论。其实在试验开始前两组间血压的基线水平就已经存在显著的差异了。

在临床试验设计的过程中，应努力寻找那些可能对结局产生影响的变量。如果试验设计时考虑了这些已知的或可疑的影响变量，申办者就最大限度地降低了在研究结束时得到虚假结论的可能性。

一旦研究中包含的变量或因素已经被确定时，测量方法的选择就变得非常关键了。应采用最能提供信息和尽量客观的方法。定量指标是人群物理特征的度量（如身高、体重等）。定性或分类指标是人群不同状态的度量（如生存或死亡、健康或患病、肿瘤分级等等）。

定量数据比定性数据包含更多的信息，并且通常可用更强有力的统计分析方法对定量数据进行分析。然而，某些情况下，定性指标是最恰当的，或是唯一的可比较信息，有很多强有力的非参数方法可用于这种类型变量的分析。例如，生活质量的评价经常用这些类型的定性分析方法。

4. 研究人群

研究人群是应用医疗器械的目标人群的一个子集。应在试验前由精通本器械研究领域的临床专家用严格、明确的入选/排除标准定义研究人群的特征，以便确定医疗器械的用途。

可以将研究人群定义得小一点，以便组成人群的个体具有同质性。由于同质组中变量的变异度通常比异质组低，在所有其他重要因素不变的情况下，将显著的降低要观察出两组间有显著差异时所需要的样本量。但是，它的缺点是由较窄范围的人群研究所得出的结论较难推广到一般人群。因此，当临床试验开始前，申办者应与研究者讨论如何定义研究人群。

5. 对照类型

(1) 平行对照。平行组设计是最常用的临床试验设计类型，可为试验器械设置一个或多个对照组，也可按照试验器械的若干种治疗强度/方法设立对照组。对照器械的选择应符合试验方案的要求。对照组可分为阳性或阴性对照。阳性对照一般采用适用于所选适应证的、当前临床广泛使用的、公认的有效器械；阴性对照一般采用没有经临床证实疗效的安慰器械，但必须符合伦理学要求。

(2) 交叉对照。交叉设计常用于比较同一器械的两种或多种不同治疗强度/方法的临床疗效。交叉设计应尽量避免受试者的失访。

交叉设计是按照事先设计好的试验次序，在各个时期对受试者逐一实施各种处理，以比较各处理组间的差异。交叉设计是将自身比较和组间比较设计思路综合应用的一种设计方法，可以很好地控制个体间的差异，同时减少受试者人数。

但是，实施交叉设计比实施平行设计更复杂，因此需要更密切地监查。每个试验阶段的治疗对后一阶段的作用称为延滞效应。采用交叉设计时应避免延滞效应，即在每一试验阶段后需要安排足够长的洗脱期或有效的洗脱手段，以消除前一阶段的延滞效应。

最简单的交叉设计是 2×2 交叉，对每个受试者安排两个试验阶段，分别接受两种器械治疗，而每个受试者第一阶段接受何种器械治疗是随机确定的，第二阶段必须接受与第一阶段不同的另一种试验用器械。每个受试者均需经历如下几个试验过程，即准备阶段、第一试验阶段、洗脱期和第二试验阶段。在两个试验阶段分别观察两种试验器械的疗效和安全性。

（3）历史对照。可用于医疗器械临床试验的第三种对照是历史对照。当对照组由一组与试验器械组患者具有相同疾病、非同时进行同类器械治疗的患者组成时，该对照组即为历史对照。文献对照也属于历史对照的一种。

申办者选择历史对照的原因通常为了节约经费、缩短临床试验实施时间、或难以进行平行对照试验。但是，历史对照是最难保证研究人群具有可比性的，尤其当研究人群与对照人群存在严重差异时，如研究时间不同所导致的研究者及病人的各种人群特征的不同（如研究者的治疗水平不同、病人人群的营养状况、社会经济状况不同等）、研究地点严重不同、人种不同等，此时很可能将组间疗效的差异错误的归因于研究器械的效果。

因此，对于同类产品已上市的研究器械，应尽量采用与同类产品比较的平行对照。即使由于可行性的原因、只能采用历史对照时，也应尽量采用有每一个体原始资料的历史对照（如某公司第一代产品上市注册临床试验病人资料等），而不应仅仅与文献报道的研究结果作对照，以避免文章的出版偏性及研究结果的不可比。

6. 多中心临床试验

多中心试验指由多个单位的研究者合作，按照同一个试验方案同时进行的临床试验。通常情况下多中心试验的每个研究单位由一名研究者负责。多中心试验可以在较短的时间内搜集到所需要的病例数，且搜集的病例范围广、有代表性，使得临床试验的结果更具代表性。

由于是多中心试验，因此统计分析时要将各中心收集到的数据合并，以便达到试验设计时所需要的样本量。因此，研究中心和研究者的选择在临床试验中是非常重要的。选择的中心必须有适用于被试器械的充足病人数，且各中心试验组和对照组的病例数的比例应与总样本的比例相同，以保证各中心的可比性。每一个中心必须具备研究方案中所描述的用于治疗病人的设施和手段，并且必须有具有相应研究资质的人员来具体实施该项临床试验。

每个中心的主要研究者（PI）必须能够将合格的病人入选到试验中来，并且必须遵从研究方案。有些研究者也许过高地估计他们入选和治疗受试者的能力，因此建议申办者对备选的各中心状况及其近期门诊/住院病人记录进行审查。如果研究者连续违背方案，则统计分析时该中心数据不能用于器械的安全性及有效性评价。

7. 比较类型

临床试验中比较的类型，按统计学中的假设检验可分为优效性检验、等效性检验和非劣效性检验。选择何种比较类型，应从临床实际应用角度出发考虑，并在制定研究方案时确定下来。

优效性检验的目的是显示试验器械的疗效/性能/安全性优于对照器械。等效性检验的目的是确认两种或多种器械的疗效/性能/安全性差别大小在临床上并无重要意义，即试验器械与对照器械在疗效/性能/安全性上相当。而非劣效性检验的目的是显示试验器械的疗效/性能/安全性在临床上不劣于对照器械。

在等效性和非劣效性试验设计中，对照器械的选择要非常慎重。所选择的对照器械应是目前正在临床广泛使用的、对相应适应证的疗效已被证实的医疗器械。

在进行等效性或非劣效性试验设计时，需预先确定一个等效界值（上限和下限）或非劣效界值（下限），该界值不应超过临床上能接受的最大允许差别范围。等效或非劣效界值应由主要研究者从临床角度决定，而不应由生物统计专业人员决定。

优效性试验通常是将研究器械与没有确切临床疗效的安慰器械进行比较，但是，在大多数医疗器械临床试验中，由于伦理道德原因，通常很难对受试者使用没有确切临床疗效的安慰器械，而代之以具有明确临床疗效的、目前正在临床广泛使用的阳性器械作为对照器械。因此，如果要说明试验器械的疗效/性能/安全性不低于阳性对照器械时，多倾向于进行非劣效性试验。

常用可信区间法对等效性或非劣效性假设进行统计学显著性检验。等效性检验采用双侧可信区间，当治疗与对照组间疗效差值的95%可信区间完全落在等效界值之内时，推断为在5%显著性水平上等效；而非劣效性检验则采用单侧可信区间，如治疗与对照组间疗效差值的95%可信区间的下界大于非劣效界值的下限，则推断为非劣效。优效性检验也采用单侧可信区间，只不过是与零比较，若治疗与对照组间疗效差值的95%可信区间的下界大于零，则推断为优效。

8. 样本量和检验效能

临床试验的目的是在目标人群的样本中收集有关医疗器械安全性和有效性的证据，然后用统计分析将试验结论推广到真实世界中与试验人群具有相同特征的全部人群。因此，必须选择有代表性的样本进行临床试验，才能保证得到科学、有效的结论。

通常，为了评价试验器械的有效性和安全性，应分别基于主要疗效评价指标或安全性评价指标计算样本量，取其大者作为临床试验样本量。但是，基于安全性评价指标计算得出的样本量往往很大，基于目前国内厂家实力，临床试验难以实施。因此，目前国内医疗器械临床试验的样本量计算往往仅仅基于主要疗效评价指标。

样本量计算时首先应基于研究目的建立研究假设。研究假设分为零假设（或无效假设）和备择假设。

例如，如果研究问题是“对于某个疾病，用试验器械治疗后，试验器械组疗效优于对照组吗”？针对该问题的两个假设是：

(1) 零假设 H0。治疗组疗效不如对照组疗效。

(2) 备择假设 H1。治疗组疗效优于对照组疗效。

我们的目的就是要否定零假设，接受备择假设，即治疗组疗效优于对照组疗效，并将从样本得出的结论推断到总体。

在上述统计推断过程中，可能会犯两类决策错误。如果样本显示器械治疗组的疗效优于对照组疗效（即拒绝零假设，接受备择假设），而临床实践中并没有发现两组疗效有差异时，就犯了 I 类错误（也称为 α 错误或假阳性错误）。另一方面，如果样本显示两组间疗效无差异（即没有足够证据否定零假设），而临床实践中，器械组疗效确实优于对照组时，就犯了 II 类错误（也称为 β 错误或假阴性错误）。我们通常将 α 叫做显著性水平，把 1-β 定义为检验效能，或把握度。

一般而言，临床试验中对 I 类错误 α 和 II 类错误 β 的大小是有明确规定的。通常情况下，α 不得超过 5%（0.05），β 应不大于 20%（把握度不得低于 80%）。其实际意义为：在将由试验样本得出的结论推断到总体时，结论出错的可能性不超过 5%，同时有 80%的把握得出与临床试验完全相同的结论，也就是说，如果治疗组与对照组间确实存在疗效差异的话，那么就有 80%的把握能够将此种差异检测出来。

在用于假设检验的样本量计算中不但要用到上述两个错误概率（α 和 β），还应考虑检验的类型（优效、非劣效或等效），进行非劣效或等效试验时必须指明有临床意义的治疗组与对照组间疗效的差值，即：由临床专家确定的具有显著临床意义的结果变量间的差别。通常样本量计算公式包含处于分子位置的对治疗组和对照组变异度的估计，和处于分母位置的对治疗组与对照组真实疗效差异的估计。因此，对于一个待研究的结果变量，当组间差异一定时，结果变量的变异度越大，所需要的样本量也就越大；类似地，当结果变量的变异度一定时，要检测的临床差异越小，所需要的样本量就越大。

进行非劣效研究设计时，为了保证研究的把握度，有时也采用双侧检验界值进行样本量计算。

总而言之，样本的大小通常按照受试产品具体的特性、主要疗效评价指标及其参数来确定。应将样本量及其计算依据写在临床试验方案中。一般来说，进行样本量计算时，统计量值应参照对照组已公开发表的国内外文献资料、国际标准、行业标准、部标或待测产品预试验的结果来估算。

样本量的具体计算方法见附录三。

四、临床试验实施过程中需考虑的统计学问题

如果设计了一个详细周密的研究方案，包括对试验设计的完整描述、相应的方法学以及预期的分析方法，那么实施试验就变得容易得多了。然而，临床试验中经常会发生一些事先无法预料的问题，所以非常有必要制定针对偶然事件的计划，并且要保证能够迅速地执行这些计划。

制定应对偶然事件的计划应该非常谨慎，并且应保证研究设计的完整性。任何对方案的修改都可能降低设计的效率。然而，任何的临床试验实施时都不太可能刚好同先前的设计完全一致。因此，预先估计一些可能发生的问题并制定相应的计划，以便在发生时进行解决是非常明智的。

1. 试验监查

实施临床试验过程中，主要关注点为：确保研究对象入选、干预的分配、在方案中规定的时间测量相关变量，以及数据记录的准确性与完整性等。由于临床试验一般在多个研究中心进行，而且每个研究中心都有一个或多个研究者参加。如果一个或多个研究者认为有必要对方案进行修改，且该试验没有被密切监查，那么每个研究中心或每个研究者就有可能按照他/她自己的方式对方案进行修改。这样就可能导致有多少个研究中心或有多少名研究人员，就有多少种截然不同的方案修改版，这将危害到对整个试验结果的汇总。因此，为了保证临床试验的完整性，临床试验的申办者应以极其严谨的态度密切监查试验的实施过程，最好能任命专职的试验监查员。其主要职责是保证方案的顺从性，即每个中心的每个研究者均按照统一的方案实施试验。在发现方案中存在缺陷时及时向申办者汇报，以确保所有中心和研究者在适当的时间对方案进行相同的修改。

2. 试验器械

试验器械的分配和应用都必须严格按照方案来进行。每一过程都必须有一个预先安排好的标准操作规程（standard operating procedure，SOP），治疗组和对照组除了使用的器械不同以外，其他的操作规程应尽可能一样。

3. 随访

治疗后的随访不是简单的安排时间约见受试者，应该有一个合理的安排以确保随访的受试者有较好的依从性。因为即使各组间在随访过程中仅存在中等程度

的偏差，也可能导致结果产生巨大的偏倚。

随访有两个重要特征，即完整性和随访期。完整性的定义为入选试验的受试者完成全部随访的比例。这个比例应尽可能地接近100%，因为统计效能会随患者的失访而降低。随访比例小于80%的试验通常被认为是质量很差的试验，且这些试验通常被认为是不完整的。同样重要的是各组及各研究中心间的随访比例应是相似的。不完整的随访是分析中主要考虑的问题。试验必须要有可行的程序来追踪失访者，因为这些患者也许可以为临床试验提供更加重要的信息，特别是如果他们是因为不良事件而失访的。

随访期指治疗后受试者被观察至被评估之间的时期。随访期的长短必须与安全性及有效性的要求一致，即，它必须大于或等于被试产品发挥效力的时间，同时，随访期必须足够长，以便能够精确地估计已知的或可疑的不良事件发生率。各组间和各研究中心间的随访期也应该相同。

4. 数据的收集和确认

获得和确认试验中所有测量变量的准确性的方法必须在试验开始前准备好，并要监督它的执行情况。每个研究点必须有足够的具有相关技术的人员以确保获得有效的数据。要特别注意每一细节，因为不可能回顾性地评价未在规定时间内取得的数据或不具有一定精度的数据。

这些方法必须包括数据测量、记录、转成电子媒介及确认的质控技术等。试验前应在研究方案中对试验中观察的每一变量、条件或特征给予明确的定义。研究者应完全理解所有的定义术语，而且必须确保各研究者及各研究中心间的一致性。

试验术语的一致性是非常重要的，它能保证与文献中的其他试验、研究或与历史对照相比时具有可比性。

临床试验数据的收集和传送，可采用多种形式，目前较为常用的形式为病例报告表（case report form，CRF）。为了保证CRF数据的可溯源性、方便数据监查、错误更正、补遗等，最好能采用一式三联、无碳复写的病例报告表，试验结束后，将原件送到数据管理和统计分析机构，其余两份复印件分别由研究者和申办者各执一份，以便在试验监查及数据管理发现错误时对CRF进行及时、有效地修改和更正。对于研究时间很长、随访次数很多的临床试验，为了早日发现临床试验实施及CRF填写中的问题、缩短数据管理和统计分析时间，可以采取每完成一次随访送一次CRF到数据管理和统计分析机构的做法。只有在试验的全过程中进行了严格的质量控制，才能保证建立高质量数据库、完成试验计划并达到最初的试验目的。

5. 期中分析

期中分析是指正式完成临床试验前，按事先制定的分析计划，比较处理组间的有效性和安全性所做的分析，对于某些高风险或疗效差别很大的器械临床试验，为了保护受试者，期中分析尤为重要，以便尽早告知研究者是否继续进行试验。由于期中分析的结果会对后续试验的结果产生影响，因此，应严格控制临床试验的期中分析次数。

应在试验开始前事先制定期中分析计划，并在试验方案中具体阐明期中分析的日程、安排等。否则，任何设计不良的期中分析都可能使试验结果有误、所得结论缺乏科学性和可靠性。因此应避免进行没有经过科学设计的期中分析。如进行了计划外的期中分析，在临床研究报告中应解释其必要性，并提供可能导致的偏倚的严重程度以及对结果解释的影响。最后，期中分析应由专业的临床试验统计学家进行，直接参与临床试验的人员不得参加。

6. 研究方案的修改

试验方案一经确定并经伦理委员会批准后，其研究方案一般情况下不宜更改，但在以下两种情况下可以考虑修改。

(1) 在试验实施过程中，如发现按原入选/排除标准难以选到合格的病例时，需分析原因并采取相应措施，在尽可能不影响研究科学性的条件下修改原入选/排除标准。

(2) 当原设计的样本量是在不确切信息的假设条件下估计的，而期中分析结果表明指标的估计与期望值不符时，应修改假设条件，并重新计算样本量。

对试验方案的任何修改都应在修订方案中写明，并需重新得到伦理委员会的批准。

五、数据管理

数据的正确性和准确性对保证临床试验的质量极为重要，因此必须十分重视。应认真进行数据管理，以保证试验数据的正确。

研究者应根据受试者的原始观察记录，将数据准确、完整、清晰、及时地载入病例报告表。原则上，完成的病例报告表中不得有缺、漏项。

监查员必须监查试验的进行是否遵循试验方案（如检查有无不符合入选/排除标准的病例等），确认所有病例报告表填写正确完整，并与原始资料一致（数据的可溯源性），如有错误和遗漏，应及时要求研究者改正。修改时需保持原有记录清晰可见，改正处需经修改者签名并注明修改日期。

对于已完成的、经过监查员检查确认准确无误的病例报告表，应及时由监查员将一式三联、无碳复写的病例报告表中的首联撕下送交临床试验数据管理和统计分析中心进行数据管理，以便将文字信息转化为电子信息。完成的病例报告表在研究者、监查员、数据管理员之间的传送应有专门的记录并妥善保存。根据病例报告表要求，在第一份病例报告表送达数据管理和统计分析中心以前，数据管理员应建立数据库，并在第一份 CRF 送达数据管理中心后对数据库进行调试，以保证数据库运行的正确和安全性。

数据管理员还应对每一份病例报告表进行初步审核（目视核查）。初步审核通过后，由两名计算机数据录入人员分别独立地将病例报告表输入数据库中（两遍录入），并用软件对两遍录入的结果进行比较（两遍比较）。如果两个数据库中数据不一致，需对照原始病例报告表查出原因，加以改正。

数据库中数据通过录入错误核查后，数据管理员还需编写计算机程序，对病例报告表中各指标的数值范围及其相互间关系，进行范围和逻辑检查。

一旦发现源于病例报告表的任何错误，均要填写质疑表（query form），并及时通知监查员，通过监查员将质疑表转交研究者进行核实，并要求研究者在质疑表上做出书面回答。数据管理员根据监查员交回的已经核实的结果对数据库中数据进行修改。所有质疑表及相关文件应有详细书面记录并妥善保存。

最后，要再次对数据库中指标（特别是主要疗效评价指标）进行人工抽样检查，并与病例报告表进行逐项核对。要求：主要疗效指标 100%正确，其余指标错误率小于 3%。

当所建立的数据库准确无误后，应由主要研究者、申办者、专业的临床试验统计学人员及相关人员对数据库进行确认后锁定。此后，对数据库所作的任何改动只有在上述几方人员同意（以书面形式）的情况下才能进行。数据库锁定后需妥善保存备查，同时将数据库交给专业的临床试验统计学人员进行统计分析。

六、临床试验统计分析过程中应注意问题

当临床试验到达统计分析阶段时，除非在试验中发生了出乎预料的偏倚，否则应该预先在研究方案中把统计分析方法确定下来。大多数情况下，在试验实施过程中引入的任何大的偏倚，都无法通过统计分析的调整过程对其进行满意的调整。

1. 统计分析数据集

用于统计的分析集需在试验方案的统计部分中明确定义，并在盲态审核时确认每位受试者所属的分析集。在定义分析数据集时，需遵循以下两个原则：①使偏倚达到最小；②控制 I 类错误的增加。

根据意向性分析（intention to treat，ITT）的基本原则，所有随机的受试

者均应进入统计分析。即：完整地随访所有随机对象的研究结果。但临床试验的实际操作中往往难以达到。因此，常采用如下分析集进行统计分析。

全分析集（full analysis set，FAS）是指尽可能接近按意向性分析原则的受试者集。该数据集包括所有随机、且完成了至少一次研究治疗、具有至少一次疗效评价的受试者。在选择全分析集进行统计分析时，对主要疗效指标发生缺失时的估计，可利用最接近的一次观察值进行结转（last observation carry forward，LOCF 法）。

符合方案集（per protocol set，PPS），亦称为“可评价病例”样本。它是全分析集的一个子集，该数据集中的受试者应完成全部试验，并且其主要疗效指标没有严重违背研究方案。将受试者排除在符合方案集之外的理由应在临床研究报告中写明。

对器械进行有效性评价时，应同时采用全分析集和符合方案集进行统计分析。当以上两个数据集的统计分析结论一致时，可以增强试验结果的可信度。否则，应对其结果的不一致性进行详细的讨论和解释。如果从符合方案集中排除受试者的比例太大，则对试验的总有效性会产生疑问。

意向性分析或全分析集分析所得到的结果较保守，但更能反映日常临床实践中的实际情况。符合方案集分析所得到的结果可以显示试验器械按规定的方案使用的效果，但可能高估该器械在以后临床实践中的疗效。

安全性评价数据集（safety set，SS）包括所有随机化后至少接受一次治疗的受试者。

2. 缺失值（missing value）及离群值（outline）

缺失值是临床试验中的一个潜在的偏倚来源，因此，病例报告表中原则上不应有缺项，尤其是重要指标（如主要的疗效和安全性评价指标）必须填写清楚。对病例报告表中的基本数据，如性别、出生日期、入组日期和各种观察日期等不得缺失。试验中观察的阴性结果、测得的结果为零和未能测出者，均应有相应的符号表示，不能空缺，以便与缺失值相区分。

离群值问题的处理，应当从医学和统计学两方面去判断，尤其应当从医学专业知识判断。如果试验方案中未预先指定处理方法，则应在实际资料分析时，进行包括和不包括离群值的两种结果比较，研究它们是否造成结果的不一致以及产生不一致的原因等。

3. 数据转换

数据变换是为了确保资料满足统计分析方法所基于的假设，变换方法的选择原则应是国内外公认的、常用的。一些特定变量的常用变换方法已在某些特定的临床领域得到成功地应用。

统计分析之前对关键变量是否要进行变换，最好根据以前的研究中类似资料的性质，在试验设计时就做出决定。需在临床试验方案中说明拟采用的变换（如对数、平方根等）及其原理。

4. 统计分析方法

临床试验中数据分析所采用的统计分析方法和统计分析软件应是国内外公认的，统计分析应建立在正确、完整的数据基础上，应根据研究目的、试验方案和观察指标选择正确的统计分析方法。一般可概括为以下几方面。

（1）描述性统计分析。一般多用于人口统计学资料、基线资料和安全性资料，包括对主要指标和次要指标的统计描述。

（2）验证假设。对统计检验中要用到的分布和方差假设进行验证是非常重要的。只有当所有假设被验证时，此种统计检验才能被应用。例如，假设某指标服从正态分布，那么应对该指标数据用适当的统计方法进行检验，以保证数据没有显著地偏离正态分布。否则，就要使用其他的更恰当的统计检验方法，比如非参数方法等。

评价诊断因素在各研究中心以及各对照组间是否均衡也是非常必要的。任何观测到的不平衡都必须进行校正，以保证最终进行比较的样本组间具有可比性。如果需要调整的变量数不多，并且要调整的变量与因变量高度相关，那么协方差分析将是一种非常有效的调整工具。但是，如果需要调整的变量数很多，要想把所有的变量都调整得很好，将是一件很困难的事情。因此，应该非常严谨地设计和实施临床试验，正如希尔所说："如果考虑不周详，怀着各种侥幸心理开始临床试验，寄希望于最终的统计分析可以解决各种问题，这种做法必将导致灾难性的结果。"

（3）参数估计、可信区间与假设检验。参数估计、可信区间和假设检验是对主要指标及次要指标进行评价和估计的必不可少的手段。基本上，所有的比较分析都要进行假设检验。统计分析报告中应明确地陈述要检验的假设、待估计的、选择的统计检验方法以及所涉及的统计模型等。主要疗效评价指标的估计应同时给出可信区间，并说明计算方法。假设检验应明确说明所采用的是单侧还是双侧，如果采用单侧检验，应说明理由。

（4）数据合并。多中心临床试验统计分析时必须将各个分中心的数据进行合并以达到试验设计时的样本量和检验效能（把握度）。合并前必须检查各个诊断因素之间是否均衡，当某个分中心数据显著地偏离其他中心数据的时候，申办者必须查看该中心所有的相关结果，并向审评单位报告这些情况，以探究为何该中心会出现与众不同的结果。

(5) 协方差分析。除器械本身的作用以外，常常还有其他一些因素可能影响器械的有效性评价，如受试者入组时的基线情况、不同分中心间的差异（中心效应）等。这些因素在统计分析时可作为协变量处理。在试验前应尽可能地标志可能对主要疗效指标有重要影响的协变量，以便在统计分析时采用恰当的分析方法，以提高估计的精度，补偿组间由于协变量不均衡所产生的影响。

(6) 安全性评价。安全性评价是医疗器械临床试验中非常重要的一个方面。为了说明在安全性方面与其他器械比较的优效性或非劣效性，可设计确证性试验，这与相应的有效性评价的要求是相同的。

用于评价器械安全性的方法以及度量准则依赖于动物研究和临床前研究的信息、器械使用方法、受试者类型以及试验的持续时间等。而安全性评价的主要内容为：临床不良事件（无论判定是否为试验器械所致，凡是出现在用试验器械期间的机体结构（体征）、功能（症状）或化学成分（实验室结果）的不良变化均为不良事件）、不良反应/副作用（与试验器械相关的不良事件）、实验室检查（包括临床化学、血液学）及生命指征等。对于试验时间较长、有较大退出治疗比例或死亡比例时，需用生存分析计算累计不良事件发生率。

从受试者中收集的安全性变量应尽可能全面，包括受试者出现的所有不良事件的类型、发生时间、严重程度、处理措施、持续时间及是否认为与试验器械有关等。

所有的安全性评价指标在评价中都需十分重视，其主要分析方法需在研究方案中指明。所有的不良事件均需报告，无论是否认为与试验器械有关。在评价中，研究人群的所有可用资料均需说明。实验室应提供检查指标的度量单位以及正常参考范围等。

由于器械临床试验的特殊性和可行性问题，在大多数器械临床试验中，样本量的计算并没有按照安全性评价指标进行计算，因此，器械的安全性评价通常采用描述性统计分析方法进行。

七、统计分析报告

临床试验结束后，为了给研究者撰写临床试验总结报告提供依据，应将收集临床试验数据的病例报告表送交专业的数据管理和统计分析机构，以便对研究结果进行统计分析。专业的数据管理和统计分析机构除对各分中心数据进行统计分析外（药监局 5 号令要求），还应将所有各中心的数据合并在一起进行统计分析，并写出总结统计分析报告。统计分析报告中主要包括描述统计分析结果的表格和图形。

对器械进行有效性评价时，应给出每个观察时间点（随访点）的描述性统计分析结果。列出检验统计量、P 值。例如，两治疗组 t 检验结果中应包含每组人数、均值、标准差、中位数、最小值、最大值、两组比较的 t 值和 P 值。对于多中心临床试验，疗效评价时应调整中心效应和基线效应（如果基线变量组间不均衡）。

器械的安全性评价，主要以描述性统计分析为主，包括使用器械情况（使用器械持续时间等）、不良事件发生率及不良事件的具体描述（包括不良事件的类型、严重程度、发生及持续时间、与试验器械的关系等）；试验前后实验室化验值的变化情况，特别是试验前正常、试验后异常且有临床意义的情况；异常改变及其与试验用器械的关系及随访结果等。必要时可进行组间差异的显著性检验。

附录三　医疗器械临床试验样本量计算公式

一、定性指标（适用于治疗组与对照组样本量比为 1∶1 的情况）

需要预先指定的参数如下。

P_T：试验组率。

P_C：对照组率（单组试验时，P_C 为某一事先设定的目标值）。

Δ：有临床意义的差值，即如果两组率的差别不超过 Δ 时，这种差别是没有临床意义的（优效性试验/单组试验时，Δ 为 0）。

α：第 I 类错误。

β：第 II 类错误。

则每组样本量为

$$n=\frac{(Z_{1-\alpha}+Z_{1-\beta})^2[P_C(1-P_C)+P_T(1-P_T)]}{[\Delta-(P_T-P_C)]^2}\text{（优效 / 非劣效性 / 单组试验）}$$

$$n=\frac{(Z_{1-\alpha}+Z_{1-\beta/2})^2[P_C(1-P_C)+P_T(1-P_T)]}{[\Delta-(P_T-P_C)]^2}\text{（等效性试验）}$$

式中，$Z_{1-\alpha}$、$Z_{1-\beta}$为标准正态分布的分位点，可由统计书籍中查到。也可从下面给出的附表 3-1中，直接查出$(Z_{1-\alpha/2}+Z_{1-\beta})^2$的近似值。

设 $f(\alpha,\beta)=(Z_{1-\alpha/2}+Z_{1-\beta})^2$，由于优效/非劣效性检验是单侧检验，所以要查$(Z_{1-\alpha}+Z_{1-\beta})^2$的数值时，只要以 2α 的数值代替表中的 α 值查表即可。如 α=0.05，β=0.20，则以表中 α=0.10，β=0.20 查得 $f(\alpha,\beta)=6.2$，即：$(Z_{1-\alpha}+Z_{1-\beta})^2=6.2$。

附表 3-1　f（α，β）值表

第 I 类错误概率		β（第 II 类错误概率）			
		0.05	0.1	0.2	0.5
α	0.10	10.8	8.6	6.2	2.7
	0.05	13.0	10.5	7.9	3.8
	0.02	15.8	13.0	10.0	5.4
	0.01	17.8	14.9	11.7	6.6

［例］ 在心脏换瓣临床试验中，假设对照瓣膜 9 个月血栓栓塞发生率为 10%，希望被试瓣膜 9 个月血栓栓塞发生率降至 2%，则：在显著性检验水平 α 为 0.05、把握度（1－β）为 80%时需要多大样本可证明被试瓣膜优于对照瓣膜？

［解］ 两组事件发生率之差为：0.10－0.02＝0.08，由于是优效性检验，所以 Δ 为 0。

查表：α＝0.05，β＝0.20 时，可查表中 α＝0.1，β＝0.20 所对应的 $f(\alpha,\beta)$值，得 $f(\alpha,\beta)=6.2$，因此：

$$n=\frac{[0.02\times(1-0.02)+0.10\times(1-0.10)]\times 6.2}{0.08^2}=106.8$$

则每组大约需要 107 例受试者。

［例］ 某对照器械造影成功率为 96.9%，临床认为当两器械成功率在 8%以内时可认为两器械成功率无差异（即：非劣效界值为 8%）。则当显著性水平为 5%时，要达到 80%的检验效能时，至少需要多少病例？

［解］ $P_C=96.9\%$，$P_T=96.9\%$（非劣效试验设计时，通常将试验组有效率设为与对照组相等），Δ＝8%。

查 $f(\alpha,\beta)$值表得 $f(0.1,0.2)=6.2$（非劣效检验，选择单侧检验界值），则每组所需例数为

$$n=\frac{[0.969\times(1-0.969)+0.969\times(1-0.969)]\times 6.2}{[0.08-(0.969-0.969)]^2}=58.2$$

则在不考虑失访情况下，每组大约需要入选 59 例受试者。

二、定量指标（适用于治疗组与对照组样本量比为 1∶1 的情况）

需要预先指定的参数如下。

μ_T：试验组均数。

μ_C：对照组均数（单组试验时，μ_C 为某一事先设定的目标值）。

Δ：有临床意义的界值（优效性试验/单组试验时，Δ 为 0）。

σ：治疗组与对照组的合并方差。

α：第 I 类错误。

β：第 II 类错误。

则每组样本量为

$$n=\frac{2(Z_{1-\alpha}+Z_{1-\beta})^2\sigma^2}{[\Delta-(\mu_T-\mu_C)]^2}\qquad（优效／非劣效性／单组试验）$$

$$n=\frac{2(Z_{1-\alpha}+Z_{1-\beta/2})^2\sigma^2}{[\Delta-(\mu_T-\mu_C)]^2}\qquad（等效性试验）$$

同样，对于优效/非劣效性检验时，要用 2α 代替 α 查 $f(\alpha,\beta)$值表。

［例］ 某被试美容产品，其疗效可平均保持 6 个月（$\mu_T=6$），对照产品疗效可平均维持 4 个月（$\mu_C=4$），假设两组标准差 σ 相同，均为 3.5，则：在显著性检验水平 α 为 0.05、把握度（1－β）为 80%时需要多大样本可证明被试产品优于对照产品？

［解］ 由 α＝0.10 和 β＝0.2 查表得 $f(\alpha,\beta)=6.2$，

代入公式得

$$n=\frac{2\alpha^2}{(\mu_T-\mu_C)^2}f(\alpha,\beta)=\frac{2(3.5)^2}{(6-4)^2}\times 6.2=37.98$$

即每组大约需要 38 例受试者。

思 考 题

1. 进行临床试验的前提条件是什么？
2. 开展临床试验的原则、目的和意义。
3. 医疗器械临床试验资料分项规定的条件有哪些？
4. 根据同类产品的不同情况，临床资料的提供方式有何不同？
5. 临床试验实施过程中可能存在哪些偏倚，如何加以控制？
6. 非劣效临床试验中，如何选择对照组？有临床意义的非劣效界值应由谁确定（四选一)？
(1) 申办者　(2) 研究者　(3) 统计师　(4) 监查员
7. 可接受的临床试验样本量设计的最低把握度是多少？
8. 简述历史对照的缺点。
9. 在进行基线人口统计学分析时，为何要进行基线变量的组间均衡性检验？

10. 某医生欲评价某器械的疗效和安全性，将 20 名患者随机分成两组进行非劣效平行对照临床试验，结果发现两组患者 6 个月的事件发生率组间比较无统计学意义（$P>0.05$)，据此该医生认为被试器械与对照器械实质等同。你同意这一结论吗？为什么？

参 考 文 献

关于《国家药品临床研究基地目录》的通告.
郝和平，等. 2000. 医疗器械监督管理和评价. 北京：中国医药科技出版社.
金丕焕. 2003. 医用统计方法（第 2 版). 上海：复旦大学出版社.
《医疗器械临床试验规定》(局令第 5 号).
《医疗器械注册管理办法》(局令第 16 号).
中华人民共和国国务院令　第 276 号《医疗器械监督管理条例》.
FDA. 1996. Statistical Guidance for Clinical Trials of Non-diagnostic Medical Devices.
ISO14155—1996. 医疗器械临床研究标准.
SFDA. 2003. 化学药品和生物制品临床试验的生物统计学指导原则（第二稿).
SFDA. 2003. 药物临床试验质量管理规范.

第九章　医疗器械申报注册

随着我国科学技术的不断发展和人民生活水平的不断提高，以计算机、微电子、激光、超声、微波、电磁、X线、伽玛线、电子线、高电压、高分子材料、组织工程等大量先进技术被采用，使新型的现代化医疗器械层出不穷，中国的医疗器械产品已由简单的仿制型转向创新型、基本内销型转向部分外销型。在人们充分享受当今世界高技术的医疗器械给患者带来成果的同时，一些由此产生的电子、离子、非离子辐射和电磁、超声、微波等能量及放射性污染等危害对患者和医疗环境的影响也越来越凸显出来，因此医疗器械的安全有效正在日益成为社会关注的焦点。

为控制医疗器械产品的安全有效性，1991 年起我国开始对医疗器械新产品实施强制性的鉴定制度，1994 年开始试行注册制度，1997 年 1 月 1 日起正式实施强制性的注册管理制度。医疗器械产品注册准入制的实施使上市的医疗器械产品具有合法标志，从而进一步规范了市场，保障上市医疗器械产品安全有效，同时为证后监管提供了依据。

按照《医疗器械监督管理条例》规定，围绕医疗器械注册管理的主要规章有《医疗器械临床试验规定》、《医疗器械说明书、标签和包装标识管理规定》、《医疗器械分类规则》及《医疗器械分类目录》、《医疗器械生产监督管理办法》、《医疗器械注册管理办法》、《医疗器械生产企业质量体系考核办法》。由于我国的医疗器械法规体系形成时间不长，特别是随着我国医疗器械新产品迅猛发展和国外医疗器械新产品不断涌入，国家食品药品监督管理局以局发文件的形式对现行医疗器械法规和规章进行细化补充。从事医疗器械生产企业应熟悉和关注医疗器械法规，不断完善医疗器械产品注册的管理工作。

根据《医疗器械监督管理条例》和《医疗器械注册管理办法》的规定，要求对拟上市的医疗器械进行注册申报。本章将围绕医疗器械从产品标准、产品检测、临床试验、质量体系和申报资料等方面，并结合国内外申报医疗器械注册的要求展开讨论。通过讨论，旨在使医疗器械工作者领悟医疗器械注册与管理的内涵，进一步理解医疗器械注册在技术管理方面的基本要求。

第一节　医疗器械安全有效性

一、医疗器械上市的最基本要求

医疗器械是一种特殊的产品，其特殊性主要表现在直接或间接使用产品的大部分是特殊人群——患者。患者病症严重程度不等，有的患者已失去知觉，也有的患者即使有知觉，但无力指挥自己的肢体或器官；有的患者完全依赖某一器械维持生命，也有的患者处于极度虚弱状态，只要外界稍有刺激，即可产生危急状态，如此等等。如果使用的医疗器械不具有有效性，不仅会耽误患者对疾病的治疗或控制，而且存在着因未及时采取医疗措施而产生的风险。即使使用的产品为实验室设备，这些器械虽不直接与患者接触，但是这些被使用的器械，其工作质量又直接影响患者的诊断和治疗。如消毒灭菌设备和医用分析仪器等。

在最新出版的医用电气设备的标准《IEC60601—1 医用电气设备　第 1 部分 总体要求（第 3 版）》中，已将第 2 版中的第 1 部分“对安全的总体要求”改为“对基本安全与基本性能的总体要求”。

对医用电气设备而言，所谓基本安全是指避免了当医用电气设备在正常条件和单一故障条件下使用时由物理等危险导致的不可接受的风险；所谓基本性能是指需要达到的避免不可接受风险的性能。

为了使上市产品达到安全有效性，我们一般采用技术检验来验证产品的安全性，通过临床试验或验证来确认产品的有效性。但实际上，有时我们会发现有些器械输出的物理量既为有效性，又具安全性。例如，对有能量作用于人体的医疗器械，当某一物理的输出量小到一定时会影响有效性，而输出量一旦超过某一值时会涉及安全性。此类物理量有牵引力、热疗温度等。

因此，作为救死扶伤的工具，有效性是必须的。我们希望患者在使用医疗器械时，既能充分获得的当今高科技所带来的收益，而又能使使用风险越小越好。作为可上市的医疗器械产品不仅要满足有效性，更应符合安全性，安全有效性是医疗器械上市最基本的要求。

二、医疗器械安全和性能的基本原则

安全性是一个相对的概念，我们希望医疗器械上市产品越安全越好，但事实上绝对安全的医疗器械是没有的；安全性要求越高，成本越大；产品不同，风险也不同，安全要求也不相同。当我们在讲安全性时，我们不得不考虑一个国家的科学技术水平、人们的物质生活水平等因素。然而，当今世界经济已处于一体化，任何用于人类的医疗器械都应达到由全球协调工作组 GHTF 提出的国际通用的“医疗器械安全和性能的基本原则”，以下六点基本原则已成为世界各国普遍认同的观点，并作为医疗器械市场准入的最基本的条件。

（1）医疗器械在实现其预期用途过程中，或者对预期用户进行技术知识培训使用时，不会有损临床条件或患者安全，或用户的安全和健康，以及相关人员的安全和健康。医疗器械与使用相关的任何风险在与患者利益相权衡时，应该成为可接受的风险，即使存在这种使用风险，也能符合高度保护健康及安全的要求。

（2）制造商采用的医疗器械设计及制造解决方案应遵循安全原则，并且考虑能够达到一般公认的水平。制造商应该在设计和制造过程中控制风险，使得每一危害的残留风险评价达到可接受要求。制造商控制医疗器械风险应该按照顺序采用以下原则：

确认已知的或可预见的危害物，估计因预期使用和可预见的错误使用引起的相关风险：①通过固有的安全设计及制造尽可能地消除能消除的风险；②通过采取足够的防护措施包括报警等尽可能地减少能减少的剩余风险；③告知用户任何剩余的危险。

（3）医疗器械的性能应达到制造商自己规定的要求，并且器械的设计、制造及包装方式应该符合医疗器械定义范围内的功能和制造商预期应用定义。

（4）上述第（1）、（2）、（3）条所涉及的医疗器械性能所产生的不良影响，在产品的使用寿命以内，在制造商说明的正常维护条件下，即使器械处在应急状态下，也不能对患者和使用者造成健康或安全影响。

（5）医疗器械的设计、制造及包装应该达到医疗器械在制造商说明书规定的运输及储存条件下其预期性能不会受到不良影响。

（6）患者得到的益处必须大于被使用的医疗器械性能带来的不良副作用。

医疗器械生产企业在申报产品上市时应该能够证明申请的产品完全符合医疗器械基本安全要求，并在产品上市后的寿命期内能够通过售后服务继续保持在用的医疗器械符合基本安全要求。

医疗器械安全有效要求是法规要求，满足这一法规要求的基本途径是在市场准入前能提供证明申报产品具有安全有效性的支撑性注册文件；在批准上市后能提供相关文件包括相关记录，证明质量管理体系是按符合法规要求进行运转；一旦发生不良事件可立即召回。所有这些文件中所记载的数据应当是科学的、可溯源的。

为了确保医疗器械达到安全要求，生产企业应当将 YY/T 0316/ ISO14971《医疗器械风险管理对医疗器械的应用标准》、YY/T 0287/ ISO3485《医疗器械质量管理体系用于法规的要求》和与产品相应的国家标准、行业标准或国际标准等要求整合于一体，对影响医疗器械安全有效的风险，应该通过风险管理的方法将其控制在可接受的范围内。

第二节　医疗器械分类

医疗器械的品种繁多，规格更多，从一把刀片到CT装置之间，按技术特性分可存在上千种产品，这些产品的预期用途、结构组成和产品的风险是各不相同。为了控制产品的使用风险，减少管理成本，提高管理效率，有必要对医疗器械进行分类注册管理。

如果说，医疗器械的定义是从监督管理角度提出来，其目的是为了界定管理范围；那么，医疗器械的分类是从风险管理角度考虑，其实质是设置不同的监督管理要求。对同一器械，不同国家基于各自现有的科学技术水平和管理水平进行的分类可能是不同的。

在我国，医疗器械生产企业在申报产品注册时，首先应明确申报产品是否是医疗器械？是哪类医疗器械？国家食品药品监督管理局于2000年4月5日颁布的15号局令《医疗器械分类规则》为回答上述问题给出了很好的判定规则，本节将结合国际先进国家医疗器械分类概况，重点介绍这一规则。

一、术语

1. 预期用途

指产品说明、标签或宣传资料载明的，使用医疗器械应当取得的作用。

2. 风险

指导致人体受伤害的危险发生的可能性及伤害的严重程度。

3. 使用期限

器械预期的连续使用时间。

（1）暂时使用。在24h以内。

（2）短期使用。在24h以上、30d以内。

（3）长期使用。超过30d。

（4）连续使用时间。器械按预期用途，没有间断地实际发生作用的时间。

4. 使用部位和器械

（1）非接触器械。不直接或间接接触患者的器械。

（2）表面接触器械。包括与以下部位接触的器械：①皮肤。仅接触未受损皮肤表面的器械；②黏膜。与黏膜接触的器械。③损伤表面。与伤口或其他损伤体表接触的器械。

（3）外科侵入器械。借助外科手术，器械全部或部分通过体表侵入体内，接触包括下列部位的器械：①血管。侵入血管与血路上某一点接触，作为管路向血管系统输入的器械；②组织/骨/牙质。侵入组织、骨和牙髓/牙质系统的器械和材料；③血液循环。接触血液循环系统的器械。

5. 植入器械

任何借助外科手术，器械全部或者部分进入人体或自然腔道口；在手术过程结束后长期留在体内，或者这些器械部分留在体内至少 30d 以上，这些器械被认为是植入器械。

6. 有源器械

任何依靠电能或其他能源而不是直接由人体或重力产生的能源来发挥其功能的医疗器械。

7. 重复使用外科器械

指器械用于外科手术中进行切、割、钻、锯、抓、刮、钳、抽、夹或类似的手术过程，不连接任何有源器械，通过一定的处理可以重新使用的器械。

8. 中枢循环系统

指人体血液循环中的肺动脉、主动脉、冠状动脉、颈动脉、脑动脉、心脏静脉、上大腔静脉、下大腔静脉。

9. 中枢神经系统

指大脑、脑膜、脊髓。

二、国外医疗器械分类概况

有风险地使用医疗器械是医疗器械的基本特性，但风险的大小和管理的成本是不等的。为了控制产品的使用风险，减少管理成本，提高管理效率，世界各国政府对医疗器械都进行分类管理。

美国《联邦食品、药品和化妆品法案》（FD&C 法案），简称“联邦法典”（Federal Food，Drug and Cosmetic Act，1935），1976 年增加了医疗器械修正案，其中，CFR 21 是食品和药品部分，包括 FDA 医疗器械法规（Medical Device Regulations FDA）在 CFR 21-800-1299 部分，如：

21 CFR Part 801-Labeling（Medical Devices）标签（医疗器械）

21 CFR Part 803-Medical Device Reporting（MDR）医疗器械报告

21 CFR Part 806-Reports and Records of Removals and Corrections 市场撤回和纠正的报告及记录

21 CFR Part 812-Investigation Device Exemption 研究用器械的豁免

21 CFR Part 814-Premarket Approval of Medical Devices 医疗器械上市准入

21 CFR Part 820-Quality System Regulation（QSR）质量体系法规

21 CFR Part 900-Mammography（MQSA）乳房 X 线照相术

21 CFR Part 1000-Radiologic Health 辐射健康

21 CFR Part 1020-Performance Standards for Ionizing Radiation Emitting Products 电离辐射放射类产品的执行标准

21 CFR Part 1040-Performance Standards for Light emitting Products（e.g. Lasers）轻微放射类产品的执行标准（如激光成像仪）

医疗器械的分类在联邦法典第 513 节，分类目录刊登在 CFR 21-862-892 部分。

根据 FDA 分类数据库 2007 年 6 月显示，将 396 种未分类的 1976 年医疗器械修正案发布前上市的器械分成三大类：I 类为 47.04%，II 类为 49.27%，III 类为 3.69%。其中，I 类和 II 类占主要部分，最高管理类别为 III 类仅为少数。

1. I 类器械设计要求符合一般控制

I 类低风险产品如：手术用具、检查手套、检查用灯具、普通轮椅等。FDA 认为，绝大多数的 I 类产品通过“一般控制”足以控制其安全性和有效性，它们在上市前不需要通过产品准入审查，但应符合“一般控制”的规定，包括登记每一处生产场地；列出进入市场的器械；新器械或重大改进的器械上市前应提交售前通告 510（k）；器械生产应符合医疗器械 GMP。

1）企业登记

FDA 规定，所有涉及在美国上市的医疗器械的生产和销售的企业都需要向 FDA 登记。

（1）制造商。参与上市医疗器械的制造、准备、宣传、合成、装配或处理的企业的所有者/经营者，包括制造企业、合同制造商、合同消毒商、设计开发商、重新包装商、重新处理一次性使用产品的企业、重新制造企业、直接销售给最终用户的部件或附件的制造商。

（2）最初进口商。除不参与制造、再包装、处理或再贴标签的批发商外（批发商是指将医疗器械产品从制造地批发给零售商的人）都需要向 FDA 登记。

（3）外国企业。参与向美国进口的医疗器械的制造、准备、宣传、合成或处理的外国企业需要向 FDA 登记。

企业登记每年一次。第一次登记时，FDA 收到登记材料后发一份收到通知给企业，并分配给企业所有者识别号，然后将材料送往相应的 FDA 行政办公室。在 30d～90d 里，FDA 会给出企业登记号。

2）列出医疗器械产品

参与上市医疗器械的制造、准备、宣传、合成、装配或处理的企业的所有者/经营者必须在医疗器械进入美国市场 30d 内向 FDA 列出医疗器械产品，列出医疗器械和企业登记可以同时进行。

值得指出的是，企业登记不是 FDA 对企业或企业生产的产品的认可，列出的医疗器械产品也不意味着 FDA 对这些产品的认可。

3）新器械或重大改进的器械上市前应提交售前通告 510（k）

绝大多数 I 类产品通常可以豁免 510（k），从 1976～1997 年期间，FDA 豁免了 574 个一般形式的 I 类产品。FDA 规定除了用以防止人体健康受损或具有潜在的、不合理的致病、致残风险的产品之外，所有的 I 类产品均可以豁免 510（k）。豁免器械清单可详见：http://www.accessdata.fda.gov/scripts/cdrh/cfdocs/cfpcd/315.cfm。

但是，对于新器械或重大改进的器械上市前应提交售前通告 510（k）。

4）医疗器械的生产应符合 GMP

一般控制要求，I 类、II 类和 III 类产品的生产都应符合医疗器械 GMP 规范。绝大多数的 I 类产品虽然可以豁免 510（k），但是它们的生产必须符合 GMP 规范，只有在联邦登记的 I 类产品目录中标以（*）的产品才可以豁免 GMP。

如需与质量体系管理要求相关的指导文件，可浏览：www.fda.gov/cdrh/devadvice/32.html。

对某些第 I 类的医疗器械产品，只要求进行一般的记录保存以及客户抱怨文档处理程序，而不硬性规定必须符合质量体系管理要求。可免除质量体系管理要求的医疗器械产品清单可查询：www.accessdata.fda.gov/scripts/cdrh/cfdocs/cfpcd/315.cfm。

2. II 类器械

是指那些用一般控制不足以控制其安全性和有效性，必须通过“特殊控制”方式来保障其安全性和有效性的产品。II 类中度风险产品，如外科缝线、B 超、血压计等。II 类器械要求除具备一般控制的要求外，还应符合“特殊控制”的规定。

（1）提供正式颁布的标准，明确强制性性能指标。

（2）售后监控的文件。

（3）疗效反馈登记。

（4）上市前规定的临床报告。

（5）特殊标签要求。

（6）市场准入前一般需申请市场准入前报告“510（k）”。

3. III 类器械

是指那些仅用一般控制和特殊控制还不足以确保其安全性和有效性的产品，它一般用来支持人体生命，防止人体健康受损，具有致病、致残的潜在的风险。III 类高度风险产品，如植入型起搏器、高能除颤器、人工心脏瓣膜等。III 类产品除了应符合一般控制和特殊控制外，还应增加以下内容。

（1）对医疗作用的效果证明文件。

（2）增加微生物、毒性、免疫、生物相容性、储存寿命等动物、人体临床实验报告。

（3）需申请市场准入前批准（PMA）。

值得一提的是，医疗器械的管理类别并不是一成不变的。随着与医疗器械有关的知识和经验的增长，医疗器械的管理类别可以通过重新分类过程进行调整。管理类别的改变以 FDA 掌握的最新医疗器械信息为基础，FDA 可以自发地、也可以根据外界请求按照有关法律法规对医疗器械分类进行调整。如果企业希望将自己生产的产品重新分类到较低的管理类别，就必须向 FDA 提供强有力的材料，证明该产品划分到较低的管理类别足以保障该产品的安全性和有效性。在对该产品管理类别的重新分类做出最终决定之前，FDA 会在联邦登记上发布该产品重新分类的推荐性的规则，包括重新分类的科学判断，并请求公众参与评论；接着，FDA 才在联邦登记上公布该产品重新分类的最终决定。

由此可见，医疗器械的管理类别决定了该医疗器械市场准入前申请的类型。

FDA 已对很多产品建立了分类，按专业归纳为以下组。

Part 862　Clinical Chemistry and Clinical Toxicology Devices 临床化学和临床毒理学器械

Part 864　Hematology and Pathology Devices 血液学和病理学器械

Part 866　Immunology and Microbiology Devices 免疫学和微生物学器械

Part 868　Anesthesiology Devices 麻醉学器械

Part 870　Cardiovascular Devices 心脏血管用器械

Part 872　Dental Devices 牙科器械

Part 874　Ear, Nose and Throat Devices 耳鼻喉用器械

Part 876　Gastroenterology-Urology Devices 胃肠病学-泌尿学科用器械

Part 878　General and Plastic Surgery Devices 一般及整形外科手术用器械

Part 880　General Hospital and Personal Use Devices 一般医院及个人用

器械

Part 882　Neurological Devices 神经学科用器械

Part 884　Obstetrical and Gynecological Devices 妇产科用器械

Part 886　Ophthalmic Devices 眼科用器械

Part 888　Orthopedic Devices 骨科用器械

Part 890　Physical Medicine Devices 物理医学科用器械

Part 892　Radiology Devices 放射类器械

Part 895　Banned Devices 禁用器械

注：被豁免的器械不能超越器械分类法规中所列出的豁免限制。

有关 FDA 对医疗器械的分类情况可详见 FDA 分类指南（FDA Classification Guidance）：http://www.fda.gov/cdrh/devadvice/313.html 和 FDA 分类数据库（FDA Classification Database）：http://www.accessdata.fda.gov/scripts/cdrh/cfdocs/cfpcd/classification.cfm。

三、我国医疗器械分类判定的依据

我国医疗器械分类主要依据产品的结构特征、预期用途和使用状况三方面进行综合判定。一个医疗器械产品从这些因素最终反应在对风险的识别上，药品监督管理部门依据风险高低实施分类管理。低风险产品为 I 类器械管理，高风险产品为 III 类器械管理，中等风险产品为 II 类器械管理。

1. 医疗器械结构特征

医疗器械的结构特征分为有源医疗器械和无源医疗器械。

2. 医疗器械预期用途

（1）无源器械的预期用途，如重复使用、一次性无菌使用、植入体内等。

（2）有源器械的预期用途，如能量治疗、诊断监护等。

3. 医疗器械使用状态

根据器械在使用中对人体产生损伤的可能性，医疗器械使用状况可分为接触或进入人体器械和非接触人体器械。

1）接触或进入人体器械

（1）使用时限分为暂时使用、短期使用、长期使用。

使用时间是指连续使用期限，包括暂时使用（24h 内）、短期使用（1～30d 内）、长期使用（30d 以上）。同一产品作用时间不同，产品的分类也不同，如医用高分子材料在人体自然腔道滞留 30d 以内一般为 II 类器械，植入于体内超过

30d 的为 III 类器械。

（2）接触人体的部位分为皮肤或腔道、创伤或体内组织、血液循环系统或中枢神经系统。

同一产品接触部位不同，产品的分类也不同。如一般接触表皮为 I 类器械，接触皮肤伤口、腔道、体内组织为 II 类器械，接触血液循环系统或中枢神经系统为 III 类器械。

（3）损伤程度分为轻微损伤、损伤、严重损伤。

损伤程度是指器械的潜在风险造成人体的损伤。同一类产品损伤程度不同，产品的分类也不同，如目前对 X 射线机分类，200mA 以下的为 II 类器械，200mA 以上的为 III 类器械。

一般对轻微损伤的为 I 类器械；有严重损伤的为 III 类器械。

对无源器械的分类主要依据是产品的预期用途、使用时限和接触部位；对有源器械的分类主要依据是产品的预期用途、损伤的严重程度。

2）非接触人体器械

对医疗效果的影响，其程度分为基本不影响、有间接影响、有重要影响。一般对基本不影响的为 I 类器械；有间接影响的为 II 类器械；有重要影响的为 III 类器械。

当器械的分类一旦确定，就意味着产品的名称、预期用途、结构组成也应明确。

例如：

产品名称：医用注射器。

产品预期用途：此装置用于将液体注入人体或从人体中抽出液体。

产品结构组成：主要由标有刻度的中空桶身及可移动的活塞构成。在桶身的一端有一个喷嘴，可连接皮下单腔针。

产品分类：三类。

四、我国医疗器械分类的判定原则

医疗器械分类判定主要依据产品的预期用途和对人体的作用，具体可考虑以下方面。

（1）实施医疗器械分类，可按《医疗器械分类规则》中分类判定表进行。

（2）与其他医疗器械联合使用的医疗器械，应分别进行分类；医疗器械的附件分类应与其配套的主机分离，根据附件的风险情况单独分类。

（3）作用于人体几个部位的医疗器械，根据风险高的使用形式、使用状态进行分类。

（4）控制医疗器械功能的软件与该医疗器械按照同一类别进行分类。如放射治疗设备的控制软件应与放射治疗设备的分类相同，均作 III 类器械管理。

(5) 如果一个医疗器械可以适用二个分类，应采取最高的分类。

(6) 手术器械包的分类是按器械包中最高的分类等级进行分类。

(7) 监控或影响医疗器械主要功能的产品，其分类与被监控和影响器械的分类一致。

当申报产品的分类找不到依据时，应向医疗器械主管部门提出书面报告，要求明确产品的分类。书面报告中的主要内容应有：产品名称、预期用途、结构原理、作用方式、主要技术性能指标、国内外同类产品分类等情况，并附产品使用说明书和产品标准等。

五、我国医疗器械分类目录

根据《医疗器械分类规则》规定，《医疗器械分类目录》是将部分已上市产品按《医疗器械分类规则》规定的分类原则进行划分。在对医疗器械进行分类时，除了用上述“原则分类”方法外，还可采用“目录分类”。虽然我国现在实施的是“分类规则指导下的目录分类制”，但严格地讲，只有当器械的产品名称与预期用途、结构组成同时明确时，采用“目录分类”才是有实际意义的。

由于医疗器械产品本身品种繁多，因此不可能将已上市产品全部罗列出来，《医疗器械分类目录》只能采用产品列举法。

随着医疗器械新技术的不断涌现，分类目录列举法越来越显示不足，因此，国家局根据医疗器械发展情况，还会以局发文件形式对分类目录进行补充；随着科学技术水平的日益发展和医疗器械监督管理能力的不断提高，预示着 I 类、II 类管理产品比重不断增加和 III 类产品不断减少将是一个必然的趋势。

第三节　医疗器械产品命名

医疗器械产品名称是医疗器械产品特征的重要体现，也是在医疗器械使用前向用户提供的重要信息。虽然，医疗器械名称是由企业提出的，但医疗器械作为一种特殊商品，只有当其产品名称被医疗器械审批机关批准后该产品才能合法上市。

一、医疗器械产品名称命名的基本情况

随着医疗器械注册准入制的深入展开，各国政府越来越注重上市的医疗器械产品名称，并将产品名称作为上市许可的重要评价项目。全球对医疗器械的命名研究可以追溯三十多年历史，至今已有多个医疗器械命名系统在全球不同的地区和国家得到运用，其中包括 GMDN 系统（全球相对统一的医疗器械命名系统）、

CNMD 系统（美国 FDA 官方使用的医疗器械命名系统）、EDMA 系统（欧洲使用的诊断试剂命名和分类系统）、ISO9999 系统（全球用于残疾人数据系统）、JFMDA 系统（日本和东南亚地区使用的医疗器械命名系统）、NKKN 系统（挪威和部分欧洲地区使用的命名系统）。

在我国，国务院药品监督管理部门负责制定和发布医疗器械命名规则，建立医疗器械命名体系。我国已实施在《医疗器械分类规则》指导下的产品分类目录制，由于医疗器械产品有几千种，医疗器械新产品不断涌现，用“分类目录”中的列举产品名称仍不能满足日益发展的医疗器械的需求。因此，国家食品药品监督管理局在 2006 年 11 月发出了关于对《医疗器械产品命名原则》的征求意见，这意味着从事医疗器械工作者迫切希望解决的医疗器械名称命名规则问题已开始得到解决。

二、医疗器械产品命名的基本原则

医疗器械产品名称首先应符合科学性、规范性要求，并符合申报产品实际情况的通用名称。按照国家食品药品监督管理局在《医疗器械产品命名原则》征求意见稿规定，如果申报注册的产品已有相应的国家标准、行业标准或在《医疗器械分类目录》中能找到确实属于这类产品的产品名称，则应直接采用国家标准、行业标准或《医疗器械分类目录》中的产品名称。如果申报的注册产品在国家标准、行业标准或者《医疗器械产品分类目录》中找不到相应产品名称，则其命名可参考已发布的国家标准、行业标准、《医疗器械分类目录》的相关产品名称，结合中国文化和相关法律，以体现产品技术结构特征、功能属性为基本原则拟订产品名称。

产品技术结构特征一般是指产品技术性能特征或结构特征，它在一定程度上体现了产品的技术原理。有源医疗器械的产品名称中常含有电子、光学、激光、微波、超声、射频、高频、中频、低频脉冲、X 射线、计算机等。无源医疗器械的产品名称中常含有可吸收、人工、一次性等。其中“可吸收”反映了产品技术性能特点，意味着材料可以降解。“药物支架”的结构特点是支架表面附有药物涂层；“折叠式轮椅”的结构特点是可折叠。

与人体接触的材料/材质，也是产品技术结构特征的具体体现，例如，海绵、脱脂棉、银合金粉、烤瓷合金、合成树脂、涤纶、硅橡胶、四氟乙烯等。

所谓功能属性一般是指临床功能，如分析、诊断、监护、内窥、起搏、反搏、牵引、刺激、成像、摄影、造影、探测、透析、植入、治疗、理疗、电疗、光疗、磁疗、急救、呼吸、麻醉、手术、供氧、消毒、灭菌、低温、冷藏、冷冻、吸引、引流、扩张、过滤、输液、注射、栓塞、封堵等。

当然，在医疗器械产品命名中还可能涉及如胃、胆道、阴道、角膜、血管、皮肤、神经前列腺、乳腺等器械作用部位。例如，乳腺摄影机、心血管系统造影装置、甲状腺功能测定仪、腹膜透析机、电动洗胃机、血管内超声成像系统(IVUS)、前列腺电灼器、玻璃体切割机、血管内支架、宫内节育器、皮肤体温计、一次性静脉输液针等。

手术器械的产品名称一般为在手术过程中与临床作用有关的工具名称，如刀、钳、剪、镊、锯、钻、切、割、牵、拉、扩、抓、刮、夹等。

医疗器械产品名称（包括商品名）不能含有疾病名称和暗示产品临床功效的内容，如降糖、降压、止痛。

医疗器械有商品名的，应当在注册产品标准中规定。在说明书、标签和包装标志中同时标注产品名称和商品名的，应当分行，不能连写，且商品名称的文字不能大于产品名称文字的二倍。

产品名称不能含型号、商标等内容。

第四节 风险管理

医疗器械的安全性是人们关注的焦点，也是政府实施监管的核心。为了保障人体的健康和生命安全，国家已制定了一系列安全标准，如医用电气安全要求(IEC60601 系列、GB9706 系列)，医疗器械生物学评价（ISO10993 系列、GB/T 16886 系列）等，这些标准对医疗器械安全性起到了十分重要的保障作用。但作为医疗器械注册产品标准，包括国家标准或行业标准，只能通过其主要技术性能和安全性能指标来控制产品的大部分风险，不能控制产品所有风险，特别是不能控制生产过程中因各种变化因素引起的潜在风险；即便是对同一项安全要求，实现的方式或途径不同，风险也不同。因此，判定一个医疗器械是否安全有效，申报注册产品除了满足一系列有关安全性的国家标准和行业标准要求外，更重要的是应通过医疗器械风险管理，使产品符合“医疗器械安全和性能的基本原则”的要求，这是医疗器械的法规要求。

有风险的条件下使用医疗器械是医疗器械的一大特征。一方面，医疗器械受益方对风险的感知度由于受社会、经济和教育背景不同而不同；另一方面，患者对实际的与感知的健康状态等存在滞后性和差异性，因此对客观存在的风险，产品的各方反应不一。为保障公众健康安全，各国政府都规定了可上市的医疗器械产品使用风险必须达到可接受的程度。

医疗器械风险管理应贯穿于产品整个生命周期，包括产品项目论证、设计过程、工艺过程、检验过程、质量体系、产品标志、随机文件、售后信息等全过程。本节通过 YY/T 0316/ISO14971《医疗器械 风险管理对医疗器械的应用》中风险分析、风险评价、风险控制和风险决策等主要内容的介绍，旨在使得医疗器械工作者领悟医疗器械风险管理的基本原理及其基本要求。

一、术语和定义

1. 风险

风险是损害的发生概率与损害严重程度的结合。

2. 损害

损害是对人体健康的实际伤害或侵害，或是对财产或环境的侵害。

3. 危害

危害是损害的潜在源。

4. 风险分析

风险分析是系统运用可得资料，判定危害并估计风险。

5. 风险评价

风险评价是在风险分析的基础上，根据给定的现行社会价值观，对风险是否达到可接受水平的判断。

6. 风险控制

风险控制是作出决策并实施保护措施，以便降低风险或把风险维持在规定水平的过程。

7. 风险管理

风险管理是用于风险分析、评价和控制工作的管理方针、程序及其实践的系统运用。

8. 程序

程序是为进行某项活动所规定的途径。

9. 剩余风险

剩余风险是采取防护措施后余下的风险。

10. 验证

验证是通过检查和提供客观证据表明规定要求已经满足的认可。

二、风险管理的基本要求

1. 满足国家或地区医疗器械的法规要求

目前，我国政府在医疗器械监督管理方面颁布的法规是《医疗器械监督管理条例》，围绕医疗器械注册管理的主要规章有《医疗器械临床试验规定》、《医疗器械说明书、标签和包装标识管理规定》、《医疗器械分类规则》及《医疗器械分类目录》、《医疗器械生产监督管理办法》、《医疗器械注册管理办法》、《医疗器械生产企业质量体系考核办法》等。

当发生满足客户要求与满足法律法规要求相抵触时，生产企业应首先满足法律法规要求。

2. 满足医疗器械国家标准和行业标准要求

拟上市产品应优先执行医疗器械专用安全标准、国家标准和行业标准，从而避免大部分风险。

3. 贯穿于医疗器械寿命周期的所有阶段

医疗器械使用风险源于产品设计、生产、服务等过程，因此医疗器械管理关键是风险管理，风险管理是一个全过程的管理 ，这是各国医疗器械法规的基本要求内容之一。

4. 风险管理过程

风险管理应包括风险分析、风险评价、风险控制、全部剩余风险评价和生产后信息五大过程。

5. 管理职责

(1) 规定可接受风险的决策方法。

(2) 确保提供适当的资源。

(3) 确保提供经培训的人员。

(4) 定期评审风险管理过程的结果，以确保风险管理过程的持续适宜性和有效性。

6. 人员资格

从事医疗器械风险管理的工作者应具备和他们所赋予的任务相适应的知识和经验。必要时，应具有医疗器械及其应用的知识、经验和医疗器械风险管理技术。

7. 风险管理计划

按照风险管理过程，制定产品的风险管理计划，内容包括以下方面。

(1) 风险管理计划的范围。

(2) 风险管理产品及其寿命周期阶段。

(3) 相关验证的计划。

(4) 职责的分配。

(5) 风险管理活动的评审要求。

(6) 风险的可接受性准则。

风险的可接受性准则属于风险决策，涉及技术、经济、管理，甚至法律法规，可接受性水平是风险和受益之间的平衡，因此一般风险决策应当由制造商行政领导来决定。

8. 风险管理文档

制造商应保存在医疗器械风险管理过程中所形成的相关文件及其实施、评价、验证过程的记录，包括搜集与风险管理有关的引用资料。

三、风险管理程序

根据 YY/T 0316/ISO14971《医疗器械　风险管理对医疗器械的应用》标准规定，将医疗器械风险管理活动分为五大过程、十三个步骤。

1. 风险分析（第 1 过程）

1）与安全性有关的特征的判定（第 1 步）

制造商应根据自已申报医疗器械产品的特点和产品的预期用途，判定可能与医疗器械产品的预期用途有关的、在使用（包括任何合理可预见的误用）过程中任何可能影响产品安全性的特征。YY/T 0316/ISO14971 标准中附录 A 仅提供了一部分有关问题，制造商应针对拟上市产品提出具体问题，以便判定分析的医疗器械所有可能的危害。

2）危害判定（第 2 步）

危害就是损害的潜在源。能否正确识别医疗器械已知的和可预见危害是风险分析的关键所在。制造商应依据医疗器械预期用途、产品结构和使用等因素，对医疗器械提出与安全性有关的特征的判定，列出正常使用和单一故障状态下与医疗器械有关的已知或可预见的危害清单。

涉及危害的方面有能量危害、生物学危害、环境危害、化学危害、机械危害，与医疗器械使用有关的危害、不适当的或不合适的控制、不适当的或不充分的培训、过于复杂的人机交流和功能性失效、老化、维护等引起的危害。

3）风险估计（第 3 步）

对经判定的每项危害都应利用可得到的资料或数据，估计在正常及单一故障两种状态下每种危害发生的可能性和严重程度及一个和多个风险。其中，资料或数据来源于以下方面。

（1）现行标准。国家标准、行业标准和国际标准，包括有关的技术法规、指导性文件等。

（2）临床证据。同类产品经临床验证后得到的结论或临床长期积累的经验。

（3）调研结果。①国内外文献资料检索；②同类产品设计、制造、维修、失效等情况调查。

（4）科技资料。①采用类比法进行预测；②利用可靠性试验数据。

（5）已上市同类医疗器械的现场资料（包括已公布的事故报告）。

（6）典型使用者进行的适用性实验。

（7）专家意见。

（8）外部质量评定情况。

按照医疗器械风险的定义，风险涉及发生概率和严重程度两大要素。这里的概率是指损害发生的可能性。根据医疗器械具体情况，可将风险发生概率分为六个等级，详见表 9-1。

表 9-1　医疗器械风险发生概率等级

概率类型	等级	定义	概率
经常发生	6	很可能发生	$1\sim10^{-1}$
有时发生	5	在规定寿命期内发生几次	$10^{-1}\sim10^{-2}$
偶尔发生	4	在规定寿命期内至少发生一次	$10^{-2}\sim10^{-3}$
很少发生	3	在规定寿命期内可能不发生	$10^{-3}\sim10^{-4}$
非常少发生	2	未必会发生，但仍有可能	$10^{-4}\sim10^{-5}$
极少发生	1	几乎不发生	$10^{-5}\sim10^{-6}$

严重程度是指危害可能后果的度量。根据医疗器械具体情况，可将风险发生严重程度可分为六个等级，详见表 9-2。

表 9-2　医疗器械风险发生严重等级

危害类型	等级	严重程度
可忽略的	1	不受伤害
轻度的	2	轻度受伤
临界的	3	受伤
严重的	4	重伤
很严重的	5	致残
灾难性的	6	死亡

2. 风险评价（第 2 过程，第 4 步）

风险评价是制造商对每个已判定的危害，使用风险管理计划中规定的准则，估计的一个或多个风险所处状态，并决定其是否低到不需要采取措施降低风险。可将

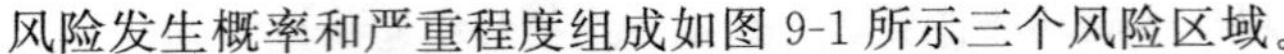
风险发生概率和严重程度组成如图 9-1 所示三个风险区域。

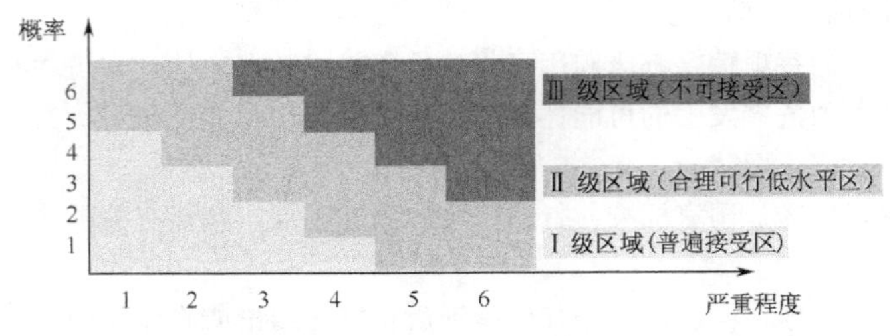

图 9-1　风险发生概率-严重程度图

如果被评价的风险处于Ⅰ级区域，可不采取预防措施；如果风险处于Ⅱ级区域以上（含Ⅱ级区域）应针对风险采取相应控制措施，降低该风险。

3. 风险控制（第 3 过程，第 5～10 步）

所有的风险都应采取有效的降低风险措施，除非该风险确实很低，以至于不需要进一步考虑的水平。

对于需要降低的风险，制造商应采取有效的风险控制措施，使与每个危害相关的一个或多个剩余风险被判定为是可接受的。

1）方案分析（第 5 步）

为了使风险降低到可接受的水平，可能存在多种风险控制的方案，制造商应能识别风险控制措施的有效性。事实上，每种方案对降低风险的效果是不同的，有的只能降低风险发生的概率，不能消除危害或降低损害的严重程度，有的不仅能降低风险发生的概率，还能降低损害的严重程度，甚至可消除危害。制造商应当能针对不同的风险采取相应控制的措施，按安全性优先顺序依次采用一种或多种方法，并使风险控制措施所产生新的风险为最小。

（1）通过不同的设计方案消除产品的危害，可降低潜在损害的严重程度，降低风险发生频率，凸现产品固有的安全性，这是降低风险的效果最为明显的方法。

（2）对不能限制和降低的使用风险，可采取报警或警告等补救措施，将风险的发生概率降至最小。如采用安全报警装置和警告标记等。

（3）直接采用国家标准、行业标准作为医疗器械注册标准，或在产品标准中执行与申报注册医疗器械相关的国家标准、行业标准，以此降低因产品标准缺陷引起的风险。

（4）通过采用符合 ISO13485《医疗器械质量管理体系用于法规的要求》标准要求的质量体系控制产品风险，这是降低风险的有效方法。

(5) 在随机文件中提供详尽的安全性信息，包括禁忌证、警示和注意事项。

(6) 必要时，为使用者培训操作技能，使受训者达到合格要求。

如制造商确认降低某一风险是不切合实际的，则应进行风险与受益分析，详见下面“5) 风险、受益分析”。

2) 措施实施 (第 6 步)

在风险控制措施的实施过程中应对措施的实施和有效性进行验证。

3) 剩余风险评价 (第 7 步)

医疗器械产品都存在使用风险，即便按 ISO14971 标准对医疗器械进行风险分析并采取预防措施后，产品依然存在着一定的风险，这种风险就是所谓的“剩余风险”。

基于现有科学认识水平上符合安全使用的基本条件，受益大于风险，这种风险称之为“可接受的风险”。

不同产品的风险可接受水平是不一样的，ISO14971 不规定可接受的风险水平，只是给出一种风险可接受的方法。

经分析，如果剩余风险不符合风险管理计划中风险的可接受性准则，则应进一步采取风险控制措施；如果剩余风险被认为可接受的，必要时，将所有的为说明一个或多个剩余风险所需的相关信息写入由制造商提供的适当的随机文件中。按现有的科学水平认知程度和可预见的操作者所具备的技术知识、经验和受教育程度，将剩余风险告知产品使用者，其目的在于进一步避免或降低产品的使用风险。

针对产品已知或可预见的危害，可将进行的风险评价、风险控制、风险控制措施的实施，使原风险降至为剩余风险，并对剩余风险进行评价的情况制成风险评价表 9-3。

表 9-3 风险评价表

序号	已知或可预见的危害	危害发生条件		原因	风险评价			风险控制措施	剩余风险评价		
		正常状态	故障状态		严重程度	发生概率	风险区域		严重程度	发生概率	风险区域

4) 风险与受益分析 (第 8 步)

经风险评价后，如果剩余风险不符合风险管理计划中风险的可接受性准则，而进一步采取风险控制措施以降低风险又不实际，那么，制造商应收集与评审有关预期用途、预期用途的医疗受益的资料和文献，以便对受益和风险进行比较。如果受益大于风险，则风险可接受；如果受益小于风险，则风险不可接受。

对这种不可接受的风险，一般采取的方法是放弃原设计，通过新的设计达到产品的预期用途；如未能找到新的设计方案，只能放弃或调整产品的预期用途。

5）其他危害（第 9 步）

对可接受的风险，制造商应对风险控制措施进行评审，以便判定该措施是否会引入新的其他危害。如果该措施确实引入了新的风险，则应重复上述程序从风险估计（第 3 步）开始，对每种新的危害进行估计一个或多个风险。

6）评价的完整性（第 10 步）

制造商应确保对所有已判定危害的一个或多个风险已得到了评价，包括因采取风险控制措施而产生的新风险。

4. 全部剩余风险的评价（第 4 过程，第 11 步）

在所有的风险控制措施已经实施并验证后，制造商应根据风险管理计划中风险的可接受性准则判定全部剩余风险都是可以接受。如认为全部剩余风险是不可接受的，制造商应收集和评审有关预期用途医疗受益的资料和文献，以便对受益和风险进行比较。如果受益大于全部剩余风险，则全部剩余风险可接受；如果受益小于全部剩余风险，则全部剩余风险不可接受。如某一剩余风险被认为是不可接受的，但考虑到成本或器械带来的收益后，这项风险可能被认为是可接受的。所以，风险与收益的平衡会受多种因素影响，是企业利益权衡的产物。

5. 风险管理报告（第 12 步）

制造商应负责编制由每个危害引起的风险分析、风险评价、风险控制措施的实施和验证、全部剩余风险评价等内容所形成的风险管理报告，报告中涉及的相关内容应具有可追溯性。

6. 生产后的信息（第 5 过程，第 13 步）

制造商应建立和保持产品出厂后信息系统和适宜的机制，以便获得在生产后的医疗器械或类似器械在上市使用后的信息。应对信息中与安全性有关的问题进行评价，特别是：

（1）是否有事先未认知的危害出现。

（2）是否有某项危害造成的已被估计的一个或多个风险不再是充分的或可接受的。

（3）是否认为初始的风险评定已失效的，需要重新评定。

制造商应关注申报注册产品或同类产品上市后的不良事件或不良反应，以便启动再评价程序。如果满足上述任一条件，则将回到上述程序“2）危害判定”，对风险重新评价。

上市产品在生产和使用过程中对风险有任何影响的过程都要进行风险的再评价。

目前，涉及医疗器械风险管理的标准除了 YY/T 0316/ISO14971 外，在医疗器械质量管理体系标准 YY/T 0287/ISO13485 中提出了“组织应在产品实现全过程中，建立风险管理的形成文件的要求。应保持风险管理引起的记录（见4.2.4)”；全球医疗器械协调组织（GHTF）SG3 N15R8，该文件描述了风险管理应如何整合于质量管理体系之中的基本要求；特别是需要引起医疗器械工作者关注的是在最新发布的医疗器械专用安全标准中也提出了风险管理要求，如在 IEC60601—1 Edition 3 2005《医用电气设备　第 1 部分　总体要求》中“4.2 风险管理过程……应实施某个风险管理过程以达到 ISO14971”。因此，医疗器械风险管理要求溶入医疗器械质量管理体系和医疗器械专用安全标准中，已作为贯穿于整个医疗器械注册管理的主旋律。如何把风险管理要求整合于质量管理体系和产品标准之中，将是医疗器械工作者今后一个阶段时期研究的主要课题。

第五节　技 术 报 告

技术报告是医疗器械产品注册申报资料中主要的申报资料，它既是产品开发生产全过程的总结，即为产品的综述资料，又是作为申报注册产品符合法律法规要求的介绍，以便医疗器械注册审查机构全面地了解申报注册产品的具体情况。

一、基本情况

申报产品名称（商品名）、产品工作原理及其依据、规格型号、预期用途、临床机理、产品功能、结构组成、主要技术性能指标等描述。

二、产品定位

根据目前医疗器械上市情况，按产品的创新度可分为独创型、仿制型和改进型。

(1) 独创型产品。指产品工作原理或临床机理上依据论文、文献、发明专利、临床专家意见或设想进行开发的国内外市场上尚未见的新产品。对独创型的产品，在技术报告中重点说明产品工作原理或临床机理及其来源，并重点说明注册产品标准制定的依据及验证的结果和临床试验（包括可能的动物试验）确认的结论。

(2) 仿制型产品。指根据已上市的同类产品的结构原理进行设计制造的产品。对仿制型的产品，在技术报告中重点说明同类产品在上市后的申报产品与同类产品在预期用途、技术结构、主要原材料、技术指标等方面实质性等同程度；如有不相同的部分，应指出不同部分的具体内容，并说明这种不司是否会产生较大的风险。

(3) 改进型产品。指在已上市的同类产品结构原理的基础上进行部分改进的产品。对改进型的产品，在技术报告中重点说明申报产品在哪种同类产品基础上进行哪些改进？这些变化将给产品的安全有效性带来什么影响？并说明改进的理由。

三、产品标准

医疗器械产品标准可以是国家标准、行业标准和注册产品标准。

(1) 当申报注册产品直接选用国标或行标作为产品标准时，应说明所选择的国家标准或行业标准是否足以控制申报产品的安全有效性。申报产品的预期用途、结构组成、技术指标、功能等方面与国标行标所描述的产品是否一致？如有不一致（包括申报产品实际功能超出选用的国标或行标所界定的功能），是否涉及产品的安全有效性？并对产品型号规格的进行补充说明。

(2) 制定企业产品标准的，应说明执行相关国家标准、行业标准和主要技术性能指标确定的依据及验证等情况。

四、注册检验

注册检验是产品设计控制中的重要环节，通过注册检验来验证申报注册产品是否达到产品标准的规定要求。按现有医疗器械市场准入要求，I 类产品的注册检验应按标准规定的型式检验要求进行自测，对不能自测的项目可委托有一定资质条件的检测机构进行检测；II、III 类产品的注册检验应当由国家食品药品监督管理局认可的、具有相应承检项目的医疗器械检测机构进行检测，出具检测报告。以下情况应在申报资料中应重点说明。

(1) 注册检验的产品标准是否与申报注册的产品标准相同？如有不同，应具体说明原因和内容等情况。

(2) 在注册检验报告中是否存在不合格项？如有，对不合格项采取了什么措施？是否进行补测？结果如何？

(3) 如注册检验报告是由两个以上报告合成的，应说明具体理由和提供如何保证所检产品是同一批号的证明。

(4) 对生物安全性控制关键在于生物学评价，如果有足够的文献资料、试验数据证明与人体接触的材料是安全的，包括符合以下条件的，就不必进行注册检验。生物相容性检测仅是在以上条件不能满足情况下的一种迫不得已的评价方法。

① 在产品重新注册时，同一生产企业使用相同原材料生产的同类产品，如果生产工艺和预期用途保持不变；

② 在产品申报注册时，同一生产企业使用已经通过生物学评价的原材料生

产的同类产品，如果生产工艺保持不变，预期用途保持不变或者没有新增的潜在生物学风险。

必要时，提交以下相关资料：

① 同一原材料生产企业提供的相同原材料的证明（采购发票复印件等）。

② 申报产品和同类产品的生产工艺，包括配方和添加剂不变的证明（工艺文件或作业指导书）。

③ 申报产品和同类产品的预期用途保持不变或者没有新增的潜在生物学风险的证明（说明书、产品标准和风险分析报告等）。

（5）对申请豁免 GB9706.1 中特殊类型有关条款注册检验的应当说明，并提供关键元器件的安全性证明。

（6）当申报产品满足医疗器械监督管理部门规定的豁免注册检验条件时，可在注册申报前不再进行注册检验，但在注册申报时，必须按医疗器械监督管理部门提出豁免注册检验的条件要求提供相关的资料。

五、临床试验或验证

临床试验或验证是对产品预期用途的确认，是医疗器械注册管理中的一项重要活动。申报资料应能说明临床试验或验证方案制定和实施的主要过程及其结论。

（1）临床试验是否在国家食品药品监督管理局规定的临床基地进行？（除体外诊断试剂的临床试验外）

（2）临床试验方案是否按《医疗器械临床试验规定》中的要求制定？方案是否经伦理委员会认可后实施？实施过程中是否有修改？修改方案是否经伦理委员会同意？

以上如有不是，则具体说明原因和理由。

（3）临床试验报告中的对受试产品预期用途的确认和禁忌证等是否有明确结论？

（4）临床验证报告是否已证明了验证产品不低于已上市产品的安全性和有效性？

（5）对二类产品，如已具备同类产品的临床资料，且有申报产品与对比产品实质性等同资料，可不再重复进行临床验证，但在产品注册申报时必须按医疗器械监督管理部门提出的要求提供相关资料。

六、工艺技术

所谓“以工艺技术为主的产品”，一般指以流水线生产方式制作的批量产品，类似一次性使用无菌产品等。对此类产品应说明生产条件及其控制，如无菌车间及其微生物和尘埃粒子检测情况、工艺流程及其关键工艺、特殊工艺。对关键工艺应说明解决关键工艺的具体措施，对特殊工艺应说明验证情况，必要时提供验证记录。

七、国内外同类产品现状及发展

应说明对国内外同类产品现状及发展趋势作一介绍，并就其中主要技术性能和安全性能方面与申报产品进行比较。

第六节　医疗器械注册单元

医疗器械的注册准入制度主要体现了上市的医疗器械应具有安全有效性，或者说，只要拟上市产品（可能是一组器械）具有同等安全有效性，且基本满足证后监管条件的，均可一并准予上市。正是基于这一点，世界各国政府积极研究具有同等风险的一组医疗器械，以便节约监督成本，提高审查效率，简化市场准入，满足医疗需求。

本章重点讨论注册单元的基本概念和划分原则及其注册单元检测等。

一、注册单元概念

同一注册单元是指在同一批件中获准上市的所有型号规格均不超越已判定的风险和不低于规定的安全有效性要求的一组医疗器械。在同一注册单元中的所有产品应是同一制造商在同一质量体系下采用相同的设计和工艺过程生产的产品，且具有相同的预期用途、技术结构和性能指标的不同规格型号，它们之间的不同点仅可能是产品的外形、尺寸、颜色。国际上把这种注册单元称之为“medical divice family”，即“医疗器械族”。

在临床实际使用过程中，针对临床某一特定手术需要，常将若干种不同的医疗器械组成医疗器械包，这些医疗器械通常是手术器械或手术过程中的敷料等。尽管包内的器械可以由不同生产制造商提供，并且产品名称也不同，但组合成器械包后就只能有一个产品名称，所以我们将它称之为手术器械包或敷料包。国际上把类似注册单元常称之为“medical divice group”，即“医疗器械组”。

二、注册单元划分

在同一个批准上市产品单元中的所有规格型号应不超越已判定的风险和不低于规定的安全有效性要求，这是注册单元划分的支点。按《医疗器械注册管理办法》规定，注册单元原则上以预期用途、技术结构、性能指标为划分的依据，其中，预期用途相同是划分注册单元的首要条件。同一注册单元中的产品结构、技术性能指标有主要和次要之分，支撑产品预期用途的为主要结构或主要技术性能指标，否则为次要的。因此，同一注册单元内各型号规格在相同的预期用途条件下，支撑产品预期用途的技术结构和性能指标应是基本相同。以下情况存在可作为同一注册单元的可能性。

（1）同一注册单元内所有不同型号规格，为实现产品预期用途的主要结构和主要技术性能指标相同或具有覆盖关系，但次要结构和次要技术性能指标可不覆盖，这种不覆盖按现有的科学技术认知水平判定既不改变产品预期用途，也不改变产品的安全有效性。如电动吸引器主要结构真空泵、管路及其控制系统是完全相同的，主要技术性能指标极限真空度和负压速率也具有覆盖关系，而次要结构台式或移动式是不同的，次要技术性能指标也不相同。

（2）容量、装量、功率等物理量变化，这种变化不会引起产品预期用途和安全性能的变化，仅是更好地满足不同层次的临床需求。如功率不等的空气净化器、生化培养箱等、体外诊断试剂等。

（3）重复性结构。如由 5 孔与 9 孔组成的手术无影灯，其中 5 孔与 9 孔在机械和电气结构上都是完全独立的。那么，可考虑 5 孔与 5 孔组成的手术无影灯和 5 孔与 9 孔组成的手术无影灯为同一注册单元。

（4）整机中的某些部件接口条件完全相同，仅是配置规格不司。如连体式牙科治疗设备中手机采用进口还是国产的部件，显示器采用 14″（英寸）还是 17″（英寸）。

（5）产品的预期用途、结构包括主要原材料和技术性能指标都相同，仅是外观尺寸不同。如医用橡胶手套、敷料等。

因为同一注册单元的前提条件是产品的预期用途相同，在很多情况下，能否作同一注册单元处理，关键在于主张的预期用途是否恰当。预期用途降低了，产品的主要风险也就可能释放了。

三、注册单元的替代检测

按《医疗器械注册管理办法》的规定，凡是同一注册单元内所检测的产品应当能够代表本注册单元内其他产品安全性和有效性的典型产品。在一般情况下，凡是同一注册单元的都应能选择其中一种最不利条件下能够反映单元中所有规格型号安全有效性的产品作为替代检测产品。如不能满足时，则应对产品中未覆盖安全有效性的相关部分加测相关项目。

四、需要关注的问题

（1）在医疗器械注册申请中应明确提出本次申报注册单元中所有的型号规格。

(2) 作为一个注册单元申报只能一个产品名称和一个预期用途。

(3) 作为一个注册单元申报的所有规格一般应在一份产品标准中体现。

(4) 在注册单元中新增规格或原规格发生改变，应关注新增规格或变化部分是否超越原来的安全设计和风险控制要求，注册产品标准中预期用途、主要技术性能指标是否改变。总之，原产品标准是否仍然控制新增产品规格的安全有效性。如射频消融器在首次注册时仅有一个应用部分，但在重新注册时增加了应用部分，新增的应用部分是用于人体不同部位。显然，重新注册产品扩大了原来认定的预期用途。

(5)《医疗器械注册管理办法》规定了注册单元划分的原则，但对不同的医疗器械，注册单元划分还是有不同的，没有统一的划分模式可行。实践证明，医疗器械的注册单元划分应针对具体的医疗器械品种进行讨论才是有意义的。

第七节　说明书、标签和包装标志

医疗器械说明书的形式一般分为使用说明书和技术说明书，对大部分简单重复产品可将技术说明与使用说明合并为使用说明书。

医疗器械使用说明书是指由生产企业制作并随产品提供给用户的，能够涵盖该产品安全有效基本信息，并用以指导正确安装、调试、操作、使用、维护、保养的技术文件。

医疗器械标签是指在医疗器械或者包装上附有的，用于识别产品特征的文字说明及图形、符号。

医疗器械包装标志是指在包装上标有反映医疗器械主要技术特征的文字说明及图形、符号。

为规范医疗器械说明书、标签和包装标志，保障医疗器械使用的安全有效，国家食品药品监督管理局于 2004 年 7 月 8 日发布并施行《医疗器械说明书、标签和包装标识管理规定》(下称《规定》)。根据《规定》，凡在中华人民共和国境内销售、使用的医疗器械都要附有说明书、标签和包装标志。作为注册上市产品的说明书、标签和包装标志内容的基本要求是真实、完整、准确、科学。

一、形式要求

说明书的文字、符号、图形、照片、表格、数字等应准确、清晰、规范。

(1) 生产企业名称、生产地址。生产企业名称是指生产申报注册产品的单位名称，生产地址是指申报注册产品最终检验合格出厂的地址。

(2) 联系方式。电话、传真、邮编等。

(3) 售后服务机构及其相关信息。

（4）注册标准编号、医疗器械生产许可证和注册证编号。

二、标签、包装标志

（1）产品名称、型号、规格。

（2）生产企业名称、注册地址、生产地址、联系方式。

（3）产品标准编号、医疗器械生产许可证和注册证编号。

（4）生产日期或批号。

（5）电源连接条件、输入功率。

（6）限期使用的产品：①标明生产日期和“有效期”或“保质期”；②特殊储存条件、方法。

（7）一次性使用产品应当注明“一次性使用”字样或符号。

（8）已灭菌产品应当注明灭菌方式（γ射线灭菌、环氧乙烷气体灭菌、高压蒸汽灭菌等），注明“已灭菌”字样或标记。

（9）外包装搬运标志的图形应符合国家标准要求。

三、医疗器械使用说明书的基本内容及其要求

1. 产品名称、商品名

（1）产品名称和商品名应与产品注册标准一致。医疗器械产品名称命名应符合国家医疗器械监督管理部门有关要求。

（2）文字性的注册商标、产品名称和商品名三者之间不能连写，以防误解。

（3）医疗器械商品名称的文字不得大于产品名称文字的两倍。

（4）商品名不得使用夸大、断言产品功效的绝对化用语。

2. 型号规格

型号规格应是本次申报注册产品的，包括申报同一注册单元所涉及的型号规格；型号规格应与产品标准所描述的相同。

3. 产品适用范围

对一个特定的医疗器械，在批准注册上市时的产品适用范围是确定的；一个产品（包括同一注册单元、器械包），只能有一个产品适用范围。

在产品适用范围中应明确产品的预期用途，必要时可明确使用范围，并与产品注册标准中相关内容相一致。

4. 结构组成

对两个以上部件组成的产品，一般应在产品结构组成中明确所组成的部件。

企业在申报产品结构组成时应使：

(1) 部件应具有相对独立性。

(2) 申报产品结构组成、实际批准上市产品、产品使用说明书、产品标准在产品组成的表述上应一致。

(3) 如产品有附件和配件，则在产品标准和说明书中应有相同的表述。

(4) 与人体直接或间接接触的主要原材料应明确。

5. 软件

产品的安全有效功能可以由硬件、软件实现，凡产品的安全有效功能是通过软件实现的，应在产品标准中规定软件的版本号、软件功能及其试验方法，并使产品使用说明书的有关表述在产品标准中能找到相应依据。

6. 使用环境

对使用环境条件如电源、水源、气源、温度、湿度、大气压等有要求的产品，应在说明书中明确，并与产品标准相一致。

7. 主要技术性能指标

说明书中的主要技术性能指标应与产品标准一致。为防止误导使用，属以下内容不应在说明书中表述。

(1) 产品设计试验的技术性能指标。

(2) 第三方检测报告中检测值。

(3) 生产企业的产品质量内控指标。

(4) 产品标准中未涉及的技术性能指标。

8. 禁忌证和副作用

医疗器械使用说明书中的禁忌证和副作用应与文献资料、临床报告和与已批准上市的同类产品所述的相一致。

9. 警示、注意事项、提示性内容

对医疗器械的剩余风险，可通过警示、注意事项、提示性内容进行释放。

(1) 产品在正确使用过程中出现意外时，对操作者、使用者的保护措施以及应当采取的应急和安全措施，如将治疗床降到最低，让患者撤离现场，切断电源等。

(2) 在使用中，与其他产品可能产生的相互干扰及其可能出现的危险性。

(3) 使用前需要消毒灭菌的，应当说明消毒灭菌的方法。

（4）一次性使用产品的，应当注明“一次性使用”字样或符号。

（5）已灭菌产品的，应当注明灭菌方式（γ射线灭菌、环氧乙烷气体灭菌、高压蒸汽灭菌等），注明“已灭菌”字样，并说明包装破损的处理方法。

（6）限期使用的产品：标明生产日期和“有效期”或“保质期”。

（7）特殊储存条件、方法。

（8）产品使用后需要处理的，应当注明相应的处理方法，如用后产品请有资质的单位进行毁形处理等。

（9）产品需要同其他产品一起安装或协同操作时，应当说明联合使用设备、要求、使用方法和注意事项等，如血压计与听诊器、输液加温器与输液蠕动泵等。

（10）根据产品剩余风险，在产品正常使用中可能带来的危害或副作用和应当提示使用者注意的其他安全事项。

10. 使用说明

使用说明内容要详尽、具体、可操作性强。

（1）操作界面、操作内容和操作步骤。

（2）当相关器械组合使用时（如血压计与听诊器），应对组合使用过程和要求进行描述。

11. 设备安装

（1）对有设备安装要求的，应当提供安装说明及其技术文件（如电气原理图、接线图等）。

（2）产品正确安装所必需的环境条件及鉴别是否正确安装的技术信息。

（3）其他特殊的安装要求。

12. 外围连接

产品有外围设备连接的，应当明确所遵循的相关安全标准或规定（如与产品连接的打印设备等应符合 S232 通信接口安全要求）。

13. 产品维护和保养方法

（1）维修人员的资质要求。

（2）产品维护和保养方法。

（3）常用故障处理方法和器件更换，如熔断丝规格等。

14. 专业安全要求

应按照相关的专用安全标准对使用说明书、标签和包装标志的要求进行编写说明书。如医用电气设备应按 GB9706.1《医用电气设备　第 1 部分：安全通用要求》中有关使用说明书的要求编写使用说明书，至少应考虑以下内容。

（1）有关警告性说明。

（2）标志、图形的说明。

（3）电池的说明。

（4）熔断器和其他部件更换的说明。

（5）有关线路图、元器件清单的说明。

（6）有限制的环境温度范围的说明。

四、严禁宣传的用语

产品使用说明书既是由生产企业制作的，能够涵盖该产品安全使用基本信息的，并用以指导正确安装和使用的技术文件，同时说明书又具有广告的属性。因此在《规定》中明确提出在说明书、标签、包装标志中严禁宣传的用语。

（1）含有“最高技术”、“最科学”、“最先进”、“最佳”等绝对化语言和表示的。

（2）含有“疗效最佳”、“保证治愈”、“包治”、“根治”、“即刻见效”、“完全无毒副作用”等表示功效的断言或者保证的。

（3）说明治愈率或者有效率的。

（4）与其他企业产品的功效和安全性相比较的。

（5）含有“保险公司保险”、“无效退款”等承诺性语言的。

（6）利用任何单位或个人的名义、形象作证明或者推荐的。

（7）含有使人感到已经患某种疾病，或者使人误解不使用该医疗器械会患某种疾病或加重病情的表述的。

（8）法律法规规定禁止的其他内容。

第八节　医疗器械申报注册

一、医疗器械注册申报的基本原则

1. 产品质量的责任主体是企业

按照《医疗器械监督管理条例》规定，对医疗器械产品市场管理实行准入制，医疗器械政府管理部门负责对拟上市产品进行安全有效性审查，未获准擅自上市将依法处理。事实上，首先，作为政府管理部门对医疗器械审查形式基本属文件化审查，特别是在注册审查中限于一定的科学技术认识水平和受管理效率及成本等因素的影响，因此这种上市前的审查是有限审查；其次，企业在上市前很难识别所有的潜在风险，并采取卓有成效的控制手段；再次，上市后企业如何保证医疗器械产品在规定的质量体系下进行生产、经营和服务，因此，获准上市产品可能在使用中还会出现产品质量问题或不良事件，医疗器械生产企业既是医疗器械产品上市受益者，同时也是产品质量的主要责任者。医疗器械生产企业应当将医疗器械风险管理贯穿医疗器械生产、经营和服务的全过程，在把医疗器械产品推向市场的同时，确保上市的医疗器械产品安全有效，并承担相关的社会义务和法律责任。

2. 谁主张，谁举证

医疗器械注册申报工作主要包含二大内容：一是主张产品的预期用途；二是根据这一主张按注册要求进行举证。

首先，主张是企业的权利，利用注册申报资料是最好的主张渠道。主张的主要内容是产品的预期用途及其为达到这一预期用途要求产品应胜任的使用状态。对同一产品，产品的预期用途可能是相同的，也可以是不同的。主张产品预期用途的程度和范围不同，产品的风险就会不同，管理类别也会变化。企业的主张一旦判定为符合医疗器械定义的，该产品就应纳入医疗器械法规进行管理，接收国家医疗器械监督管理部门监督约束；同时，根据产品的预期用途及其使用状态等因素确定管理类别。生产企业按明确的管理类别进行注册申报，同时承担相应的举证义务。如无法举证或举证不力，企业的主张可能不被认可。因此，主张与举证是辩证的统一体，明确的主张和科学、规范、充分、真实的举证，这两个方面构成了医疗器械产品注册申报资料的最基本要求。

3. 申报是拟订，批准为审定

医疗器械市场准入制决定了医疗器械产品上市前必须得到政府批准，而且这种市场准入审查被视作为是实质性审查，所有的审查资料都要被确认。企业的申报主张，如产品名称、商品名、产品分类、注册单元、产品标准、使用说明书等在未批准前都是拟定的，仅当注册申报资料通过国家规定的医疗器械监督管理部门批准，这些资料才可以作为最终的上市依据。例如，企业的产品标准一旦通过注册批准，则把产品标准称之为注册产品标准。

医疗器械监督管理部门基于企业诚信原则前提下，依据医疗器械监督管理条例和医疗器械注册管理办法等相关法规规章和国家标准、行业标准对注册申报资料进行实质性审查和风险评估，并在规定的时限内给出是否准予上市的结论。一经注册批准认定的产品标准、产品使用说明书、包装、标签等上市资料，企业不得进行任何增加或减少等擅自修改；或者说，如果企业要对这些资料进行修改并上市，必须得到医疗器械监督管理部门的批准。

二、注册申报资料的基本要求

在申报医疗器械产品注册之前，企业应仔细查询医疗器械注册管理的有关法律法规及其文件，根据16号令和医疗器械监督管理部门有关注册申报资料的规定要求进行申报，所提交的申报资料应能体现证前举证安全有效，证后提供监管依据。

为使申报产品顺利通过上市前的审批，申报企业应首先明确申报产品是否为医疗器械？注册类型是什么？并依据申报要求提交申报资料。申报资料应符合以下基本要求：

1. 真实性要求

申报人应确保并声明所提交的全部资料具有真实性。

2. 一致性要求

（1）申报产品名称（包括商品名）应在申报注册申请书、产品使用说明书、包装、标签、检测报告、临床报告等注册申报资料中相一致，如有不一致应说明原因。

（2）产品适用范围、型号规格（包括申报注册单元中的所有规格型号）、产品结构组成（包括与人体直接接触或间接接触的主要原材料）、主要技术性能指标应明确，且在申报注册申请书、产品标准、产品使用说明书等申报资料中相一致。

（3）生产者的联系信息应与生产许可证相一致，包括两地生产和异地生产。

（4）说明书中的软件版本号与产品标准相一致。

（5）说明书中的使用条件（环境）、贮存条件、有效期等应与产品标准一致。

（6）检测报告中所检测项目和要求应与申报的产品标准相一致。

3. 关联性要求

医疗器械注册审查要求注册标准、检测报告、临床验证报告、产品使用说明书、风险分析报告等申报资料与申报注册产品相互间应关联。

（1）产品使用说明书与注册标准、风险管理报告、申报注册产品相互间关联。

（2）产品适用范围与临床报告相关联。

（3）有豁免生物安全性检测要求的应与质量体系等文件和记录相关联，在体系中应能确保经验证的主要原材料和加工工艺（包括配方、添加剂）不变，并具有良好的可追溯性。

4. 形式要求

（1）申报资料一般采用 A4 纸，小 4 号字打印，所有文件应是清晰的。

（2）有外文资料的应将其中相关内容翻译成中文，以中文申报为准。

（3）申报资料一般采用原件，特殊情况要使用复印件的，应在复印件上加盖申报单位公章；其他属申报单位文件的均应在文件上加盖申报单位公章。

（4）申报资料中涉及有主要责任人员签字的都应有签字记录。

（5）选用国家标准或行业标准作为注册标准的，应注意版本为现行有效；重新注册时提交的产品标准应当年新版本。

三、FDA 医疗器械入市监管模式简介

FDA 隶属于美国卫生和人类服务部，总部设在马里兰州罗克维尔（Rockville），美国医疗器械监管的组织机构如图 9-2 所示。

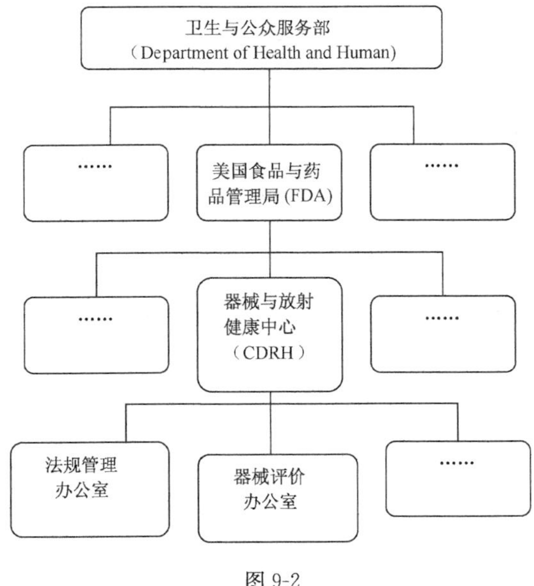

图 9-2

FDA 负责对药品（包括兽药）、生物制品、医疗器械、食品、化妆品以及辐射类产品的监管，包括医疗器械上市申请的递交、评审和批准及不良事件报告和

召回通报，确保此类产品的安全性和有效性，从而保障大众的健康。同时，FDA 还致力于促进企业加快药品食品的创新，帮助大众获取科学的用药信息，以提升大众的健康水平。

1. FDA 对医疗器械管理理念

FDA 认为，在确定医疗器械的安全性、有效性时，都是针对一个合理的、可预见的范围来说的，既考虑到医疗器械的安全有效使用，也考虑到花多大的代价获取所需的安全有效，FDA 不主张花比失去控制一个可接受的风险或控制一个不可避免的风险更大的经济代价去界定该器械的安全有效性。这种管理理念是从社会成本出发，兼顾了医疗器械的使用对象的利益及企业的经济利益。正是按照这种管理理念，FDA 致力于建立了指南文件，将科学和法规要求融合到指南文件中，再传达给企业，特别是 1976～1997 年，已经在 510（k）方面拥有大量的指南文件。

FDA 认为医疗器械管理其实质是风险管理，控制风险最有效的办法是通过质量体系管理。FDA 不认为产品的质量是靠检验出来的，而是依赖于医疗器械的质量体系。如满足无菌要求的不是无菌检验，而是通过灭菌过程的确认，使产品达到无菌。

FDA 认为，大部分医疗器械可以通过承诺上市，不需要审查批准，只有高风险产品例外。

2. 美国医疗器械市场准入的三个基本问题（如图 9-3 所示）

（1）确定是否为医疗器械。医疗器械产品的预期用途符合医疗器械定义的就按医疗器械进行管理。

（2）确定医疗器械分类。在本章第二节中有较详细的说明。

（3）选择上市申报申请的途径。医疗器械拟上市产品可选择申报的主要途径有 510（k）和 PMA。

I 类产品只需一般控制，通常豁免入市前通告流程（豁免率 74%），FDA 将通过豁免器械的清单在 http://www.accessdata.fda.gov/scripts/cdrh/cfdocs/cfpcd/315.cfm 网站上公布。如不属于豁免范畴，则要求器械在上市需提供 510（k）申请，除法规另有规定的外。属 III 类高风险器械或新产品的要求通过 PMA 审批后方准上市。

3. 510（k）

1976 年发布的医疗器械修正案在《联邦食品药品化妆品法》中的第 510（k）章节主要叙述了医疗器械在美国入市前的一种模式要求，510（k）要求器械入

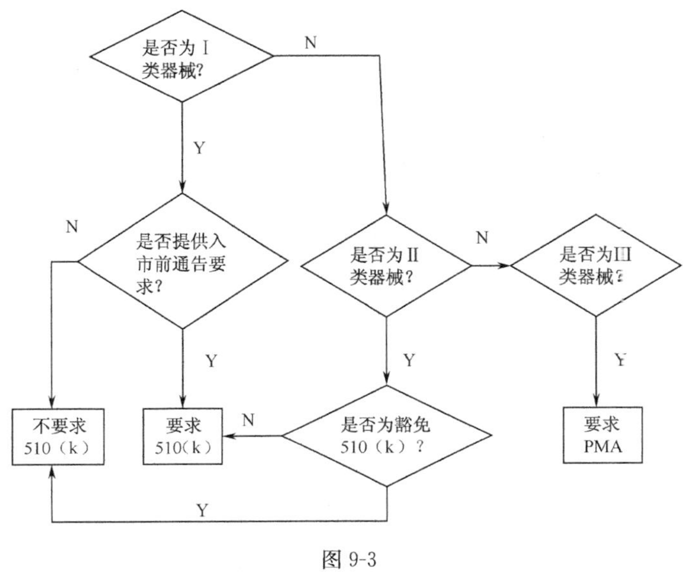

图 9-3

市前通告，但不是批准。

(1) 需递交 510 (k) 申请的申报企业：①医疗器械的生产商；②产品开发者；③改变医疗器械或其标签的再包装者；④改变医疗器械标签的再贴标者。

(2) 需递交 510 (k) 申请的申报器械：①部分 I 类器械；②II 类器械（豁免的除外）；③不满足九种豁免标准的 I 类或 II 类器械；④1976 年以前上市的器械如有改动；⑤1976 年以前上市的 III 类器械，且 FDA 没有 PMA 的要求。

(3) 不需要递交 510 (k) 申请：①1976 年 5 月 26 日前上市的产品；或者该产品已由其他公司申请过 510 (k)；②不改变器械或其标签的再包装者；③分销商或进口商，促进器械的销售，但不改变标签或器械本身；④豁免于条例或法规的 I 类和 II 类器械；⑤不是成品器械/部件；⑥美国境外的器械成品；⑦1976 年修正案发布前上市的器械；⑧ 定制器械（义齿）。

(4) 申报 510 (k) 的主要内容：①器械名称（包括商品名/专利商标名、通用名或分类名）；②医疗器械描述：医疗器械的预期用途和使用说明、性能规格、设计要求和制造信息、所有的型号，适用时，应包括器械的照片和工程图纸；③实质性等同（substantial equivalence，SE）分析说明；④产品标志；⑤包装标签；⑥消耗品；⑦灭菌方式；⑧与患者直接或间接接触部分材料的生物相容性；⑨软件；⑩电磁兼容性和电气安全性；⑪申报器械执行的标准，包括列出所有符合的相关标准。

(5) 选择 510 (k) 的类型。510 (k) 是企业向 FDA 申请医疗器械市场准入的一种形模式，它要求企业提供的信息和举证的材料足以说明拟上市的医疗器械产品与已合法上市的其他产品在安全性和有效性上是否实质性等同（SE）。

在联邦食品、药品、化妆品法第 513（i）（1）章节中对实质性等同表述为：申报资料应能证明拟上市的医疗器械的安全有效性不低于一个或多个已上市的对比器械，其预期用途和技术特征需均与对比器械相同；或者，拟上市的医疗器械与已合法上市的医疗器械具有相同的预期用途，但不具有相同的技术特征，则需证明这些不同不会使该产品引发新的安全有效性问题，并且该器械的安全有效性不低于已上市产品。

这里所说的“技术特征不相同”是指申报器械与对比器械存在重大改变，其包括：①设计；②材料；③能量源；④其他特性。

必要时，可能会要求提供“适当的临床或科学数据”以表明该器械虽然技术特征不同于对比器械，但安全有效性不低于对比器械。

所有申报 510（k）都建立在实质性等同的基础上，说明实质性等同必须递交的主要信息是申报器械在预期用途、工作原理、结构组成、主要原材料、操作方式、性能规格、测试数据等方面与对比产品的对比情况。

510（k）规定在医疗器械上市前至少 90d，企业必须向 FDA 提交 510（k）申请。FDA 可以组织一套实质性等同（SE）程序来决定准备上市的医疗器械与已合法上市的医疗器械是否实质等同。如 FDA 认定该器械实质性等同，器械可以上市；FDA 认定该器械不是实质性等同，则申报的制造商应申请 PMA。

为了提高 FDA 的工作效率，绝大多数的 I 类产品和部分 II 类产品可以豁免 510（k），1998 年 1 月 21 日，FDA 颁布了不需要申请 510（k）的 II 类产品目录。对于法令修订前（1976 年 5 月 28 日以前）的 III 类医疗器械来说，FDA 认为 510（k）已足以确保这一类产品的安全性和有效性，并且其中有一部分产品的管理类别有可能通过重新分类程序下降为 I 类或 II 类。

为了提高 510（k）的评估效率，FDA 在 1998 年发布“新 510（k)”，该程序是在传统的 510（k）的基础上增加了两种途径：“简化 510（k)”和“特殊 510（k)”。于是，申报者首先要正确选择 510（k）的类型。需要说明的是，所有的 510（k）都建立在实质性等同的基础上。如图 9-4 所示。

① 特殊 510（k)。特殊 510（k）适用于制造商对自己生产的已上市产品进行改进，这种改变不影响其预期用途或基本的科学技术。

制造商按照 21 CFR Part 820.30 设计控制进行评估，递交 510（k）申请时，需同时递交设计控制的符合性声明，并重点说明设计控制活动的概述、风险分析的方法（用于评估器械的改变对产品本身的影响）、风险分析的结果和所需的验证/确认活动（包括方法和接收标准）。

器械修改是以质量体系中的设计控制为前提，为符合质量体系法规要求，企

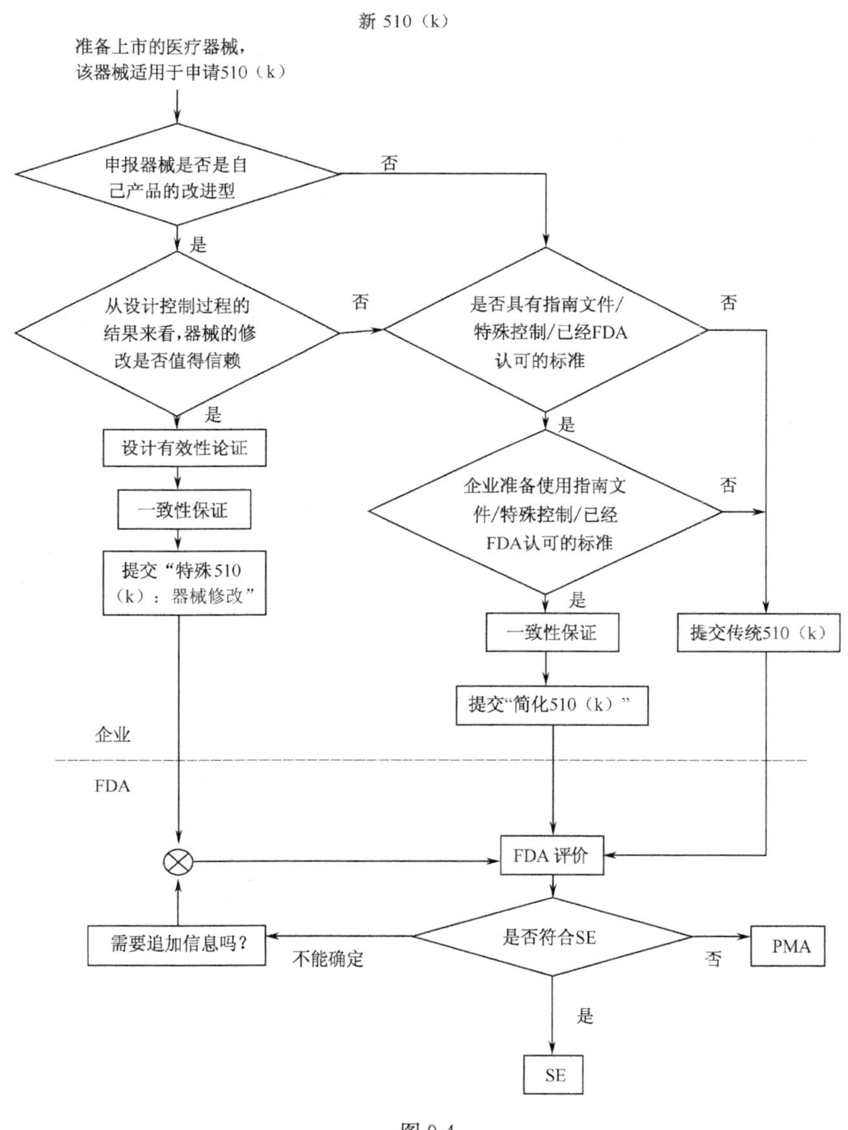

图 9-4

业应对产品的设计和改进措施进行管理，包括设计输入、风险分析、设计输出、设计验证/确认等设计全过程控制，并保持过程记录文件。在这个过程中，企业必须保证设计输入的要求，符合器械的适用范围和满足使用者的需要。企业必须定义设计输出并使之文件化，改进产品设计要求，获得验证性和有效性结果，最终产生设计输出，形成器械控制记录（DMR）。

根据质量体系法规，企业有责任通过建立内部审核来评估设计控制的一致性，企业也可以依靠第三方进行评估。企业签署的一致性声明或第三方的评估结果应当包含在DMR中。需要明确的是，设计控制一致性的责任是制造商，而不是第三方。

为了鼓励企业选择“特殊510（k）”来获得修改后器械的上市批准，FDA的医疗器械评估办公室将尽力在申报资料受理的30d内完成特殊510（k）审查。为了尽快通过批准，特殊510（k）的申请者应该对每一修改进行评估，保证每一修改不会影响产品的适用范围和改变产品基本的科学技术，包括改变产品的工作原理或操作原理。

此外，还应考虑到材料的变化，很多材料上的变化情况也可以申请特殊510（k）。材料中的某些变化可以提高产品的安全性和有效性，但是要求更高的评估。如植入性产品使用的材料或与人体组织或血液接触的材料变成从未被相同适用范围、相同管理类别已合法上市的器械所使用过的材料，这种情况就不适合申请特殊510（k）。类似的，器械的作用成分变成从未被其他上市产品使用过的成分也不适合申请特殊510（k）。例如，生产接触性眼睛消毒液的企业想将过氧化氢变成从未被已合法上市的产品使用过的杀菌剂。上述两种形式的修改包括了医疗器械基本成分的重大变化，因此这种变化被认为是基本科学技术的变化，应该提交简化510（k）或传统510（k）申请。

然而，材料制作过程的改变，如相同适用范围、相同管理类别的其他已合法上市的产品使用过的材料的变化，应适合申请特殊510（k）。次要成分的改变应该适用于特殊510（k）审查，因为这种变化不是器械基本科学技术的改变。

特殊510（k）审查时限30d。

② 简化510（k）。简化510（k）适用于制造商已建立了特殊控制、已有适用FDA申报器械的指南或公认的标准。制造商应用特殊控制、FDA指南或者符合相关标准，并在申报510（k）时递交特殊控制的概述和/或指南、标准的符合性声明。

为保障安全性和有效性，II类产品除了符合一般控制要求外，还必须符合特殊控制。特殊控制包括性能标准、售后监控、患者登记、说明书的改进和宣传、推荐性文件以及其他合理保障器械安全、有效的措施等控制方式。

在过去的几年中，FDA致力于建立指南文件，将法规和科学的要求融合到指南文件中，再传达给企业。在510（k）方面已经建立了大量的指南文件，同时部分I类产品、II类产品和法令修订前的III类产品的指南文件正在建立之中。这些指南文件明确了上市认可所需的信息。按照指南文件来准备510（k）申请更加容易，也方便审查，可以显著提高510（k）的评估和批准的效率。

除了指南文件和特殊控制外，FDA 还被授权在联邦登记上以发布公告的方式认可全部或部分国家和国际标准。认可的标准可以在指南文件或个别政策文件中引用，或作为降低风险的特殊控制。IEC60601—1 就是公认标准的一例。

简化 510（k）申请文件主要包含的信息产品描述、产品的适用范围、标贴、如何降低风险的说明及支持数据、产品执行标准及一致性声明、产品附件等。同时，简化 510（k）要求着重说明申请文件与指南文件、特殊控制、已认可标准一致性或有偏离的地方。

在简化 510（k）中，企业可以选择通过第三方来评估与已认可标准的一致性。在这种情况下，第三方将为企业进行标准的一致性评估，并且向企业提供评估结果。在简化 510（k）申请中应该包括企业签署的一致性声明。同时，根据质量体系法规，第三方的评估结果应当保存在器械控制记录（DMR）中。必须指出的是，产品是否符合已认可标准的责任是企业的，而不是第三方的。

简化 510（k）审查时限 90d。

③ 传统 510（k）。在没有指南文件、特殊控制和已认可的标准的情况下，一般选择传统 510（k）。对于已上市的产品，如已上市产品发生重大改变或申请增加新的预期用途，可能需要传统 510（k）。

所有的 510（k）都建立在实质等同的基础上。FDA 建议，提交传统 510（k）的企业应确定一个已合法上市的医疗器械作为比较的依据，并将设计控制中所形成的数据和信息置于 510（k）申请文件中。

传统 510（k）审查时限 90d。

4. PMA

PMA 适用于 III 类产品或者该产品没有可比对新产品上市的准入要求。根据法令，不符合 PMA 要求的 III 类医疗器械不得销售，PMA 是入市前的批准。

PMA 要求申报的主要内容：申请者名称、地址、文件目录、器械概述、工艺概述、生产控制、符合标准、临床试验、参考文献、样品验证、使用说明等。

PMA 要求申报资料在能涵盖以下信息，器械的描述：产品的适用范围是什么？获得哪些安全有效性的科学数据？器械如何使用？产品的标签/标志是否齐全？以何种生产方式组织生产？产品是如何制作？在哪制作完成样品的？将来准备在哪里组织生产？生产工艺是否有可重复性？器械质量如何保持稳定？是否需要灭菌？类似产品上市的历史信息有哪些？

对法令修订前的产品、法令修订后的产品和传统 III 类医疗器械，应用 PMA 要求时应适当加以区分。法令修改前的医疗器械是指在 1976 年 5 月 28 日（医疗器械修订案颁布日期）以前上市的产品。直到最终分类法规颁布后 30d 或需要提交 PMA 申请的最终法规颁布后 90d，法令修订前的 III 类医疗器械才需要提交 PMA 申请。法令修改后的医疗器械是指在 1976 年 5 月 28 日或之后第一次上市的产品。如果法令修改后的医疗器械与法令修改前的医疗器械是实质等同的，该产品的适用要求与法令修改前的医疗器械相同。在检查完 510（k）申请报告之后，FDA 可以决定该产品是否与法令修改前的医疗器械实质等同。经 FDA 判断与法令修改前的医疗器械或法令修改后、分类为 I 类或 II 类的医疗器械不具备实质等同的医疗器械被认为是“新”的医疗器械，自动进入 III 类管理。在这类医疗器械上市之前，它们必须具有 PMA 申请。

根据 FDA 法规，III 类传统医疗器械和“新”产品上市前自动分为 III 类管理。申请者可以向 FDA 申请重新分类程序要求降为 I 类或 II 类管理。

对 PMA 申请、或重新分类请求起支持作用的临床研究适用于 IDE（investigational device exemption）法规。如提供的临床数据来源于美国境外，则该数据需适用于美国大众和医疗习惯。

生产商需符合 PMA 质量体系法规的要求，设计控制、生产过程，包括生产线布局、生产流程等质量体系检查会影响 PMA 审批的结果。

FDA 承诺在批准该 PMA 之前不会向外界泄露任何申请信息，但获得批准后，FDA 可对外公布该 PMA 的概要和安全有效性数据。

在申报者递交入市前批准申请后，FDA 一般在 180d 之内组织审评会给出结论，但如 FDA 认为有必要，特殊情况可以延长审查时限。

思 考 题

1. 请举二三例说明在这些产品中哪些技术性能指标既控制安全性，又属于有效性。

2. 请在《医疗器械分类目录》中分别对有源产品和无源产品取 I 类、II 类和 III 类各一个产品，说明其分类的理由。

3. 请在《医疗器械分类目录》中任取三个有源产品和无源产品，写出其产品名称由哪几部分组成。

4. 请指出医用电动吸引器可能存在哪些危害？并估计在正常及单一故障两种状态下的一个和多个风险。

5. 请说明医疗器械与普通产品有何异同，并选择自己熟悉的二类以上产品进行风险分析。

6. 某医疗器械公司需申报注册的产品与已获准上市的二类产品是同类产品，如该公司在申报该产品时不想重复临床试验，则应在申报资料中说明哪些内容。

7. 请说明，在我国医疗器械法规与医疗器械标准的关系。

8. 长江医疗器械有限公司自行研制符合市场需求的轮椅，此次申报注册的共有三种规格型号，并选用国家标准作为注册时的产品标准。试问：根据企业要求，将三种规格型号作为同一注册单元进行申报，在申报注册资料中应说明哪些内容才能符合市场准入要求。

9. 某企业在器械批准上市后要对产品中存在的不合理部分进行改进，如果你是该企业的注册申报员，你该如何处理?

10. 请说明美国FDA对医疗器械市场准入与中国的有何异同。

参考文献

郝和平，等. 2000. 医疗器械监督管理和评价. 北京：中国医药科技出版社.

黄嘉华，等. 2003. 关于与WTO接轨的医疗器械市场准入模式. 中国医疗器械杂志，(1).

《医疗器械分类规则》国家食品药品监督管理局令第15号.

医疗器械监督管理条例.

《医疗器械临床试验规定》国家食品药品监督管理局令第5号.

《医疗器械说明书、标签和包装标志管理规定》国家食品药品监督管理局令第10号.

《医疗器械注册管理办法》国家食品药品监督管理局令第16号.

GHTF Study Group 1. 2005. Essential Principles of Safety and Performance of Medical Devices.

YY/T 0287—2003/ISO13485：2003. 医疗器械 质量管理体系用于法规的要求.

YY/T 0316—2003/ISO14971：2000. 医疗器械 风险管理对医疗器械的应用.

第十章　医疗器械不良事件监测

医疗器械作为近代科学技术的产品已广泛应用于疾病的预防、诊断、治疗、保健和康复过程中，成为现代医学领域中的重要诊疗手段。但是，与药品一样，使用医疗器械也具有一定的风险。因此，对医疗器械上市后不良事件的报告监测和管理，最大限度地控制医疗器械潜在风险，保证安全有效地使用医疗器械是非常必要的。美国 1995 年以来每年收到死亡和严重不良事件报告约十多万件。

2003 年 10 月，美国 FDA 就 Cypher 冠状动脉支架有关的不良事件对医师发出公共健康通告，这是由于 FDA 在批准该支架上市后不到半年就收到 290 多份关于植入该器械之后 1～30d 发生血栓形成的报告，60 多例患者的死亡与使用该器械有关。由于不良事件的原因至今尚未确定，FDA 和该器械制造商正在开展跟踪随访和监督研究。

2004 年 1 月美国强生公司生产的 300 个心脏支架被召回，原因是支架缺少足够的聚合物载体，因而可能会影响到该支架的疗效。

据统计，截至 2004 年 11 月，全国医疗器械的生产企业总数为 10447 家，其中三类生产企业 1779 家；截至 2003 年 12 月，全国共发放注册证 28043 个，其中国产三类注册证 3531 个。据估计，我国每年发生的医疗器械不良事件大约在 4 万件以上。面对如此庞大的医疗器械品种数量和潜在的不良事件危害，加强对上市医疗器械的监管显得非常必要。

医疗器械监管包括三方面内容：产品注册审查、质量体系考核和产品安全性监管。开展医疗器械不良事件监测和再评价是整个医疗器械上市后安全性监管必不可少的重要一环。

第一节　医疗器械不良事件的概念

按照我国目前上市后医疗器械不良事件监测工作中采用的医疗器械不良事件的定义是指获准上市、质量合格的医疗器械导致或可能导致的任何不希望出现的有害事件。在许多国家，法规主要要求报告由医疗器械导致或可能导致的死亡或严重伤害事件。这里的“严重伤害”包括以下情形：①威胁生命的疾病或伤害；②对机体功能的永久性损伤；③对机体结构的永久性破坏；④需要药物或手术介入才能避免机体功能的永久性损伤或机体结构的永久性破坏。

医疗器械不良事件监测一般是指对医疗器械不良事件进行记录、收集、分析、评价和控制、处理的过程。这一概念与欧洲医疗器械警戒（vigilance）的内涵是大致相同的。因此，广义的不良事件监测概念包括了上市后风险管理的内容。

医疗器械不良事件主要有以下几种表现形式。

（1）器械故障，即医疗器械在符合其性能规范或性能要求的情况下失效，特别是长期植入人体和支撑生命的医疗器械，一旦出现“故障”必然导致不良事件发生。

（2）非预期的副作用，即事前不可预测的不良作用。

（3）测试、检查以及使用信息表明如继续使用将导致不良事件发生。

第二节　导致医疗器械不良事件的主要因素

一、产品的固有风险

即医疗器械自身及其使用中固有的潜在风险。

1. 设计因素

受目前科学技术条件、认知水平、工艺等因素的限制，医疗器械在研发过程中不同程度地存在目的单纯、考虑单一、设计与临床实际不匹配、应用定位模糊等问题，如设计心脏瓣膜时瓣膜开口过大，临床应用后就可能出现开放性卡瓣的情况，不但不能起到治疗作用，还会给病人造成栓塞，导致病情恶化。

设计缺陷包括设计策划、设计评审、设计验证、设计确认、未履行风险分析原则等诸多环节中存在的缺陷，例如所选择的材料不具有预期的适用性。有些缺陷是由于现有方法学，如安全性评价方法、临床研究方法的局限性等而难以避免的。由于设计缺陷导致的不良事件约占全部不良事件的14％ 。

2. 材料因素

医疗器械的许多材料源于工业，不可避免地要面临生物相容性、放射性、微生物污染及化学物质残留、降解等实际问题，一种对于医疗器械本身非常好的材料，不一定就能完全适用于临床。而更多的化学材料对人体安全性的评价，往往不是在短时间内能够完成的。

3. 临床应用因素

主要是风险比较大的医疗器械，如人工心脏瓣膜、血管内支架，在预期设计、使用过程中都存在很大的风险，包括手术操作过程、与其他医疗器械协同、应用人群特性、医师对新医疗器械的熟练程度等。

二、医疗器械性能、功能故障或损坏

医疗器械使用者在按照产品性能规范、符合其要求的条件下使用时，医疗器械发生故障或损坏，不能按照预期的意愿达到所期望的目的，如心脏瓣膜置换术后发生碟片脱落；整形外科的一些软组织充填物使用后沿重力方向移位或受肌肉活动挤压移位导致外观畸形等。

三、标签、产品使用说明书问题

企业在产品注册时由药品监督管理局批准的标签、产品使用说明书是具有法律效力的，如角膜塑形镜，简称 OK 镜，要根据已用镜片的矫正效果，不定期地验配更换新镜片。由于产品说明书不明确，部分患者在长期佩戴 OK 镜后发生视觉模糊、角膜发炎等情况，严重者发生阿米巴原虫、铜绿假单胞菌等感染，甚至导致角膜穿孔、眼球受损。

产品的标签、使用说明书是产品的有机组成部分，更是具有法律效力的技术文件。如果由于认知或技术条件限制等原因导致产品标签或使用说明书内容不够准确、具体和全面，就不能发挥指导正确使用的作用，甚至误导患者或操作者，造成不良事件发生。例如，角膜塑型镜在上市初期由于产品使用说明书内容不明确，部分患者在长期佩戴后发生视觉模糊、角膜发炎、眼球受损等不良事件。这类不良事件往往危害大且波及面广，约占不良事件总数的 60%～70% 。

四、上市前研究的局限性

产品上市前的安全性评价包括物理学评价、化学评价、生物学评价和临床评价。上市前评价研究的结果，相对于整个产品的生命周期和使用范围来说，仅是用于判断是否能够正式用于人体的阶段性结论。尤其是上市前临床试验，因受伦理、社会、经济等因素的限制，普遍存在研究时间短、例数少、对象窄、人群选择偏倚等问题，而一些发生率较低的长期效应只有在产品投入市场、大量人群长期使用后才可能被发现。

第三节　医疗器械不良事件监测的必要性

建立医疗器械不良事件监测制度，明确不良事件监测的必要性，形成整个社会对医疗器械不良事件的正确认识，是极其重要的。从国内外情况来看，开展医疗器械不良事件监测工作具有如下几方面的直接意义。

（1）保障广大人民群众人身健康和安全。

通过对医疗器械不良事件的监测，可以及时、有效地发现所发生的不良事

件，尤其是严重不良事件，避免或减少同类不良事件在不同时间、地点的重复发生，从而加强对患者、使用者和其他相关人群健康和安全的保护。

（2）为上市后监督管理提供依据。

医疗器械不良事件监测，是医疗器械监督管理的重要组成部分。许多国家，尤其是发达国家，已经将医疗器械不良事件报告作为一种强制报告制度。鉴于医疗器械上市前研究的局限性，只有通过对其上市后安全性的进一步监测，才能为管理部门制定相关法规和对存在安全隐患的产品采取相应行政措施提供科学依据。

（3）促进产品合理使用。

通过对医疗器械不良事件的关注和观察，将有利于对产品的使用方法，如使用时间、疗程、禁忌、患者年龄、操作规程、出现不良事件后的处置方法等做出进一步探索，从而提高产品的使用效果，降低产品的使用风险，改善对患者、使用者和其他人的健康和安全的保护。

（4）促进新产品开发和产业健康发展。

发现医疗器械不良事件，不仅不是对产品的全面否定，相反还可进一步改进医疗器械的使用性能，降低和控制其风险发生的可能性，推进生产企业对新产品的研制开发，促进医疗器械工业的健康发展。

（5）医疗器械不良事件监测与医疗器械注册的关系。

本章的医疗器械不良事件监测是指已经获准上市的医疗器械进行不良事件监测，但是医疗器械不良事件监测与医疗器械注册也有密切的关系。

2000 年由国务院颁布的《医疗器械监督管理条例》第 18 条明确规定“国家对医疗器械实施再评价及淘汰制度”，“对不能保证安全、有效的医疗器械，由省级以上人民政府药品监督管理部门撤销其产品注册证书。被撤销产品注册证书的医疗器械不得生产、销售和使用，已经生产或者进口的，由县级以上地方人民政府药品监督管理部门负责监督处理”（第 32 条）。这为我国全面建立医疗器械不良事件监测和再评价系统提供了法规依据。

根据《医疗器械临床试验规定》，在临床试验方案制定的过程当中，对于那些“已上市的同类医疗器械出现不良事件，或者疗效不明确的医疗器械，”要由国家食品药品监督管理局统一制定（第 13 条）。

在临床试验过程当中，实施者有责任向有关部门如实、及时报告严重副作用和不良事件（第 19 条）负责医疗器械临床试验的医疗机构及临床试验人员需如实记录、上报、处理、控制受试产品的严重副作用和不良事件，发生严重副作用时应在 24h 内报告（第 23 条）。

在临床试验完成后，临床试验报告中应包括“临床试验中发现的不良事件和副作用及其处理情况”等内容（第 26 条）。

根据《医疗器械注册管理办法》(局 16 号令) 已经获准注册的同类产品按照规定进行医疗器械不良事件监测，并且未发现严重不良事件，或者申请重新注册的医疗器械在原医疗器械注册证书有效期内按照规定进行医疗器械不良事件监测，并且未发现不良事件的可以作为 2.3 类医疗器械免予注册检测的条件之一(第 13 条，第 14 条)；

经国家食品药品监督管理局再评价属于淘汰品种的医疗器械不予重新注册(第 37 条)；同时对于再评价结果不能达到预期使用效果的，省级以上食品药品监督管理部门可以作出撤销医疗器械注册证书的决定 (第 44 条)。

第四节　国际医疗器械不良事件监测概况

无论是国外或者国内的医疗器械监管制度，从管理过程上可以分为上市前的准入和证后的监督 (即证前管理或者证后管理)；从监管的内容上主要可以分成产品安全审查、质量保证体系检查以及医疗器械安全警戒三个部分，这三部分的工作在整个监管体系中相互联系。质量保证体系在证前和证后的监管中都是一个十分重要的内容，是生产企业执行证前管理和证后管理之间的联系纽带。

对于证后医疗器械安全警戒，主要涉及：不良事件的报告和信息收集分析；企业按照质量体系运行要求主动纠正和处理不良事件，以及政府对产品的再评价和不良事件处理的监督。医疗器械安全警戒系统的主要目的是避免不良事件重复发生，从政府监管的角度看，是希望通过建立一个警戒系统发现和纠正审批中潜在缺陷，从而保护公众的健康和安全。

一、全球医疗器械协调工作组 (Global Harmonization Task Force，GHTF)

1992 年，为了响应日益增强的全球协调医疗器械法规的呼声，由五个成员(国) 发起并成立了全球医疗器械协调工作组 (GHTF)，这五个成员 (国) 是欧洲、美国、加拿大、日本和澳大利亚。这个协调工作组是一个非官方性质的国际组织，其中包括对医疗器械的基本原则、上市后监管、质量体系、审核及临床研究等五个方面进行管理的研究小组。其中第二工作组主要协调医疗器械不良事件报告和评价的政策。在 2006 年 6 月第 10 次全球协调会议上，参加协调活动的国家已发展到 33 个，广泛覆盖了政府主管部门、医药工业、医疗卫生、相关第三方机构等各方面代表。全球医疗器械协调工作组形成的最终文件，体现了全球医疗器械法规协调的现状和发展趋势。

二、关于国际协调行动力量第二工作组的任务和使命

1. 任务

警戒和上市后监督体系的目标是通过减少同种类型的不良事件在不同地点、不同时间的重复发生来加强对患者、使用者和其他人员的健康和安全性保护。这一目标是通过对报告事件的评价来获取的，也可在恰当时通过宣传防止不良事件重复发生的信息，或减轻此类重复发生所造成的结果来获取这一目标。

本工作组将针对有效体系制定要求和指南以在国际上促进上述进程。

本工作组的任务在欧洲指南（European Directives）中有所发展，它协调了欧洲各国间的警戒体系，但可在世界范围内平等延伸。

2. 目的

本工作组针对普通医疗器械警戒体系制定要求并提供国际协议来定义和协助警戒信息在国际上的流通。最初的工作包括在参与国之间比较现行警戒体系，其中包括比较各种指导和标准，罗列发展中的国际建议和医疗器械警戒指南中的事件和问题以供讨论和解决，推荐有关数据体系的术语和代码的统一定义以及信息传递系统的讨论。警戒是上市后监督的一部分。本工作组将阐述上市后监督的定义和指南。

（1）主要讨论的事项或任务。下述事项中的一部分重点强调欧洲委员会有关医疗器械警戒指南（European Commission Guidelines on Medical Vigilance），SG2 建立在此基础上。

① 何种类型的事件需要报告？是否只能包括欧洲医疗器械指南中要求的不良事件？事件定义以及器械与医疗事故的关系。

② 何种纠正行为应该汇报？由谁汇报？何时汇报？向谁汇报？纠正行为包括召回医疗原因或其他技术造成的公告。

③ 是谁最早报告了事件——医生、其他的临床工作人员、器械的所有人或操作者、患者、经销商还是生产者？

④ 向谁报告了不良事件？我们需要考虑不良事件的资料在评估以后是否只在 GHTF 的参与国或其他国家之间进行交流，以及法规部门的相应对策。本报告与其他出现过的不良事件数据库（如 ECRI）的关系如何？

⑤ 报告何种信息？在警戒过程的不同阶段所报告的数据系统的组成。

⑥ 应在何时向有关部门提交初始报告、中期报告和最终报告？是否需要等到最终结果以后才能信息共享？中期报告甚至初始报告何时能够成为国际医疗器械警戒体系的一部分？

⑦ 报告分发之前要求何种程度的评估和分析？由谁调查事件？调查中询问了哪些问题以及调查的范围如何？调查是否包括失败分析？评估的级别是否根据不良事件的特性而改变？何种情况决定个体事件或不良事件报告的结束？

⑧ 报告体系中的定义使用何种术语体系以及用于警戒的术语体系有何要求？使用何种代码体系或其他方法统一地、始终如一地识别产品的型号、使用结果等？

⑨ 报告表格是否一致？我们是否能为电子数据交换提供详细说明以及与EDIT相关的安全及保密事宜？

⑩ 改正过的行动数据库是否应是警戒体系的一部分？

⑪ 一些法规体系要求对单个器械进行特定跟踪，是否可以建立通用追溯数据？简单地来讲，是否应该要求制造商在公共健康体系中宣传和使用得到的数据用以解释器械事件？

⑫ 产品注册。产品注册何时得以保证？注册中应包括何种信息，法规部门应宣传何种信息，频率如何？

⑬ 一些权威部门已经开始有关产品类型或产品细节研究作为警戒体系的一部分。此类研究何时提交？如果这些研究由一个国家承担，什么时候共享信息才是合理的？

（2）在医疗器械不良事件报告方面，GHTF达成了如下共识。

① 制造商、使用者或患者报告不良事件不能解释为他们对事件负有责任。提交报告也并不代表报告人的结论，不表明已经确定是由医疗器械引起，即报告已经完成并得到确认。

② 当对事件产生怀疑时，应预先假设应报告而非不报告。有时事件涉及多种医疗器械和药品，给作出判断带来困难。在复杂的情况下，应设想该器械与事件有关。

③ 应该鼓励使用者报告不良事件，既可报告给主管部门，也可报告给制造商，或向二者同时报告。当使用者直接向主管部门报告时，主管部门应有措施保证制造商可以及时得到通知。

④ 某些不良事件应尽可能快速报告。此时的报告可能不包含全部信息，但在后续时间应及时补充完整。

⑤ 免于报告的不良事件，如果其趋势发生变化（如发生率增加）或具有典型意义，也应报告。

⑥ 与使用错误有关的死亡和严重伤害，也倾向于报告。

三、医疗器械不良事件监测工作管理机构

几乎所有国家都由医疗器械主管当局直接负责医疗器械不良事件监测工作，

采用集中管理的方式。医疗器械不良事件则直接报告药品和保健产品管理局（HMRA）和各国药监局。针对医疗器械不良事件，各国采用的术语不尽相同，全球医疗器械协调工作组采用 Adverse Event，美国采用 Medical Device Reporting，加拿大采用 Medical Device Problem，欧盟采用 Vigilance，英国采用 Adverse Incident。

四、医疗器械不良事件报告表格

医疗器械不良事件报告表格是各国收集不良事件信息的载体，即报告人通过填写报告表的方式将不良事件信息报告给有关部门。从目前来看，各国的报告表格不同，多数国家采用两种表格制，即对医疗器械生产企业和使用单位采用不同的表格，从报告内容和时限上予以区别，这和相关法规要求生产企业属强制性报告，而使用单位是自愿报告保持一致。例如美国和澳大利亚。也有的国家使用同一种报表，只是填表要求上对生产企业和使用单位略有区别，例如加拿大。英国的医疗器械不良事件报告与其他国家不同，没有按照强制与自愿报告来区分，而是根据医疗器械的种类设计有十种不同的表格：普通医疗器械移动式及相关设备（wheeled mobility & associated equipment）、体外诊断设备（in vitro diagnostic devices）、臀及关节植入物（hip & knee implants）、可植入的起搏器和除颤器（implantable pacemakers/defibrillators）、假肢（limb prosthesis）、矫形器械（orthotic devices）、乳房填充物-公众用（breast implants-public）、乳房填充物-外科医生用（breast implants-surgeon）。这十种表格大致都包括以下几部分内容：报告来源、医疗器械的种类、不良事件的表现和采取的措施。考虑到医疗器械种类的多样性和结构的复杂性，每类器械的报告表又包含不同内容。这种设计的结果确保了报告信息收集的准确性和易分析，但从另外一个角度来看，报告的复杂性增加了报告人的负担，降低了报告表的易得性和不良事件报告率。

五、医疗器械不良事件的报告范围

医疗器械不良事件的报告范围是根据各国法规和技术指南的要求，医疗器械生产企业、经营企业、患者和使用者应该报告哪些不良事件。

美国食品药品监督管理局（FDA）要求报告的范围包括：①死亡或者严重伤害事件（deaths and serious injuries）；②医疗器械故障（malfunctions），如果医疗器械再次出现故障可能导致死亡或者严重伤害事件。

欧盟要求报告任何由于医疗器械故障、标志不清、指导说明模糊而导致的或者可能导致的病人或者使用者死亡或者健康状况严重恶化的不良事件。

加拿大要求报告的范围很广，采用的名称为“Medical Device Problem Reporting”包括医疗器械使用过程中发现的，或者在使用前检测到的任何安全性、有效性和质量问题。这些问题包括设计缺陷和标签错误。

澳大利亚对于死亡或者严重伤害、器械故障、不上报的事件等目前尚无严格定义，按照医疗器械不良事件报告调查计划（The Medical Device Incident Report Investigation Scheme，IRIS）的要求，医疗器械供应商和生产商必须报告所有与医疗器械有关的、造成或者可能造成患者或者使用者伤害的事件。除此之外，鼓励任何人，包括医生、病人以及他们的亲属报告与医疗器械有关的质量和有效性问题。

英国要求报告所有与医疗器械有关的不良事件，尤其是事件发生后导致，或者再次发生后可能导致死亡或者严重伤害、药物或者外科手术的干预或者住院治疗、实验结果不可靠等。即除了收集死亡或者严重伤害的事件之外，还要收集轻微的安全性或者质量问题的报告，目的是为了发现生产和销售体系的不足和不良事件发生的趋势。这一点与美国、欧盟的要求不完全相同。

虽然各国报告范围的要求不尽相同，但归纳起来存在以下共同特点。

（1）都收集濒临事件（near incident），虽然事件发生时没有造成患者或者使用者的死亡或者严重伤害，但事件再次发生的情况下可能造成患者或者使用者的死亡或者严重伤害的事件。

（2）死亡或者严重伤害事件是各国关注的重点。

药品进入人体后，可以通过化学代谢从体内排泄掉，因此，即使产生不良反应也会由于其代谢而减轻或者消失。而医疗器械则不同，在体内或者体外通过物理作用达到预防、诊断、治疗的目的，其对人体的伤害很难自行消失，尤其是三类植入人体的器械如心脏瓣膜、血管内支架等需要借助外科手术来减轻伤害或者进行治疗，对患者或者使用者造成的伤害很大，这些都是政府管理部门关注的焦点。

六、医疗器械不良事件报告的来源及途径

1. 报告来源

医疗器械不良事件报告的来源是一致的，即医疗器械的生产企业、经营企业和使用单位。只是有的国家对生产企业是强制性报告，如果报告不符合要求，法规有相关的处罚要求，例如，按照美国食品药品化妆品法案第301～307条规定，美国FDA可以通过机构检查报告（establishment inspection report，EIR）和发出警告信的方式纠正企业医疗器械不良事件报告中的违规行为；对于不执行FDA的规定以及严重的违规行为，有可能采取进一步的制裁措施，包括禁令、查封和民事罚款。

加拿大和澳大利亚也明确规定对医疗器械生产企业实行不良事件的强制报

告，但由于目前澳大利亚缺乏相关的法规，即使采用强制性报告，对生产企业的约束也不十分明显。

2. 报告途径

医疗器械不良事件的报告途径即报告人通过何种方式将不良事件信息报送给管理部门。就目前来看，总的方式包括电话、传真、邮寄或者 E-mail。除此之外，美国、英国还开发有不良事件的网上报告系统，报告人只要登录到 FDA 或药品和保健产品管理局（MHRA）的网站，填写相应的表格，按提交就可以直接将数据报送到相关的数据库当中。

七、不良事件报告的程序和时限要求

医疗器械不良事件报告的程序和时限要求是整个医疗器械不良事件监测体系建设的核心内容，既反映了各国政府对死亡或者严重伤害等信息的收集、处理以及采取应急措施的能力，又是考核生产企业、经营企业和使用单位开展此项工作的重要指标和处罚依据。

美国 FDA 要求用户提供 10d 报告，即在获知不良事件 10 个工作日内报告给制造商，死亡报告同时报 FDA；生产商提供 30d 和 5d 报告，即在获知死亡、严重伤害及器械故障不良事件 30d 内向 FDA 报告；若必须采取补救措施以防止产生实质性伤害风险，则应在 5 个工作日内提交报告。销售商在获知死亡、严重伤害及器械故障后 10 个工作日内报告给制造商。死亡、严重伤害事件于 10 个工作日内报 FDA。

加拿大卫生保健品和食品管理局（HPFBI）要求对于任何不良事件，生产商和进口商需要提供初始报告（preliminary report）和最终报告（final report）。必要时，生产商和进口商在 30d 内，向 HPFBI 提供汇总报告（summary report），这些汇总报告的内容可能是过去 12 个月或者特定的时间内所生产或者进口产品在国内或者国外所发生的所有不良事件的汇总情况。汇总报告的内容至少包括：器械名称及发生日期、时间、性质和后果。根据报告的来源和时限要求，将报告分为强制 10d 内报告、强制 30d 内报告和自愿报告。

在澳大利亚，医疗器械生产商和代理商应该报告与医疗器械有关的死亡、严重伤害和濒临事件（事件再次发生时可能造成死亡或者严重伤害）。其中，在获知危及公众健康重大事件 2d 内、获知死亡或者严重伤害事件 10d 内、获知濒临事件 30d 内按照固定表格向治疗产品管理局（TCTA）的 IRIS 报告。

欧盟对医疗器械不良事件报告的要求是针对生产商而提出的，按时限要求分为 10d 报告和 30d 报告，即当生产商获知不良事件 10d 内，获知濒临事件 30d 内向事件地发生国的主管当局报告。当使用者向主管当局报告不良事件时，主管当局应立即通知相关生产企业。对使用者的报告没有时限要求，对经营企业也未见相应的要求。

八、医疗器械不良事件报告的分析评价

医疗器械不良事件报告的分析评价是医疗器械不良事件监测的核心部分，也是政府监督部门采取行政决策的依据。从目前检索到的各国的法规和技术指南当中，尚未发现详细的分析评价方法，只是强调了对不良事件进行调查和采取控制措施的责任主体。针对不良事件的调查，美国、加拿大、澳大利亚、欧盟要求的共同点在于制造商是对不良事件进行调查和采取预防措施的责任主体，管理部门则监督制造商对事件处理和调查的有效性。制造商对不良事件进行调查后，应该采取必要的措施，包括召回产品等。

医疗器械不良事件分析的对象有两个，一是对单个的不良事件进行分析，主要是评价报告本身的真实性和有效性。为了更加科学地评价医疗器械和不良事件之间的关联性，有时更需要对事件发生地进行调查。二是通过采用先进的计算机技术对整个数据库进行筛选，开展以下工作。

（1）描述事件发生的模式。即通过对报告的回顾分析，获得事件发生涉及的人群、地区和时间分布的资料，描述事件的危害性，发现与医疗器械有关的线索。

（2）测量事件发生的频率。通过对报告的回顾分析，获得事件发生频率的数据，判断此类事件的发生是罕见的、少见的还是常见的，描述事件发生的可能性，为事件处理提供决策依据。

（3）分析事件发生的原因。在对报告进行回顾的基础上，通过对文献资料的回顾分析，比较上市后监测数据与临床试验数据，结合医疗器械应用的临床规范和技术标准，利用监测机构内部和外部的技术力量进行专题讨论，对事件发生的原因、事件与医疗器械的关系进行分析。

（4）预测事件发生的趋势。通过对报告的回顾分析，获得事件随时间变化的发生频数，描述此类事件的发生是呈现上升趋势、下降趋势还是持续出现，为事件的处理提供决策依据。

九、医疗器械不良事件监测信息的反馈和利用

开展医疗器械不良事件监测的目的是减少同类不良事件的重复发生，保障公众用械安全有效，因此监测信息的反馈和利用是医疗器械不良事件监测过程的重要环节。但是考虑到医疗器械不良事件产生原因的复杂性，各国在对这些信息的反馈和利用方面采用的方式不尽相同，归纳起来有以下几种方式：

（1）对报告人的信息反馈。为了提高医疗器械不良事件的报告率，各国都注

重对报告人的信息反馈，除了给报告人以回执，对他们表示感谢之外，在英国和加拿大还强调向报告人反馈事件调查的结果和性质等内容。

（2）对公众和专业人员的信息反馈。除了对报告人反馈信息之外，为了避免不良事件的重复发生，各国政府管理部门还以“公报”“警告”等在互联网上或者以刊物的形式定期或者不定期发布与医疗器械有关的安全性信息。

第五节　我国医疗器械不良事件监测的工作进展及其要求

随着我国医疗器械工业和医疗机构技术装备的发展，我国医疗器械监督管理法规和组织体系日趋完善。尤其是自 1998 年国家药品监督管理局成立以来，结束了医疗器械多头管理、政出多门的局面，不断加大了对产品上市后监管的力度。在 2000 年国务院颁布的《医疗器械监督管理条例》中明确规定国家对医疗器械实施再评价及淘汰制度，并且规定“对不能保证安全、有效的医疗器械，由省级以上人民政府药品监督管理部门撤消其产品注册证书。被撤消产品注册证书的医疗器械不得生产、销售和使用；已经生产或者进口的，由县级以上地方人民政府药品监督管理部门负责监督处理”。在国家药品监督管理局发布的《医疗器械生产企业监督管理办法》和《医疗器械经营企业监督管理办法》中，要求生产、经营第三类医疗器械的企业应建立并有效实施质量跟踪和不良事件报告制度。对于医疗机构使用一次性使用无菌医疗器械发生严重不良事件的，《一次性使用无菌医疗器械监督管理办法（暂行)》要求在事件发生后 24h 内，报告所在地省级药品监督管理部门和卫生行政部门。

近几年来，对于一些已上市的医疗器械，如医用聚丙烯酰胺水凝胶、角膜塑型镜等产品，针对其所出现的安全性问题陆续开展了不良事件监测和再评价，在有效降低产品使用风险的同时，也推动了不良事件监测制度的建设进程。

第六节　我国医疗器械不良事件监测系统建设的总体思路

根据国际历史经验和我国实际情况，我国的医疗器械不良事件监测系统建设应按照“围绕一个目标，注重两个借鉴，建立三个体系，实现四个结合”的总体思路进行。其中，“一个目标”是指该工作的最终目标是建立起一套科学、规范、及时、高效，覆盖医疗器械生产企业、经营企业、医疗机构、社会公众和政府部门，涉及报告收集、评价、干预、控制各环节的不良事件监测和管理的完整体系，有效避免严重不良事件的重复发生和蔓延，保障人民大众生命健康和安全；“两个借鉴”是指在工作过程中应注重借鉴国际上发达国家开展医疗器械上市后监测的成功做法，同时借鉴我国近年来开展药品不良反应监测的管理经验和技术基础。“三个体系”是指所建立的系统中应包括法规体系、行政体系和技术体系，并形成互为依托、紧密联系的有机整体；“四个结合”是指监测工作要与产品注册及标准工作、产品上市后再评价工作、生产质量体系管理工作和生产企业日常监督工作紧密结合，促进不良事件监测工作的广泛开展和监测结果的有效利用。

我国的医疗器械不良事件监测系统建设的远期目标应该是：建立一个具有检测新出现风险能力、测量危险因素变化和趋势能力、干预能力、评价干预措施和政策效果能力的医疗器械不良事件监测系统。在第一个五年规划期间（2002 年 12 月至 2007 年 12 月）的具体目标为：建立监测框架，提高监测能力，初步建立医疗器械再评价和淘汰制度。

思 考 题

1. 什么是医疗器械不良事件？产生的原因？
2. 全球医疗器械协调工作组的简况？
3. 我国医疗器械不良事件监测的工作进展及其要求？
4. 我国医疗器械不良事件监测系统建设的总体思路是什么？

参 考 文 献

王兰明.2002. 上市药品风险管理的措施和原则.中国药房，13(8)：456－457.

王兰明.2004. 医疗器械不良事件监测现状与展望.中国医疗器械杂志，28(4)：282－289.

奚廷斐，冯晓明.2000. 医疗器械上市后监督管理的重要举措.中国医疗器械信息，6(1)：19－23.

严樑，黄亦武，杜文民，等.2003.构建我国医疗器械安全警戒系统的探讨.中国医疗器械杂志，27(6)：435－438.

张素敏，曹立亚，曾光.2005.世界各国医疗器械不良事件监测现状比较.中国医疗器械信息，11(6)：52－56.